大学生社交礼仪(微课版)

刘志敏　主　编

于丽娟　郑添天　何慧鑫　副主编

清华大学出版社

北京

内 容 简 介

本书是以"微课版"+"电子活页式教材"+"课程思政"的结构打造的创新教材。本书构建了全新的大学生社交礼仪内容体系，绪论中探讨了社交的含义、要素、类型及特点，以及社交礼仪的作用和社交礼仪的修养等基本问题。在此基础上设计了个人形象礼仪、日常交往礼仪、社交活动礼仪、涉外礼仪与中国民俗礼仪四大项目。本书在对大学生社交礼仪基本知识进行认真梳理的同时，穿插了"小案例""小故事""小贴士""小训练""小幽默"等板块，以增强启发性、趣味性和可读性。

本书围绕大学生社交礼仪的重点、难点内容录制了 30 余个微课小视频，通过扫描书中二维码即可观看，读者还可扫描前言末尾左侧二维码下载课后练习答案等资源；教师可扫描前言末尾右侧二维码获取 PPT 课件、教案、教学大纲和模拟试卷等资源。电子活页包括校园生活礼仪、公共场所礼仪、宴请活动礼仪和交通出行礼仪等内容。

本书内容全面、体例新颖、版式灵活、教学资源丰富，便于学生学以致用，将礼仪规范不断内化为行为习惯。

本书可作为高等院校各专业学生的礼仪课程教材，也可作为各界人士提高社交礼仪素养和社交能力的学习读物及自我训练手册，同时也是各企事业单位进行礼仪岗位培训的创新型教材。

图书在版编目(CIP)数据

大学生社交礼仪：微课版 / 刘志敏主编. -- 北京：清华大学出版社，2024. 7. -- ISBN 978-7-302-66426-0

Ⅰ. G645.5

中国国家版本馆 CIP 数据核字第 20241M73W6 号

责任编辑：桑任松
装帧设计：刘孝琼
责任校对：么丽娟
责任印制：宋　林
出版发行：清华大学出版社
　　　　　网　　　址：https://www.tup.com.cn，https://www.wqxuetang.com
　　　　　地　　　址：北京清华大学学研大厦 A 座　　　邮　　编：100084
　　　　　社 总 机：010-83470000　　　　　　　　　邮　　购：010-62786544
　　　　　投稿与读者服务：010-62776969, c-service@tup.tsinghua.edu.cn
　　　　　质量反馈：010-62772015, zhiliang@tup.tsinghua.edu.cn
　　　　　课件下载：https://www.tup.com.cn, 010-62791865
印 装 者：三河市龙大印装有限公司
经　　销：全国新华书店
开　　本：185mm×260mm　　　　印　　张：17.75　　　　字　　数：429 千字
版　　次：2024 年 8 月第 1 版　　　印　　次：2024 年 8 月第 1 次印刷
定　　价：49.80 元

产品编号：104438-01

前　言

现如今，社交礼仪的重要性日益凸显，它既是衡量人类文明程度的准则，也是个人交际技巧和应变能力的体现，还是现代人际交往的"润滑剂"。对每个大学生而言，社交礼仪是当代职场竞争和事业成功必备的"核心竞争力"。正基于此，我们编写了本书。

本书是作者院校课程思政教材培育项目的最新成果，特别设置了"思政目标""课程思政指南"栏目，突出了"课程思政"的建设创新，将大量课程思政元素与社交礼仪知识有机融合，形成协同效应，构建"价值引领、知识传授和能力培养"三位一体的育人观念，并对学生进行潜移默化的思政教育，促进学生对核心价值观的内化和认知提升。

党的二十大报告中指出，教育、科技、人才是全面建设社会主义现代化国家的基础性、战略性支撑。必须坚持科技是第一生产力、人才是第一资源、创新是第一动力，深入实施科教兴国战略、人才强国战略、创新驱动发展战略……科教兴国战略、人才强国战略和创新驱动发展战略共同服务于创新型国家的建设。新时代要求广大教师发挥好教育者的神圣职责，在教学全过程中一定要深入贯彻党的二十大精神，落实党的二十大报告的各项要求，对学生进行社会主义核心价值观教育，强化学生全局意识、责任担当意识、团队合作意识和诚信守法意识，切实提高学生的道德水准和职业素养，促进学生的全面发展。

本书是集体智慧的结晶，由刘志敏担任主编，于丽娟、郑添天、何慧鑫担任副主编。具体分工如下：刘志敏编写绪论；于丽娟编写项目一；郑添天、刘志敏编写项目二并制作课程教学大纲、电子教案、PPT 课件等教学资源；于丽娟、何慧鑫编写项目三；何慧鑫编写项目四并录制全书微课小视频；于丽娟、张岩松编写全书电子活页内容。全书由刘志敏负责统稿。

本书在编写过程中参考了大量文献资料和网络资源，在此向这些资料和资源的原作者表示衷心的感谢。由于编者水平有限，书中难免存在疏漏和不妥之处，敬请广大读者批评指正。

最后，让我们以先哲的话共勉："人无礼则不生，事无礼则不成，国家无礼则不宁。"

编　者
2024 年 3 月

读者资源下载　　　　　　教师资源服务

I

目　　录

绪　　论

不学礼，无以立。

——《论语·季氏》

一、社交概述

"人无礼则不生，事无礼则不成，国家无礼则不宁。"这句话出自《荀子·修身》。礼仪是人类文明和社会进步的重要标志，它既是社会交往活动的重要内容，又是社会道德文化的外在表现形式，而且它更直接地反映了国民的素质。我国以"礼仪大国""礼仪之邦"的美誉著称于世，因此礼仪在我国传统文化中占有举足轻重的地位。可见，学好礼仪、用好礼仪是人生的一门必修课，也是提升整个民族素质的重要途径。

(一)社交的含义

古希腊哲学家亚里士多德曾说，一个生活在社会之外的人，同人不发生关系的人，不是动物就是神。如果人完全脱离了交际，脱离了社会，人就不再是人，而成为动物。美国成人教育家卡耐基(Dale Carnegie)认为，一个人事业的成功，只有 15%源于他的专业技术，其余 85%则依赖于人际关系和处世技巧。卡耐基对社交的重视，源于他对人生的深刻理解和领悟。今天，尽管我们无法测定卡耐基的量化数值的精确程度，但是，没有人否定社交在人生、家庭、事业中的重要性。

那么，究竟什么是社交呢？

社交，是人类活动特定领域的标志。社交在英语中用"communication"一词来表达，意指通信、传达、交流及意见的交换等。在汉语中，社交又称为交际或交往。"交"有接合、通气、赋予的意思；"际"有接受、接纳、交合、会合、彼此之间等意思。朱熹曾对"交际"作出这样的诠释："交际谓人以礼仪币帛相交接也。"这里的"礼仪"之"相交接"，即日常所说的"礼尚往来"，主要指人与人之间的精神交流；而"币帛"之"相交接"，则是指人与人之间的物质交换。朱熹将人与人之间的精神和物质交流称为交际，这种诠释颇具深度。

社交是人在共同的社会活动中，通过人与人之间相互接触、互通信息、交流情感，或达到相互了解，彼此吸取对方的长处和积极因素，从而增进友情，和谐合作，促进事业成功；或彼此满足相互间的精神慰藉，实现自我价值，增加社会群体的聚合力。

社交是人类生存、社会存在和发展的基石和保障。在纷繁复杂的人类社会中，人际关系构成了一个紧密相连的网络系统，而社交正是将个人与个人、个人与群体、群体与群体联结成社会网络的必不可少的手段，是促进人际关系和谐、保持社会有机体稳定发展的强有力纽带。社交根植于人类的合群性，并在人类的劳动过程中得到发展和升华。人类要生存，就要进行生产，而生产活动又不可避免地涉及人与人之间的各种联系和交往，从而使社交成为社会生产的必要条件。人的本质是一切社会关系的总和。人的一切社会关系正是

在社交中暴露和展示的。每个人都是在社交中实现其自身价值，实现其人的社会属性，以此肯定其价值。总而言之，如果没有了社交，便没有了社会的人和人的社会。

在现代社会中，人们的工作日益复杂，社会化程度不断提高，既有科学严密的分工，又有默契的整体配合，这种配合离不开人与人之间的合作和交流，而社交正是实现这种合作和交流的桥梁。同时，随着物质生活水平的提高，人们面临着更多的信息冲击和选择。这使人们更加渴望理解、沟通和交流，渴望精神层面的满足与交往，而社交恰似劳动、语言和闲暇一样，是人类生活不可或缺的重要组成部分。

(二)社交的要素

社交是人与人之间相互联系、相互作用的过程，可以从静态和动态两个方面来考察社交构成要素。社交构成要素如表 0-1 所示。

表 0-1　社交构成要素

要　素		释　义	特　征
从静态方面看	交往主体	是交往活动的发起者，同时也是交往活动的受益者	在交往活动中具有较大的选择性，交往主体为了达到一定的目的可以采用不同手段作用于所选择的对象以满足自己的某种社交需求
	交往客体	是交往主体选择的交往对象	虽然是被选择的对象，但并非完全被动。交往活动中，可以直接影响交往主体的状态和交往方式，甚至可以转为交往主体
	交往手段	是交往主体为满足自己的需求把自己的活动作用于交往对象的中介，是交往主体与交往客体的沟通方式	包括交往的工具系统和环境条件
从动态方面看	交往起点	是人们交往的目的和需求	每个人的交往目的和需求都存在差异，交往主体的目的和需求常常决定交往手段
	交往过程	是交往目的延伸到交往结果的路线、阶段和过程	具有较强的灵活性，交往主体对交往过程的安排反映了交往主体的交往水平和能力
	交往结果	是交往的终点	表现为交往目的实现的状态，分为完全实现、部分实现、根本没有实现三种

(三)社交的类型

现实生活中，社交的方式和种类多样，并且各种方式和种类又各具不同的功能。根据不同的标准，可以把社交分为不同的类型。

社交的类型

1. 根据交往的规模分类

根据交往规模的大小，社交可分为个人与个人的交往、个人与群体的交往、群体与群体的交往、群体与组织的交往、组织与组织的交往、组织与个人的交往等。

2. 根据交往使用的符号分类

根据交往使用的符号，社交可分为语言交往和非语言交往。语言交往是指通过口头或书面语言进行的交往，是人类最基本的沟通方式。人运用语言进行交往的基础，是交往双方对同一语言所表达的意义必须有共同的理解。使用不同方言或使用不同民族语言的人交往就会出现困难，必须借助翻译作为沟通中介。语言的作用是传递信息。说话、演说、讲课、做报告、打电话等都是主要运用语言传递信息。

非语言交往，是指人与人之间通过身体动作、目光、手势、体态、面部表情等传递信息，其中以目光和面部表情传递的信息最为丰富。例如，眉飞色舞表示喜悦，瞠目结舌表示惊讶，横眉冷对表示愤怒，嗤之以鼻表示轻蔑。人的眉、眼、鼻、口、舌和面部肌肉的综合运用，可以向对方传递自己多姿多彩的心理活动。在人与人的交往中，每个人的一言一行、一举一动都能表达出对对方是否尊重、信任、热情和友好。这看起来是细枝末节，却往往会对交往产生很大影响。

3. 根据信息的传递方式分类

根据信息的传递方式，社交可分为口头交往、书面交往和网络交往等。

口头交往即语言交往。

书面交往是运用书面文字进行的交往，如写信、发通知、发布告、发传真都是书面交往。自从人类发明了文字，人类的交往方式就向前迈进了一大步。书面交往不像语言交往那样稍纵即逝，它传递的信息不仅能够再现，还可以保存、查对。

网络交往(internet communication)，即网络人际交往，它本质上是一种社会实践活动，是人们以网络技术、信息技术为基础，以符号为媒介进行相互作用、相互交流和相互理解的过程。网络交往是社会发展到网络时代催生出的一种新型交往方式，它基于网络技术存在，也是一种人与人之间的社会联系，它以语言为媒介，通过对话达成人与人之间的理解。网络交往常见的形式有 E-mail、电子公告板(BBS)、网上聊天、网上会议等。

此外，还可以根据交往的其他特性划分出若干交往类型。例如，根据人们交往的信息流向可将其分为单向交往和双向交往；根据交往时间可将其分为长期交往、间断交往和偶然交往；根据交往的途径可将其分为直接交往(双方利用口头、肢体语言)和间接交往(双方利用媒介或手段)；根据交往者不同的人际关系特征可将其分为血缘关系的交往、地缘关系的交往、业缘关系的交往。

从以上诸种分类中，我们对交往的形式及其特征有了一定的了解。值得注意的是，在实际交往中，往往是各种类型交往的交叉、融合、共同发生作用，而不是单一存在的。

酒店老板与无赖

(四)社交的特点

1. 目的性

人类活动一般都是有目的的，社交作为人类活动之一，社交主体同样有其特定的现实目的：或为了获得社交客体的合约、订单，或为了赢得社交客体的支持、合作，或为了获得社交客体的好感、认可。即使在交往过程中，

社交的特点

交往主体暂时没有明确的功利目的，交往主体也知道，通过社交活动积累的人脉资源一定会为双方未来的合作打下良好的基础。社交客体在进行社交活动时，也并非100%地被动应对和付出，交往的结果一般是双赢的，甚至是多赢的，社交客体同样也能从中受益。

2. 社会性

社交活动是在社会的大舞台上展开的。从历史的角度来看，人类社交活动的范围经历了一个不断扩展的过程。由于生产力的限制，古代人的交往空间主要局限于家庭内部。衣、食、住、行等基本的生存活动几乎都在家庭内部进行，个体从家庭中获取生活所需的一切，家庭构成了一个相对独立的小社会，成了个人生活的支持系统。后来，为了维持生活支持系统的持久性、稳定性和扩展性，家庭就扩展成了家族。但个体并不会满足于有限的家庭、家族生活空间，于是真正意义上的"社会人"便应运而生。社会人的生活涉及社会的各个领域，其联系的纽带主要是人际关系，而建立人际关系的主要方式是社交。一个发展不完善的社会人，往往在许多方面与社会格格不入，在工作和生活中遭遇挫折，经常感到孤独与无助。

3. 交互性

所谓社交，是指在具体的社交活动中，交往主体与交往客体相互影响、相互制约、相互调整，共同完成整个社交流程。在群体性社交活动中，交往主体有比较明显的主导地位，这种主导地位体现在交往主体有权调整交往频率、交往方式等，而且也决定着交往过程中占主导地位的价值观。不过，这种主导是以交互性为前提的。

你应该知道的
社交小技巧

4. 时代性

时代不同，人类社交活动会有不同的主题和不同的方式，进而表现出不同的特色。例如，互联网时代基于网络平台的即时社交网站，便是对此前几千年社交方式的彻底颠覆，体现了鲜明的时代性。

(五)社交的作用

根据现代社交观念，生活、工作中的社交活动能让社交主体实现三个基本目标：信息共享、情感沟通及相互帮助。

1. 信息共享

现代社会是一个信息社会，信息通过社交活动得以传播，交往各方各取所需，从个人和组织需要的角度对信息加以利用，服务于自己的工作、学习与生活。将自我封闭起来的个体，其最大的劣势就是失去了与社会进行信息沟通的平台，从而也就失去了相应的发展机会。

2. 情感沟通

行为科学表明，人们在交往的过程中获得对社会、对他人的感觉和知觉，这是人类认知的基础。在认知过程中，感觉和知觉会随着交往的频率而发生变化，交往频率越高，认知度就越高，情感上就越容易沟通，越容易得到对方的认同，所谓"日久生情"，说的就

是这种现象。人们在交往过程中来培养和增进感情，而随着交往的减少，原本熟悉的朋友也会产生隔阂。

3. 相互帮助

随着交往的深入，人们从信息共享、情感沟通慢慢发展到资源共享，这就进入了交往的相互帮助阶段。"助人者人恒助之"，帮助他人其实也是在帮助自己，我们不能只强调信息共享、情感沟通而拒绝相互帮助，同时我们也不能把相互帮助都看作"势利"，为了相互帮助而社交。相互帮助不是"势利"，而是人类区别于其他动物的一种社会性行为，我们不妨设想：有这么一个人，他既不能与我们信息共享、情感沟通，也不能与我们相互帮助，我们还会与他交往吗？答案是恐怕不会。可见，社交还是有选择的，选择就是目标的体现。拒绝目标，社交就失去了意义。

二、礼仪与社交礼仪

礼仪是人们进入文明社会的通行证。人自出生那天起，便开始了对文明与美的追求。礼仪体现了人类社会不断摆脱愚昧、野蛮、落后的状态，体现了整个社会进化的程度，同时它也是一个国家、一个民族进步、开化与兴旺的标志。中国作为东方文明古国和东方文化的发源地，素有"礼仪之邦"的美誉，数千年来对文明的不懈追求，形成了博大精深的东方文化和礼仪。

要更好地理解现代社交礼仪，首先就要清楚什么是礼仪。

(一)什么是礼仪

今天，随着社会生产力的不断发展、物质生活条件的逐步改善和社会文明程度的日益提高，人们对礼仪也倍加推崇。讲文明，懂礼貌，尊重他人，服务社会已成为人们的共识。无论是人际的、社会的还是国与国的交往，抑或是旅游、商业、服务业等行业的接待服务工作，都离不开礼仪规范。现代人注重文明修养，讲究礼仪，几乎每个人都成了礼仪的载体、文明的化身。

1. "礼""仪"释义

礼仪是"礼"和"仪"共同构成的合成词。在中国古代，"礼"和"仪"是两个不同的概念。"礼"是制度、规则和一种社会意识观念；"仪"是"礼"的具体表现形式，它是依据礼的规定和内容形成的一套系统而完整的程序。

(1) "礼"的含义。

① 尊敬。《礼记·曲礼》开宗明义就是"毋不敬，俨若思，安定辞，安民哉"，把"敬"作为礼的本质内涵予以强调。

② 秩序。《礼记·乐记》中有"礼者，天地之序也……中正无邪，礼之质也"。这说明"礼"体现了符合自然规律的秩序，引申为人际关系中"人"的定位。每个人都要明确自己的身份、地位，都要守本分，不可做出轨的事。例如，不偏不倚，怀着正直之心，做正事，走正道，才是礼的本质要求。

③ 道理。《礼记·乐记》中有"礼也者，理之不可易者也"。这里的"理"是道

理、原则和规范，是为了保障社会正常秩序和人类生存发展及其交往的需要制定出的行为准则和社会规范，这就是礼。

④ 风俗。《礼记·曲礼》中有"礼从宜，使从俗"。所谓风俗，即人心所为也，一定区域的居民，在长期共同生活中，依生存环境、宗教信仰、生活习惯形成了民情风俗，体现在生老病死、婚丧嫁娶、迎来送往、节日庆典等方面就成为礼仪。

⑤ 履。东汉许慎《说文解字》中有"礼者，履也"。这说明礼的基本落脚点在于践履。《礼记·曲礼》中有"修身践言，谓之善行。行修言道，礼之质也"。这说明要发挥礼的功能，就要做个有礼的人，就必须严于律己，言行一致，认真去实践礼的精神，使言谈举止都符合礼的要求，如此才算把握礼的本质。

可见，在中国古代，礼是社会的典章制度，是社会政治制度的体现，也是维护上层建筑及与之相适应的人与人交往的礼节仪式。因此，礼是指特定的国家、民族和人群基于客观历史传统而形成的，以确立维护社会等级秩序为核心内容的价值观念、道德规范及与之相适应的典章制度、行为方式。

(2) "仪"的含义。

① 法度、准则。如《说文解字》中有"仪，度也"，也就是说，要符合法度、规则。在仪式进行过程中要严肃认真、循规蹈矩。同时更要注意把握好分寸，既不要过分，也不可不及，应恰到好处。

② 典范、表率。《荀子·正论》中可见"上者，下之仪也"，即是说君主及当朝者是臣民的表率。

③ 形式、仪式。管仲说，"仪者，万物之程式也"，"故动有仪则令行，无仪则令不行"。这里的"仪"就是仪式的意思。

④ 容貌、风度。例如，《诗·大雅》中有"令仪令色，小心翼翼"，《人物志》中可见"心质平理，其仪安闲"，这里的"仪"是指容貌、举止。

由此可见，古代的"礼仪"一词与现代的"礼仪"一词含义完全不同。我国古代礼仪的主旨是，明确规定并严格维护封建等级制度，强调并坚持人的等级差异。随着社会文明的不断发展，"礼仪"一词逐渐被赋予了新的含义，成为人际交往中应遵守的行为规范和准则。[①]

随着社会的发展，礼仪的内涵也在不断发生变化。本书所指的是现代意义上的礼仪。

【小贴士】

西方"礼仪"的含义

英语中，"礼仪"一词源于法语"Etiquette"。原意是一种长方形的纸板，其上面写有进入法庭时的注意事项，该注意事项作为进入法庭后应遵守的规矩和行为准则。因此，这种纸板就被视为法庭上的"通行证"。但这个词进入英文后，就有了礼仪的含义，意为"人际交往的通行证"，成为人们在交往中应遵循的规矩和准则。

2. 礼仪的含义

礼仪是指人们在社会交往中由于受历史传统、风俗习惯、宗教信仰、时代潮流等因素

---

① 周庆东，潘自影. 高速铁路客运服务礼仪[M]. 成都：西南交通大学出版社，2021.

的影响形成的既为人们所认同，又为人们所遵守，以建立和谐关系为目的的各种符合交往要求的行为准则和规范的总和。总而言之，礼仪就是人们社会交往活动中应共同遵守的行为规范和准则。

礼仪的宗旨是使大家都感到舒适，不拘谨，不难堪。

尊重是礼仪的本质。

从不同的角度，可以对礼仪作出不同的界定。

从个人修养的角度来看，礼仪是一个人内在修养和素质的外在体现。通过一举一动、一言一行，可以将一个人的涵养、素质、才华充分展现在人们面前，给人留下良好的印象。

从道德的角度来看，礼仪是为人处世的行为规范和道德准则。《礼记》有云"道德仁义，非礼不成"，说的正是这个道理。

从交际的角度来看，礼仪是人际交往中的一门艺术，即一种处理人际关系的交际方式或交际方法。

从传播的角度来看，礼仪是人际交往中进行有效沟通的技巧。

从审美的角度来看，礼仪是一种形式上的美，是人的心灵美的必然外化，因为"礼由心生"。

从民俗的角度来看，礼仪是人际交往中必须遵守的律己敬人的习俗，同时也是人际交往中约定俗成，对人表示尊重、友好的习惯做法。

将我国古代礼仪和现代礼仪进行对比就会发现，两者之间主要存在以下三点差异。

其一，基础不同。古代礼仪是以等级制度为基础的；而现代礼仪则是以尊重他人为立足点和出发点的。

其二，目标不同。古代礼仪以维护统治秩序为目的；而现代礼仪则重在追求人际交往的和谐与顺利。

其三，范围不同。古代礼仪讲究"礼不下庶人"，因此与平民百姓无关；现代礼仪则适用于任何参加交际活动的人。[①]

(二)礼仪的内容

随着时代的变迁和社会的进步，人们的文明程度也在不断地提高。现代礼仪是在继承我国古代礼仪精华的同时，不断推陈出新，使其内容更加完善、合理、丰富多彩。

1. 礼节

礼节是人们社交过程中逐渐形成、共同遵守并广泛使用的各种行为规范的总和，是社会文明的外在表现，礼节具有明确的礼仪属性，它不仅体现了一定的道德准则，而且是对他人和自己的尊重，是人们心灵美的外化。在阶级社会，不同阶级的人在利益上存在根本冲突，礼节多流于形式。在现代社会，礼节从形式到内容都体现出了人与人之间的相互平等、相互尊重和相互关心。现代礼节主要包括介绍、握手、打招呼、鞠躬、拥抱、亲吻、举手、脱帽、致意、作揖、使用名片、电话沟通、约会、聚会、参加舞会和宴会等礼节。

---

① 周庆东，潘自影. 高速铁路客运服务礼仪[M]. 成都：西南交通大学出版社，2021.

当今世界是一个多元化的世界。不同国家、不同民族、不同地区的人在各自的生活环境中形成了各自不同的价值观、世界观和风俗习惯，因此其礼节在形式和内容上也各具特色。

2. 礼貌

礼貌是指人们社会交往过程中所展现的良好言谈和行为。它主要包括口头语言的礼貌、书面语言的礼貌以及态度和行为举止的礼貌。礼貌是人的道德品质修养的最直观、最显著的体现，也是人类文明行为的基本要求。在现代社会，使用礼貌用语、对他人态度和蔼、举止适度、彬彬有礼、尊重他人已成了日常行为规范。

3. 仪表

仪表是指人的外表，包括仪容、服饰、体态等。仪表是美的外在表现，反映人的精神状态。仪表美是一个人心灵美与外在美的和谐统一，美好的仪表源自高尚的道德品质，与人的精神美融为一体。端庄的仪表既是对他人的尊重，也是自尊、自重、自爱的表现。

4. 仪式

仪式是指礼仪行为的具体过程或程序，它是礼仪的具体表现形式。仪式是一种比较正规、隆重的礼仪形式。在社会交往或组织专题活动时，人们要举办各种仪式，以此体现对某人或某事的重视；或是为了纪念等。常见的仪式包括成年仪式、结婚仪式、葬礼仪式、悼念仪式、告别仪式、开业或开幕仪式、闭幕仪式、欢迎仪式、升旗仪式、入场仪式、签字仪式、剪彩仪式、揭匾挂牌仪式、颁奖授勋仪式、宣誓就职仪式、交接仪式、奠基仪式、洗礼仪式、捐赠仪式等。仪式一般具有程序化的特点，这些程序有些是约定俗成的。在现代礼仪中，仪式的某些程序是必要的，而有些则可以简化。

参加升国旗仪式时的礼仪

5. 礼俗

礼俗，即民俗礼仪，指各种风俗习惯，它是礼仪的一种特殊形式。礼俗是由历史形成的，普及于社会和群体之中，并根植于人们心中，成为在一定环境下经常重复出现的行为方式。不同国家和地区在长期的社会实践中形成了各具特色的风俗习惯。"十里不同风，百里不同俗"，哪怕一个小小的村落都可能拥有自己的风俗习惯。

男左女右的由来

(三)礼仪的特征

礼仪作为一门独立的学科，具有明显的广泛性、规范性、国际性、民族性、传承性和时代性等特征。

1. 广泛性

古今中外，各种礼仪如繁星闪烁，且遍布社会生活的各个领域，并贯穿人类社会发展的始终。上至国家，下至家庭，从国内到国际，从政界到商界，生活中的衣、食、住、行等各个方面都有具体的礼仪准则，礼仪可谓无处不在；从古代到近代，从现在到将来，礼仪都是处理人际交往的行为规范，礼仪可谓无时不有。因此，礼仪不仅包括社交礼仪、商

务礼仪、涉外礼仪等类型，也涵盖了从古代礼仪到现代礼仪的演变。

2. 规范性

礼仪是指人们在交际场合待人接物时必须遵守的行为准则。因此礼仪具有规范性，这种规范性不仅约束着人们在交际场合的言谈举止，确保其得体适宜，也是人们在一切交际场合必须采用的一种"通用语言"，是衡量他人和评价自己是否自律、是否尊重他人的标准。曾任中国世界贸易组织(WTO)首席谈判代表龙永图就曾经历过这样一件事情。

【小故事】

修理抽水马桶的外国小男孩

在瑞士，龙永图与几个朋友去公园散步，上厕所时，听到隔壁的卫生间里"砰砰"地响，他有点纳闷儿。出来之后，一位女士很着急地问他有没有看到她的孩子，她的小孩进厕所十多分钟了，还没有出来，可是她又不能进去找。龙永图想起了隔壁厕所间里的响声，便进去打开厕所门，看到一个七八岁的小孩正在修抽水马桶，怎么弄都抽不出水来，急得满头大汗，这个小孩觉得他上厕所不冲水是违背行为规范的。

点评：这个小孩自觉遵守礼仪规范的精神是很值得我们学习的。礼仪是约定俗成的一种自尊、敬人的惯用形式，任何人要想在交际场合表现得合乎礼仪、彬彬有礼，都必须对礼仪无条件地加以遵守。另起炉灶，自搞一套，或是只遵守自己适应的部分，而不遵守自己不适应的部分，都难以被交往对象接受和理解。

(资料来源: 舒展，方成. "入世"思絮[J]. 民主与科学, 2001(6): 26-28.)

3. 国际性

礼仪是基于人类共同生活、交往的需求而产生、发展和完善的。作为一种文化现象，礼仪是全人类的共同财富，它超越了国家和地区的界限。尽管各个国家、各个民族和各个地区的自然条件、历史文化、风俗习惯各异，导致礼仪的表现形式也有所不同，但真诚、尊重、得体作为礼仪的核心原则，被中国和世界各国人民所推崇。而在相互尊重原则的基础上形成、完善、规范化的国际礼仪，也被世界各国人民广泛接受和使用。例如，在奥运会上，为竞赛成绩排名前三的运动员举行升国旗、奏国歌的仪式，已成为国际体育赛事的通行礼仪。

4. 民族性

礼仪的民族性是指礼仪的形式及其代表的内涵都受到民族特性的影响。各民族由于生存环境、文化传统、宗教信仰等差异，形成了不同的礼仪规范。同一礼仪形式在不同民族中具有不同的意义，而同一礼仪内容在不同民族中又可以以不同的形式表现。例如，见面时的行礼，在中国通常是握手，日本则习惯于鞠躬，而欧美国家则常以拥抱来表达。

5. 传承性

礼仪是一个国家、一个民族在自然、经济、政治、宗教、文化等多重因素的交织影响下，通过长期的历史积淀形成的宝贵结晶。礼仪一旦形成，就会世代沿袭和传承。例如，

我国古代的尊老敬贤、父慈子孝、礼尚往来等传统美德，至今仍积极影响着人们的社会生活。现在是过去的延续，每个民族的礼仪都是其历史发展的结果。没有传承，民族便无从谈起。当然，面对传统的礼仪遗产，我们应持科学的态度，在继承中发展，在发展中创新，避免一味守旧、停滞不前，或完全照搬。

【小贴士】

古代的"六礼""七教""八政"

《礼记·王制》讲"六礼""七教""八政"，"六礼"指冠礼、婚礼、丧礼、祭礼、乡饮酒礼和乡射礼、相见礼；"七教"指父子、兄弟、夫妇、君臣、长幼、朋友、宾客；"八政"指饮食、衣服、事为、异别、度、量、数、制。"六礼"为社会仪典，"七教"为人伦礼教，"八政"涉及日常生活规范。修习"六礼"，以调控人们的性情；明辨"七教"，以提升人们的道德水平；整顿"八政"，旨在维护规范秩序，防止僭越。"六礼""七教""八政"综合起来构成了一套完整的制度体系，用以治理家庭、国家乃至天下，为社会所有成员的行为提供了遵循的依据和评价的标准。

6. 时代性

礼仪是社会关系和社会文明的产物，是为了满足人际交往的需要而产生的。随着社会关系和社会文明的发展，礼仪也要发展变化，与时俱进。现代生活具有多元、丰富、多变的特点，因此，现代礼仪必须准确反映时代精神，体现新的社会道德规范，并在实践中不断更新其内容，调整其形式。

礼仪有哪些类型？

(四)礼仪的起源和发展

1. 中国礼仪的起源和发展

我国素有"礼仪之邦"的美誉，礼仪文化源远流长。礼仪文化是我国传统文化的重要组成部分，对社会历史发展具有广泛而深远的影响。3000多年前的西周时期，我国的古代礼仪就已基本形成。春秋时期，孔子集其大成，奠定了儒家学说在传统礼仪文化的核心地位。此后，由孔子所构建的礼仪体系一直影响中国社会长达2000多年。

1) 中国礼仪的起源

关于中国礼仪的起源，众说纷纭。归纳起来有五种起源说：一是天神生礼仪；二是礼为天地人的统一体；三是礼产生于人的自然本性；四是礼为人性和环境矛盾的产物；五是礼生于理，源于俗。

(1) 从理论上说，礼的产生，是人类协调主客观矛盾的需要。

首先，礼的产生是维护自然的"人伦秩序"的需要。人类为了生存和发展，必须与大自然进行抗争，不得不以群居的形式相互依存，人类的群居性使人与人之间既相互依赖又相互制约。在群体生活中，男女有别，老少有异，既是一种天然的人伦秩序，又是一种需要被所有成员共同认定、保障和维护的社会秩序。人类面临的内部关系必须妥善处理，因此，人们逐步积累和自然约定出一系列"人伦秩序"，这就是最初的礼。

其次，礼的产生源于人类寻求满足自身欲望与实现欲望的条件之间动态平衡的需要。

人对欲望的追求是人的本能，人们在追求欲望的过程中，人与人之间难免会发生矛盾和冲突。为了避免这些矛盾和冲突，就需要"止欲制乱而制礼。"

(2) 从具体仪式上看，礼产生于原始宗教的祭祀活动。在原始社会，祭祀活动都是以简单的祭天、敬神为主要内容的"礼"。这些祭祀活动在历史发展中逐步完善了相应的规范和制度，最后正式形成祭祀礼仪。东汉时期的许慎在《说文解字》中说："礼，履也。所以事神致福也。"可见，礼是中国古代人们祭祀求福的一种仪式。礼，源于敬神，敬神以礼，求神赐福。

随着人类对自然与社会认识的逐步深入，仅以祭祀天地鬼神祖先为礼，已经不能满足人类日益发展的精神需要和调节复杂的现实关系。于是，人们将事神致福活动中的一系列行为，从内容和形式扩展到了各种人际交往活动，从最初的祭祀之礼扩展到社会各个领域的各种礼仪。

2) 中国礼仪的发展

礼仪在其传承的过程中不断发生着变革。从历史发展的角度来看，礼仪的形成和发展，经历了一个从无到有，从简单到复杂，从零散到完整的渐进过程。我国礼仪的发展大致可以划分为以下几个阶段。

(1) 礼仪起源时期(公元前21世纪以前)。礼仪究竟起源于何时？对此，人们进行了各种论述和探讨。现代人类学、考古学的研究成果表明，礼仪起源于原始的两大信仰——天地信仰和祖先信仰。在原始社会，生产力极其低下，人类尚处于愚昧、无知的状态，面对千变万化的自然现象，如日月、星辰、山川、河流、风雨、雷电等，他们无法解释，于是把自然的力量神秘化、人格化，按照人的形象想象出各种神灵作为崇拜的偶像。对于原始人来说，生存和繁衍是他们最强烈的愿望，而粮食丰收则是他们赖以生存的物质基础和保障。因此，礼仪是他们为祭祀天地、祈求风调雨顺、祈祷祖先显灵、拜求降福免灾而举行的一项敬拜祖先的仪式。他们希望通过礼仪，来年可以避免天灾人祸，五谷丰登，有一个好的收成。

(2) 礼仪形成阶段(约公元前21世纪至公元前771年)。这一阶段主要是指夏、商、周时期。这个时期，礼仪赋予了阶级的特征。与此同时，中国第一次形成了比较完整的国家礼仪与制度，中国古代的礼乐文明是在周代形成和完备的。根据史料记载，夏代已开始制定礼仪，商代礼仪已渗透到社会生活的各个方面。西周时期，周公(姬旦)以天命论为前提，为维护宗法等级秩序的需要，提出了系统的礼仪制度。在他的著作《周礼》中，周人把礼分为五类："吉礼""嘉礼""宾礼""军礼"和"凶礼"。吉礼，即祭祀之礼，祈神赐福，求吉祥如意；嘉礼，即与百姓日常生活、人际交往息息相关的沟通、联络感情的礼仪；宾礼，即接待宾客之礼，是规范天子诸侯及诸侯之间交往的礼节；军礼，即军队的操演、检阅、征战之礼，用以威慑各邦国，并使其遵守规矩；凶礼，即对他人遭遇不幸的慰问、吊唁、抚恤之礼。《周礼》是对我国古代礼仪的总结和编纂。它对后世人们的行为规范、人际交往及社会公德的形成，都产生了极大的影响。

汉代，礼仪的发展已经非常成熟，人们将阐述礼仪文化理论形态的三部巨著《周礼》《仪礼》《礼记》合称为"三礼"。《周礼》侧重政治制度，《仪礼》侧重行为规范和具体仪节，而《礼记》则侧重阐明礼的作用和意义。"三礼"被列入儒家经典，受到历代统治者和学者的重视，不仅对中国文化产生了重大影响，而且对邻近的日本、韩国、朝鲜等

东亚国家的文化也产生了深远的影响。

(3) 封建礼仪阶段(公元前 772 年至 1911 年)。这一阶段主要是指从儒学的产生，到以儒学为基础的封建礼仪的形成、强盛和衰落时期。这一时期，以孔子为祖师的儒家学派逐步形成，礼仪成为儒家学派的核心——礼教。孔子对礼仪非常重视，把礼看作治国、安邦、平定天下的基础。他认为"不学礼，无以立"，"质胜文则野，文胜质则史。文质彬彬，然后君子"。他要求人们用礼的规范来约束自己的行为，要"非礼勿视，非礼勿听，非礼勿言，非礼勿动"。他倡导"仁者爱人"，强调人与人之间要有同情心，要相互关心，彼此尊重。在我国长达 2000 多年的封建社会里，礼仪一直为统治阶级所用，强调尊君抑臣、尊夫抑妇、尊父抑子、尊神抑人。

这一时期，礼仪的显著特征，就是把人们的行为纳入封建道德的范畴，将人们教化成"非礼勿视，非礼勿听，非礼勿言，非礼勿动"的"精神奴隶"。礼教文化是这个时期"礼"的核心和基本内容。

(4) 现代礼仪发展阶段(1911 年至今)。辛亥革命之后，受西方资产阶级"自由、平等、民主、博爱"思想的影响，与时代要求相契合的礼仪得到了继承、完善和传播，而那些繁文缛节则逐渐被淘汰，同时人们也接受了一些国际上通用的礼仪形式。这一时期的礼仪，体现了现代自由、平等的理念。中华人民共和国成立后，随着新型的社会关系和人际关系的确立，标志着我国礼仪进入了一个新的历史阶段。许多礼仪在内容和形式上都在不断变革，现代礼仪迈入了全新的发展时期。这一时期，确立了同志式的合作关系和互助精神以及男女平等的新型社会关系，而尊老爱幼、讲究信义、以诚待人、先人后己、礼尚往来等中国传统礼仪中的精华则得到了继承和发扬。随着社会的进步、科技的发展和国际交往的日益频繁，礼仪必将得到进一步的完善和发展。

2. 西方礼仪的起源和发展

西方国家非常重视礼仪，它们将礼仪视为个人进入文明社会和主流文化的"通行证"，是社会生活的"润滑剂"，是保障人们和谐相处和愉快生活的基础。因此，西方的礼仪体系也日益完善与成熟。人们熟知的英国绅士风度、法国的浪漫情调等，都是西方礼仪文化的典型体现。

爱琴海地区和希腊是亚欧大陆西方古典文明的发源地。大约自公元前 600 年起，爱琴海诸岛居民开始从事农业生产和海外贸易。此后，相继产生了克里特文明和迈锡尼文明。公元前 11 世纪，因《荷马史诗》而著名的古希腊时期被称为"荷马时代"。

《荷马史诗》由《伊利亚特》和《奥德赛》两部分组成。这部著名的叙事史诗主要描写特洛伊战争和希腊英雄奥德修斯的故事，具有强烈的人文主义色彩，它不仅表达了对神的敬畏，还有对人的思考，其中也有反映礼仪的文化，尤其是西方个人英雄主义及人们对英雄的尊敬与热爱，这些礼仪思想至今影响着西方思想文化。

古希腊哲学家对礼仪有许多精辟的论述。例如，苏格拉底(公元前 399 年去世)认为，哲学的使命不在于空说，而在于认识自我，他不仅教导人们要以礼待人，而且强调在生活中也要亲身实践。

1 世纪末至 5 世纪，是罗马帝国统治西欧的时期。其间，教育理论家昆体良撰写了《雄辩术原理》一书。书中讨论了罗马帝国的教育情况，并主张一个人的道德和礼仪教养

应从幼儿期开始培养。诗人奥维德在其诗作《爱的艺术》中，告诫青年不要贪杯，用餐时不要狼吞虎咽。

476年，西罗马帝国灭亡，欧洲开始了封建化的进程。12—17世纪，是欧洲封建社会的鼎盛时期。中世纪欧洲形成的封建等级制度，以土地关系为纽带。其间，制定了烦琐且严格的贵族礼仪、宫廷礼仪等。例如，12世纪写成的冰岛史诗——《埃达》，就详细地叙述了当时的用餐礼仪，如嘉宾贵客居上座、举杯祝酒的规矩等。

14—16世纪，欧洲进入文艺复兴时期。该时期涉及礼仪的著作有：意大利作家卡斯蒂利奥内编著的《侍臣论》，论述了从政成功与礼仪规范之间极其重要的关系；尼德兰人文主义者伊拉斯谟(约1466—1536年)撰写的《礼貌论》，着重论述了个人礼仪和进餐礼仪等，提醒人们注重道德、清洁卫生和外表美。英国哲学家弗朗西斯·培根(1561—1626年)指出，"一个人若有良好的礼仪，那对他的名声大有裨益"，并且，正如女王伊丽莎白所说，"那就像一封永久的推荐信"。

17—18世纪是欧洲资产阶级革命爆发的时代，如尼德兰革命、英国资产阶级革命和法国大革命。随着资本主义制度在欧洲的确立和发展，资本主义社会的礼仪逐渐取代了封建社会的礼仪，人们开始信奉"一切人生而自由、平等"的原则。但是资本主义和利己主义导致自由、平等只属于少数人，与此同时，时代的变革虽然使封建主义者失败，但是仍然有大量残余，因此双方妥协，资本主义礼仪文化在这时只是初步形成。不过，资本主义时代也编撰了大量礼仪著作。例如，英国资产阶级教育思想家约翰·洛克于1693年出版了《教育漫话》，系统、深入地论述了礼仪的地位、作用及礼仪教育的意义和方法。英国政治家切斯特菲尔德勋爵(1694—1773)在其著作《教子书》中指出，世界最低微、最贫穷的人都期待从一个绅士身上看到良好的教养，他们有此权利，因为他们在本性上与你一样，并不因为教育和财富比你低劣。同他们说话时，要非常谦逊、温和，否则他们会认为你骄傲而憎恨你。

西方现代学者编纂、出版了不少礼仪书籍，其中比较著名的如美国"现代成人教育之父"卡耐基编撰的《人性的弱点》《语言的突破》等。

总之，今天，各个国家和民族都形成了自己独具特色的礼仪与文化规范。英国人的绅士风度、法国人的浪漫情调、美国人的洒脱自由、日本人的性别差异等，已为世界所共知。与此同时，当今世界也形成了普遍认可和接受的礼仪习惯。个性与共性、特色与惯例共同构成当今世界的一道亮丽风景。

(五)社交礼仪的要领

社交礼仪，是指在人际交往、社会交往和国际交往活动中，用于表示尊重、亲善和友好的首选行为规范和惯用形式。社交礼仪是人类社会文明进步的产物，是人们社会交往活动的共同准则。社交礼仪涵盖了人类社会生活的各个方面。社会生活是千姿百态、丰富多彩的，相应的礼仪规则也是多样化、繁复多样的。这就要求人们应掌握社交礼仪的基本原理、基本要领，以便能够触类旁通，自如地运用。

社交礼仪的要领

1. 讲究信用

中华民族历来强调信用的重要性。在人与人之间的交往中，从古至今，信用都被看作极为重要的品质。儒家直接将信用视为重要美德（"仁""义""礼""智""信"）之一。孔子说"民无信不立""与朋友交，言而有信"，强调的正是守信用的重要性。这是社交礼仪中一个非常重要的原则。

人际交往中，信用的概念才有意义，人与人的交往离不开信用。现代人在进行交际活动的整个过程中，坚持信用原则，不仅可以展示自己良好的形象和声誉，还能使交际对象根据言论去判断其行动，进行正常的、长期的、稳定的交往。随着我国社会主义市场经济体制的不断完善，在社会生活的各个方面，信用的重要性日益凸显。现代人在社交中讲究信用，应注意以下几个方面。

(1) 要守时守约，如会晤、安排会议、执行协议、履行合同等都要守信，接受任务后必须如期完成，说到做到，言必信，行必果。

(2) 要诚实、自信。诚实是一种美德，以诚待人，是赢得信任的最佳途径；自信是获得信任的重要方法，自信的人可直接感染交际对象，使其消除疑虑。

(3) 不轻易许诺。不轻易许诺是守信用的重要保障，也是赢得他人信任的重要方法。否则，轻易许诺而不兑现，就会失信于人。

2. 追求平等

在社交中，坚持平等原则非常重要。平等是人与人之间建立情感的基础，是实现最佳交际效果的关键，是建立和维护良好人际关系的基础之一。心理学研究表明，人都有被爱和受人尊敬的需要，交友和受尊敬的渴望都非常强烈。人们渴望自立，成为家庭和社会中真正的一员，平等地与他人沟通。可以说，凡是正常人，都希望得到别人的平等对待。只有以平等的态度与人交往，不盛气凌人、不高人一等，给予他人充分的尊重，才能形成人与人之间的心理相容，产生愉悦、满足的情感，最终建立起和谐的人际关系。那么，如何实现平等交往呢？

(1) 要明确平等的真正含义，平等是相对的，而非绝对的。平等受自然条件和社会条件的限制，必须注意根据交际对象的不同(如政治、经济、文化和社会等方面的差异)采取不同的对待方式。

(2) 要尊重交际对象的人格，这是平等的前提。每个人都有自尊心，要维护自己独立的自尊不受侵犯。在现代社交中，只有尊重对方的人格，才能得到对方的理解和尊重，并营造出良好的人际关系氛围。那种以权势压人、自高自大、盛气凌人、"看人下菜碟"，甚至侮辱人的行为，都是与平等原则严重相悖，为公众所不齿。

(3) 要掌握平等交往的方法和技巧。例如，谈心法，真诚地表达内心的想法，用商量的语气交换意见、传递信息、讨论问题；求同存异法，通过各种活动，特别是双方都感兴趣的活动，寻求与对方的相互理解和共识，增强其认同感；交友法，像对待朋友那样平等地对待他人，关心、帮助、体谅、尊重对方，以诚相待，从而赢得其认同。

3. 把握好"度"

在社交中，施礼讲礼时要把握好"度"，要求适中，不能过分，正如古语所说："过犹不及"。这与穿衣戴帽一样，要求合体和谐，才显得得体顺眼。犹如驾车行船，要把握

好方向，快慢适中，这样才能够安全地到达目的地。社会生活中的人也需要不断地调整自己的心态、情绪，以平和之心应对外界的变化，如此才能正确地运用礼仪。具体来说，应注意以下几点。

(1) 恰如其分。要求言谈举止符合自己的身份和地位。"你听明白了吗？""你懂不懂？"之类的话常是长辈对晚辈、老师对学生说的话，如果是晚辈、学生对师长这样说，就显得不尊敬，甚至有无礼、狂妄之感。此外，还要注意讲礼应恰到好处。古语道，"礼貌过盛者，情必疏"，值得深思。过分刻板讲礼也会令人厌烦，恰如我们"机械照搬医学理论而两手就不敢用手摸面包"那样，刻板讲礼、过分拘谨，既没有必要，也违背了社交礼仪的基本宗旨。

(2) 要看场合。场合是社交礼仪最重要的背景，礼仪是为营造特定氛围服务的。因此讲礼就应注意场合，出席婚礼可以轻松、靓丽、幽默、面带微笑；出席丧礼就必须肃穆、凝重、沉稳、不苟言笑。再如服饰打扮，在家里身着休闲装，穿拖鞋，实属正常，但如此装扮进入机关、学校、办公室就不合适了。

(3) 要看对象。社交礼仪实际上是研究对不同的对象采取相应礼节的学问。一般而言，对上级、长辈、宾客应表现出尊敬，对下级、晚辈应保持稳重，对同事、同辈、朋友应保持随和。礼仪还应尊重民俗，某些行为对一类人是很得体的礼仪，但对另一类人可能就是失礼行为。例如，吻女性的手背对西方青年男子而言是得体的礼仪，但对中国男青年而言就不太妥当。

(4) 掌握分寸。礼仪的关键在于讲究适中，把握好分寸。例如，走亲访友时，带上一些水果、鲜花作为礼物是正常的；如果送去金银珠宝、现金等礼品，那就超出了"度"，甚至有行贿之嫌。"投之以桃，报之以李"本是富有人情味儿的礼尚往来，但如果"投之以重礼，报之以厚赠"那就可能变成商品交换式的行贿受贿，成为严重的悖礼行为。

【小贴士】

刺猬效应

两只相爱的刺猬，因寒冷而相拥在一起取暖。但是它们长长的刺却刺痛了彼此的身体，导致双方鲜血淋漓。无奈之下，它们只得保持足够的距离，默默忍受寒冷。但随着天气越来越冷，两只刺猬都难以忍受刺骨的寒风，它们下意识地再次靠近。经过一番努力，它们终于找到了一个最合适的距离：既能共享对方的温暖，又不至于刺伤彼此。

4. 尊敬为本

"治礼，敬为大""守礼莫若敬"。这是中国的古训，它们说明了礼的核心和本质就是尊重。要想让他人尊重自己，首先你必须自尊，更要知道尊重他人。一切社交礼仪的规则都是围绕自尊和尊重他人这个核心来制定的。

(1) 自尊。自尊是赢得他人尊重的基础，一个不懂自尊的人很可能被人鄙视。要自尊，就应自知、自省、自信、自强。自知意味着要有自知之明，了解自己的不足和弱点，知耻而后勇，知不足而求上进，这是人之常理。自省就是经常反省自己，检查自己的言行。效仿学古人"吾日三省吾身"，经常扪心自问："我的言行是否让人感到我是个自尊自重的人呢？是否让对方也感到我对他的尊重呢？"有则改之，无则加勉。自信意味着克服羞怯心理，相信自己能够处理好人际关系，有礼走遍天下，充满信心地开展社交活动，

走上社交成功之道。自强意味着坚信自己是生活的强者，树立吃苦耐劳、不畏艰险、顽强拼搏的奋斗精神，相信努力奋斗必定成功。这样才能赢得他人由衷的尊敬和礼遇。

(2) 尊人。尊重他人既是传统美德，也是社交礼仪的基本要求。我们要学会换位思考，"己所不欲，勿施于人"，将心比心，设身处地地为他人着想，急他人之所急。此外，还应注意"上交不谄，下交不骄"，既要锦上添花，更应雪中送炭。尊重上级、长辈是人之常情，但要把握好分寸，避免阿谀奉承、溜须拍马之嫌，以保持自己正直的人格。同时，尊重弱势群体，也要讲究适度，防止"以居高临下之态，行怜悯施舍之事"，从而伤人自尊。尊重他人，最要紧的是尊重他人的人格和劳动。[①]

戏弄使臣的恶果

5. 学会宽容

通常，交往双方的心理存在一定的距离，不相容的心理状态会导致思想隔阂，甚至关系僵化。要消除这种心理上的差异，增进人与人之间的和谐与信任，就必须怀有宽容之心。宽容要求人们既要严于律己，又要宽以待人，要多地容忍、体谅、理解他人，而不是求全责备、斤斤计较或过分苛求。只有宽容才能消除交际中的各种障碍，而不宽容的人，可能会得理

六尺巷

不饶人，导致人际关系恶化。共性存在于个性之中，人们应该维护和发展共性，通过理解和宽容来增强人们之间的凝聚力。因此，宽容、忍让是为人处世的最高境界，易于赢得他人的爱戴和敬重。正如孔子所说："宽则得众。"学会宽容要做到如下几点。

(1) 要做到宽容待人，就要将心比心，理解、体谅他人，不求全责备，不苛求对方十全十美，与对方和睦相处。在社交中，考虑交往对象的个性，理解其思想，不强求意见一致，多从对方的角度考虑问题，这是宽容的良好体现。正如美国"汽车大王"亨利·福特(Henry Ford)所说："如果成功有什么秘诀的话，那就是站在对方的立场上考虑问题。"

【小案例】

小刘悟出的道理

一家企业的公关人员小刘，说话办事井井有条，但他就是有一个缺点，凡是他看不惯的人，他都不想与之多说，结果得罪了不少客户。公关部经理对他说："我们两个人岁数相差二十多，性格差异更大，你好动，我好静，但这并不影响我们的合作，你想想这是为什么？"脑子灵活的小刘一听，便知道经理是在启发自己。他悟出一个道理：脾气、性情不同的人同样可以成为朋友。从那以后，他开始接纳个性特别的客户，并与他们友好往来，很快便赢得了客户的好感。

点评："礼之用，和为贵。"每个人生活的环境不同、性格不同、见解有别，就需要互相讲礼，理解、宽容以期达到和谐相处的境界。

(2) 严于律己。人缘好的人，几乎都具有对己严、对人宽的品质。现代人更应注意加强这方面的修养，与他人打交道时不苛求别人，而是以礼待人，遵守诺言。与别人发生矛盾时，首先从自己身上找原因。

---

① 林友华. 公关与礼仪[M]. 3 版. 北京：高等教育出版社，2008.

(六)社交礼仪的作用

加强礼仪教育,对于提升自身的修养和素质、促进社会主义精神文明建设、塑造良好形象、扩大社会交往、促进事业成功等都具有十分重要的作用。礼仪具有多个作用,主要有以下几个。

社交礼仪的作用

1. 弘扬礼仪传统

文明古老的中华民族,以其才智和勤奋,创造了人类历史上最灿烂的文化。中华民族素以"礼仪之邦"著称于世。几千年来,各族人民都创造了一整套独具特色的礼节、仪式、风尚、习俗、节令、规章和典制等,并为广大人民所喜爱和沿袭。这些礼仪习俗,都反映了我国民族的传统美德与优良品质,勾画了我国民族的历史风貌。

我国古代思想家、教育家都十分重视"礼"的教育。"礼"比较全面地规定了处理调整当时社会各种关系的准则和规范。春秋末期时,孔子就曾指出:"不学礼,无以立。"孔子小时候常做练习礼的游戏。"入太庙,每事问",后来还专程赴周向老子请教礼。他对于"礼"的研究下过不少功夫,认为周礼吸收了夏、商两代的经验并有所发展,是比较完备的,因此他说"吾从周"。孔子选取了士必须学习的礼制 17 篇,并编辑成《士礼》,也就是流传至今的《仪礼》。另外,孔子非常重视对学生日常行为方面的教育,他要求学生衣冠整齐,走有走的样子,坐有坐的姿势,为人处世要彬彬有礼、温文尔雅。《史记·孔子世家》中就说:"孔子以《诗》《书》《礼》《乐》教,弟子盖三千焉,身通六艺者七十有二人。"其中"六艺"指的是以"礼"为首的礼、乐、射、御、书、数。

《仪礼》《周礼》《礼记》合称为"三礼"。"三礼"是我国比较重要的礼仪论著。《礼记·曲礼》的第一句便是"毋不敬",意思是君子没有不恭敬、不严肃的。与此同时,文中还记载着对父母要"出必告,反必面",意思是出门告诉父母一声,回家要和父母打个照面问候一下;对老师应该是"从于先生,不越路而与人言""遭先生于道,趋而进"。

《三字经》是我国流传时间较长、范围较广、影响较大的一本启蒙教材,相传为南宋学者王应麟所著,它被人们誉为"古今奇书"和"袖里通鉴纲目"。《三字经》已经被翻译成英、法、俄等多种文字在国外流传,还被联合国教科文组织选作儿童道德教育丛书。书中写道:"为人子,方少时,亲师友,习礼仪。"意思是做儿女的,正当年少时,就要拜师访友,学习礼仪。清代李毓秀撰辑了一本《弟子规》,书中详细规定了学生在言谈举止方面的礼仪规范,其中有尊敬长者方面的要求,即"或饮食,或坐走,长者先,幼者后";有仪表方面的要求,即"冠必正,纽必结,袜与履,俱紧切";有仪态方面的要求,即"步从容,立端正,揖深圆,拜恭敬";有禁酒的要求,即"年方少,勿饮酒,饮酒醉,最为丑";有语言方面的要求,即"奸巧语,秽污词,市井气,切戒之"。此书在礼仪教育方面的内容是十分丰富、具体的。

在我国的历史上还流传着许多讲究礼仪的佳话,比如"廉蔺交欢"(讲究礼让)、"张良纳履"(尊老敬贤)、"程门立雪"(尊敬老师)、"管鲍之交"(交友之道)、"三顾茅庐"(待人以诚),这些故事广为流传,家喻户晓,对现在的人仍有很大的教育意义。

古代生活礼仪有哪些?

我国近现代历史上有许多伟大人物，他们在礼仪修养上堪称楷模，修养十分深厚，他们的作风、态度、处事、举手投足都成为我们学习的榜样。如周恩来总理是世界公认的有风度的领导人和外交家，他的一举一动都给人留下了深刻的印象，人们用"富有魅力""无与伦比"等优美的词语来赞美他的翩翩风度。外事活动中，周恩来总理十分注重礼节。他病重时，由于足部过度肿胀穿不上原来的鞋子，只能穿拖鞋走路，工作人员心疼周总理，让他穿着拖鞋参加外事活动，认为外宾是能够理解的，但总理不同意。他说："这不行，要讲个礼貌嘛！"于是，他请工作人员为他特制了一双鞋，留着接见外宾时穿。周恩来总理在外事活动中注重礼节，得到了外宾的高度评价。

由此可见，按照礼仪要求规范我们的行为，对继承我国礼仪传统、弘扬我国优良的礼仪文化，具有十分重要的作用。

2. 塑造良好形象

(1) 有利于塑造个人形象。先讲一个礼仪小故事，这个刊登在《故事会》杂志上的"三分钟典藏故事"颇值得回味。

【小故事】

小节的象征

一位先生要雇用一个没带任何介绍信的小伙子到他的办公室工作，先生的朋友对此感到很奇怪。这位先生说："其实，他带来了不止一封介绍信。你看，他在进门前先蹭掉脚上的泥土，进门后又先脱帽，并随手关上了门，这说明他很懂礼貌，做事很仔细；当看到那位残疾老人时，他立即起身让座，这表明他心地善良，知道体贴别人；那本书是我故意放在地上的，所有的应试者都不屑一顾，只有他俯身捡起，放在桌上；当我和他交谈时，我发现他衣着整洁，头发梳得整整齐齐，指甲修得干干净净，谈吐温文尔雅，思维十分敏捷。怎么，难道你不认为这些小细节是极好的介绍信吗？"

讲究礼仪能够塑造个人的良好形象，并对个人的成功起到至关重要的作用。个人形象，是指一个人的相貌、身高、体形、服饰、语言、行为举止、气质风度及文化素质等方面的综合表现。这其中有先天要素，但更多的要素是需要我们通过后天不断努力来加以完善和提高的。礼仪在上述诸方面都有详尽的规范，因此学习礼仪、运用礼仪，无疑有利于人们更好地、更规范地设计个人形象，维护个人形象，有利于更好地、更充分地展示个人的良好修养与优雅的风度。

首先，遵守社交礼仪可以给人留下良好的第一印象。众所周知，在人际交往中存在着"首因效应"，即人们在日常生活中初次接触某人、某物、某事时所产生的第一印象，这种印象通常会在对该人、该物、该事的认知方面发挥显著的甚至是决定性的作用。在人际交往中，这种认知往往直接制约着交往双方的关系。美国推销学会的统计显示，在第一次接触时决定推销成功的因素中，形象占 55%，声音占 38%，内容仅占 7%。由此可见，在现代社交中，可能前 30 秒、10 秒，甚至 3 秒都能决定你的工作、交际的成败。充分认识到这一点，我们就不难理解社交礼仪对树立良好第一印象所起的关键作用，从而在学习和工作中能更有效地运用社交礼仪。

其次，遵守社交礼仪可以充分展示个人良好的教养与优雅的风度。可以说，礼仪是教

养的体现，有道德才能高尚，有教养才能文明。也就是说，通过一个人对礼仪的运用程度，可以看出其教养的高低、文明的程度和道德的水准。

可见，"用高尚的精神塑造人"，学习并运用并能够展示出现代人的良好形象。个人形象，归根结底，是由人的身材、长相、服饰打扮及姿态、风度构成的，是一个人精神面貌和内在素质的外在表现。身材、长相是天生的，而服饰打扮及仪态、风度却是可以通过后天培养的。一个人的外在美固然能引人注目，但只有将外在美与内在美结合起来，个人的魅力才能持久不衰。社交礼仪不仅要求现代人注重仪容仪表，还强调现代人要培养良好的语言和行为习惯，遵守社会公德及法律法规，使自己的行为符合社会规范。

最后，遵守社交礼仪可以更好地向交往对象表示尊敬、友好之意，并赢得对方的好感。"礼仪"中的"礼"字蕴含着敬意、尊敬、崇敬之意，多用于对他人的尊重，体现着一个人对他人和社会的认知水平、尊重程度，是一个人的学识、修养和价值的外在表现。一个人只有尊重他人，才会被他人尊重。人与人之间的和谐关系，也只有在这种互相尊重的环境中，才能逐步建立起来。这是礼仪的重点和核心，是对待他人的诸多做法中最重要的一条。要做到敬人之心常存，处处不可失敬于人，不可伤害他人的尊严，更不能侮辱对方的人格。掌握了这一点，就等于掌握了礼仪的精髓。

修养的作用

(2) 有利于塑造组织形象。良好的组织形象是所有组织一致追求的目标，组织形象的塑造时时都需要礼仪的体现。比如，你想和某一单位联系业务，当你拨打对方办公室的电话无人接听或铃响五六声之后才有人接听时，你会对该单位产生一种印象——工作效率不高、制度不健全或员工素质差等。反之，当你一拨电话，就听到对方和蔼可亲的问候、得体的称谓、礼貌的语言、简洁干练的回答、热情的接待，你立即会有一种莫名的好感。

组织形象常常是在不经意间体现并塑造出来的。整洁优雅的环境，宽敞明亮、井然有序的办公室，独具个性、富有哲理的价值观，色彩柔和的服饰，彬彬有礼的员工，特色鲜明的广告等，都会给公众留下深刻的印象。礼仪则是通过组织员工的仪容仪表、言谈举止、礼貌礼节、仪式及活动过程表现出来的，它是塑造组织形象的基石。任何不讲究礼仪的组织，都不可能获得良好的社会形象。

组织通过各种规范的礼仪，还可以激发员工对组织的自豪感，增强组织的凝聚力和向心力。如日本松下公司创作了自己的"松下之歌""松下社训"，每天八点钟，遍布各地的松下公司就组织员工一起高唱松下之歌，使每一名员工都以自己是松下的员工而感到自豪。目前，我国的许多组织通过统一组织标识、统一组织服装、统一色彩等塑造组织统一的社会形象，使组织的员工自觉地维护组织的形象；还有许多组织通过开业庆典、周年纪念、表彰大会等仪式，激发员工对本组织的了解和热爱，加深感情，增强组织的凝聚力和向心力。由此可见，社交礼仪在塑造组织形象中的作用是不可忽视的。

(3) 有利于塑造职业形象。职业形象是行业或组织的精神及文化理念与从业人员个体形象的有机融合，是个性化与规范化的统一。不同的行业和组织都有其独特的文化和理念，这就要求从业人员的个人形象必须与组织形象保持一致，其个性的展现必须符合组织的要求。另外，职业形象必须是个体形象与组织形象的有机结合，不同行业的工作人员，其个体形象必须满足特定职业角色的要求。每一个现代人都应该树立与之相适应的职业理想、职业

换钞

道德、职业信念，并应具备与行业要求相吻合的职业素质、职业气质和职业仪表。

著名的形象顾问弗兰克(Frank)曾经说过，你在职场中的威信，有一半来自别人如何看待你。在竞争激烈的现代商业社会中，现代人要想在职场中脱颖而出，就必须与各种人打交道，这就必须学会如何与人相处。社交礼仪的本质在于按照规范与人交往。如果你的服饰打扮不符合要求，别人可能会拒绝与你为伍；如果你的举止谈吐粗俗，别人可能会对你敬而远之；如果你不尊重别人的宗教习俗，你就可能会不受欢迎。而良好的礼仪可以更好地向对方展示自己的长处和优势，它往往决定了机会是否降临。为他人服务并非易事。要赢得社会的认同和尊重，就必须不断地学习，提升自己的素质，树立良好的职业形象，这一点至关重要。

(4) 有利于塑造国家形象。一个国家的实力由硬实力和软实力构成。硬实力，是指国家的 GDP、科技实力、军事实力等；软实力则涵盖了文化、文明礼仪及修养素质等精神要素。哈佛大学肯尼迪政府学院前院长约瑟夫·奈(Joseph Nye)教授认为，可以将软实力表述为一个国家的文化、价值观念、社会制度、发展模式的国际影响力与吸引力。如果软实力得到良好发挥，国家的文化就更容易被其他国家接受，文化辐射力更强，国家的政策也更容易被别人理解，对外交往遇到的障碍就会相对减少。随着改革开放的不断深入及中国国力的增强，世界对中国的关注也在增加，可以说，全球都在分析和关注中国。因此，每当我们走出国门，无论是个人还是公司，都应严格遵守道德和文明礼仪规范，因为这关系到整个国家的形象问题。

一个国家的公民道德素质和文明礼仪关系到国家的对外信誉，影响整个民族、整个国家的对外形象。随着我国进一步融入世界经济体系，对外开放的不断扩大，我国与世界各国的交往日益频繁，各类人员涉外服务也随之增多。我们的一言一行、一举一动都代表着国家的形象。"中国"的"国"字中蕴含着"玉"，我们要无愧于这个名字。

3. 提高道德水平

道德是社会调整人与人之间，以及个人与社会之间关系的行为规范的总和。道德包括社会公德、职业道德、家庭伦理道德三个方面。道德通过善与恶、正义与非正义、公正与偏私、诚实与伪善等概念来规范人们的行为，调整人们之间的关系。道德通过教育、说服、诱导，以及社会舆论的力量，促使人们逐渐形成一定的信念、习惯、传统并发挥作用。礼仪与道德有着密切的联系，礼仪是人类为了维护社会的正常运转而共同遵守的基本道德行为规范。注重社交礼仪对提升道德水平具有重要作用。

(1) 遵守社会公德。社会公德是指一个社会中所有成员必须遵循的，用以维护社会正常生活秩序的行为规范的总和。它是人们最基本的公共生活准则，是人类生活和人际关系中的一个根本问题。

社会公德也是社会文明程度的重要标志。它是人类世世代代调整公共生活中人与社会关系的经验的结晶，是人们通过长期社会实践形成的，为了共同利益而代代相传和不断完善的优良传统。它最突出的特点是，在不同的国家和地区，社会公德是相同的。它反映了人类追求文明与进步的共同需求。

社会公德的内容十分丰富，它涉及人类社会生活的各个方面。总结起来，其主要包括以下三个方面：①反映人们共同利益的道德规范，如我国的"五爱"公德，即爱祖国、爱

人民、爱劳动、爱科学、爱社会主义；②人道主义精神，如尊重国家主权、领土完整、尊重人权，保护妇女、儿童、老人、残疾人的合法权益，维护世界和平，支持人类进步事业，进行人道主义救援等；③人类共同行为准则，如相互尊重、礼貌待人，诚实守信、言行一致，遵守公共秩序和公共安全规则，举止文明，爱护公物，保护环境，维护公共卫生，遵纪守法，见义勇为，等等。

社会公德就像一个道德天平，时时刻刻都在衡量社会中的真、善、美，假、恶、丑。美国著名社会学家 A. 英格尔斯(Alex Inkeles)认为，一个国家，只有当它的人民是现代人，它的国民心理和行为上都转变为现代的人格，它的现代政治、经济和文化管理中的工作人员都获得了某种与现代化发展相适应的现代性，这样的国家方可称为真正现代化的国家。然而，种种违背社会公德的不文明行为还大量存在，如在公共场所吸烟的现象屡禁不止，挤公共汽车、出口伤人、随地吐痰、乱扔杂物等现象也时有发生。礼仪不仅是对社会生活的要求，也是每个人乃至整个民族文明的体现。总之，人们的这些非礼仪之举反映出来的是人们公民意识和公德水平的缺失。

由此可见，公民意识和公德水平是人的现代化素质的核心内容。目前，我国正处于由传统向现代转变的社会时期，社会过程的顺利实现，最终依赖于人们素养的现代化，依赖于最具有现代化素养的人，因此，每个人都应把自己的道德水平与民族的利益自觉联系起来，这样就会产生一种使命感，就会充分认识到提高自身公民意识的意义，主动追求道德水平的提升。在此，有两个"方子"可以作为参考：一是治本之方，提高和强化自己的公民意识；二是治标之术，从身边的小事做起，时时处处都讲究礼仪。

(2) 遵守职业道德。每一种职业都有其道德规范，都有该职业从业者所必须了解、掌握并身体力行的各种行为规范。所谓职业道德，就是指各类职员在从事职业活动中所必须遵守的各种行为规范的总和。

职业道德与社会公德息息相关，从某种意义上说，职业道德是社会公德的有机组成部分，二者在内容上有许多重合之处。各种职业道德都包含着社会公德的因素，如热情周到、以礼相待、诚实待人等，这些既是职业道德的要求，也是社会公德的内容。

职业道德是人们在长期的职业活动中逐渐总结、积累起来的，它对于协调社会组织与职员之间的关系，约束和规范职业工作者的思想观念和行为，乃至调整职业之间的关系，都起着重要作用。它也是提高社会文明程度的一个重要因素。然而，当今社会各行各业的职业工作者或多或少都存在背离职业标准的不文明行为。在发展社会主义市场经济的今天，市场竞争日趋激烈，人们的价值观念发生了很大变化，在名誉、金钱和物欲面前，许多人的道德天平出现了倾斜。这样一来，有的人亵渎了职业的尊严和荣誉；有的人不仅丧失了自身的人格，还污染了社会风气。比如，医务工作者收受患者的红包，国家公务人员收受贿赂、以权谋私，教师体罚学生，运动员服用兴奋剂，商人弄虚作假、以次充好，等等，都是违反职业道德的行为。

良好的礼仪能体现人高尚的道德修养，从而赢得人们的尊重和好感。实际上，只有那些具有良好道德修养的人，才会展现出得体的礼仪形式和迷人的仪表风度。《北京青年报》曾报道北京百货大楼已故全国劳动模范张秉贵的感人事迹，便充分证明了这一点。

职业道德的典范
——张秉贵

道德与礼仪相辅相成，践行礼仪是高尚道德的体现。礼仪不是做作的、生硬的模式，

它的原动力是高尚的道德。

职业道德的内容因职业不同而有所差异，但无论从事何种职业，都必须忠于职守，爱岗敬业，热情服务，诚实待人，讲求信誉，尊重人权，无私奉献，不谋私利，作风端正，态度和蔼，廉洁奉公，遵纪守法，文明礼貌，互敬互助，谦虚谨慎等。目前，我国各行各业都制定了相应的职业道德规范，如教师职业道德规范、全国职工守则、医生职业道德规范、公务员职业道德规范、科技工作者职业道德规范、商业工作者职业道德规范、新闻工作者职业道德规范、服务行业职业道德规范、外事工作者职业道德规范、学生守则、城市市民守则等。由此我们不难看出，讲究礼仪是职业道德的基本要求。只有掌握一定的礼仪规范，才能提升职业道德修养。

(3) 遵守家庭伦理道德。人们在长期的社会交往中，约定俗成地遵守一套为大家所公认的行为准则和规范，这些行为准则和规范构成了礼仪制度和礼仪内容。在漫长的社会发展进程中，它们有的是统治者以礼制的形式固定下来的，有的则是人民群众从自身的生存和发展需求出发而逐步形成的道德观念、道德规范。尽管如此，传统礼制与农耕民族的文化心理、文化性格、政治信仰、宗教信仰等仍存在着千丝万缕的联系，人们的伦理道德规范和道德标准无不带有阶级和时代的烙印。

中国传统礼制中的伦理道德主要体现在三个方面：一是提倡尊老爱幼，二是遵守忠君孝亲、尊卑贵贱的等级制度，三是维护人伦关系。中国传统的伦理道德既有其消极的因素，同时也有其积极的因素。至今，这些伦理道德观念依然对中国产生了深远的影响。例如，战国时期，孟子提出这样一种道德观："老吾老，以及人之老；幼吾幼，以及人之幼。"他要求人们既要尊敬自己的长辈和爱护自己的后人，与此同时，还要像尊敬自己的长辈和爱护自己的后人那样去尊敬别人的长辈、爱护别人的后人。人们之间应相互尊重、和睦相处。另外，人们仍然以各种礼仪方式祭奠亡灵，人们对婚外恋情和乱伦深恶痛绝，等级观念仍然根深蒂固。

在日常生活中，我们应吸收传统伦理道德中的合理成分，提倡人人平等、尊老爱幼，弘扬家庭美德等。家庭美德的核心就是尊老爱幼，礼仪就是表达家庭美德的窗口。

行为心表，言为心声。讲究礼仪是人们在社会交往中互相尊重、联络感情、增进友谊的行为，也是加强道德修养的需要，它是人们道德修养的外在表现。只有加强道德修养，才能使"礼仪"这种行为更加持久、更加规范、更加深入人心。俗话说，治标先治本，知书才能达礼。一方面，我们要不断学习，提高自身的文化知识和素养，做有道德、有修养、有文化、有知识的现代人；另一方面，我们还应通过各种形式营造一个文明的生活环境、社会环境，使人们生活在整洁幽雅、文明健康的社会中，培养并提高人们的文明意识。

"你在家里对你的父母说过谢吗？"

(七)社交礼仪的修养

"礼敬得人，轻慢失人"，对个人而言，礼仪影响着交际的顺利进行。美国一些公司的行政人员和专业人士认为，职员仅具备专业技能是不够的，还需要在交际场合表现得体，掌握一定的礼仪知识。比如，坚定而友好的握手、亲切的微笑、能记住初识者的姓名等，都可以使你在众人中脱颖而出。美国的许多大企业已经认识到，员工的礼仪直接影响

公司业务的扩展。

完美周到的礼仪似熏风醇酒，令人心旷神怡，不仅能使已有的关系得以维系和发展，还能吸引更多的合作伙伴。各种礼节礼仪，看似是些烦琐且微不足道的小节，不值一提。但若一旦忽视，也并非"无伤大雅"。事实上，不遵守礼仪，不知不觉中影响人际关系，导致交往出现不愉快、不和谐，甚至中断合作的情况也并不少见，真可谓因小失大。在一些特定的交际场合，是否讲究礼仪还反映出个人的文明素养乃至国家的文明水平。可见，细节也同样不可忽视。

习礼而后谙熟此道，关注一些细微之处，就会有意想不到的收获。它能激发交际对象内心的愉悦，赢得友谊和尊重，有助于我们更好地明白事理和人情，实现交际的成功。礼仪就如同交际的通行证，通晓不同民族、不同场合、不同对象的交际礼仪，就如同获得这张通行证。

社交礼仪的修养，是指一个人在交际实践活动中，根据一定的社交礼仪原则和规范自觉地进行学习和锻炼，以培养出一种时刻在各种情境下都按照礼仪要求待人接物的行为习惯。

1. 社交礼仪的修养的内容

社交礼仪的修养包含多方面的内容，概括起来主要有以下几方面。

(1) 道德品质修养。社交礼仪行为从广义上说，是一种道德行为。因此，一方面，一个人要想拥有一种高尚的道德品质，就应在日常生活中遵循社交礼仪规范，并从这个最基础的层面做起；另一方面，只有那些始终注重道德修养的人，才能将社交礼仪活动转化为一种自觉的、具有道德意义的行为。由此可见，道德品质修养与社交礼仪行为的培养是相辅相成、统一的过程，社交礼仪中处处渗透并体现了一定的道德精神，一个人若想在社交礼仪方面达到较高的水平，脱离道德品质修养是不可能的。

(2) 文化知识修养。社交礼仪的内涵丰富而深刻，且和许多学科都有着密切的联系，一个人只有拥有广博的文化知识，才能深刻地理解社交礼仪的原则和规范。例如，学习民俗学可以使我们更好地了解一个民族的文化传统和风土人情；学习美学可以使我们更好地理解美与丑，以及如何实现内在美与外在美的和谐统一；学习心理学可以帮助我们更好地理解和尊重他人的人格和情感，提升自我控制能力；学习公共关系学可以让我们掌握协调沟通、塑造组织形象和个人形象的技巧等。因此，重视文化知识的学习，对于提升社交礼仪修养至关重要。

【小贴士】

诗礼传家

《论语·季氏》记载了这样一个故事，孔子的学生陈亢问孔子的儿子孔鲤："您是老师的儿子，一定得到过特殊的传授吧？"孔鲤回答说："父亲对我的教育，其实和大家一样。如果一定要说有单独的传授，那只有两次。"

有一天，他老人家独自站在庭院中，我从他面前经过，他问我："学诗了吗？"我回答说："没有。"他说："不学习诗，就不会说出有文采的话。"于是我开始学习诗。

不久后，他又站在庭院中，我又从他面前经过，他问我："学礼了吗？"我说："没

有。"他说："不学礼，就不能在社会上立足。"于是，我又开始学礼。我独自听到父亲的教导，就这两次。

陈亢听后高兴地说："我问了一件事，却懂得了三件事，我知道了诗、礼的用处，知道了君子要求孩子继承的家风是诗和礼。"

因此，历代文人学士都将诗和礼作为立身、传家之宝，普通老百姓也把"知书达礼"作为有知识、有教养的标准，希望子女不断地努力学习并达到。

(3) 心理素质的修养。一个人的心理素质会直接影响交际结果。一个具有良好心理素质的人在交际活动中遇到各种困难和情况时，都能始终保持沉着、稳定的心理状态，根据所掌握的信息，迅速采取最合理的行为方式，化险为夷，争取主动；相反，一些缺乏良好心理素质的人，在参加重大交际活动前，常会感到惊慌失措、心神不宁，有的在交际活动开始后，甚至会出现心跳加速、四肢颤抖、说话声调不正常的现象。这充分说明拥有良好的心理素质，是顺利进行交际活动、完美地运用社交礼仪形式的重要因素。因此，心理素质的培养也应成为礼仪修养的一个重要方面。

(4) 行为习惯的养成。习惯在人们的生活中扮演着重要的角色，它是一个人后天养成的行为模式，在特定情况下自动地进行某些动作的倾向。社交礼仪是交际生活中的一种行为模式，这种行为模式需要通过长期的自觉练习，并形成习惯，以便在交际活动中更好地发挥作用。社交礼仪的修养，归根结底，是一个人自觉行为习惯的形成过程。检验一个人礼仪修养如何，很重要的一条就是看他是否已经将社交礼仪规范化，并内化为个性的一部分，是否能在各种交际场合自然而然地遵守礼仪规范。如果一个人仅会生硬地模仿几个礼仪动作，并且在日常的交际活动中依然我行我素，违背礼仪规范，那只能说明此人缺乏真正的礼仪修养。

2. 社交礼仪的修养的方法

社交礼仪的修养不仅包括对礼仪的学习、练习，还涉及将所学礼仪转化为一种习惯或品行的过程，这需要持续的努力。一般来说，应侧重于知、情、意、行的统一，并运用以下方法。[①]

(1) 树立学习礼仪的意识。在明确礼仪重要性的基础上，最关键的就是树立长期的"习礼意识"，处处留心，时刻注意。礼仪是社会文化沉淀的外在表现，经历了传承与变迁，它的习得首先是个体"社会化"的过程，依赖于传统、模仿、环境影响以及在交际实践中的不断学习与探索。同时，社会方面可以通过开设礼仪培训学校、短期培训班，或利用电视、广播、自媒体等传播媒介开展专题讲座，发挥大众传媒的示范作用，这些都是人们学习礼仪的有效途径。

(2) 培养尊重他人的情感。在礼仪教育的过程中，情感是连接认知与行动的桥梁。培养情感意味着激发受教育者内心对他的尊重，能够时时、处处替他人考虑，对人始终保持一种热情友好的态度。我们大概都有过这样的体验，在交际活动中，如果遇到一个热情而诚恳的人，就能与其建立起一种良好的关系；相反，如果碰到一个冷漠或虚情假意的人，则很难营造一种

一小叠纸

---

① 何浩然. 中外礼仪[M]. 4版. 大连：东北财经大学出版社，2020.

融洽的交流氛围。一个人能迅速掌握礼仪知识，但若缺少对他人的情感，那么这些礼仪形式便无法得到完美的展现，最终沦为"没有灵魂的躯壳"。因此可以看出，情感比知识更具有持久性，改变情感比改变知识更为困难，因此，培养尊重他人的情感是礼仪教育中一项更为艰巨的任务。

(3) 锻炼执行礼仪的意志力。要使礼仪规范变成自觉的行为，没有坚韧不拔的意志是不可能实现的。意志坚强的人能有效控制自己的言行，即使在逆境中也能不畏艰难、始终按照自己的信念待人接物。与此同时，还要有意识地摒弃不符合礼仪的旧习惯，培养遵守礼仪的新习惯。

习惯是一个人行为方式的自动化表现，它不需要深思熟虑和意志上的努力。一个人的行为习惯是其观念、态度、意识的表现。习性一旦形成，就具有一定的稳定性，但通过意志力的使用可以改变它。因此，不该以"习惯成自然"为由，容忍那些不合礼仪的坏习惯，而应从思想上重视，加强"礼仪意识"，牢记坚强的意志是实现礼仪规范的精神力量。

一个小本子

(4) 养成遵循礼仪的行为习惯。礼仪规范是为维护社会生活的稳定而形成和存在的，实际上反映了人们的共同利益。社会上的每个成员不论身份高低、职位大小、财富多寡，都有自觉遵守、应用礼仪的义务，都要用礼仪去规范自己的言行举止。如果违反了礼仪规范，就会受到社会舆论的批评，也会影响交际的成功。例如，以苏联领导人赫鲁晓夫为例。他在一次联合国会议上为了让会场安静，竟然脱下鞋子，并用鞋子敲打会议桌子。他的这种举止显然违反了礼仪规范，还有损他个人及苏联的国际形象。结果联合国决定对苏联代表团处以一万美元的罚款。由此可见，违背社交礼仪的原则是不行的。

【小训练】

自测修养

你可以通过以下问题进行自我测试，了解自己的修养水平。对于每个问题，只要用"是"或"不是"来回答即可。

(1) 你是否对待商店里的销售人员或饭店的服务员像对待朋友一样很有礼貌呢？

(2) 你是不是很容易就生气？

(3) 如果有人赞美你，你是不是会向他说"谢谢"呢？

(4) 有人尴尬不堪时，你是不是觉得很有趣？

(5) 你是不是很容易露出笑容，甚至是在陌生人的面前？

(6) 你是不是会关心别人的幸福和舒适？

(7) 在你的谈话和信件中，你是不是时常提到自己？

(8) 你是不是认为礼貌对于一个男子无足轻重？

(9) 与他人交谈时，你是不是一直在注意对方的反应？

自测修养答案

课 后 练 习

1. 运用判断

(1) 根据交往使用的符号分类，社交可分为语言交往和非语言交往。　　（　　）

(2) 尊重是礼仪的本质。 （　）

(3) 礼节是指人们社会交往过程中良好的言谈和行为。 （　）

(4) 礼仪既有社交礼仪、商务礼仪、涉外礼仪等类型，也有古代礼仪与现代礼仪的分类。这说明礼仪具有国际性。 （　）

(5) 法语"Etiquette"一词是指"人际交往的通行证"。 （　）

2. 简要回答

(1) 什么是社交？它有哪些特点？

(2) 礼仪包括哪些内容？都有何特征？

(3) 应掌握哪些社交礼仪的要领？

(4) 社交礼仪有哪些作用？

(5) 怎样加强社交礼仪的修养？

3. 案例分析

扫描二维码，阅读案例原文，然后回答每个案例后面的问题。

案例分析题原文

4. 思考训练

(1) 讨论并分析大学生，尤其是职业技术学院的学生掌握礼仪礼节的重要意义。

(2) 调查本校学生社交礼仪缺失的现状，并分析原因，提出改善措施。

(3) 列举近一周发生在你身边不符合交际礼仪规范的 5 个小例子，并分析其问题所在及其改进办法。

(4) 收集一两则中国古代有关文明礼貌的佳话，并向周围的人宣讲。

(5) 向大家介绍一段你周围的人继承中华民族礼节、礼仪及传统美德的故事。

(6) 讨论并分析社交礼仪与职业道德有怎样的关系。

(7) 观看电影《公主日记》《窈窕绅士》，总结主人公"从麻雀变凤凰"过程中的诸多礼仪元素及其礼仪修养方法。

(8) 请指出以下人员存在的礼仪问题。

① 小王邋里邋遢地站在总经理办公室门前，头发乱蓬蓬的，西装也皱皱巴巴，刚一进门就被秘书小姐赶出了办公室。

② 小李坐在接待室等待顾客，不耐烦地走来走去，还不时地翻看接待室的物品。顾客一进来他就迫不及待地开始推销产品，顾客都没有机会插上一句话。

③ 拥挤的公共汽车上，小张因一点小事就和一个乘客争吵起来。他气呼呼地赶到顾客那儿，发现顾客是刚才和自己在车上争吵的那个人。

④ 小刘是酒店前厅的接待小姐，客人登记住店时，看了房价后无意中说了一句："这么高的房价？你们的房价为什么这么高呢？"小刘回答："本来比这个价格还要高，看你不是经商的，这已经给你打折了。"客人听后极为不悦，转身离开了酒店。

⑤ 居民区苏小姐正在忙家务，这时门铃响了，她打开门，迎面站立的是一位戴墨镜的年轻男士。苏小姐问："您是……"男士没有摘下墨镜，而是从口袋里摸出一张名片："我是保险公司的。"苏小姐接过名片看了看，不错，他的确是保险公司的，但这位男士的形象让她反感，苏小姐便说："对不起，我们不打算买保险。"说着就要关门，而这位

男士动作非常敏捷，已将一只脚迈进门内，并且挤了进来，还一副极不礼貌的样子，在屋内打量："你们家的房子装修得这么漂亮，真令人羡慕。可天有不测风云，万一发生个火灾什么的，损失就大了，不如现在你就买份保险……"苏小姐越听越生气，光天化日之下，竟然有人硬闯进门来诅咒她的房子着火，于是，她把年轻男子轰了出去。[①]

(9) B 商业集团公司新员工培训班上，培训讲师要求每位新员工评估自己的社交状况，如果你是培训班学员之一，请如实填写新员工社交状况自我评估表(见表 0-2)。

表 0-2　新员工社交状况自我评估

类　型	姓　名	职　业	社会地位	经济状况	主要活动方式	人　品	备　注
非常亲密							
亲密							
一般							
差							

5. 实训项目

日常礼仪行为养成实训

实训目标：了解礼仪的基本知识和规范，遵循礼仪的基本原则，并在日常生活、学习、工作中养成良好的礼仪习惯。

实训课时：从开学第一周至第十五周的课外时间，第十六周进行全班总结，共 2 课时。

实训地点：教室、宿舍、食堂、图书馆等公共场所。

实训内容：学习礼仪修养的基本知识和规范；从第一节课后起，每天在教室、寝室、食堂、图书馆等公共场所，将课堂所学礼仪知识运用于实践，进行待人接物，培养礼仪的学习。

课程思政指南

课程思政的内涵

2016 年 12 月，习近平总书记在全国高校思想政治工作会议上强调："要坚持把立德

---

① 胡详鸿. 礼仪：销售人员的第一课[J]. 现代营销(经营版)，2010(1)：42-43.

树人作为中心环节，把思想政治工作贯穿教育教学全过程，实现全程育人、全方位育人，努力开创我国高等教育事业发展新局面。"为"实现全程育人、全方位育人"的战略目标，一方面，高校继续坚持思想政治理论课程在思政教育中的核心地位，发挥思政教育的主战场作用；另一方面，加强其他课程的德育内涵，以思政为基础设计教学内容，探索教学改革之路，发挥课程思政的价值及引领作用。

由此可见，"课程思政"是将非思政课与思想政治课同心同行，合力协同，实现"专业培养"与"立德树人"二者相辅相成、相得益彰的教育理念。

项目一 个人形象礼仪

心理学研究表明，人与人之间的沟通效果和信任度主要源自语言、语调和形象这三个方面。它们重要性的占比分别是：语言只占7%；语调占38%；视觉(形象)则高达55%。因此形象对每个人有着举足轻重的作用。那么，什么是形象？形象就是外界对我们的总体印象和评价。大家普遍认可形象的重要性，如形象就是宣传，形象就是效益，形象就是服务，形象就是生命，形象至关重要。

在人际交往中，心理学家认为最能给人留下第一印象的是人的外在形象，尤其是在初次交往中，第一印象是至关重要的，往往影响双方关系的走向。在人际交往中，以仪容、着装、仪态为主的外在形象能够带来好的交际效果，这是因为以下两点：第一，人的外在表现能够激发他人的好感，留下良好的第一印象；第二，人的内在素质确实能在很大程度上通过外在表现得到展现。

个人形象的塑造存在两种倾向：一种倾向认为，人的魅力与美源于人的内在，因此内在修养至关重要，而外在形象则不用过分关注；另一种倾向则认为，外在形象、魅力对每个人的成功至关重要，应当时刻关注自己的外在形象。你认为这两种观点哪个更有道理？实际上，人不能只顾外表而不重内在，内在素质、气质、心灵、智慧才是人的魅力与成功的核心要素，然而外在形象也至关重要。一个明智且追求完美的人应当同时注重内在素质和外在形象。当然，从实用角度或成功技巧角度来说，外在形象是展示内在素质和促进成功的一种技艺和能力。

在社会交往日益频繁的今天，个人形象礼仪变得比任何历史时期都更为重要。如何塑造一个彬彬有礼、风度翩翩、气质高雅的良好个人形象，是每个渴望发展、期待成功的人士迫切需要了解和掌握的。因此，学习个人形象礼仪，不仅有助于彰显自信与尊严，赢得他人信赖，还能使人际交往更为高效，进而促进个人事业取得成功。

任务1 仪 容 礼 仪

当窗理云鬓，对镜帖花黄。

——【南北朝】《木兰诗》

学习目标

知识目标：掌握仪容的基本要求；了解皮肤的类型及其保养方法。

能力目标：能够根据自身特点修饰和美化仪容；熟练进行适宜的化妆；根据个人特点选择合适的发型，确保发型美观；掌握正确的美体方法。

思政目标：在日常工作和生活中自觉维护个人形象；提升审美水平，有针对性地修饰和美化仪容；不断提升个人审美能力与整体形象。

任务导入

小吴的新形象

小吴是某高校文秘专业的优秀毕业生，毕业后在一家公司做文员。为满足工作需要，上班时，她果断放弃了"清纯少女妆"，化起了整洁、漂亮、端庄的"白领丽人妆"：使用持久不脱色的粉底液，修饰自然、稍带棱角的眉毛，与服装色系搭配协调的高灰度、浅色眼影，紧贴上睫毛根部描画的灰棕色眼线，黑色自然型睫毛膏，再配上自然的唇型和略显浓艳的唇色。虽然化了妆，但看上去却好似没有化妆，整个妆容清爽自然，尽显自信、成熟、干练的气质。但在休息日，小吴又给自己来了一个"大变脸"，化起了久违的"清纯少女妆"：采用粉蓝或粉绿、粉红、粉黄、粉白等颜色的眼影，彩色睫毛膏和眼线笔，粉红色或粉橘色的腮红，自然系的唇彩或唇釉，看上去娇嫩欲滴，明亮淡雅，令人感到轻松愉悦。

心情愉悦，工作效率自然提升。一年来，小吴以得体的外在形象、勤奋的工作态度和出色的业绩，赢得了公司同事的广泛好评。

问题

(1) 你认为小吴是否擅长化妆？为什么？

(2) 仪容在社交中扮演什么角色？

仪容是指注重面部美化和修饰，主要包括皮肤护理、化妆、发型打理及仪容卫生等。在社交中，他人对我们的第一印象往往基于我们最初的仪容展现，这种印象通常是主观的，并且往往会形成固定看法。日本松下电器产业株式会社创始人松下幸之助，曾在银座的一家理发店理发时，理发师对他说："您似乎不太在意自己的仪容修饰，这就像把产品弄脏一样。作为公司代表，如果连您都这样，产品又怎么会有市场呢？"这番话让松下幸之助哑口无言，之后他接受了理发师的建议，开始非常注重自己的仪表，并不惜花费到东京进行理发。仪容的重要性不容忽视。

一个人的仪容，大体上受两大因素影响。第一，是个人的先天条件。一个人的相貌，通常主要由遗传因素决定。不论是"天生丽质"，还是外貌上的不足，实际上从出生起就已基本确定，之后的变化通常不会太大。第二，是个人的修饰与保养。虽然每个人的先天条件都很重要，但这并不意味着那些在仪容方面先天条件好的人就可以自满，忽视后天的修饰与保养。事实上，修饰与保养对仪容的好坏起着至关重要的作用。在任何情况下，如果一个人不注重对仪容进行适当的修饰与保养，那么他在他人心中的形象也难以保持良好。良好的仪容不仅反映了个人对美的追求，也是对他人的尊重;它既能提振个人的精神，也能体现个人的敬业精神。因此，在社交中我们不应忽视仪容的重要性，平时必须时刻对自己的仪容进行必要的修饰和整理，做到"内正其心，外正其容"。

"任务导入"中，小吴通过化妆展现了自己清新自然的仪容，彰显了自信、成熟、干练的气质，并取得了良好的效果。著名主持人、作家、美籍华人靳羽西女士曾说："世界上没有不美的女人，只有不懂得如何得体打扮的女人。"为了达到化妆的最高境界，女性尤其是职业女性很有必要掌握仪容礼仪。

一、仪容符合要求

为了更好地与他人进行交往，必须掌握以下仪容礼仪的基本要求。

(一)头发

头发是人的"制高点"，人们的发型各有不同，因此它颇受人们的关注。

首先，要清洗头发。只有经常洗头，方可确保头发不粘连、不板结，无头皮屑、无汗臭味。一般认为，每周至少应当清洗头发两三次。

其次，要修剪头发。与清洗头发一样，修剪头发同样要定期进行，并且持之以恒。正常情况下，通常应当每半个月左右修剪一次头发，否则至少也要确保每个月修剪一次头发。否则，头发便难有"秩序"可言。

最后，要梳理头发。梳理头发是每天必做之事。按照常规，在下述情况下皆应自觉梳理头发：一是出门上班前；二是换装上岗前；三是摘下帽子时；四是下班回家时；五是其他必要时。另外，梳理头发时，还要注意以下三点。一是梳理头发不宜当众进行。作为私人事务，梳理头发时应当避开他人。二是梳理头发不宜直接下手，最好随身携带一把发梳，以便必要时梳理头发之用。不到万不得已，千万不要用手指代替发梳。三是断发、头屑不宜随手乱扔。梳理头发时，难免会产生少许断发、头屑等，随手乱扔，是缺乏教养的表现。

(二)皮肤

洁净清爽的脸庞会使人看起来精神十足，因此应每日早、晚洗脸，清除面部的污垢、汗渍等。正确的洗脸方法有助于保持皮肤的弹性，保持血液循环良好和新陈代谢的正常运行。因此，要注意洗脸的方法，应用温水从上额至颧骨至下颌部位反复打圈，从颈部至左、右耳根反复多次。为了养护面容，平日应多吃水果、蔬菜，多喝水，以保持足够的水分，防止皮肤粗糙、干燥。保证足够的睡眠，使面部看上去红润。夏季要及时擦去脸上的汗，不要让其淌在脸上；冬季外出前要擦好护肤产品，以便保护皮肤。

(三)耳朵

耳朵虽然位于面部的两侧，却在他人的视线之内，因此要保持耳部的清洁，及时清洁耳垢。需要注意的是，清洁耳垢不要当众进行，以免给他人留下不好的印象。洗澡、洗脸、洗头时，不要忘记洗耳朵，必要时还要清除耳朵中的分泌物。耳部清洁要注意安全，防止伤及耳膜。

(四)眉毛

人们用"眉清目秀""眉飞色舞""愁眉不展"等词来形容眉毛，可见眉毛的表情对一张生动的脸的作用不容小觑。眉毛需要经常修饰，但最好不要改变天然的眉形。用眉夹拔去两眉之间和眉毛下面多余的碎毛，形成柔和的弧形，但眉毛上部的毛还不能拔，否则

会改变眉形。应从内眼角的正上方开始，到外眼角稍偏外侧处结束。要想把眉毛修饰得更整齐，可以用眉梳加以梳理。对于特别不服帖的眉毛，可以使用少许无色透明的睫毛底液。

(五)眼睛

眼睛是心灵的窗户，也是人际交往中被他人注视最多的地方。因此，眼睛应时刻保持清澈，眼睛周围一定要清洁，不能有眼屎，眼中更不要有红血丝。日常生活要注意对眼睛的爱护，要让眼睛有充足的休息时间。过多地看电脑、看书、看电视等都会使眼睛疲劳，导致眼睛干涩，甚至有异物感、肿胀感及流眼泪等症状。感觉疲惫时，可以用有缓解作用的眼药水滴眼，然后闭眼片刻。近年来，美瞳以其多种颜色和明亮效果，彰显个性与时尚，受到年轻人的欢迎，但在颜色的选择上要注意场合，正式社交场合，不宜选择过于艳丽的颜色，以免给人不庄重、哗众取宠的印象。

(六)鼻部

鼻部是面部的敏感区域，要注重保养，不能乱挠、乱挤，要注意清洁，避免生出"黑头"。在与他人交往前，应检查自己的鼻毛是否过长，如过长则用小剪刀剪短，不要用手拔。保持鼻腔的清洁，养成每天洗脸时清洁鼻腔的好习惯。不要用手去挖鼻孔，尤其是在客人面前，这样既不雅观，又不卫生。另外，感冒时不能到处擤鼻涕，应避开他人在隐蔽处进行处理。

(七)嘴部

嘴巴既是发声之所，也是进食之处，理所当然应多做修饰，并细心爱护。牙齿是口腔的"门面"，养成每天定时刷牙和饭后漱口的习惯，牙齿上不要留有牙垢，避免唇边有分泌物，同时也要保持口气清新。在与他人谈话前不要抽烟、饮酒，不要吃葱、蒜、韭菜等有刺激性气味的食物，以免对方反感。口腔异味影响交际，此时可以用口香糖来减少异味，但在正式场合嚼口香糖是不礼貌的，与人交谈时，也应避免。一般咳嗽、打喷嚏、打哈欠时应尽量避开他人，实在忍不住时，要用手绢或手捂住嘴，并向他人说抱歉。秋冬季节要防止嘴唇干燥破裂，可用唇膏缓解不适。

(八)胡须

进入青春期后，男生开始长胡须。作为学生，如果胡须长得不是很浓密，则不需要剃；如果胡须长得浓密，则需要每日把胡须剃干净，但不要当众剃胡须。有的男士为了让自己看起来有阳刚之气，故意留着胡子，这在正式场合对别人其实是不礼貌的。

(九)手部

手常被视作人的第二张脸，尤其在待人接物中，手充当友谊的使者。通过观察一个人的手，可以判断出对方的修养与卫生习惯，同时手也反映着一个人的精神风貌。另外，手又暴露在服饰之外，许多传染性疾病就是通过手的各种触摸传播的，因此，应随时随地

清洗自己的手，手的清洁与个人的整体形象密切相连，应当引起足够重视。手的日常清洁应做到五个"必洗"：吃东西前要洗手；上卫生间后要洗手；外出归来要洗手；上学和上班前后要洗手；手弄脏了要洗手。与此同时，还要注意用手的卫生，如不用手揉眼睛、掏耳朵、挖鼻孔、挠头发等。在人际交往中，一双清洁、柔软的手，可以增添他人的好感。

(十)体味

人体拥有超过 330 万个汗腺，平均每平方厘米约有 9 万个，因此，每个人都有自己独特的体味。如果体味过重，应采取适当措施遮掩，经常洗澡是基本要求，尤其是参加一些正式活动之前一定要沐浴。此外，有的人喜欢使用香水，然而气味过于浓烈的香水不适宜在公共场合使用，社交活动中应选择清淡的香水并适量使用。

一个人即便天生丽质，如果某个时刻被发现面部未加修饰，体味不佳，也一定会让人敬而远之。在日常生活中，无论经济条件如何，讲卫生、爱整洁都是自尊的表现，也是美的展现。清洁是仪容美的关键，是礼仪的基本要求，更是当今社会与人交往、取得成功的基础条件。容貌或许是天生的，但后天的修饰同样重要，只要每个人都注重清洁和恰当的修饰，便能展现出迷人的风采。

此外，要保持服装整洁，勤换内衣，外衣也要定期清洗和消毒。平时要用自己的毛巾、口杯、脸盆、牙刷和香皂，培养良好的个人卫生习惯。

二、化妆适度得体

化妆是修饰仪容的一种手段，也是一门艺术。在现代社交场合，适度且得体的化妆可以让女士更端庄、美丽、温柔、大方，同时也是对自己和他人的一种尊重。化妆的主要目的是更好地展现个人的外在美和内在修养。职业女性应追求沉稳、干练、典雅的形象，因此化妆应简约、清新和端庄，化妆的效果要与办公场所、工作环境相匹配，要给人留下阳光、端庄、自信和精神饱满的印象，妆容应尽可能自然，切勿浓妆艳抹，过分修饰，化妆后表现出清新自然的效果才是化妆的最高境界。

化妆的基础：
皮肤的保养

(一)化妆的原则

化妆应遵循美化、自然、协调的原则。

1. 美化原则

化妆的原则

化妆的目的是让自己更美丽，这是很自然的愿望。然而，并非简单地在脸上涂抹各种色彩就能达到美化效果。例如，一些幼儿园的孩子脸上被老师涂抹得色彩过重，失去了童真，这样的化妆反而弄巧成拙。因此，美化的原则是从效果出发，首先要了解自己面部的特点，然后根据这些特点和正确的审美观来化妆，以达到扬长避短，增添魅力的效果。

【小案例】

小李，近来可好？

今天是小李大学同学毕业 20 周年聚会的日子。毕业后，小李就未曾与任何同学见过面。因此，对于今天的同学聚会，小李感到非常兴奋。平时不常化妆的她决定要好好打扮一番。她涂上了厚重的白粉，抹上了深紫色口红和深蓝色眼影，满怀喜悦地来到聚会地点。然而，当她出现在同学面前时，大家对她浓重的妆容感到惊讶，有的同学甚至关切地询问她近况，觉得她的妆容显得脸色不好，有种沧桑感。小李的心情瞬间跌到谷底，她不解为何同学们会有这样的反应，她明明觉得自己过得很好。

点评： 每个人化妆都希望变得更美丽，这是很自然的愿望。但像小李这样，认为简单地在脸上涂抹色彩就能自然变美，是不正确的。因此，化妆时坚持美化原则至关重要。

2. 自然原则

自然是化妆的灵魂，它让妆容看起来真实而生动，而非僵硬死板。失去自然感的妆容显得虚假，缺乏生命力和美感。自然的妆容依赖于正确的化妆技巧和合适的化妆品，需要细致入微、有序进行；要注重色彩的过渡和层次；要恰到好处，既不过分浓重也不过分淡薄。总之，化妆的最高境界是看似无妆，却能展现真实的美丽，就像被化妆者天生就拥有这样一张美丽的面容。如果化妆时不讲究方法和技巧，草率行事，只追求速度，就可能导致妆容失真。

【小贴士】

生命的化妆

作家林清玄在《生命的化妆》中引用了一位专业化妆师的评述："最高明的化妆术，是经过非常考究的化妆，让人看起来好像没有化过妆一样，并且这化出来的妆与主人的身份匹配，能自然表现那个人的个性与气质。次级的化妆是把人凸显出来，让她醒目，引起众人的注意。拙劣的化妆是一站出来别人就发现她化了很浓的妆，而这层妆是为了掩盖自己的缺点或年龄的。最坏的一种化妆，是化过妆以后扭曲了自己的个性，又失去了五官的协调，例如小眼睛的人竟化了浓眉，大脸蛋的人竟化了白脸，阔嘴的人竟化了红唇……"

由此可见，自然的修饰使人的面目真实生动，更显精神；反之，不当的妆容会使人显得虚假而呆板，从而缺少活力，令人生厌。总而言之，化妆贵在自然。

3. 协调原则

协调原则包括以下几个方面。

(1) 妆面协调，是指化妆部位色彩搭配浓淡协调，所化的妆针对脸部个性特点，整体设计协调。

(2) 全身协调，指脸部化妆还必须注意与发型、服装、饰物协调，如穿大红色的衣服或配了大红色的饰物时，口红可以采用大红色的。它力求取得完美的整体效果。

(3) 身份协调，指人们化妆时要考虑自己的职业特点和身份，采用不同的化妆手段和化妆品。职业人士应注意化妆后体现端庄、稳重的气质；专门从事各种关系建立和协调的

从业人员抛头露面的机会较多，与有身份、有地位、有权力的人打交道也比较频繁，要有一定的人际吸引魅力，化妆就不能太艳俗或太单调，而应浓淡相宜、青春妩媚，符合人们共同的爱美之心。

(4) 场合协调，是指化妆应与所去的场合的气氛要求保持一致。在日常办公环境中，应选择淡妆；而在宴会、舞会等场合，则可以化浓妆，尤其是舞会，妆容可以更加靓丽。参加追悼会时，应选择素雅的妆容，避免使用鲜艳的红色化妆品。根据不同的场合进行相应的化妆，可以相得益彰，这不仅有助于化妆者内心保持平衡，也能使周围的人感到心理融洽。

总之，化妆是一门综合艺术，艺术无止境。在进行形象设计时，要突出自己最美丽的特点，使其更加突出，同时巧妙地弥补形象上的不足，以达到完美无瑕的效果。这正是化妆的目的和对自我形象的正确定位。

化妆前后的对比，如图 1-1 所示。

图 1-1　化妆前、后的对比

(资料来源：https://baijiahao.baidu.com/s?id=1682862167122726445&wfr=spider&for=pc.)。

【小案例】

如此工作妆

小李刚从学校毕业便加入了一家外贸公司，公司规定女员工每天上班都需化妆。作为化妆新手，小李感到既新鲜又好奇，因此她在办公室里格外留心观察其他同事的妆容。然而，她注意到一些同事的妆容存在一些问题：一位年长些的同事除了涂抹了鲜艳的口红外，其他部位未施脂粉，结果整体效果只凸显了一张过于夺目的"红唇"；另一位年轻同事的妆容虽美，却忽略了与脸部肤色不匹配的颈部，显得"黑白分明"；还有一位同事用粗黑眼线将眼睛紧紧框住，形似"大括号"，给人一种生硬且不自然的感觉；另有一位相貌出众的同事，身着浅蓝色套裙，却选择了与之不协调的橘红色唇膏。面对这些情况，小李感到迷茫，不确定工作妆应如何打造。

点评：化妆是女性展现礼貌的一种方式。在化妆时，应掌握一定的技巧，避免只注重局部而忽视整体的平衡。此外，化妆还应与个人着装相协调，符合自身的年龄和身份。

常用化妆造型的特点

(二)化妆色彩的运用

1. 光对妆面效果的影响

物体的色彩会随着光源色的变化而变化。光源色是决定物体色彩的关键因素。在形象设计中，化妆色彩在特定光源照射下会展现出显著效果。化妆色彩效果是妆色与光色的结合，因此光色是影响化妆色彩的关键因素。

在化妆时，应考虑光色对妆色的影响，确保光色与妆色相得益彰，以达到理想的化妆效果。妆色中的黑色、灰色和棕色在任何光线下颜色变化不大。

化妆色彩的运用

2. 不同光色下的化妆方法

(1) 红色光可能使妆面颜色显得较浅，减弱立体感。化妆时应强调五官的立体结构，使用阴影色突出轮廓，避免面部显得过于平淡。

(2) 蓝色光可能使红色妆面变暗，呈现紫色。化妆时应选择较浅的色调，口红宜用偏冷的颜色。

(3) 黄色光可能使妆色显得较浅，化妆时可以选择较鲜艳的色彩。

(4) 强光照射下，所有妆色可能显得较浅且苍白。化妆时应突出五官的清晰度。

(5) 弱光照射下，妆面可能显得模糊。化妆时应强调面部线条与轮廓的清晰度。

3. 妆色与肤色搭配的技巧

(1) 肤色偏白的女性在化妆时可以选择多种色系，应根据具体情况选择。例如，若脸色偏粉红，基础底色可以选择淡粉色或乳白色，眼影、腮红、口红可以选择粉红色系，如粉红色、粉紫色、淡玫瑰色等；若肤色偏黄，可以选择象牙色或米色作为底色，眼影、腮红、口红可以选择桃红色或浅西洋红色。

(2) 肤色偏黄的女性化妆时可以选择黄色的对比色，如紫色，使用淡紫色的粉底露或粉底霜矫正肤色，然后再使用适合黄肤色的正常基础底色，以矫正偏黄的肤色。

(3) 肤色偏暗或偏深的女性化妆时可以选择小麦色、暖象牙色或浅暖褐色的基础底色，利用同类色并列起柔和作用的色彩原理，选择能增加皮肤光泽度和透明度的色彩。避免使用偏冷、偏白的粉红色、粉白色系列。

(4) 两颊有红晕的女性化妆时可以使用淡绿色的粉底霜进行局部抑制，再使用正常的基础底色，使皮肤显得透明洁净。这种选色主要是利用色彩的互补色原理先行矫正肤色。

4. 妆色与脸型搭配的技巧

(1) 对于脸型较小的女性，应选择浅色系或明亮色调作为基础底色，以增强脸型的开阔感和明亮度。

(2) 对于眼睑较厚的女性，建议使用深褐色、驼色、烟蓝色或褐紫色来精确勾勒上眼睑的轮廓，使眼部结构更加明晰。同时，利用略带光泽的浅白色提亮眉骨区域，运用色彩的明暗对比原理，减少眼部的肿胀感。

5. 妆色与年龄、性别、季节、个性的搭配技巧

(1) 妆色应与年龄相匹配。儿童和青少年活泼开朗，偏爱鲜艳的色彩如红色、淡蓝色和绿色，因此可以多使用浅色系，如金黄色系，口红则可选粉红色系，如粉红色或粉铜色。中年人趋向成熟稳重，适合使用深色调且高雅的色彩，以展现醒目、成熟、秀丽、端庄和自信的形象。老年人则偏好灰蓝色、灰黑色、棕褐色、暗红色和暗紫色，这些色彩给人以成熟、庄重和稳健的感觉，妆色不宜过于鲜亮。

(2) 妆色应与性别相协调。女性通常具有情感型特质和美感直觉性，能够迅速感受到美的事物，这与她们温柔、典雅、浪漫和重直觉的性格特点相符，因此妆色应以明快、艳丽或柔美的色调为主。男性则多以理性思维为主，应展现出沉着、稳健、智慧、阳刚或儒雅的气质，妆色宜选择稳重的暗色或中间色系，以彰显男性的稳健和安全感。

(3) 妆色与季节协调。不言而喻，如果在寒冷的冬季使用冷色调的妆色，可能会给人增添一份寒意。因此，春季的妆容应以浅黄色、粉红色系为主，这些色彩象征着明快、活力和青春，充满生机；夏季则以黄色、青色、绿色、蓝色、象牙色为主，带来清新凉爽的感觉；秋季则适合橙色、金色的妆色，与自然环境相和谐；冬季则应选择暖色调，以传递温暖的感觉。

(4) 妆色应与个性相适应。对于具有清纯可爱个性的人，粉色系是理想的选择，应避免浓妆和使用对比强烈的色彩。高雅、秀丽、温柔的个性适合玫瑰色或紫红色的妆色，眼影应避免使用对比过于强烈的色彩，咖啡色或深灰色更为适宜。华丽、娇媚的个性则可以选择大红色，眼影部分可以使用深绿色或蓝色等强烈对比色，以突出眼部的妆容。

(三)化妆的准备

1. 化妆工具的准备

(1) 化妆棉。通常选用专用的化妆棉或柔软的纸巾，用于吸汗、吸油、清洁手部、卸妆等。

(2) 棉签。可购买现成的或自制，用于精细部位的化妆，如涂抹唇膏、描眉、刷睫毛膏等。

(3) 海绵。用于打底、涂抹腮红和定妆。

(4) 胭脂刷。用于化妆时涂抹胭脂(腮红)定妆，建议准备两支以上，便于涂抹不同颜色时使用。

(5) 眼影刷。用于涂抹眼影。眼妆色彩包括主色和副色，为避免不同颜色眼影相互影响，建议要多准备几个眼影刷。

此外，还需准备睫毛夹、眉笔、眉刷、美容剪等。

2. 化妆品的准备

化妆时，必须准备相应的化妆品。根据功能的不同，化妆品大致分为两大类：一类是用于调理肌肤，使其光滑的基础化妆品，如爽肤水、面霜、润肤乳等；另一类是美容化妆品，也称为"彩妆"，如眉笔、唇膏、胭脂(腮红)、粉饼(底)等。我国美容化妆行业根据国民的皮肤特点和消费水平，将化妆品细分为六大类，具体如下。

(1) 护肤类化妆品：爽肤水、面霜、润肤乳、润唇膏等。

(2) 清洁类化妆品：洁肤皂、洗面奶、沐浴露等。

(3) 修饰类化妆品：粉底液、唇膏、唇彩、腮红等。

(4) 美发类化妆品：洗发水、护发素、发乳、发蜡、发胶等。

(5) 芳香类化妆品：香水、香精等。

(6) 营养类化妆品：人参霜、珍珠霜、祛痘霜等。

现代职业女性化妆的必备品有：粉饼、粉底液、腮红、眼影、眉笔、眼线笔、唇膏、睫毛膏、妆前乳、爽肤水、卸妆油等。

3. 洁面

化妆前要彻底清洁皮肤，可用洗面奶、香皂等洁面，并用清水洗净，去除皮肤表面老化的上皮细胞、皮脂、汗液、尘埃、细菌等，以防皮肤受损，确保妆容持久。

4. 保湿

使用化妆水、保湿面霜、隔离霜等进行保湿，确保充分且足量，以避免皮肤干燥。必要时可重复涂抹 2～3 遍保湿面霜，确保面部皮肤充分保湿，防止定妆时出现脱皮。

化妆水介绍

(四)化妆的步骤

化妆时要认真掌握化妆的技巧。化妆大体分为以下步骤：打粉底、画眼线、施眼影、描眉、涂腮红、抹唇彩、喷香水等步骤。每个步骤都有其特定的方法，必须认真执行，并注重技巧。化妆的操作程序与要求如表 1-1 所示。

表 1-1　化妆的操作程序与要求

步　骤	目　的	操作要点	注意事项
(1)打粉底	调整面部肤色，使之柔和、美丽	① 选择与肤色匹配的粉底霜； ② 用海绵取适量粉底，细致、均匀地涂抹	① 粉底霜与肤色反差不宜过大； ② 切勿忘记在脖颈部打粉底，以免造成面部与颈部明显分界
(2)画眼线	使眼睛生动有神，增添光泽	① 笔法由粗至细，由浓而淡； ② 上眼线从内眼角向外眼角画； ③ 下眼线从外眼角向内眼角画	① 一笔呵成，保持生动性，避免呆板； ② 上、下眼线不宜在眼尾处交会
(3)施眼影	增强面部立体感，使双眼明亮有神	① 选择适合个人肤色的眼影； ② 由浅入深，营造眼影的层次感	① 眼影色彩不宜过于鲜艳； ② 工作妆推荐选用浅咖啡色眼影
(4)描眉形	突出或改善眉形，衬托容貌	① 修眉，去除杂乱无序的眉毛； ② 细致画每一根眉毛	① 营造眉形的立体感； ② 注意眉头淡、眉尾浓，上眉浅、下眉深
(5)上腮红	使面颊红润，轮廓优美，展现健康活力	① 选择适宜的腮红； ② 延展晕染腮红； ③ 扑粉定妆	① 确保腮红与唇膏或眼影属于同一色系； ② 注意腮红与面部肤色过渡需自然
(6)涂唇彩	改变唇形，增添娇媚	① 用唇线笔勾勒唇线； ② 均匀涂抹唇膏； ③ 用纸巾吸去多余唇膏	① 先描上唇，后描下唇，从左、右两侧沿唇部轮廓向中间画； ② 完成后检查牙齿上有无唇膏的痕迹
(7)喷香水	掩盖体味，留下清新香气	① 选择合适的香水类型； ② 喷涂于腕部、耳后、颔下、膝后等部位	① 避免过量使用香水； ② 香水气味宜淡雅、清新

【小幽默】

化　妆

小眉的闺蜜很少化妆。有一天两人聊天，小眉不禁问："你怎么不爱化妆呢？"

百变公主

闺蜜一脸严肃地说："我不化妆，别人说我丑，我可以说我没化妆。可万一我化了妆，还有人说我丑，我就什么借口都没有了。"

(五)妆后检查

1. 检查左右是否对称

眼、眉、腮、唇、鼻等的两边形状、长短、大小、弧度是否对称，色彩浓淡是否一致。

2. 检查过渡是否自然

脸与脖子，鼻梁与鼻侧，腮红与脸色，眼影、阴影层次等过渡是否自然。

3. 检查整体与局部是否协调

各局部是否缺漏或碰坏，要符合整体美观要求，该浓该淡是否恰当。整个妆面是否协调、统一。

4. 检查整体是否完美

化妆后忌把镜子贴近脸部检查。把镜子贴近脸部检查虽然会看清楚细小的部分，但一般人只是在 1 米之外的距离与你面谈或打招呼，因此要在镜子前 50 厘米处检查自己的妆容，以对脸部整体的平衡做出正确的判断。

如何卸妆

【小故事】

补　妆

一家公司新来了一位秘书小王，她在工作方面表现不错，人也非常勤快，但总给人一种不太得体的感觉。一天中午前，小王气喘吁吁地从外面回来，满头大汗。她像个假小子一样只用手擦了擦汗就开始给客户打电话。同事见她有些头发被汗水沾在眼角边，便对她说："小王，看你出了那么多的汗，去补个妆吧。"小王说："没什么"，便继续工作。过了不久，小王又以一副新面孔出现在同事的面前——她脸上的粉底擦得那么厚重，犹如戏台上的媒婆，把同事吓了一跳。

点评：当一个人化完妆后，可能随着时间的流逝，或者因为场合的变化导致妆容变花的情况，这时就需要进行及时、正确的补妆，让整个人重新焕发光彩。

(六)不同脸型的化妆

请扫描二维码学习本部分内容。

不同脸型的化妆

(七)男士的妆容

前文主要是针对女士化妆而言，其实男士也应注意面容的修饰，除了有宗教信仰与风俗习惯之外，男性不宜蓄留胡须，因为交际场合的"美髯公"并不美，它不仅显得不清洁，还对交往对象不尊重，因此男性最好每天都剃一次胡须，绝对不可以胡子拉碴地上班或与人会面。如果确实需要蓄须，也要考虑工作性质是否允许，并经常修剪，保持卫生。

不管是留络腮胡还是小胡子，整洁大方是关键。

剃须虽然人人都会，但仍需要注意操作程序和方法。男士剃须的步骤和技巧如下。

1. 清洁皮肤

剃须前，应先用中性肥皂洗净脸部，去除污物及灰尘，剃须时，因剃刀对皮肤会产生刺激，有可能会轻微地碰伤皮肤，污物就会引起皮肤感染。

2. 软化胡须

洗净脸后，用热毛巾敷胡须，再涂上软化胡须膏，使胡须更易剃除，同时减轻对皮肤的刺激。

3. 正确剃刮

剃须时应绷紧皮肤，以减少剃刀在皮肤上运行的阻力，防止刮伤。剃须后，用热毛巾擦净或用温水洗净，检查是否有遗漏的胡茬儿。

4. 剃后保养

剃须后应注意保养皮肤，因为剃须时对皮肤有一定的刺激，并且易使皮脂膜受损，为了在新皮脂膜再生之前保护好皮肤，应在剃须后用热毛巾再敷上几分钟，然后涂抹须后膏、须后水、护肤脂或润肤霜等，形成保护膜，减少外界刺激。

5. 胡须修剪与保养

蓄须者应使用细齿小木梳和弯头小剪修剪胡须保持整洁外形。注意清洁胡须，否则会影响面容美观。

此外，男士还应注意定期修剪鼻毛，避免在社交场合给人留下不良印象。吸烟者应采取措施去除烟味，如嚼口香糖。有"汗脚"的男士应保持鞋袜清洁，鞋最好准备两双以上，以便换着穿。

(八)化妆的禁忌

1. 切忌在公共场合化妆

众目睽睽之下化妆是非常失礼的行为，这样做不仅打扰他人，也是对自己的不尊重。

2. 女士不宜在男士面前化妆

如何让自己看起来更漂亮，应是每位女性的私密事务，即便是在丈夫或男朋友面前，也应保持适当的私密性。这种适当的"距离"本身就是一种美。

3. 不能非议他人的妆容

由于个人的文化修养、肤质及种族不同，每个人对化妆的需求及审美标准也不尽相同，不以自己的妆容为最佳标准。在和他人交往时，即便是好朋友，没有他人的允许，也不要主动去为别人化妆、改妆及修饰，以免给人强加于人或过分热情的印象。

4. 不要借用别人的化妆品

如果确实忘了带化妆盒而又需要化妆，除非他人主动提供帮助，否则不应借用他人的化妆品，因为这既不卫生，也不礼貌。

5. 男士使用化妆品应适度

男士化妆应保持适度，避免给人留下不良印象，防止产生"男扮女装"的感觉。

妆型分析

三、发型和谐美观

发型是个人仪容美的重要内容。通常情况下，人们对一个人的观察是从头部开始的，发型往往会给他人留下深刻的印象。美观的发型能给人整洁、庄重、洒脱、文雅、活泼的感觉。选择发型不仅要与性别、发质、服装、身材、脸型等相匹配，同时还要与自己的气质、职业、身份相符，这样才能达到和谐统一，展现真正的美感。

【小案例】

气质魅力从头开始

某公司的董事长要接受电视台的采访。为了郑重起见，事前董事长特意咨询公司特聘的个人形象顾问，采访中有没有特别需要注意的事项。形象顾问仅仅向董事长提了一项建议：让他换一个较为儒雅而精神的发型，并且一定要剃去鬓角。对方给出的理由是：发型对一个人的上镜效果至关重要。果然，换发型之后的董事长在电视上亮相时，形象让人眼前一亮。他的发型使他显得精明强干，他的谈吐使他显得沉着、稳健，两者相辅相成，给人留下良好印象。

点评：发型对于一个人的气质有着极大的影响，选择适合自己的发型可以帮助人们塑造自己的形象，并表达自己的独特之处。

(一)发型与性别

男士的发型长度有明确的上限和下限。所谓上限，是指头发最长的极限。按常规，一般不允许男士工作时长发披肩，或者梳起辫子，修饰头发时要做到前发不覆额，侧发不掩耳。男士头发长度的下限是不允许剃光头。对于女士来说，工作岗位上头发长度的上限是：不宜长于肩部，不宜挡住眼睛。长发过肩的女子上岗之前可以采取一定的措施，如将超长的头发盘起来，束起来，或者编起来。总之，不可以披头散发。女士头发长度的下限也是不允许剃光头。

男女发型简介

(二)发型与发质、服装

一般来说，直而硬的头发容易修剪整齐，故设计发型时应尽量避免复杂，应以修剪技巧为主，做成简单且又高雅大方的发型。比如，梳理成披肩长发，会给人一种飘逸秀美的

悬垂美感；用大号发卷梳理成略带波浪的发型或梳成发髻等会呈现一种雍容、典雅的高贵气质。

细而柔软的头发比较服帖，可塑性强，容易整理成型，适合做小卷曲的波浪式发型，这样显得蓬松自然；也可以梳成俏丽的短发，充分体现你的个性美。

在现代美容中，一个人的发型与服装有着十分密切的关系。不同的服装应当与相应的发型相匹配，这样才显得和谐、大方。一款高贵、典雅的发髻如果配上一套牛仔服就会显得不伦不类。因此，只有和谐、统一才能体现真正的美。

(三)发型与身材

身材高大威壮者应选择大方、健康洒脱的发型，以免给人呆板、生硬的感觉。身材高大的女士一般留简单的短发，切忌花样复杂；烫发时，不应卷小卷，以免造成发型与高大身材的不协调。

身材高瘦者适合留长发，并且应适当增加发型的装饰。如梳卷曲的波浪式发型，对于高瘦身材有一定的协调作用。但高瘦身材者不宜盘高发髻，或将头发修剪得太短，以免给人一种更加瘦长的感觉。

身材矮小者适宜留短发或盘发，因露出脖子可以让自己看上去更显得高些，并可以根据自己的喜好，将发型做得精巧、别致一些，追求优美、秀丽。但身材矮小者不宜留长发或粗犷、蓬松的发型，那样会使个头显得更矮。

身材较胖者适宜梳淡雅舒展、轻盈俏丽的发型，尤其注意应将整体发型向上，将两侧束紧，使脖子露出。但若留长波浪，两侧蓬松，则会显得更胖。

另外，如果你的上身比下身长，或上、下身等长，发型可选择长发以遮盖其上身；如肩宽臀窄，就应选择披肩发或下部头发蓬松的发型，以发盖肩，分散肩部宽大的视角；若颈部细长，可选择长发的发型，而不宜采用短发型，以免使脖颈显得更长；若颈部短粗，则适宜选择中长发式或短发式，以掩饰颈粗的缺点。

总之，选择发型时，必须根据自己的身材选择一个与之相称的发型。

(四)发型与脸型

椭圆形脸：任何发型与它配合都能收到美容的效果。但若采用中分头型——左右均衡、顶部略蓬松的发型，则会更贴切，这样更显脸型之美。

圆形脸：接近于孩童脸，双颊较宽，因此应选择头前部或顶部略半隆起的发型，两侧则要略向后梳，将两颊及两耳稍微露出。这样既可以在视觉上冲淡脸圆的感觉，又显得端庄、大方。圆形脸的人尤其适合梳纵向线条的垂直向下的发型或是盘发，这样使人看上去显得挺拔而秀气。

长形脸：端庄、凝重，但给人一种老成感，因此应选择优雅可爱的发型来冲淡这种感觉，顶发不宜太丰隆，前额部位的头发可适当下倾，两颊部位的头发适当蓬松些，既可以留长发，也可以齐耳，发尾要松散、流畅，用发型的宽度来缩短脸的视觉长度。若将头发做成自然成型的柔顺的曲状，效果会更理想。

方形脸：前额较宽，两腮突出，显得脸型短阔。这种脸型的人适宜采用自然的大波纹状发式，让整个头发柔和地将脸包起来，两颊头发略显蓬松以遮住脸的宽部，使人有一种

由线条的圆润冲淡脸部方正直线条的视觉印象。

"由"字形脸：这种脸型的人应选择宜表现额角宽度的发型，而中长发型就较好。可使顶部的头发梳得松软蓬松些，两颊侧的头发宜向外蓬出以遮住腮，在人的视觉上减弱腮部的宽阔感。

"甲"字形脸：这种脸型的人宜选择能遮盖宽前额的发型，一般两颊及后发应蓬松而饱满，额部稍垂"刘海儿"，顶部头发不宜丰隆，以遮住过宽的额头。这种脸型的人适宜将头发烫成波浪形的长发。

毁了生意的
"鸡窝头"

四、美体方法得当

形貌合一，和谐才是美，瘦要骨肉均匀，胖要凹凸有致。美体就是通过正确的方法让自己的三围曲线达到黄金比例，使身体变得美丽、性感。

(一)颈部保健

颈部是人体最容易让人看出真实年龄的部位。因为颈部肌肤的厚度只有脸部的 2/3，而且胶原蛋白含量也比较少，如果缺乏适当的护理，就很容易出现缺水、粗糙、暗沉、松弛和细纹。特别是在干燥的环境里，颈部的保湿护理更加关键，否则便会引发横向伸展的颈纹，提前衰老。

要像修饰脸部那样修饰颈部，保持颈部皮肤的清洁。有的人洗脸只清洁面部，忽略颈部，耳朵后面的灰尘自己看不见，但在别人面前却很显眼，因此应特别注意颈部清洁。

加强颈部的运动与营养按摩，是使颈部皮肤紧致、光洁动人的有效方法。临睡前对颈部进行适当的按摩，可促进该部位的血液循环。方法是：前颈用手自下而上进行轻压上推按摩；后颈可将双手置于颈背，向下缓慢而有节奏地揉至双肩。

适当做一些颈部的运动。如上卜、左右地扭动头部，每天 10～20 次即可，这样可让颈部的肌肉得到充分的舒展和活动，或者进行适当的发声练习，也会收到同样的效果。

保持良好的坐姿、站姿。不良的姿势很容易使颈部产生皱纹。此外，还要注意睡眠的姿势，尽量不要枕过高的枕头睡觉，高枕头会使颈部弯曲，从而产生皱纹，要尽可能枕平一些的枕头。

(二)胸部保健

1. 端正的姿势

走路时应背部平直、收腹、提臀，上身的整体感觉向上。坐着时，应挺胸抬头，挺直腰板，这样胸部的曲线自然会显得动人。休息时应采取侧卧、仰卧的姿势，不要俯卧睡，以免挤压胸部并使之受伤。

2. 科学的饮食

胸部的大小取决于胸腺组织与脂肪的数量。女性的胸部发育一般在进入青春期之后，适度地增加胸部的脂肪量，是提高胸部丰挺度最自然、最健康的方法。饮食上应注重多吃一些富含维生素 E 和维生素 B 的食物，如卷心菜、菜心、葵花籽油等。因为维生素 E 可促

使卵巢发育和完善，从而使成熟的卵细胞增加，黄体细胞增大，而卵细胞是分泌雌激素的重要场所，当雌激素分泌量增加时，就会刺激胸部发育。维生素 B 是体内合成雌激素不可缺少的成分，富含维生素 B 的食物有动物肝、肾、心脏、蛋类、奶类及其制品，富含维生素 B_6 的食物有谷类、豆类、瘦肉、酵母等。

3. 有益的锻炼

女性要使胸部丰满有弹性，就要加强胸部肌肉锻炼，如做一些俯卧撑及单杠、双杠运动等，或者每天早晨和晚上深呼吸数次。游泳能通过水的压力起到胸部按摩的作用，有助于胸肌均匀、丰满。

(三)手部保健

现代社交中要经常与人握手，也要做各种手势，因此健康美丽的双手和手上的指甲都是不可忽视的部分。

1. 护理指甲

与保持身体其他部位的健康一样，指甲也必须从护理和营养着手。指甲是身体最先表现紧张、疾病或不良饮食习惯症状的部分，如果它们的健康被忽视，它们便会出现干燥、起薄片和脆裂的现象，因此，必须注意日常的营养和定期护理。定期修剪指甲，将其修剪成椭圆形不仅使之变得美观，而且可保持它们的健康。手指简单地按摩运动，可促进指尖血液循环，有利于营养和氧气输送至指甲。另外，女性可根据不同情况的需要，涂不同颜色的指甲油以美化指甲。涂指甲油的步骤如下所示。①先用蘸满洗甲水的棉花，彻底抹去原来所有的指甲油。②将指尖浸入肥皂水中几分钟，这样会有舒缓的作用。③涂点表层去除剂在每个指甲根部，两分钟后用指甲签轻轻地将指甲根部的表皮向后推，直至显现指甲根部的半月形。④涂上底层护甲油，以使指甲油更加持久，而且可防止深色指甲油渗入指甲的缝隙中。⑤涂指甲油时，每个指甲只需涂三下即可，先是指甲中央，接着是两侧；待第一层指甲油干透后，可再涂第二层。⑥涂上表层护甲油，可在指甲上也涂护甲油，这样有助于防止指甲折断崩裂。

2. 滋润双手

拥有一双美丽的手对女性来说是非常向往的。无论端茶给对方，还是在签字仪式上众目睽睽之下，如果自己的手非常漂亮，不仅可以展现自己的魅力，而且会让他人感到舒适。因此，平时应多加注意手部的保养。

手部肌肤的油脂腺较少，因此比身体的其他部位更易变得干燥，但又经常暴露于空气中。因此，细心呵护双手要注意以下几点：①每晚用滋润的润手霜按摩双手；②定期去除手上的死皮；③做家务或粗重工作时戴上手套；④经常活动手指，使之保持柔软；⑤偶尔可敷上一些现成或自制的护手膜。

【小贴士】

手部的健美运动

(1) 对手指进行按摩。可以利用看电视的时间进行这种简单的指部运动。先从指尖开

始按摩到手指底部，动作要坚定而柔和，就像戴手套一样。按摩时，可以先涂上润手霜或护手霜，以增加柔润感。

(2) 模仿弹钢琴动作。这项运动就是把双手平放在台面上，柔和地向下压，然后每次举起一个手指，并且尽量举高，就像在练习弹钢琴一样。它的功能是伸展手掌和手指，这样能使你的手轻快、敏捷。

(3) 举手。这个简单的动作可以使你的手恢复白嫩，并减少青筋显露。只要展开五指，且高举双手过头，每次数分钟就可以。

(4) 握拳伸展。这是缓解紧张的良好举措，并可以使手部柔软。先紧握拳头，然后展开，尽量伸展五指，每天用力做3～5分钟。

(四)足部保健

现代人工作离不开双脚，因为它支撑了我们全身的重量，能使我们到达我们想去的地方。人际交往就有"远看头，近看脚"的说法，因此，足部的清洁与保健，与头部、面部的打理一样重要，具体要注意以下几方面。

1．每天洗脚

每天洗澡时应注意清洁脚趾之间的空隙，否则会有脚臭或引发脚气；经常用刷子轻轻刷脚，将脚后跟、脚趾、脚底的死皮或硬茧洗刷干净，减少厚度。洗完脚后，将脚擦干，再用润肤露或橄榄油涂抹整个脚部。

2．勤换鞋袜

每天换洗一次袜子，能避免脚臭。需要注意的是，应选择吸湿性强、透气性好、不容易产生异味的袜子。鞋子要勤换、勤洗和晾晒。

3．定期修剪趾甲

健康、光洁的趾甲比任何涂抹在趾甲上的油彩都美观。要将趾甲剪平，不能剪太短，太短了不利于保护脚趾，还可能导致甲沟炎。

4．定期为脚部缓解疲劳

缓解脚部疲劳有两种方法。一种是在温水中加入一小杯苹果醋或米醋，将双脚浸入泡15～20分钟，然后平躺下来将脚垫高(要高于头部)。这样躺半小时后基本上能消除疲劳。另一种是准备两小桶水，即一桶热水和一桶冷水。将双脚先在热水中泡两分钟，再在冷水中泡两分钟，如此循环两三次就可以消除疲劳。

(五)腿部保健

下肢修饰最简单也最容易被忽视的是腿部。男士如果光腿往往就会令人对其"飞毛腿"产生反感；而女士如果光腿则有卖弄性感之嫌。正式场合要尽量少光腿，少穿短裤和超短裙。夏天穿中短裙子时，最好将腿毛除去，或穿上不透明的袜子。部分男士认为，夏天在公共场合穿着运动型短裤和设计怪异、十分肥大的短裤很"酷"。随着现代文明的发展，人们普遍认为，夏季在正式场合男士穿着短裤是不适宜的，公共场合不宜赤脚穿鞋，也不宜穿拖鞋，这是文明礼貌的基本要求。

课 后 练 习

1. 运用判断

(1) 不能非议他人的妆容。 （ ）

(2) 可以在全身各部位都搽上香水。 （ ）

(3) 面容美化主要针对女性而言，男性无所谓。 （ ）

(4) 身材娇小者适宜留短发或盘发。 （ ）

(5) 男士的头发应该前发不覆额，侧发不掩耳。 （ ）

2. 简要回答

(1) 仪容有哪些基本礼仪要求？

(2) 化妆的步骤和要领是什么？

(3) 化妆的禁忌有哪些？

(4) 发型美化的要点有哪些？

(5) 美体的方法有哪些？

3. 案例分析

扫描二维码，阅读案例原文，然后回答每个案例后面的问题。

案例分析题原文

4. 思考训练

(1) 有人说："化妆不只是技术，还是一门艺术、一种生活。"请谈谈你对这句话的理解。

(2) 根据自己的脸型、五官特征和皮肤状态，找到自己化妆时必须修饰的部分及相应的解决方法。

(3) 作为女士，你能用 5 分钟时间给自己化一个漂亮的工作妆吗？请实际操作一下，如果结果你不满意，就要继续实践，反复练习，直到取得满意的妆容效果为止。

(4) 你的脸型、发质和职业最适合怎样的发型？

(5) 根据礼仪要求，对身边同事的头发护理及发型提出合理的建议。

5. 实训项目

职业妆化妆实训

实训目标：掌握化妆的基本操作步骤，并结合自己的脸型化一下职业妆。

实训准备：洗面奶、粉底霜、眉粉、眉刷、眼影、眼线笔、腮红、口红、香水、皮套、棉球等。

实训方法：教师示范，学生分组操作。

实训步骤如下。

(1) 按照化妆的步骤和方法，教师为一名学生操作示范，然后学生以小组(每组为 5 人)为单位进行职业妆化妆实训。

(2) 学生自我评价、小组评价。教师点评总结，指出各组存在的共性问题。

(3) 全班评选出"最佳表现小组"和"最佳表现个人"。

任务2 着装礼仪

佛是金装，人是衣装。

——冯梦龙《醒世恒言·卷一》

学习目标

知识目标：熟悉正装穿衣要求，掌握不同场合选取搭配服装的技巧；了解正装饰物佩戴的原则和佩戴技巧；明确服装与整体形象的关系。

能力目标：能根据不同场合有针对性地进行服饰搭配；能够自主学习新知识，利用网络媒体查找与服饰礼仪相关的知识。

思政目标：具有良好的审美情趣；努力提升个人整体形象；不断提升自身审美能力和个人整体形象。

任务导入

着装的分寸

(张小姐，26岁，某杂志社记者)

说起着装礼仪，我有一段至今无法忘记的尴尬经历，从某种程度上来讲甚至是一次屈辱的经历。记得我刚进杂志社不久，我去采访一位民营企业的领导，她是一位女性。听说这是一个既能干又极有魅力的女性，且对工作一丝不苟，对生活也是极其享受，最关键的是，即使再忙，她也不会忽视身边美好的东西，尤其对时尚非常敏感，对自己的衣着及其礼仪要求极高。要面对这样一位重量级的人物，穿什么衣服却让我犯了愁，尤其是一位时尚女性，因此我觉得穿衣当然不能太落伍了。

我不是一个会打扮的女孩，因为工作和性格的关系，平时穿衣服都是怎么舒服就怎么穿。时尚杂志也只是看看而已。当时，还真不知道应该穿什么衣服才能让我在这样一位女性面前显得时尚一些。终于有一天我在杂志上看到一个女孩穿吊带裙，那清纯可爱的形象打动了我，于是我迫不及待地模仿起来。那天采访，我穿了一件紧身吊带、热裤，扎了一个在家乡极其流行的发髻，兴冲冲地直奔采访目的地。当我来到该公司前台说明自己的身份和来意时，我看到前台服务员那不屑的眼神。我再三说明身份，并拿出工作证，她才勉强带我进了领导的办公室。

眼前的这位女性，高挑的身材，优雅的举止，得体的穿着，让我怎么看怎么舒服。虽然我不太精通服饰，但在这样的场合，面对这样的职场丽人，我突然感觉自己的服饰穿得就像个小丑，刚进来时的兴奋和自信全没了。采访结束前我问她，在日常生活中，她是如何理解和诠释时尚、品位和魅力的。她告诉我，女人的品位和魅力来自内心，没有内涵的女人，是散发不出个人魅力，也无法凸显品位的。而时尚不等同于名牌、昂贵和时髦，而是一种适合与得体。

问题

(1) 服饰在社交中有何作用?

(2) 本案例对你有何启示?

心理学家做过一个有趣的实验,把 10 张小姑娘的照片给受试者看,其中 8 人容貌、服饰较好,另外两位姑娘长相一般,衣服也很普通。于是心理学家告诉受试者,其中一人是小偷。结果,有 80%的受试者都认为后者是小偷。这说明,人们总是喜欢那些看上去令人感觉舒适、有美感的人。美丽的长相、匀称挺拔的身材、美观大方的服饰均能增强人的魅力,给人舒适、美好的感觉。如果说人的长相是天生的,身材高矮也难以改变,而服饰确实是可以改变的。

1972 年,世界著名心理学家及讲演大师肯利教授发现,在高中女孩的交往中,穿衣很重要,多年之后,即便我们忘记了当年的容貌,却对"当时穿什么"印象最深,其次才是个性,最后是共同的兴趣。因此他发现,着装是一个强烈、显著的信号,并告诉人们一个原则:只要服装穿着得当,就是有力的沟通工具之一,也是便捷的交际"名片"。肯利教授最后指出,对于任何职业,得体的穿着能够帮助你获得更大的成功。

相反,"任务导入"中的张小姐作为某时尚杂志记者,由于刚走入社会,平时不太注意穿着,所以分不清什么是时尚,什么是时髦,不会根据自己的职业、身材、审美品位来选择服饰以为时髦的东西就是时尚,因此其不仅不能引领时尚,反而使自己的服饰和职业、身份严重不相符,缺乏应有的审美品位,难免招来前台服务员鄙视的目光,让自己陷入尴尬之地。

着装,是一种无声的语言,它能透露出一个人的个性、身份、涵养、经济状况、审美水平及其心理状态等多种信息。人际交往中,着装直接影响到其他人对你的第一印象,关系到对你个人形象的评价。得体规范的着装,可以更好地表现出我们对交际对象的尊重,它反映了自身良好的素质和修养,进而展示出企业良好的精神面貌和职业素养。

一、着装规范得体

在社交场合,着装要展现出时代感、品位感和职业感,为此要遵循一定的礼仪原则,并掌握基本的礼仪要求,做到规范得体。

蒋介石的着装
把戏

(一)着装的原则

1. 时间原则

时间原则是指在不同的时期、不同的季节、不同的时间穿不同的服装。首先,服装是有时代感的,比如,在清代,长袍马褂、对襟开衫是最为常见的男性着装,若有人穿西装就会被讥笑为"假洋鬼子"。其次,服装也是有季节性的,例如,深秋时节穿一件无袖轻薄的连衣裙,会给人留下不好的印象。最后,服装还具有时间性,一般有日装、晚装之分。日装要求轻便、舒适,便于活动,但不可以暴露身体;而晚装则要求艳丽、华贵、珠光宝气,可适当裸露。因此,日装和晚装不能混穿。

2．环境原则

环境原则是指在不同的工作环境、不同的社交场合，着装要有所不同。比如，上班时不必穿高档服装，衣服不能过于艳丽、裸露，适合穿端庄大方的西装、衬衫和套裙；上街不可穿家居服、睡衣睡裤；探亲访友着装应沉稳；去医院看望病人，着装应随意大方；户外郊游活动，着装应宽松随便；参加晚会、舞会，着装则可鲜艳、华丽一些。

3．个性原则

个性原则有两层含义：穿着对象和交际对象。也就是说，你的穿着既要适合自己，能表现自己的个性风格，同时又要迎合他人，与你的交际对象保持协调一致。在生活中，不符合个性原则的穿衣风格随处可见。例如，我们经常会看到高高胖胖的女士上身穿一件红色紧身衣，下身穿一条一步裙，露出丰满的前胸和粗壮的大腿，令人担心那身衣服随时都会崩裂；而身材矮小的女士却上身穿一件深色蝙蝠衫，下身穿一条长长的黑色呢子裙，宽松肥大的衣裙几乎把她整个人都装了进去，越发显得瘦弱憔悴；身材健壮的男士穿着包臀的萝卜裤，看上去十分别扭。要穿得自然、得体，就要根据自己的身材，选择不同质地、颜色和款式的服装加以调整。

此外，着装还受容貌、肤色、年龄、职业、性格等多种因素的影响。比如，你的相貌很成熟，却总爱穿花色短上衣就显得很滑稽；你的肤色偏黄，却爱穿土黄色或黑色服装，反而越发像"出土文物"；你的年龄明明只有十八九岁，却总穿灰色服装，看起来像三四十岁的阿姨。此外，着装还要综合考虑自己各方面的身体条件和社会条件，穿出自我，穿出个性。比如，外形和气质都比较活泼的公关人员，其穿着则可以比较艺术和夸张，一件洋红色的旗袍既可显示出身材美，又可将其容貌映衬得鲜亮和高雅。而一位女市长的服饰设计则必须精明干练，在独立果敢中透出一股温和娴雅的气质，因此一套银灰色套裙外加一件外套，更加符合她的身份。

另外，在一些重大的社交场合，你的穿着在表现自我的同时，还必须与他人保持一致。曾有一位企业家因天气炎热，他就穿着 T 恤、短裤和凉鞋去会见前来考察的德国同行。岂料对方见到他后立刻露出不高兴的神情，没谈几句就起身告辞了。因为外国人在这种重要场合都会穿西装，否则就会被认为是不尊重对方。因此，在与人约见之前，一定要认真考虑对方可能的穿着，并加以应对。这样才能迅速拉近与对方的心理距离，并赢得对方的好感和信任。

服装有哪些
类别？

【小案例】

你代表不了公司

一个炎热的下午，一位销售钢材的推销员走进一家制造公司总经理的办公室。这个推销员身上穿着一件有泥点的衬衫和一条皱巴巴的裤子。他嘴里叼着雪茄，含混不清地说："早上好，先生，我代表 A 钢铁公司。"

"你也早上好！你代表什么？"这位总经理问，"你代表 A 钢铁公司？听着，年轻人，我认识 A 公司的高层领导，你不能代表他们——你的形象和外貌代表不了他们。"

点评：身为公司的一员，你的形象就是公司的形象，千万别让公司的形象毁在你的手中。

(二)着装的基本要求

1. 着装的个性协调

着装的个性协调是指一个人的穿着要与他的年龄、体形、职业和所处的场合等吻合，并表现出一种和谐，这种和谐给人以美感。具体有以下几点。

着装的基本要求

(1) 着装要和年龄相协调。着装时要注意你的年龄，并与年龄相协调，不同年龄的人有不同的穿着要求。年轻人的穿着应鲜艳、活泼、随意，这样可以充分体现年轻人的朝气和蓬勃向上的青春之美。而中老年人的着装则要注意庄重、雅致和整洁，体现成熟和稳重，展现年轻人缺少的成熟美。因此，无论你是青年、中年还是老年，只要你的穿着与年龄相协调，就显现出你的独特美。

服装款式与年龄

(2) 着装要和体形相协调。关于人体美的标准，众说纷纭。有关专家综合我国人口的健美标准，提出两性不同的体形标准。女性的标准体形是：骨骼匀称、适度。其具体表现为：站立时头颈、躯干和脚的纵轴在同一垂直线上。肩稍宽，头、躯干、四肢的比例及头、颈、胸的连接适度。以肚脐为界，上身、下身的比例符合"黄金分割"的 0.618：1。如身高为 160 厘米，则其较为理想的体重为 50～55 千克，肩宽为 36～38 厘米，胸围为 84～86 厘米，腰围为 60～62 厘米，臀围为 86～88 厘米。男性的标准体形应基本遵循两臂侧平举等于身高的原则，如身高为 167～170 厘米，则其较为理想的体重为 68～70 千克，胸围为 95～98 厘米，腰围为 75～78 厘米，颈围为 30～40 厘米，上臂围为 32～33 厘米，大腿围为 55～56 厘米，小腿围为 37～38 厘米。然而，现实生活中，不是每个人都拥有十分理想的体形，人们或多或少地存在着形体上的不完美或欠缺，或高或矮，或胖或瘦。若能根据自己的体形挑选合适的服装，就能实现服装美和人体美的和谐、统一。

俗话说："三分靠长相、七分靠打扮。"清楚自己的体形特点，扬长避短，用服饰来掩饰体形的不足。具体应注意以下几点。

一是体形较胖的人，应该选择冷色调的、小花型的且质地较软的面料，因为粗呢、厚毛料、宽条绒等给人臃肿的感觉，使胖人看起来更胖，给人一种笨重感。大花型面料有扩张效果，暖色、明亮的颜色也有扩张感，这些都是体形较胖者不宜选取的。

二是身材矮小的人，宜穿一色服装，最好鞋袜也同色。如爱穿花布，可选择清雅、小型花纹为宜，衣领式样可选取方领、V 字领。裤子宜选用式样简单的传统式西裤，这样显腿长。女士穿高跟鞋与颜色略深的丝袜，也能使双腿看上去修长，但不宜穿下摆有花纹的裙子。

三是腰粗的人，可选择剪裁自然、曲线不明显的款式，或选择肩部较宽的衣服。不宜穿紧腰式的裤子，或把上衣掖在里面，避免让人特别关注你的腰部。不要穿有松紧带的裙子，以免看起来更胖。

四是腿型不佳的人，可选择裙装与宽松的裤子。腿胖的女士可选有蓬松感的裙子和宽大的裤子，而不宜穿对褶裙，以免更显腿粗；腿短的女士，穿裙装时选高腰设计加宽腰带，长裤则与上装同色。O 形腿的人，应避免穿紧身裤，可穿质地优良的长裤或八分裤，

裙长保持膝盖以下。

（3）着装要和职业相协调。着装除了要和年龄、体形相协调之外，还要和你的职业相协调。这一点非常重要，不同的职业有不同的着装要求。例如，教师、干部要穿得庄重一些，不要打扮得过于妖艳，衣着款式也不要过于怪异，避免给人留下不好的印象；医生的着装则要显得稳重和富有经验，一般不宜着装过于时髦，给人轻浮的感觉，这样不利于对病人进行治疗；青少年穿着要朴实、大方、整洁，不要过于成熟；而演员、艺术家则可以根据他们的职业特点，穿得时尚一些。

2. 着装的色彩搭配

色彩是服装留给人们记忆最深的印象之一，而且在很大程度上也是影响着装成败的关键。色彩对他人的刺激最快速、最强烈、最深刻，因此，被称为"服装之第一可视物"。一般来讲，不同色彩的服饰在不同场合所产生的效果是不同的，为此，我们需要对色彩的象征意义有一定的了解。服装色彩及其象征意义如表 1-2 所示。

表 1-2　服装色彩及其象征意义

色彩类型	色彩名称	象征意义
暖色调	大红色	活力、热情、活泼、兴奋、激情、奔放、喜庆、福禄、爱情
	粉红色	柔和、温馨、温情
	黄色	明快、鼓舞、希望、炽热、光明、庄严、明丽、高贵、权威、富有朝气
	橙色	开朗、欣喜、活跃
冷色调	黑色	沉稳、庄重、冷漠、悲哀、静寂、死亡、刚强、坚定、冷峻、富有神秘感
	浅蓝色	纯洁、清爽、文静、梦幻
	深蓝色	自信、沉静、平静、深邃、安详
中间色	黄绿色	安详、活泼、幼嫩
	灰色	中立、和气、文雅
	红紫色	明艳、夺目
	紫色	华丽、高贵、谦和、平静、沉稳、亲切
过渡色	粉色	活泼、年轻、娇美
	白色	朴素、明亮、纯洁、神圣、高雅、恬淡、空虚、无望
	淡绿色	生命、鲜嫩、愉快、青春、自然、朝气

人们在着装色彩的选择上既要考虑个性、爱好、季节，又要兼顾他人的观感和所处的场合。因此，明代卫泳在《缘饰》中说，春服宜清，夏服宜爽，秋服宜雅，冬服宜艳；见客宜重装；远行宜淡服；花下宜素服；对雪宜丽服。古人对服饰的讲究的确值得我们学习。一般来说，在服装的色彩搭配方面要想获得成功，最重要的是掌握色彩的特性、色彩的搭配方法，以及正装色彩的选择这三个方面。

（1）色彩的特性。色彩具有冷暖、轻重、缩扩等特性。

① 色彩的冷暖。使人产生温暖、热烈、兴奋之感的色彩为暖色，如红色、黄色；使人有寒冷、抑制、平静之感的色彩为冷色，如蓝色、黑色、绿色。

② 色彩的轻重。色彩的明暗变化程度称为明度。不同明度的色彩往往给人轻重不同的感觉。色彩越浅，明度越强，它使人有上升、轻盈之感。色彩越深，明度越弱，它使人有下垂、厚重之感。人们平日的着装，通常讲究上浅下深。

③ 色彩的缩扩。不同色彩的波长给人收缩或扩张的感觉也有所不同。一般来讲，冷色、深色属收缩色；暖色、浅色则为扩张色。运用到服装上，前者使人苗条，后者使人丰满，二者皆可使人在形体方面扬长避短，但是运用不当则会在形体上出丑露怯。

(2) 色彩的搭配方法。对于着装色彩的配套组合，个人形象设计专家关洁总结了以下几种具体方法。

① 统一法。在一种色调中统一着装色彩，有时会收到意想不到的效果。具体有两种做法。一是可以由色量大者(面积色)着手，然后以此为基调色，依照顺序，由大至小一一配色。如先决定服装色的基调，再决定采用帽色、鞋色、袜色、提包色等。二是可以从局部色、色量小的颜色着手，然后以其为基础色，再研究整体色的搭配。这种从局部入手的搭配，一定要有整体统一的观念。着装色彩设计中的统一法，对小面积的饰物色彩也极为重视。表面上看，饰物色彩本是身外之物，与着装无直接关系，但由于是日常的随身之物，故与着装形象可构成统一的服饰艺术形象整体。像雨伞、背包、发饰、手帕等饰物，似乎可有可无，但如果单独摆放，即脱离着装以后，也可以有独立的形象价值，如果是高水平的穿着创作，整体考虑服饰与饰物组合后的色彩统一性，必会出现意想不到的整体美。

② 衬托法。衬托法在着装色彩设计中，主要是达到主题突出、宾主分明、层次丰富的艺术效果。具体而言，它有点、线、面的衬托，长短、大小的衬托，结构分割的衬托，冷暖、明暗的衬托，边缘主次的衬托，动与静的衬托，简与繁的衬托，内衣浅、外衣深的衬托，上身浅、下身深的衬托，等等。例如，以上衣为有色纹饰、下装为单色，或下装为有色纹饰、上装为单色的衬托运用为例，会在艳丽、繁复与素雅、单纯的对比组合中显示出秩序与节奏，从而起到以色彩的衬托来美化着装形象的作用。

③ 呼应法。呼应法，也是着装色彩设计配套中能收到较好艺术效果的一种方法。着装色彩中既有上下呼应，也有内外呼应。任何色彩在整体着装设计上最好不要孤立出现，需要有同种颜色或同类色块与其呼应。例如，服饰为玫红色，发结也可选用此色，以一点与一片呼应；裙子确定为藏蓝色，项链坠和耳饰可以用蓝宝石，以数点与一片呼应；项链、手表、戒指、腰带卡扣和鞋饰都用金色，可使数点之间彼此呼应；领带与西服外衣都是深灰色的，以小面与大面形成呼应。总之，就是使对比色在各方面呼应后，得以紧密结合成统一的整体。

④ 点缀法。着装色彩设计中的色彩点缀至关重要，往往起到画龙点睛的作用。如在素净的冷色调中，点缀暖色调，使色彩显得高雅而有生机。穿蓝底黑花上衣和裙子，深蓝色内衣，配上蓝色帽子，帽边镶黑色，仅以金色项链和朱红鸡心宝石来点缀，如此便显得格外高雅大方。一般来说，点缀之色，虽然面积不大，但与大面积色调往往是对比之色，起到一种强调与点睛之笔的效果。

⑤ 协调法。协调法可以使对比的或强烈的色彩柔和、协调起来，起到微妙的联结作用。如穿红衣裙和红皮鞋，套上白色抽纱外衣，外面配上白色绢花，戴上白色耳环，手提白色皮包，以白色来缓冲红色，使红色因淡化变柔和，显得艳而不俗、动中有静、典雅大方。在色彩对比与和谐关系上，色彩与色彩之间缓冲过渡与衔接非常重要。七色顺序排列衔接，既鲜明生动又和谐。如果上衣是大红色，裙子是绿色，这样就给人不协调、不衔接之感，但若要腰上扎上一条黑色宽腰带、肩上背个黑皮包，就会使强烈的红绿对比协调起来。

上装和下装色彩如何和谐搭配？

(3) 正装色彩的选择。非正式场合所穿的便装，色彩上要求不高，一般可以听任自便，而正式场合穿的服装，其色彩却要多加注意。总体上要求正装色彩应当以少为宜，最好将其控制在三种色彩之内。这样有助于保持正装保守的总体风格，也显得简洁、和谐。正装超过三种色彩则给人繁杂、低俗之感。正装色彩，一般应为单色、深色并且无图案。最标准的正装色彩是蓝色、灰色、棕色和黑色。衬衣的最佳色彩为白色，皮鞋、袜子、公文包的色彩宜为深色(黑色最为常见)。

此外，肤色对着装的色彩也有影响，浅黄色皮肤者，也就是我们所说的皮肤白净的人，对颜色的选择空间比较大，穿什么颜色的衣服都合适，尤其是穿不加配色的黑色衣裤，就会显得更加动人。暗黄色或浅褐色皮肤(皮肤较黑)的人，则要尽量避免穿深色服装，特别是深褐色、黑紫色的服装。一般来说，这类肤色的人选择红色、黄色的服装比较合适。肤色偏黄或苍白的人，最好不要穿紫红色的服装，以免使其脸色呈现黄绿色，加重病态感；而肤色为黑中透红的人，则应避免穿红色、浅绿色等颜色的服装，而应穿浅黄色、白色等颜色的服装。

【小贴士】

着装搭配口诀

大脸不宜戴帽，小头不可包巾；平胸不宜 T 恤，胸大不穿衬衫。
粗腿不穿裙装，细腿不穿宽松裤；肥胖不可袒露，骨感要配高领。
吊带不可显露，低腰不露内裤；黑鞋不配白袜，红衣慎穿绿裤。

3. 着装的场合要求

在不同环境、不同场合穿着打扮应有所不同。办公室是一个认真、严肃的地方，因此穿着应整齐庄重一些。外出旅游，着装力求宽松舒适，方便运动，因此以轻装为宜。平日居家可以穿着随便一些，有客来访应立即更衣，穿睡衣睡裤接待客人，就显得很失礼。另外，在下列场合还有一些特殊要求。

(1) 喜庆场合。喜庆场合主要是指结婚庆典、生日宴会、欢庆舞会、朋友聚会、联欢晚会、假日游园等场合。这些场合一般气氛比较热烈，为了与气氛相协调，着装上应注意以下两个方面。

① 色彩要合适。在结婚庆典、生日宴会、欢庆舞会等正式的喜庆场合，着装要求比较讲究，男性服装以深色为宜，单色、条纹、暗小格均可；女性以穿浅色连衣裙或裙套装为宜。一般来说，主人着装不宜太华丽或太暴露，色彩不应太艳，以免给人不庄重、轻浮

的印象，着装略微素雅一些，让客人也会感到舒服自然。假如自己是客人，则可以穿得欢快、喜庆、鲜艳一些；不过，参加朋友的婚礼时，应该注意不要打扮得过于出众，以免让他人误认为是新郎或新娘。另一类是比较随便的喜庆场合，如朋友聚会、假日游园等。这类场合，不妨选择色彩明快的服装，色调搭配上也可以有一些变化，如男性着西装可以上下一色，也可以上下分色。

② 款式要得当。在喜庆场合，特别是正式的喜庆场合，对男士的服装款式要求则比较严格，应着中山装、西装或自己民族的服装。其他喜庆场合可穿得宽松、潇洒一些，如可以穿两用衫、夹克衫、牛仔服等便装，但要穿得整齐、干净。女士服装款式相对来说，选择的余地要多得多，喜庆场合实际上为女士提供了一个展示各自时装的机会。女士可根据季节和自身的特点，选择适合自己的款式，但是也应该注意在比较正式的喜庆场合着装不要过于怪异。

(2) 庄重场合。庄重场合主要是指正式宴请、庆典仪式、会见外宾等正式场合。在这种场合，着装上有比较严格的要求，具体如下。

① 要按规定着装。重大的宴会、庆典及会见，组织者在所发请柬上有时会注明着装规定，参加者也应该根据规定着装。如果没有具体的着装规定，参加者也应该穿比较严肃、正式的服装，男士可穿中山装、西装或民族服装，女士可穿各式套装、晚礼服或旗袍、长裙等。服装的色彩和款式要显出庄重、高雅的气质，表现得有风度和教养。在庄重场合，参加者不宜着便装和两用衫、夹克衫、T 恤衫、牛仔服等，更不能穿短裤、背心或超短裙。

② 要规范着装。正式服装的穿着具有一定的规范。出席重大宴会，参加庆典和会见时，一定要按照这些规范进行着装。例如，穿西装一定要穿衬衣和系领带。领带上还要配上领带夹，领带的长度应适当。衬衣的袖子要比西装的袖子长一些，如果天气较冷，西装里、衬衣外要穿毛衣或背心，并将领带的下半部分压在毛衣的领口里面。此外，穿西装时脚上还应配上皮鞋。如果穿中山装，一定要扣好衣扣、领扣、裤扣，不要把衬衣领翻出领口，皮带不要垂露在外。穿长袖衬衣，要将前后下摆塞入裤内，且袖口、裤腿不能卷起。女士着裙装、套装，主要配以皮鞋或皮凉鞋。

(3) 悲伤场合。悲伤场合是指向遗体告别、亲友送葬或吊唁活动等场合。这种场合气氛肃穆，参加者的心情沉重、悲伤。为了表达对逝者的哀悼，着装应严肃，要与肃穆、悲哀的气氛相协调，这既体现对亡人的尊重，也表现出对逝者亲属的尊重。另外，举行追悼仪式时，参加者应脱帽致哀。参加者均应穿素色服装，最好是黑色服装，忌穿大红色、大绿色服装。鞋子应为暗色，佩戴饰物也应为素色。

职场着装的礼仪要求有哪些？

【小训练】

请一位同学到讲台上来，让其他同学对其服饰进行点评。

二、西装尽显风度

西装是一种"舶来文化"，又称西服，它产生于欧洲，距今已有 150 多年的历史，是

目前世界上较流行的一种服装,已成为公司从业人员、政府部门人员较为正式场合男士着装的一个首选。西装之所以长盛不衰,很重要的原因是它拥有深厚的文化内涵,主流的西装文化已被打上"有文化、有教养、有绅士风度、有权威"的标签。

西装一直是男性服装王国的"宠儿","西装革履"也常用来形容文质彬彬的男士。西装的主要特点是外观挺括、线条流畅、美观大方、穿着舒适,若配上领带或领结,则显得干练、高雅而富有气派,常给人带来成熟儒雅的风度美,更容易赢得人们的好感。在日益开放的现代社会,西装作为一种服装款式也进入了女性服装的行列,体现了女性和男性一样的独立和自信。

为了展现独特的气质,塑造良好的个人形象,助力事业的成功,男士一定要掌握西装的正确穿戴规则。西装如何穿出身份、穿出专业、穿出品位,都是很有讲究的。接下来,主要介绍男士西装的穿着原则及其选择和搭配。

(一)西装的穿着原则

1. 三三原则

所谓"三三原则",是指西装的穿着要坚持以下"三个三"原则。

(1) 三色原则。三色原则是指穿着西装时,全身的颜色不能多于三种,包括上衣、裤子、衬衫、领带、鞋子和袜子在内。

(2) 三一定律。三一定律是指在重要场合穿西装套装外出时,鞋子、腰带、公文包应为一个颜色,而且首选黑色。

(3) 三大禁忌。三大禁忌是指袖子上的商标不拆;在非常重要的场合,尤其在国际交往中,不打领带;在正式场合,穿西装时,穿白色的袜子或尼龙丝袜。

【小案例】

黑色皮鞋里的秘密

曾经有个国内公司老总到国外宣传、推广自己的企业,听众都是国际著名的投资公司管理人员。在这个很正式的场合,听众发现台上的老总裤脚露出一道棉毛裤的边,而且老总穿的是黑色皮鞋,但穿了一双白色袜子。这样的穿着在商务场合是很不礼貌的。这样一个公司老总能管好他的企业吗?听众马上对这个公司的管理产生了质疑。

点评: 作为企业老总,着装不注重细节,未注意穿西装的禁忌是很不应该的,这样不但影响其个人形象,而且更影响了其所代表的企业形象。

2. 庄重原则

庄重原则,首先要求西装熨烫平整。线条笔直、熨烫平整挺括的西装穿在身上显得美观大方,而脏兮兮、皱巴巴、美感尽失的西装穿在身上则会给人邋遢之感,有失庄重。因此若想着装美观,除了定期对西装进行干洗外,还要在每次正式穿着之前认真熨烫,使其平整。要使西装平整还要做到细心呵护,无论什么时间、什么场合,都不要把西装上衣的袖子挽上去,也不要把西装当作披风披在肩上。其次,西装的色彩及图案必须符合规范。西装的色彩必须庄重、保守,如藏蓝色、藏青色、灰色、棕色等,黑的西装更适合在庄严和肃穆的礼仪活动中穿着。按照惯例,越是正规的场合,越讲究穿单色的西装。西装给

人成熟、稳重之感，因此西装最好穿没有图案的。

3. 合体原则

合体的西装要求上衣盖过臀部，四周平整无皱褶，手臂伸直时，袖子的长度应到手的虎口处，领子应紧贴后颈部，衬衫的领子应露出西装上衣领子约 1.5 厘米，衬衫的袖口应比外衣的袖口长出约 1.5 厘米。与西装上衣相配的通常是面料相同的西裤，其应有合适的腰围和长度。合适的腰围是裤子穿在身上拉上拉链，并扣好扣子后，腰处还能伸进五指并拢的手掌；穿着合适的裤长是裤脚下沿正好触及脚面，并保证裤线笔直，给人精神抖擞之感。如果裤子太长，裤线就会弯曲，从而影响西裤的挺括；如果裤子太短，坐下或蹲下时容易露出内衣，显得不雅观。一件西装上衣最好搭配两条西裤，因为西裤比上西装衣容易起皱，所以应经常更换。

【小贴士】

西装的口袋

男士穿西装时，千万不要在口袋里放太多的东西，因为这样既不美观，又失礼仪，而且会把西装弄褶皱。西装上衣的口袋只起装饰的作用，必要时，也仅装折叠好的花式手帕，不应再放其他任何东西，尤其不应放钢笔或挂眼镜等。西服左胸内侧口袋可以装记事本、信封式钱包、票夹、小计算器等。西装右胸内侧口袋可以装名片、香烟、打火机等。西装外侧下方的两个口袋，原则上不放任何东西。西装马甲的口袋起装饰作用，除可以放置怀表之外，不宜再放其他东西。西裤侧面的口袋只能放纸巾、钥匙包或钱包，其后侧的口袋，一般不放任何东西，保证裤形美观。

(二)西装的选择

1. 选择合适的款式

西装的款式分为英国、美国和欧洲三大流派。尽管西装在款式上有流派之分，但是各流派之间的差异并不是很大，只是在后开衩的部位、扣子的排数、领子的宽窄等方面有所不同。除此之外在胸围、腰围的大小，肩的宽窄上有所变化。因此，在选择西装时，要充分考虑到自己的身高、体形，如身材较胖的人最好不要选择版型瘦的短西装；而身材较矮者也最好不要穿上衣较长、肩较宽的双排扣西装。

2. 选择合适的面料和颜色

西装的面料要挺括一些。正式礼服的西装可采用深色(黑色、深蓝色、深灰色等)的全毛面料制作。日常穿的西装颜色则可以有所变化，面料也可以不用太讲究，但必须熨烫挺括。如果穿着皱巴巴的西装出席正式场合，只会损坏自己的形象。

西装的款式有哪些？

(三)西装的搭配

1. 西装与衬衫的搭配

搭配西装的衬衫，颜色应与西装颜色相协调。在正式场合，一般选择棉质的白色衬

衫。与西装配套的衬衫应是硬领式的，必须挺括、整洁、无皱褶，尤其是领口。衬衫大小合身，且西装穿好后，衬衫领应高出西装领口 1 厘米左右，衬衫袖长应比西装上装衣袖长出 1 厘米左右，这就是穿西装的"两一规则"。这样既可以避免西装袖口受到过多的磨损，又可以通过白色衬衫衬托出西装的美观，显得更干净、利落。在正式场合，不管是否与西装合穿，长袖衬衫的下摆都必须塞在西裤里，袖口必须扣上，不可翻起。系领带时，衬衣领口扣子必须系好，不系领带时衬衣领口扣子应敞开。

选衬衫时，领围以合领后可以伸入一个手指头为宜。正装衬衫以无胸袋为佳，如果穿着有胸袋的衬衫，要尽量不放或少放东西。每位男士都应该至少有一件白色或浅蓝色的领部扣衬衫。商界男士在自己的办公室里可以暂时脱下西装上衣，直接穿着长袖衬衫，打上领带，但不能以此形象外出办事，否则会有失体统。衬衫的领型如图 1-2 所示。

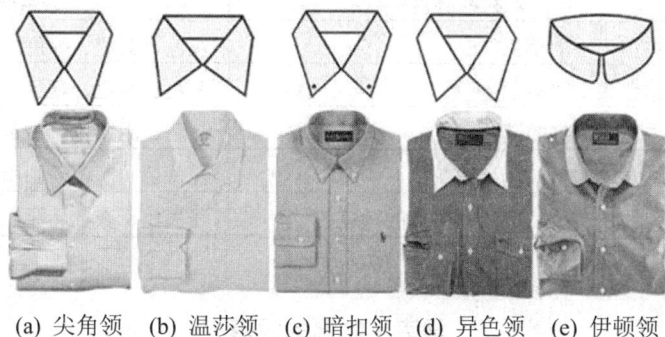

(a) 尖角领　(b) 温莎领　(c) 暗扣领　(d) 异色领　(e) 伊顿领

图 1-2 衬衫的领型

2. 西装与领带的搭配

领带属于男士的饰物，女士一般不打领带。在穿着西装时男士打领带效果最佳，因此领带又称为"西服的灵魂"。穿西装时，特别是穿西装套装时，不打领带往往会使西装黯然失色。然而在平时穿着其他服装，如大衣、风衣、夹克、猎装、毛衣、短袖衬衫时，打领带则是画蛇添足，不成体统。

【小贴士】

领带的由来

领带最早出现在 17 世纪，当时南斯拉夫克罗地亚的一支骑兵部队来到巴黎街头，那些士兵都身穿制服，脖颈上系着一根细布条。部队的法国军官见了赞叹不已，争相效仿，后来连贵族脖颈上也打起了围巾。有一天，一位朝臣上朝，颈上围着一条白色绸巾，并在脖颈前面打了个结，路易十四见了大为欣赏，于是他宣布领结为高贵的标志，下令凡尔赛的上流人士都该这样打扮。领带的前身——领巾就这样诞生了。

如果只有一套西装，但只要经常更换不同的领带，也能给人眼前一亮的感觉。领带打好之后，外侧应略长于内侧，其标准的长度，应当是领带的下端正好触及腰带卡扣的上端。另外，领带打好以后，应被置于合乎常规的位置。穿西装上衣系好衣扣后，领带应该处于西装上衣与内穿的衬衫之间。如果穿毛衣或者毛背心，应将领带置于它们与衬衫之间。

打领带结的基本要求：挺括、端庄，形状呈倒三角形。原则是领带结的大小大体上应与同时所穿的衬衫领子的大小成正比，即衬衫的领角越大，领带结扎得越大；衬衫的领角越尖，领带结扎得越小；衬衫的领角适中，领带结也要扎得适中。

为使领带保持贴身、笔直、下垂，可以使用领带夹。领带夹可体现男士的绅士风度，显示对别人的尊重和不失礼仪。领带夹应别在特定的位置，即从上往下数，在衬衫的第四粒与第五粒纽扣之间，将领带夹别上，然后扣上西服上衣的扣子，要求是从外面看不见领带夹。

你会打领带吗？

西装、衬衫和领带的颜色搭配如表1-3所示。

表1-3　西装、衬衫和领带的颜色搭配

西装颜色	衬衫颜色	领带颜色
黑色	白色为主的淡色	灰色、蓝色、绿色
灰色	白色为主的淡色	灰色、绿色、黄色、砖色
浅蓝色	白色、明亮的蓝色	蓝色、胭脂色、橙黄色
深蓝色	乳黄色、粉红色、银灰色、明亮的蓝色	浅蓝色、灰色、胭脂色、黄色、砖色
褐色	白色、灰色、银色、明亮的褐色	浅褐色、灰色、绿色、黄色

【小幽默】

马克·吐温的领带

美国著名作家马克·吐温曾经是斯托夫人的邻居。他比斯托夫人小 24 岁，且对她很尊敬。他常到斯托夫人那里谈话，这已成为习惯。

一天，马克·吐温从斯托夫人那里回来，他的妻子吃惊地问："你怎么不打领带就去了斯托夫人那里？"不打领带是一种失礼的行为。他的妻子怕斯托夫人见怪，为此闷闷不乐。

于是，马克·吐温赶快写了一封信，连同一条领带装在一个小盒里送到斯托夫人那里。信是这样写的："斯托夫人：给您送去一条领带，请您看一下。我今天早晨在您那里交谈了大约 30 分钟，请您不厌其烦地看一下它吧。希望您看过后马上还给我，因为我只有这一条领带。"

3. 西装与皮带的搭配

与西装搭配的皮带要求是皮质材料，光面、深色，带有钢质皮带卡扣。皮带的宽窄一般是 2.5 厘米左右，其颜色应与鞋子和公文包的颜色一致。穿西装时，皮带上不要挂手机、钥匙等物品。

4. 西装与鞋袜的搭配

穿西装一定要穿皮鞋，即便夏天也应如此，最好是系带的、薄底素面的西装皮鞋。皮鞋的颜色要与西装颜色搭配，如深色西装搭配黑色皮鞋。皮鞋要上油擦亮，且不留灰尘和污迹，袜子的颜色要深于皮鞋的颜色，一般选择黑色。特别强调的是，穿西装一定不要穿白色袜子。袜筒的长度要高于小腿并有一定的弹性，袜口太短或松松垮垮，坐下来时会露出腿部皮肤或腿毛，这显得很失礼。

5. 西装与公文包、钱夹的搭配

与西装搭配的公文包是长方形公文包，面料以真皮为宜，并以牛皮、羊皮制品为最佳。颜色一般选择黑色或咖啡色，最好与皮鞋和皮带的颜色一致，造型要求简单大方。除商标之外，公文包外观上不宜带有任何图案和文字。穿西装时，应该使用皮制的、造型长而扁的西服钱夹，钞票可以平放其中。西服钱夹应该插放在西装的内兜里，且不能装太多东西，以免破坏西装的平整。

6. 西装与手表和饰品的搭配

你知道西装纽扣的系法吗？

与西装搭配的手表要选择造型简约、颜色保守、时钟标示清楚、表身比较轻薄的商务款式。在职业场合男士不宜戴过多的首饰，至多戴一枚婚戒。西装手帕是以熨烫平整的各种单色丝质手帕折叠而成的，可以折叠成三角形、三尖峰形、V形等，插于西装上衣左上侧的胸袋，起到锦上添花的作用。

归纳起来，标准的男士西装着装如图 1-3 所示。男士西装的着装要求如表 1-4 所示。

图 1-3　标准的男士西装着装

表 1-4　男士西装的着装要求

着　装	要　求
衬衫	白色或单色衬衫，无污渍，袖口长度不要长于手。领口不得显露皱痕，所有的扣子都要系上，质地、款式、颜色与其他服饰相匹配，并符合自己的年龄、身份和公司文化
领带	领带紧贴领口，端正整洁，不歪不皱，不过分华丽耀眼，与衬衫、西裤匹配，并符合自己的年龄、身份和公司文化
西装	整洁挺括，背部无头发和头屑。不打皱，不过分华丽耀眼，与衬衫、领带和西裤匹配。与人谈话或打招呼时，要将第一颗扣子扣上。口袋里不要放置钱包、名片、香烟、打火机等物品，以免口袋鼓起
名牌	擦亮，表面没有胶条及皮筋。佩戴在上衣口袋连缝处，不能随意佩戴各种纪念牌
皮带	松紧适度，高于肚脐，不选用怪异的皮带头，颜色与鞋子、公文包搭配
裤子	无褶皱，适体，不系皮带时裤子不掉落。站立时裤脚不应拖地，应能盖住袜子
皮鞋	鞋袜搭配得当。鞋面干净光亮，鞋底不宜钉铁掌。不穿尼龙丝袜，袜子颜色和皮鞋相匹配

【小训练】

男士每天出门前要对照以下"男士仪容仪表自我检测"仔细审视自己，检查自己哪些方面需要改进，以养成良好的习惯。

男士仪容仪表自我检测

衬衣领口整洁，纽扣已扣好。

耳部清洁干净，耳毛不外露。

领带平整、端正。

衣袋口、裤袋口平整服帖。衬衣袖口清洁，长短适宜。

手部清洁，指甲干净、整洁。

衣服上没有脱落的头发和头皮屑。

裤子熨烫平整，裤缝折痕清晰。裤腿长及鞋面，拉链已拉好。

鞋底与鞋面都很干净，鞋跟无破损。

中山装与新式
中装的穿着

三、套裙尽显优雅

【小案例】

小张的一场面试

某公司招聘文秘人员，由于待遇优厚，应聘者络绎不绝。中文系毕业的小张也前往面试，她的简历出类拔萃：大学期间在各类刊物上发表了 3 万余字的作品，内容涵盖小说、诗歌、散文、评论等；为 6 家公司策划过周年庆典；英语口语也极为流利；书法作品也堪称佳作。此外，外形上，小张五官端正，身材高挑、匀称。面试时，招聘者拿着她的材料等她进来。这时，小张穿着迷你裙，露出藕段似的大腿，上身是露脐装，涂着鲜红的唇膏，轻盈地走到一位面试官面前，而且不请自坐，随后便跷起了二郎腿，笑眯眯地等着面试。孰料，三位招聘者互相交换一下眼神后，面试官便说："张小姐，请回去等通知吧。"

点评：小张应该是不能被录取的，因为她在面试的基本礼仪上失分太多。比如在服装上，她的着装过于时髦和前卫，不正规，不庄重，给人轻浮的感觉。此外，在化妆和举止上，小张也存在不符合礼仪规范之处，总体给人缺少基本涵养的感觉。

在日常的工作与生活中，女性的着装应当因场合不同而不同，不同的场合选择穿着不同的服装，以此来展现自己的身份、教养与品位。一般而言，女性涉及的交往场合有三类，即社交场合、休闲场合和公务场合。社交场合，可体现时尚个性，宜穿着礼服、时装；休闲场合要求舒适自然，宜穿着运动装、牛仔服、便装等；公务场合，则要求正规、保守，宜穿着西装套裙、制服等，不宜穿时装、便装等。因此，案例中小张在着装上的问题则不言自明。

女士在公务场合的着装以西装套裙最为规范和常见。西装套裙使人看起来干练、洒脱和成熟，而且能够烘托出女性独具的韵味，使其显得优雅、文静。可以说，西装套裙是能够体现职业女性的工作态度和女性美的最好道具。

(一)西装套裙的款式

20 世纪 30 年代，法国时装设计师克里斯蒂安·迪奥以拉丁字母的形式，创造了 H 形、X 形、A 形、V 形四种套裙款式。这四种套裙款式各有特点，如表 1-5 所示。

表1-5 套裙款式

款 式	特 点
H形	上衣较为宽松，裙子多是筒式，显得着装者优雅、含蓄，可以为身材肥胖者避短
X形	上衣多为紧身式，裙子则都是喇叭式，可以突出着装者纤细的腰部，令着装者看上去婀娜多姿、魅力无穷
A形	上衣为紧身式，裙子则为宽松式，可以适当地遮掩下半身的缺陷，适合上身苗条但臀部大或腿粗的女士
V形	上衣为松身式，裙子多为紧身式，并且以筒式为主，可以遮掩上半身的缺陷，使上半身肥胖而下半身苗条的着装者看上去亭亭玉立、端庄大方

(二)西装套裙的穿着规范

1. 符合标准

西服套裙应该选用质地上乘的面料，且上衣与裙子使用相同的面料。除女士呢、薄花呢、人字呢、法兰绒等纯毛面料外，也可选择高档的丝绸、亚麻、府绸、麻纱、毛涤面料来制作西装套裙。需要注意的是，用来制作西装套裙的面料应匀称、平整、滑润、光洁、丰厚、柔软、挺括，其弹性一定要好，而且不易起皱。

套裙色彩以冷色调为主，藏蓝色、炭黑色、烟灰色、雪青色、黄褐色、茶褐色、蓝灰色、暗黄色、紫红色等颜色都是很好的选择。不宜选择过于鲜亮扎眼的色彩，也不宜选择流行色。另外，套裙的上衣和裙子可以是一种颜色，也可以采用上浅下深或上深下浅两种不相同的颜色，使之形成鲜明的对比。前者显得庄重、正统，后者显得富有活力和动感。

套裙应图案简洁、尺寸适宜、造型简约。在正式的商务场合中，无论什么季节，正式的西装套裙都是长袖的，且长及手腕，裙子也长及膝盖，坐下时裙子会自然向上缩短。如果裙子缩短后离膝盖的长度超过10厘米，就表示这条裙子过短或过窄。

2. 穿着到位

上衣的领子要完全翻好，衣袋的盖子要拉出并盖住衣袋；裙子要穿得端端正正、上下对齐。穿衬衫时，衬衫的纽扣要一一系好，除最上端的一粒纽扣按惯例允许不系外，其他纽扣均不得随意解开，而且在公共场合衬衫不宜直接外穿。

3. 注意场合

重大的宴会、庆典和商务谈判等场合，尤其是涉外性质的商务活动，组织者所发的请柬上专门注有着装要求，参加者应按要求着装。即便组织者没有注明具体的着装要求，参加者也应穿着较正式的服装。通常来说，女士可穿西装套裙、民族服装、旗袍或连衣裙等。

商务礼仪规定：女士在各种正式的商务交往活动中一般以穿着西装套裙为宜，但是忌穿黑色皮裙；出席宴会、舞会、音乐会时，可酌情选择适合的时装或礼服。

【小贴士】

套裙穿着"六不准"

①不准过大或过小。②不准衣扣"不到位"。③不准不穿衬裙。④不准内衣外现。⑤不准随意自由搭配。⑥不准乱配鞋袜。

(三)西装套裙的搭配

1. 套裙与衬衫的搭配

女士衬衫面料要轻薄而柔软，可选择真丝、麻纱、纯棉等面料。与职业套裙搭配的衬衫颜色要求雅致而端庄，且不失女性的妩媚。而且最好是白色、米色、粉红色等单色，衬衫色彩与套裙的色彩要协调，内深外浅或外浅内深，形成深浅对比，最好无图案，或者有一些简单的线条和细格图案。衬衫的款式要裁剪简洁，不带花边和皱褶。穿衬衫时，衬衫的下摆必须塞在裙腰之内，不能露在裙腰外，或把衬衫的下摆在腰间打结。穿着职业套裙时，不能在外人面前脱下西装，直接以衬衫面对对方，尤其是身穿紧身而透明的衬衫时，特别要注意这一点。

西装套裙的搭配

2. 套裙与丝巾的搭配

丝巾是职场女性的标配，既能展示自己干练的气质，还能增添几分柔情，使女性显得更有魅力和气质。

丝巾的款式丰富，按规格可分为大、中、小丝巾；按材质可分为丝、棉、麻、混纺丝巾；按形状可分为长方形、正方形和三角形丝巾。在商务场合常用的小方巾的规格一般是60cm×60cm，形状为正方形，优选丝绸材质丝巾。

佩戴丝巾时要注意，如果脸色偏黄，则不宜选用深红色、绿色、蓝色、黄色丝巾；若脸色偏黑，则不宜选用白色、有鲜艳大红图案的丝巾。

丝巾折叠的基本动作有折、收、绕、拧、拉、系和穿。其折叠方法有巴黎结、领带结、西班牙结、海芋结、竹叶结、凤蝶结等。

你会系丝巾吗？

【小贴士】

丝巾的搭配

丝巾折叠的宽度可根据颈部比例而定，太宽会导致整条丝巾失去平衡感。搭配圆领时，可以将有休闲风格的衣领演绎得更加华美；与方领搭配时，会使女性看上去充满女人味；搭配套装最好选用尺寸稍大一些的丝巾，看起来更加协调，使丝巾的两端垂在前面，增加丝巾的垂感，需要注意的是，尺寸大的丝巾不适合脖子太短或梨形脸。

3. 套裙与袜的搭配

夏天是女人的季节，女人在夏天是最美丽的，这要归功于裙子，而把裙子衬托得更美丽的则是女性的袜子。在社交场合，穿裙装而不穿袜子是很不礼貌的。女性袜子的款式和色彩多种多样，但在裙装占主导地位的还是丝袜，穿裙子时，应配长筒丝袜或连裤袜。千万要记住，袜子的长度一定要高于裙子下摆，否则走一步露一截腿出来是很不雅观的，而

且袜子不可以有丝毫破洞、抽丝、染色等现象，否则会给人粗心大意，或经济条件不好的感觉。职业女性的包里一般都有备用的丝袜。袜子的选择，要注意色彩和薄厚搭配。一般来说，肤色越深，袜子的颜色也应越深，一般情况下，肉色或相对颜色深一点的袜子较为适宜。在正式场合，袜子不能有网眼、花纹、图案，穿上后要平整；白色袜子在正式场合中并不多见，一般只出现在运动场中，或者小姑娘穿，显得活泼、可爱；厚袜子不要搭配细高跟鞋，薄袜子不要搭配运动鞋。

4. 套裙与鞋的搭配

在社交场合中，最常穿的鞋就是皮鞋。黑色皮鞋四季都可以穿，而且可以与所有颜色的服装搭配，不论搭配什么样的服装，都能给人稳重、沉着之感，因此应多配几双黑皮鞋。白色皮鞋与浅色服装搭配，会给人年轻、活泼的感觉。选择其他颜色的鞋时，应注意与服装色调为同色系，如果鞋的颜色与服装的颜色反差太大，就会破坏整体之美。总之，鞋的颜色最好与服装主色调相呼应。皮鞋鞋跟的高低选择应根据身材来决定，一般而言，中跟皮鞋使女性显得挺拔与秀气；身材较高的女性可以穿平跟鞋；身材较矮的女性可以穿高跟鞋。皮鞋鞋跟的形状也要注意，身材较矮的女性最好不要穿方跟或酒杯跟的皮鞋；身材较高的女性不要穿特别细、特别尖的皮鞋，否则会给人"头重脚轻"、不稳重之感。

5. 套裙与配饰的搭配

女士的饰物有戒指、项链、耳环或耳钉、手链或手镯、胸针等。在职场中，女士佩戴的饰物与服装要协调搭配，款式简单、精致；同时佩戴的饰物不要超过三种，否则会使焦点过多，影响整体效果。

(1) 戒指。戒指的佩戴具有一定的意义，因此佩戴戒指时不能随心所欲。一般情况下，一只手上只戴一枚戒指，且戒指通常戴在左手上。戴在食指上，表示没有男朋友；戴在中指上，表示正处在恋爱之中；戴在无名指上，表示已经订婚或结婚；戴在小手指上，表示自己是独身主义者。

【小案例】

小芳的戒指

小芳毕业后到一家公司做文秘，一次在接待客户时，领导让她照顾一位华侨女士。临别时，华侨女士对小芳热情和周到的服务非常满意，并留下名片认真地对小芳说："谢谢！欢迎你到我公司来做客，请代我向你的先生问好。"小芳瞬间愣住了，因为她根本没有男朋友，何谈"先生"呢。可是，那位华侨女士也没有错，她之所以这么说，是因为看见小芳的左手无名指上戴有一枚戒指。

点评：戒指的佩戴是有意义的，这些意义会传递出相应的信息，为了避免交际对象的误解，一定要注意把戒指佩戴在合适的手指上。

(2) 项链。佩戴项链时，可以利用项链的长短调节视线，以起到锦上添花的作用。如又细又长的项链，可以拉长视线，弥补脖子短粗的缺陷等。项链上的挂件也体现佩戴者的气质和个性。例如，椭圆形的挂件体现佩戴者成熟、圆润的个性；菱形和方形的挂件体现佩戴者独立、自信的个性；等等。

(3) 耳环或耳钉。在职场中，不要佩戴造型夸张的耳环。造型简洁的耳饰既具女性

美,又显端庄、稳重。戴耳钉时,一只耳朵只能戴一只,不能出现一只耳朵戴好几只耳钉的情况。穿礼服时可以佩戴装饰性较强的耳环,但是也要注意和脸型相适应。

(4) 手链或手镯。一只手腕不要既戴手表又戴手链或手镯,也不要同时戴两条手链或手镯。如果戴手链或手镯妨碍工作(办公室文员经常要打字复印),就不要佩戴。

(5) 胸针。胸针是西装套裙最主要的饰品。穿西装套裙时,别上一枚精致的胸针,能使人们的视线上移,让身材显得高挑一些。胸针一般别在左胸襟,胸针的大小、款式、质地可根据每个人的喜好而定。

标准的女士套裙穿着如图1-4所示。

包的选配

连衣裙与旗袍的穿着

特殊体形女性怎样选择服饰?

图1-4 标准的女士套裙穿着

【小训练】

女士每天出门前要对照以下"女士仪容仪表自我检测"仔细审视自己,检查自己哪些方面需要改进,以养成良好的习惯。

女士仪容仪表自我检测

服饰端庄:不太薄,不太透,不太露。

领口干净,脖子修长,衬衣领口不过于复杂和花哨。

饰品不过于夸张和突出,款式精致,材质优良,耳环小巧,项链精致,走动时安静无声。

公司的徽标佩戴在要求的位置,私人饰品不与之"争夺"别人的注意力。

衣袋中只放小而薄的物品,服装轮廓不走样。

指甲精心修理过,不太长,不太怪,不太艳。

裙子长短、松紧适宜。拉链拉好,裙缝位正。

衣裤或裙子及上衣的表面无明显的内衣轮廓痕迹。

鞋子洁净,款式大方简洁,没有过多装饰与色彩,鞋跟不太高、不太尖。

衣服上没有脱落的头发和头皮屑。

丝袜无勾丝、无破洞、无修补痕迹,包里有一双备用丝袜。

课 后 练 习

1. 运用判断

(1) 西装穿好后,衬衫的领子应露出西装上衣领子1厘米左右。　　　　( )

(2) 穿西装一定要穿皮鞋,但夏天除外。　　　　( )

(3) 年轻人穿西装可以搭配白袜子和休闲鞋。　　　　　　　　　　（　　）

(4) A 形西装套裙可以突出着装者纤细的腰部。　　　　　　　　　（　　）

(5) 穿西装套裙时，衬衫下摆必须掖入裙腰内。　　　　　　　　　（　　）

(6) 与职业套裙配套的鞋子，应该是高跟、半高跟的船式皮鞋。　　（　　）

2. 简要回答

(1) 着装如何才能规范合体？

(2) 男士穿西装应遵循哪些原则？

(3) 男士如何选择适合自己的西装？

(4) 男士穿西装有哪些搭配上的要求？

(5) 女士西装套裙有几种款式？

(6) 穿着西装套裙有何规范？

(7) 西装套裙的搭配要注意哪些问题？

3. 案例分析

扫描二维码，阅读案例原文，然后回答每个案例后面的问题。

案例分析题原文

4. 思考训练

(1) 日常生活中违反服装礼仪规范的常见现象有哪些？请与同学讨论。

(2) 请根据同学(同事)的脸型、体形和个性特点，对他的服饰打扮方面提出合理的建议。

(3) "服装美的最高境界是外在美和内在美的统一"，你对这句话是怎样理解的？请结合下面文学名著中的一段情节描述谈谈你的看法。

列夫·托尔斯泰的《安娜·卡列尼娜》一书中有以下一段情节。

在安娜和渥伦斯基相识的舞会上，安娜穿着全黑色的天鹅长裙，长裙上镶着威尼斯花边，闪亮的边饰把黑色点缀得既美丽安详又神秘幽深，这同安娜那张富有个性的脸庞十分相称。当安娜出现在舞会的门口时，她的装扮吸引了在场所有人的视线，吉蒂看到安娜的装束后，也强烈地意识到安娜比自己美。安娜的黑色长裙在轻淡柔曼的裙海中显得高贵典雅、与众不同，其也与安娜藐视世俗的个性融为一体。

(4) 学生以小组为单位，收集男、女着装搭配的图片及服饰的流行趋势，并制作成 PPT，在全班进行展示和讲解。

5. 实训项目

实训项目 1：男士西装穿着实训

实训目标：掌握西装的穿着要求和搭配方法。

实训准备：男士西装、衬衫、领带、腰带、皮鞋和手机。

实训方法：教师讲解示范，学生操作。

实训步骤如下。

(1) 男生 5 人为一个小组，以小组为单位展示西装的穿着、领带打法及西装与衬衫、领带、皮鞋、袜子的搭配，并说明搭配的理由。

(2) 全程录像，在大屏幕回放，然后学生自我评价、小组评价，教师点评总结。

(3) 师生评选出"最佳服饰先生"若干名。

实训项目2：女士西装套裙穿着实训

实训目标：掌握女士套裙的穿着要点和搭配方法。

实训准备：西装套裙、衬衫、鞋袜、饰物等。

实训方法：教师讲解示范，学生操作。

实训步骤如下。

(1) 女生5人为一个小组，以小组为单位分别上台展示西装套裙的穿着、丝巾的佩戴及西装套裙与衬衫、鞋袜、饰物的搭配，并说明搭配的理由。

(2) 全程录像，在大屏幕回放，然后学生自我评价、小组评价，教师点评总结。

(3) 师生评选出"最佳服饰淑女"若干名。

任务3 仪态礼仪

巧笑倩兮，美目盼兮。

——《诗经·卫风·硕人》

学习目标

知识目标： 在社交场合，能够以正确优美的站姿、坐姿、走姿、蹲姿展现出良好的体态；能够正确遵循眼神、微笑、手势等礼仪规范要求，展现出大方、自然的个性形象；能够杜绝各种不良的行为举止。

能力目标： 能根据不同场合有针对性地展现自身的良好仪态；自主学习新知识，能够利用网络媒体查找与仪态礼仪相关的知识。

思政目标： 具有良好的审美情趣；举手投足展现良好仪态，努力提升个人整体形象。

任务导入

面 试

某公司招聘文员，此时三位毕业生同时前来公司应聘。面试前，他们坐在会客室等候。总经理经过会客室时，看到了这样的情形：两位同学坐在沙发上，一位跷起二郎腿，而且两腿还不停地抖动；另一位身体松懈地斜靠在沙发一角，两手还攥握手指"咯咯"作响；只有一位同学端坐在椅子上。总经理非常客气地对坐在沙发上的同学说："对不起，你们两位的面试已经结束了。"两位同学面面相觑，不知何故面试还没开始就已经结束了。

问题

(1) 两位同学面试时存在什么问题？

(2) 仪态在社交中有什么作用？

优雅的举止和洒脱的风度，最能给人留下深刻的印象。日常生活中，人们常常会评论某个人的行为优雅或粗俗，实际上，就是在评论其仪态是否符合礼仪的要求。所谓仪态，是指人的体态、举止和动作。每个人总是以一定的仪态出现在别人面前，通过仪态可以看出一个人的精神状态、心理活动、文化修养及审美水平。

对现代人而言，仪态有四个方面的基本要求。一是仪态应文明。一个人的仪态是其教养和修养的体现。仪态要有修养、讲礼貌，不应在他人面前有粗野动作与行为。要通过良好的仪态来体现敬人之意，而不要失敬于人。二是仪态应优雅。无论何时何地，或站或坐，一颦一笑、一举一动，都要注意姿态优美、举止优雅。一般来说，男尚阳刚，女尚温柔。男性仪态要体现刚劲、强健、粗犷、潇洒的特征；女性仪态要体现温柔、细腻、娴静、典雅的特征。三是仪态应适宜。仪态是口语表达的辅助手段。在表现方面，首先要适度，不可喧宾夺主。其次要切合场景、符合身份。喜庆的场合要兴高采烈，甚至可以翩翩起舞；严肃、庄重的场合就不能高声说笑、手舞足蹈。中老年人要稳重老成，不能有轻浮的动作和表情；青少年则要活泼大方，不要故作老成。四是仪态应修炼。一个人优雅、得体、自然的举止，是日常生活中的修养所致，是长久熏陶、顺乎自然的结果。要想仪态美，须内外兼修：内修品格，外练礼仪；内修于心，外修于形。只有日积月累，不断修炼，才能展现潇洒风度，拥有仪态美。

"任务导入"中，公司总经理为什么还没和应聘者正式面谈，就对坐在沙发上的两位应聘者说："对不起，你们两位的面试已经结束了。"原因就是这两位应聘者，体态不合要求，坐姿不规范、不端庄，暴露出他们内在修养的不足，给人极为不尊重人的感觉，其面试失败也就不足为奇了。

社交中，每个人都要加强仪态的规范和修炼，拥有良好的气质风度。

一、体态规范标准

良好的体态，展现出严谨自律、自信坦荡的气质风度。社交中，一个人的站、坐、走、蹲等基本姿态在不同的交往场合都有其规范标准，理应遵循。

(一)站姿

俗话说"站如松"，站姿是人类的一种象征，男子的站姿应有"劲松"之美，具有男子汉刚毅英武、稳重有力的阳刚之美；女子的站姿应有"静松"之美，具有女性轻盈典雅、亭亭玉立的阴柔之美。正确的站姿是自信心的表现，给人留下美好的印象。

1. 标准的站姿

标准的站姿从正面看，全身笔直，精神饱满，两眼正视前方(而不是斜视)，两肩平齐，两臂自然下垂，两脚跟并拢，两脚尖张开呈 60°，身体重心落于两腿正中；从侧面看，两眼平视，下颌微收，挺胸收腹，腰背挺直，手中指贴裤缝，整个身体看上去庄重、挺拔。

站姿的要领：一要平，即头平、双肩平、两眼平视。二要直，即腰直、腿直，后脑勺、背、臀、脚后跟呈一条直线。三要高，即重心上拔，看起来显得高。标准的站姿如图 1-5 所示。

图 1-5　标准的站姿

2. 站姿的种类

以一个人的脚位为划分依据，男士、女士的站姿可以有如下分类。

(1)　正步站姿，是男士、女士均适用的站姿，通常在升国旗、奏国歌、接受颁奖、接

受接见、致悼词等庄严的仪式场合使用。要领：两脚并拢，两膝侧向贴紧，两手自然下垂。

(2) 分腿站姿，是男士采用的站姿，门迎、侍应人员可采用此种站姿。要领：两脚左、右分开，与肩同宽，脚尖朝前并且两脚平行，手交叉于前腹，或交叉于后背。

(3) "丁"字步站姿，一般是女子采用的站姿，礼仪小姐、节目主持人则多采用此种站姿。要领：两脚尖展开，一脚向前将脚跟靠于另一只脚内侧中间位置，腰肌和颈肌略有拧的感觉。女子可以双手交叉于腹前，身体重心可以在两只脚上，也可以在一只脚上，通过两脚的重心转移来缓解疲劳，如图1-6所示。

(4) 扇形站姿，是男士、女士均适用的站姿。要领：两脚跟靠拢，脚尖呈45°～60°，身体重心在两脚上，如图1-7所示。

图1-6 "丁"字步站姿   图1-7 扇形站姿

【小贴士】

站姿与性格

双腿并拢站立者，给人的印象是可靠、意识健全、脚踏实地且忠厚老实，但有时看上去显得有点冷漠。

两腿分开尺余，脚尖略朝外偏的站姿，表现出站立者果断、富有进取心，不装腔作势。

双腿并拢站立，一脚稍后，两足平置地面，则体现出站立者有雄心，性格暴躁，是个积极进取、极富冒险精神的人。

站立时一脚直立，另一脚弯置其后，以脚尖触地，则说明站立者情绪非常不稳定，变幻多端，喜欢不断地刺激与挑战。

3. 站姿的禁忌

(1) 站立时，忌手插在衣袋里，忌无精打采或东倒西歪。

(2) 忌弯腰驼背、低头、两肩一高一低。

(3) 忌把其他物品作为支撑点，依靠物品站立，更不要倚靠在墙上。

(4) 双手忌做无意的小动作，更不要叉在腰间或抱在胸前。

(5) 腿不要不停地抖动或晃动。

(二)坐姿

俗话说"坐如钟"，坐姿是人际交往中人们用得最多的一种姿势，它是一种静态姿势。优雅的坐姿给人一种端庄、稳重、威严之感。

坐姿

1. 标准的坐姿

坐姿要根据凳面的高低及有无扶手与靠背来调整，并注意两手、两腿、两脚的正确摆法。

(1) 两手摆法。有扶手时，双手轻搭或一搭一放；无扶手时，两手相交或轻握或呈八字形置于腿上，或右手搭在右腿上，左手搭在右手背上。

(2) 两腿摆法。凳面高度适中时，两腿相靠或稍分开，但不能超过肩宽；凳面低时，两腿并拢，自然倾斜于一方；凳面高时，一腿略搁于另一腿上，脚尖向下。

(3) 两脚摆法。脚跟、脚尖全靠或一靠一分，也可一前一后(可靠拢也可稍分)，或右腿放在左腿外侧。

【小案例】

小张的面试

小张今天上午有一场面试，一大早他穿戴完毕，准时到达面试地点。面试官让他先坐，他客气地对面试官说："您先坐。"这时面试官稍显尴尬。因为位置不合适，小张入座后不停地调整椅子，发出各种嘈杂的声音。面试过程中，面试官问的几个问题确实不好把握，小张习惯性地使劲摩擦双手，同时双腿也在不停地抖动，面试官看到小张的表现，眼神中有些不解和失望。面试结束后，小张等待了许久，始终没有收到录用通知……

点评：正确而优雅的坐姿是一种文明行为，会给人留下良好的印象。小张面试时存在的入座、坐姿问题是与文雅、稳重、大方、优美的坐姿要求相悖的。

2. 女士坐姿的类型

(1) 正坐式坐姿。双腿并拢，上身挺直，坐正，两脚尖并拢略向前伸，两手叠放在双腿上，略靠近大腿根部。入座时，若是着裙装，应用手将裙摆拢一下再坐下。具体坐姿如图1-8所示。

(2) 重叠式坐姿。上身挺直，坐正，腿向前方，左小腿斜向左侧，全脚支撑，右腿重叠于左腿上，小腿向里收，脚尖向下，双手叠放在右腿上。特别要注意的是，将上面的小腿回收，脚尖向下。具体坐姿如图1-9所示。

(3) 斜放式坐姿。坐在较低的沙发上，若双腿垂直放置，膝盖可能高过腰，极不雅观。这时最好采用双腿斜放式，即双腿并拢后同时向右侧或左侧斜放，与地面大概呈45°角。具体坐姿如图1-10所示。

(4) 交叉式坐姿。双腿并拢，双脚在脚踝部交叉之后略向左侧斜放。坐在办公桌后面、主席台上或汽车上时适合采用这种坐姿，感觉比较自然、舒适。具体坐姿如图1-11所示。

图 1-8　正坐式坐姿　　图 1-9　重叠式坐姿　　图 1-10　斜放式坐姿　　图 1-11　交叉式坐姿

3. 男士坐姿的类型

(1) 正坐式坐姿。上身挺直，坐正，双腿自然弯曲，小腿垂直于地面并略分开，两手分别放在两膝上。具体坐姿如图 1-12 所示。

(2) 扶手式坐姿。坐在有扶手的宽大的椅子上或沙发上，入座后，上体自然挺直，将两手分别搭在扶手上。具体坐姿如图 1-13 所示。

从坐姿看性格

图 1-12　正坐式坐姿　　　　　图 1-13　扶手式坐姿

4. 入座与离座

(1) 入座时，注意座位的尊卑，主动将上位让给来宾或客人，先让对方入座，切勿自己抢先入座。

(2) 就座时，最好从座椅的左侧接近座位，这样做既是一种礼貌，也易于就座。

(3) 就座时，要减慢速度，放轻动作，尽量不要让座椅发出响声，噪声扰人。

(4) 为了让自己坐得端正、舒适，或为了方便整理衣服，可坐下后调整一下体位，但这一动作不可与就座同时进行。

(5) 离座时，身旁如有人在座，需以语言或动作向其示意后方可起身。

(6) 与他人同时离座时，须注意起身的先后次序，地位低于对方时，应稍后离座。

(7) 起身离座时，最好动作轻缓，悄无声息，尤其避免拖泥带水，弄响座椅或将椅垫或椅罩弄掉在地上。

5. 坐姿的禁忌

女性不雅坐姿容易造成"走光"，这显然有失礼仪，而男性松弛的坐姿常常给人猥琐之感。因此，应注意以下坐姿禁忌。

(1) 入座后，忌弯腰驼背，东倒西歪，前俯后仰。

(2) 入座后，忌双腿不停地抖动，甚至鞋跟离开脚跟晃动。

(3) 忌坐姿不符合环境要求，例如，求职面试或与领导、长辈谈话时，不用重叠式坐姿。

使用电脑时的
坐姿

(三)走姿

俗话说"行如风"，说的是走姿，走姿始终处于动态，体现了人类的运动之美和精神风貌。男士的走姿要刚劲有力，豪迈稳重，有阳刚之气；女士的走姿要轻盈自如，含蓄飘逸，有窈窕之美。

1. 标准的走姿

走姿的要领：双眼平视臂放松，以胸带动肩轴摆，提髋提膝小腿迈，跟落掌接趾推送。标准的走姿如下。

(1) 以站姿为基础，双目向前平视，微收下颌，面容平和自然，不左顾右盼，不回头张望，不盯住行人乱打量。

(2) 双肩平稳，双臂前后自然、有节奏地摆动，摆幅以 30°～35° 为宜，双肩及双臂都不应过于僵硬。

(3) 上身自然挺拔，头正、挺胸、收腹、立腰，重心稍向前倾。

(4) 行走时，两只脚内侧行走的轨迹为一条直线。

(5) 步幅(前后脚之间的距离)要适当。男性步幅约 40 厘米，女性步幅约 36 厘米。

2. 走姿的种类

(1) 前行式走姿。身体保持直立挺拔，行进中若向人问候，则要同时伴随头部和上身的左右转动，微笑点头致意。禁止只转动头部，用眼睛斜视他人。

(2) 后退式走姿。当与他人告别时，扭头就走是不礼貌的。应该先后退 2～3 步，再转身离去。退步时不能轻擦地面，不要高抬小腿，后退的步幅要小些，两腿之间的距离不能太大，要先转身再转头。

(3) 侧行式走姿。当引导他人前行或在较窄的走廊、楼道与他人相遇时，要采用侧行式走姿。引导时，要走在来宾的左侧，身体稍向右转体，左肩稍前，右肩稍后，身体朝向来宾，保持两步左右的距离。

3. 走姿的禁忌

(1) 走路时忌摇头晃脑，弯腰驼背，歪肩晃膀，左顾右盼。

(2) 走路时忌走内八字和外八字步伐，不可脚蹭地面发出声响。

(3) 走路时忌大甩手，扭腰摆臀。

穿职业装的走姿

(4) 行走时，切忌把手插在衣裤口袋里，更不要把手背在身后。

(5) 多人一起行走时，忌勾肩搭背，边走边说。

(6) 穿礼服、裙子或旗袍时步态要轻盈优美，忌大步流星。

【小贴士】

不同走姿反映的心理特征

心理学家史诺嘉丝发现，走路大步，步子有弹性及摆动手臂，显示一个人自信、快乐、友善及富有雄心；走路时拖着步子，步伐小或速度时快时慢则显示一个人自卑、悲伤和不自信。喜欢支配别人的人，走路时倾向于脚向后踢高；性格冲动的人，就像鸭子一样低头急走；而拖脚走路的人，通常是不快乐或内心苦闷。若女性走路时手臂摆得高，则显示出她精力充沛和快乐。

(四)蹲姿

俗话说"蹲要雅"，蹲姿是人的身体在低处取物、拾物、整理物品、整理鞋袜时呈现的姿势，它是人体静态美与动态美的结合。蹲姿要动作美观，姿势优雅。

1. 标准的蹲姿

标准的蹲姿有如下要求：首先讲究方位，当需要捡拾低处或地面物品的时候，可走到其物品的左侧；当面对他人下蹲时，则要侧身相向；当需要整理鞋袜或于低处整理物品时可面朝前方，两脚一前一后，一般情况下是左脚在前，右脚在后，目视物品，直腰下蹲。直腰下蹲后，方可弯腰捡起低处或地面的物品，以及整理鞋袜或于低处工作。取物或工作完毕后，先直起腰部，使头部、上身、腰部在一条直线上，再稳稳站起。

2. 蹲姿的种类

(1) 高低式蹲姿。这是常用的一种蹲姿，双膝一高一低，此蹲姿男士、女士均可适用。要领：下蹲后，左脚在前，右脚在后；左脚完全着地，小腿基本垂直于地面；右脚要脚掌着地，脚跟提起；右膝要低于左膝，右膝内侧可靠于左上腿的内侧，形成左膝高右膝低的姿态；臀部向下，基本上以右腿支撑身体；女士应注意紧靠双腿，男士两腿之间可有适当的距离，如图1-14所示。

(2) 交叉式蹲姿。这种蹲姿优美典雅，双腿交叉在一起，此蹲姿适用于女士。要领：下蹲后，左脚在前，右脚在后，左小腿垂直于地面，全脚着地；左腿在上，右腿在下，二者交叉重叠，右膝从后下方伸向左前侧，右脚跟抬起，脚掌着地，两腿前后靠近，全力支撑身体；上身略向前倾，臀部朝下，如图1-15所示。

(3) 单膝点地式蹲姿。这种蹲姿适用于男士，双腿一蹲一跪。它是一种非正式的蹲姿，多用于下蹲时间较长或为了用力方便时采用。要领：下蹲后，右膝点地，臀部坐在其脚跟之上，以脚尖着地；另一条腿全脚掌着地，小腿垂直于地面；双膝同时向外，双腿尽力靠拢，如图1-16所示。

图 1-14　高低式蹲姿　　　图 1-15　交叉式蹲姿　　　图 1-16　单膝点地式蹲姿

【小训练】

蹲姿练习

要有意识地、经常主动地进行标准蹲姿训练，以形成良好的下蹲习惯。可以通过压腿、踢腿、活动关节等方式加强腿部膝关节、踝关节的力量和柔韧性训练，这是优美蹲姿的基础。

平时进行蹲姿训练时可以配上优美的音乐，以放松心情，减轻单调、疲劳之感。

应戒除的不良举止

二、表情友善亲和

【小案例】

微笑也要有分寸

某日，一饭店经理接到某顾客的投诉，称其饭店出售的海鲜有异味，无法食用。这位经理自信有处理这类问题的能力和经验，便不慌不忙地向顾客所在的餐桌走去。饭店经理面带微笑，向顾客进行解释，海鲜不是鲜货，虽然味道有些不纯正，但吃了也不会有问题，希望顾客谅解、包涵。

但此时，同桌的一位顾客突然站起来，且用手指指着饭店经理的鼻子大骂："你还笑得出来，我们拉肚子怎么办，你应该负责任。"这突如其来的"兴师问罪"，使饭店经理猛地怔住了！他脸上的微笑一下子变成了哭笑不得的表情。

点评：在服务工作中，微笑服务应加以提倡，但面对那些对服务工作不满的客人，它并不是可以套用的最好方式。在不同的场合，微笑也要有分寸。

表情是指一个人内心的思想感情体现在颈部以上(包括眼、眉、鼻、嘴等)各个部位的综合而微妙的反映。人的面部表情给人们最直接的感觉和情绪体验。在人际交往中，如果表情和语言所表述的内容高度和谐统一，就会使人们相信这种表述的真实可信性；否则人们就会更加相信表情所传递出的信息。

现代心理学家认为，感情表达中存在一个规律，并用公式加以表述为：感情表达=言语(7%)+声音(38%)+表情(55%)。因此，表情在人际交往的过程中起着十分重要的作用。社交中，正确地把握和运用好自己的表情，向交往对象传达友善、亲和与敬意，这不仅是人

际交往的一项基本要求，也反映了一个人待人接物的修养。

在构成表情的诸要素中，眼神和微笑占至关重要的地位，生活和工作中使用的频率最高。一般来说，人际交往中眼神和微笑的应用应注意以下几点。

第一，尊敬。尊敬是社交礼仪的体现，社交中要处处体现出对他人的尊敬，以满足尊敬个人的首要心理需求。

第二，友好。友好是向他人表示希望与之沟通和欢迎的表现形式，是顺利完成交流的重要基础。

第三，适时。适时是要求一个人的表情神态要与所处的场合和情境协调恰当，有较强的应变能力和对情境气氛的感受能力。

第四，真诚。所有的语言和行为如果不是建立在真诚的基础上，都会背离社交的目的而变得虚伪，而虚伪必将导致社交失败。

(一)眼神

俗话说"眼睛是心灵的窗户"，眼睛是人体传递信息最有效的器官，而且能表达最细微、最精妙的差异，释放出人类最明显、最准确的交际信号。

【小训练】

请举出含有"眼""目""眉"字的成语，并体会这些成语所表达的情绪特点和心理状态，将其演示一下。

眼神礼仪的构成，一般涉及时间、角度、区域、方式等几个方面。

1. 时间

社交中，尤其是与熟人相处时，注视对方时间的长短对交际是十分重要的。在交谈中，听的一方通常应多注视说的一方。

(1) 表示友好。对对方表示友好，则注视对方的时间应占全部相处时间的约 1/3。

(2) 表示重视。对对方表示关注，如听报告、请教问题时，则注视对方的时间应约占全部相处时间的 2/3。

(3) 表示轻视。注视对方的时间不到全部相处时间的 1/3，意味着瞧不起对方或对对方谈话没有兴趣。

(4) 表示敌意。注视对方的时间超过了全部相处时间的 2/3 以上，往往表示可能对对方抱有敌意。

(5) 表示兴趣。注视对方的时间长于全部相处时间的 2/3 以上，还有另一种情况，即对对方产生了兴趣。

2. 角度

注视他人时，目光的角度，即其发出的方向，事关与交往对象亲疏远近的问题。注视他人的常规角度有以下几种。

(1) 平视，即视线呈水平状态，也叫正视。一般用于普通场合与身份、地位平等之人进行交往。

(2) 侧视，是一种平视的特殊情况，即位于交往对象一侧，面向对方，平视着对方。

它的关键在于面向对方，否则即为斜视对方，那是很失礼的。

(3) 仰视，即主动居于低处，抬头向上注视他人。它表示对对方尊重、敬畏之意，适用于面对尊长时。

(4) 俯视，即低头向下注视他人，一般用于身居高处之时。它可对晚辈表示宽容、怜爱，也可对他人表示轻慢、歧视之意。

3. 区域

人际交往中，目光所及之处就是注视的区域。注视他人的区域不同，不仅说明自己对对方的态度不同，也说明双方关系不同。一般情况下，与他人相处时，不宜注视其头顶、大腿、脚部与手部，或是"目中无人"。对异性而言，通常不注视其肩部以下，尤其不应注视其胸部、裆部和腿部。人际交往中，允许注视的常规区域如下。

(1) 公务凝视区。公务凝视区适用于洽谈公务的正式场合，如磋商、谈判和小型会议等。凝视时目光停留的区域在对方脸部，以双眼为底线，上到前额的三角部分。谈话时适时自然地注视对方公务凝视区域会显得严肃、认真、友好而有诚意，如图1-17所示。

(2) 社交凝视区。社交凝视区适用于各种社交场合，如会见同学和朋友、与熟悉的同事谈轻松或非正式的话题等。凝视的目光应停留在对方的唇心到双眼之间的三角区。谈话时注视对方这个区域会使对方感到轻松、自然和亲切，如图1-18所示。

(3) 亲密凝视区。亲密凝视区适用于亲人、恋人和家庭成员之间的交流。凝视时目光停留的区域为对方双眼到胸部之间。如果关系不亲密却凝视亲密凝视区，对方会觉得受到冒犯甚至侮辱，这是很不礼貌的行为，如图1-19所示。

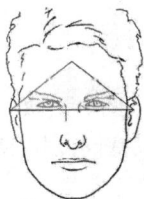

图 1-17　公务凝视区　　　图 1-18　社交凝视区　　　图 1-19　亲密凝视区

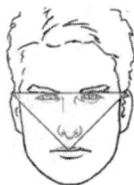

4. 方式

社交中要注意以下几种眼神的正确运用。

(1) 直视，即直接地注视交往对象，它表示认真、尊重，适用于各种情况。若直视他人双眼，即为对视。对视表示自己大方、坦诚，或是关注对方。

(2) 凝视是直视的一种特殊情况，即全神贯注地注视。它多用以表示专注、恭敬。

(3) 盯视。目不转睛，长时间地凝视某人的某一部位。它表示出神或挑衅，故不宜多用。

(4) 扫视。视线移来移去，注视时上下左右反复打量对方。它表示好奇、吃惊，亦不可多用，对异性尤其应禁用。

(5) 睨视，又叫睥视，即斜着眼睛注视。它多表示怀疑、轻视，应当忌用。与初识之

人交谈时，尤其忌用。

(6) 眯视。即眯着眼睛注视。它表示惊奇、看不清楚，做这一动用时模样不大好看，故也不宜采用。

(7) 环视，即有节奏地注视着不同的人或事物。它表示认真、重视，适用于同时与多人打交道，表示自己一视同仁。

(8) 他视，即与某人交谈时不注视对方，反而望向别处。它表示胆怯、害羞、心虚、反感、心不在焉，是不宜采用的一种眼神。

(二)微笑

微笑是人际交往中最美丽的语言，是公共关系和商务礼仪中的亮点。保持一个微笑的表情、谦和的面孔，是自己真诚、守礼的重要体现。微笑是有自信心的表现，是对自己的魅力和能力抱有积极的态度。微笑可以表现出温馨、亲切的表情，能有效地缩短双方的距离，给对方留下美好的印象，从而营造融洽的交往氛围。面对不同的场合、不同的情况，如果能用微笑来接纳对方，可以展示出你良好的修养和挚诚的胸怀，如图1-20所示。

图 1-20　奥黛丽·赫本的微笑

(资料来源：http://www.qiyeku.com/xinwen8122394.html.)

商务交往中，应遵循以下微笑的要求。

1. 把握微笑的时机

在与对方的交谈中，最好的微笑时机是在与对方目光接触的瞬间展现微笑，这样能够促进友好互动。

2. 把握微笑的层次变化

"旅馆大王"的
微笑服务

微笑有很多层次，有浅浅一笑、眼中含笑，也有哈哈大笑。在整个交谈过程中，微笑要有收有放，不同场合使用不同的笑。如果一直保持同一层次的笑，表情会显得僵硬、呆板，会被对方认为是傻笑。

3. 注意微笑维持的时间长度

微笑的最佳时间长度以不超过 3 秒为宜，时间过长会给人假笑或不礼貌的感觉，过短则会给人皮笑肉不笑的感觉。

4. 根据场合而定微笑的尺度

微笑的表情很有讲究，不同的场合适合不同尺度的微笑。不同的笑，也可以体现不同的思想态度和感情色彩，产生不同的影响。在与别人交谈时，放声大笑或傻笑，都是非常失礼的，故要把握好微笑的尺度，如此方能显示你的内在修养。

5. 微笑要自然

大学生要发现自己最美的每一个瞬间，展现出独特的气质，自信、勇敢、自然、真诚地去微笑。微笑要发自内心、亲切自然，做到"诚于中而形于外"，表里如一地微笑，切不可故作笑颜、假意奉承。用善良、包容的心对待他人，用敬业奉献的热情对待工作，微

笑就会自然、真诚。

6. 微笑要协调

微笑时要调动多部位器官协调动作，形成微笑的表情。微笑一般要注意以下四个结合。

(1) 口眼结合，要口到、眼到、神色到，笑眼传神，如此微笑才能扣人心弦。

(2) 笑与神、情、气质相结合。这里讲的"神"，就是要笑得有情入神，笑出自己的神情、神色、神态，做到情绪饱满、神采奕奕；"情"，就是要笑出感情，笑得亲切、甜美，反映美好的心灵；"气质"就是要笑出谦逊、稳重、大方、得体的良好气质。

(3) 笑与语言相结合。语言和微笑都是传播信息的重要符号，只有注意将微笑与美好语言相结合，声情并茂，微笑方能发挥它应有的特殊功能。

(4) 笑与仪表、举止相结合。以笑助姿、以笑促姿，形成完整、统一、和谐的美。尽管微笑有其独特的魅力和作用，但若不是发自内心的真诚的微笑，便显得虚情假意。有礼貌的微笑应是自然的、坦诚的，应是内心真实情感的表露，否则强颜欢笑、假意奉承的微笑则可能演变为"皮笑肉不笑""苦笑"。例如，拉起嘴角一端微笑，使人感到虚伪；吸着鼻子冷笑，使人感到阴沉；捂着嘴笑，给人以不自然之感。

正式场合笑的禁忌

(三)其他表情

1. 头

头部的动作也称"首语"，它是头部活动所传递的信息。头部动作在表情达意方面的表现力是比较强的，人们常见的头部动作有点头、摇头、昂头、低头等。

(1) 点头。点头在不同情况下表示不同的意思。有点头称是、点头会意、点头同意、点头肯定、点头满意、点头赞赏的，也有点头微笑、点头哈腰表示致意、感谢、恭顺和客气的。

(2) 摇头。摇头表示否定、反对、阻止等；摇头吐舌、摇首咋舌，则表示惊讶、怀疑、不理解；摇首顿足则表示不满和无可奈何；等等。

(3) 昂头。昂首挺胸、昂首伸眉表示充满信心、踌躇满志；昂首阔步显得精神振奋、意气昂扬；昂首望天则表示目中无人。

(4) 低头。俯首沉思、俯首听令、俯首低眉、低头不语表示思考、顺从或屈从；俯首帖耳表示恭顺；垂头丧气表示沮丧或丧失信心。

生活中，头部或正，或侧，或倾，也表现出人的不同心态。身体直立，头部端正，表现的是一种自信而庄重的风度；头部前倾表示倾听、同情和关心；头部侧斜，表示对对方的谈话感兴趣。

2. 脸

脸的表情依靠脸面肌筋动作和肌肉颜色、纹路的变化，而脸面肌肉颜色、纹路的变化又与脸面肌筋动作的变化密切相关。一般而言，"愉快""和谐""善意"的表情，脸上的肌筋动作都向上；"不快""悲哀""痛苦"的表情，脸上的肌筋动作则都向下；若在

情感剧烈的时候，脸上的肌筋动作一部分向上，一部分向下，一部分向左右牵扯，失去其和谐性。我们在训练表情语时，可以选择一些感情丰富的演讲词，认真研读领会之后，带着感情对镜训练面部表情，使面部表情能够准确鲜明地反映出自己的真实情感。

3. 眉

眉和目相连，眉目联合常传情。例如，眉目低垂表示冷漠，双眉紧锁表示忧愁，眉飞色舞表示兴奋，等等。运用表情语时，眉的动作变化，必须和眼睛变化协调配合。

【小贴士】

丰富的眉语

眉语十分丰富，仅眉毛的表情动作就有 20 余种，可以表达不同的语义(见表 1-6)。人际交往中，为了体现良好的教养，保持优雅的形象，双眉应保持自然平直的状态，不要皱眉、挑眉，改变眉的位置。

表 1-6　眉毛动作的语义

动　作	语　义	动　作	语　义
扬眉	喜悦	横眉	轻蔑
展眉	宽慰	皱眉	为难
飞眉	兴奋	锁眉	忧愁
喜眉	欢愉	挤眉	戏谑
竖眉	愤怒	低眉	顺从

4. 口

口形变化能够表情达意。具体有以下几种情况：口角向上表示"高兴""愉快""谦逊"；口角向下表示"忧愁""失望"；嘴唇紧闭、口角向下表示"厌恶""不满"；嘴唇微开、口角向下表示"悲哀""痛苦"；口大张表示"畏惧""恐怖"；口角平直而嘴唇紧闭表示"警惕""坚定"；口角平直而嘴唇颤抖表示"气愤""激动"；等等。上述口形与脸面、眼神要协调配合，不能孤立分开。

5. 鼻

鼻子这个身体语言，大部分表示厌恶、愤怒等情感。例如，鼻孔张大、鼻翼翕动表示非常愤怒。生活中，人们常见"摸鼻子"这个动作。从潜意识的角度看，摸鼻子表示犹豫，可能在说谎。因为人们知道自己在说谎，所以会下意识地去摸自己的鼻子，从潜意识来说，其正在遮住自己的嘴。因此，当看到别人在摸鼻子时，你一定要注意了，其很有可能在说谎。

【小训练】

两人为一组，互相进行表情练习。可以将每人的微笑表情拍张照片，大家投票评选出"最佳表情个人"。

三、手势运用正确

【小案例】

错误的数数法

某日，小郑奔赴机场，准备接待当天到达的外地客户。小郑笑容可掬地站在机场出口，迎候客户的到来。接着小郑按惯例开始清点人数："1，2，3，4，……"小郑轻轻地数着，同时用手指点数客户。在接下来的接待中，小郑服务十分周到，但是他发现客户还是有点不对劲儿。小郑百思不得其解。

点评：在各类社交场合一定要注意手势使用的礼仪。在清点人数时，最忌用手指点数交际对象，小郑就是如此操作的，这样的手势显得既不礼貌，又不专业。

手是人体最富灵性的器官，如果说"眼睛是心灵的窗户"，那么，手就是心灵的触角，是人的"第二双眼睛"。手势是人们交往时不可缺少的动作，也是非常有表现力的一种体态语言。手势美是一种动态美，在传递信息、表达意图和情感沟通方面发挥着重要的作用。

根据语言学专家统计，表示手势的动词有近 200 个。双手紧绞在一起，表示精神紧张。用手指或笔敲打桌面，或在纸上涂画，表示不耐烦、无兴趣。搓手常表示人们对某事结局的急切期待，在经济谈判中，这种手势可以告诉对手或对手告诉你在期待着什么。伸出并敞开双掌给人言行一致、诚恳的感觉。掌心向下的手势表示控制、压制，带有强制性，易产生抵触情绪。谈话时掌心向上的手势表示谦虚、诚实，不带有任何威胁性。双臂交叉在胸前暗示一种敌意和防御的态度。塔尖式手势，即把十指端相触，撑起呈塔尖式，若再伴之以身体后仰，则显得高傲。用手支着头，表示不耐烦、厌倦。用手托摸下巴，表示老练、机智。用手不停地磕烟灰，表明内心有冲突和不安。突然用手把没吸完的烟掐灭，表明紧张地思考问题等。又如招手致意、挥手告别、握手友好、摆手回绝、合手祈祷、拍手称快、拱手答谢(相让)、抚手示爱、指手示怒、颤手示怕、捧手示敬、举手赞同、垂手听命等。由此可见，丰富的手势语在人们交往中是不可缺少的。

现代交际中，手势有着不可低估的作用，生动形象的有声语言再配合准确的手势动作，必然能使交往更富有感染力、说服力和影响力。然而，手势的使用应该有助于表达自己的意思，符合现代社交礼仪规范，不能像上面案例中的小郑那样，为了清点人数而对客户"指指点点"，这是非常不礼貌的。因此，我们应该掌握手势礼仪，正确、恰当地运用手势，以拉近交际双方的交际距离，建立友好的人际关系，为塑造良好的交际形象增辉添彩。

(一)手势的类型与原则

1. 手势的类型

(1) 情感性手势。其主要用于带有强烈感情色彩的内容，表现方式极为丰富，感染力也极强。比如，说"我非常爱她"时，用双手捂胸，以表达真诚之情。

(2) 象征性手势。其主要用来表示一些比较复杂的感情和抽象的内容，从而引起对方

的思考和联想。例如，把大军乘胜追击的场面用右手五指并齐，并用手臂前伸这个手势来形容，象征着奋勇进发的大军，这样就能引起观众的联想。

(3) 指示性手势。其主要用于指示具体事物或数量，其特点是动作简单、表达专一，一般不带感情色彩。例如，当讲到自己时，用手指向自己；谈到对方时，用手指向对方。

(4) 形象性手势。其主要作用是模拟事物的形状，以引起对方的联想，并给人留下具体明确的印象。比如，说高山时，手向上伸；讲大海时，手平伸外展。

2. 手势的原则

手势语能反映复杂的内心世界，但如果运用不当，便会适得其反，因此运用手势时要注意以下几个原则。

(1) 简约明快。手势的使用不可过于繁多，以免喧宾夺主。

(2) 文雅自然。拘束不雅的手势有损个人形象，因此运用手势必须做到文雅自然。

(3) 协调一致。手势应与全身协调，与情感协调，与语言协调。

(4) 因人而异。我们不可能要求每个人都做统一的手势，要因人而异。

【小贴士】

手势活动的范围

手势活动的范围有上区、中区、下区三个区域。此外，还有内区和外区之分。肩部以上称为上区，多用来表示理想、希望、宏大、激昂等情感，表达积极、肯定的意思；肩部至腰部称为中区，多用来表示比较平静的思想，一般不带有浓厚的感情色彩；腰部以下称为下区，多用来表示不屑、厌烦、反对、失望等，表达消极、否定的意思。

(二)常用的手势

1. 引领手势

各种交往场合都离不开引领动作，例如，请客人进门、请客人坐下、为客人开门等，都需要运用手与臂的协调动作。与此同时，引领动作是一种礼仪，还必须带着真情实感，调动全身活力，使心与形体形成高度统一，如此才能体现出美感。引领动作主要有以下几种表现形式。

常用的手势

(1) 横摆式手势。这种手势用于指引较近方向的情况。大臂自然垂直，小臂轻缓地向一旁摆出时，微弯曲，与腰间呈 45°左右，另一只手下垂或背在身后，面带微笑，双脚并拢或形成右"丁"字步，同时加上礼貌用语，如"请""请进"等。具体手势如图 1-21 所示。

(2) 曲臂式手势。这种手势常用于一只手扶门把手或电梯门，或拿东西，同时又要作出"请"或指示方向的情况时。五指伸直并拢，从身体的一侧前方由下向上抬起，以肘关节为轴，手臂由体侧向体前摆动，摆到距离身体 20 厘米处停住，掌心向上，手指引方向，头部随客人由右方转向左方。具体手势如图 1-22 所示。

(3) 直臂式手势。这种手势用于指示或引领较远方向的情况。五指并拢伸直，手臂穿过腰间线，屈肘由身前向前方抬起，抬到约与肩同高，再向要指示的方向伸出前臂。然后身体微向指示方向倾斜。身体侧向宾客，眼睛看着手指引的方向，同时加上礼貌用语，如

"先生，请一直往前走""先生，里边请"等。具体手势如图 1-23 所示。

（4）双臂式手势。这种手势用于向众多来宾表示"请"或指示方向的情况。两手五指分别伸直并拢，掌心向上，从腹前抬起至上腹部处，双手一前一后同时向身体一侧摆动，摆至身体的侧前方。肘关节略弯曲，上身稍向前倾，面带微笑，并向客人致意。具体手势如图 1-24 所示。

图 1-21　横摆式手势	图 1-22　曲臂式手势	图 1-23　直臂式手势	图 1-24　双臂式手势

2. 招呼他人

左手放于体侧，手臂伸直成一条直线，右手向前向上抬起，手掌向下，屈伸手指做搔痒状或晃动手腕，如图 1-25 所示。这种手势在中国、欧洲的大部分国家及地区和拉丁美洲的许多国家都比较适用，但在美国、日本等国却与此相反，他们用掌心向上，向内屈伸手指做搔痒状或晃动手腕招呼别人，而在中国、南斯拉夫和马来西亚等国，这种手势是用来召唤动物的，对人使用是不礼貌的行为。

3. 挥手道别

挥手道别时，身体要站直，不晃动，目视对方。左手放于体侧，手臂伸直呈一条直线，右手向前向上抬至与肩同高或略高于肩，手臂不可弯曲，掌心朝向对方，指尖朝向上方，五指并拢，晃动手腕，如图 1-26 所示。

图 1-25　招呼他人	图 1-26　挥手道别

4. 递接物品

递接物品时，要双手递送、接取物品。如果不方便双手递接，也可用右手，但绝不可单用左手。双方距离比较远时，应起身站立，主动走近对方递送或接取物品。递送时，最好直接递至对方手中并且要方便对方接取。递送有文字、图案、正反面的物品时，要正面

向上且朝向对方;接取物品时,要缓且稳,不要急于抢取。

值得注意的是,当向人递送带尖、带刃或其他易于伤人的物品时,应使尖、刃等朝向自己或朝向他处,切不可朝向对方,如图 1-27 所示。

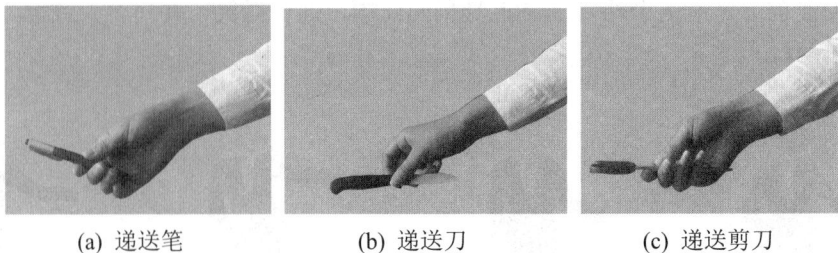

| (a) 递送笔 | (b) 递送刀 | (c) 递送剪刀 |

图 1-27　递送物品

5. 展示物品

展示物品时,应使物品在身体的一侧展示,不要挡住本人的头部。展示的位置不同表明物品的意义不同:当手持物品高于双眼时,适用于被人围观时;当手持物品位于眼睛下方,胸部上方,双臂横伸时在肩至肘部以内时,给人放心、稳定之感;当手持物品位于眼睛下方,胸部上方,双臂伸直在肘部以外时,给人清楚之感,通常在这个位置展示想让对方看清楚的物品(见图 1-28);当手持物品位于胸部以下,给人漠视之感,通常展示不太重要或不太明显的物品。

6. 鼓掌

鼓掌是在观看文体表演、参加会议、迎候嘉宾时,表达赞赏、鼓励、祝贺、欢迎等情感的一种手势。要领:以右手掌掌心向下有节奏地轻轻拍击左手掌掌心(见图 1-29),不可左手掌向上拍击右手掌;也不可右手掌向左,左手掌向右,两掌互相拍击。鼓掌时间要长短相宜,以 5～8 秒为宜。

图 1-28　展示物品　　　　图 1-29　鼓掌

(三)常用的手势语

1. "OK"的手势

拇指和食指合成一个圆圈,其余三指自然伸直,如图 1-30 所示。这种手势在西方一些国家比较常见,但应注意,在不同国家其语义有所不同。例如,美国表示"赞扬""允许""了不起""顺利""好";法国表示

OK 手势
闹出笑话

"微不足道"或"一钱不值";印度表示"正确";中国表示"零"或"三"两个数字;日本、缅甸、韩国则表示"金钱";在巴西则是"引诱女人"或"侮辱男人"之意;地中海的一些国家则是"孔"或"洞"的意思,常用此来暗示、影射同性恋。

2.伸大拇指手势

大拇指向上,在说英语的国家多表示"OK"或是打车之意;若用力挺直,则有骂人之意;若大拇指向下,多表示坏、下等之意。在我国,伸出大拇指这一动作基本上是向上伸表示赞同、一流、好等意思,向下伸则表示蔑视、不好等意思。伸大拇指手势如图 1-31 所示。

3."V"字形手势

伸出食指和中指,掌心向外,主要表示胜利的意思(英文 victory 的第一个字母);掌心向内,在西欧表示侮辱、下贱之意。这种手势还时常表示"二"这个数字。"V"字形手势如图 1-32 所示。

小明的手势

图 1-30　"OK"的手势　　　图 1-31　伸大拇指手势　　　图 1-32　"V"字形手势

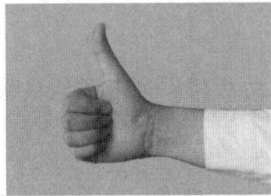

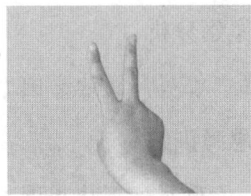

【小幽默】

手势

两支部队正在打仗,一个士兵气喘吁吁地跑进营帐,冲着参谋长伸出两根手指。

参谋长看到这个"V"的手势,问:"用了我的计策,这么快就胜利了!"

士兵着急地说:"别痴人说梦了!就剩咱俩了,快跑吧!"

4.捻指作响手势

用手的拇指和中指弹出声响,或表示高兴,或表示赞同,或是无聊之举,有轻浮之感。应尽量少用或不用这一手势,因为其声响有时会令他人反感或觉得没有教养,尤其是不能对异性使用此手势,因为这是带有挑衅、轻浮之举。

须克服的不良手势

课 后 练 习

1.运用判断

(1) 交际场所最基本的姿势是站立。　　　　　　　　　　　　　　　　　　(　　)

(2) 落座后,可抖动、摇晃双腿,以求放松。　　　　　　　　　　　　　　(　　)

(3) 标准的走姿是两臂前后自然摆动,前摆约35°,后摆约15°。　　　　　(　　)

(4) 交叉式蹲姿适用于男士和女士。 （　）

(5) 平视一般用于在普通场合与身份、地位平等之人进行交往。 （　）

(6) 微笑要口到、眼到、神色到，笑眼传神，微笑才能扣人心弦。 （　）

(7) 搓手常表示人们对某事结局的急切期待心理。 （　）

(8) 手插口袋的手势，会给人矫揉造作、当众表演之感。 （　）

(9) 可以对异性运用捻指作响手势。 （　）

(10) 与人交谈时手势不宜过多，且幅度不宜过大。 （　）

2. 简要回答

(1) 标准的站姿、坐姿、走姿和蹲姿各是怎样的？

(2) 怎样使目光明亮有神？

(3) 为什么在交际中需要多一点微笑？

(4) 怎样才能做到恰到好处的微笑？

(5) 在交际中，使用手势应注意哪些问题？

3. 案例分析

扫描二维码，阅读案例原文，然后回答每个案例后面的问题。

案例分析题原文

4. 思考训练

(1) 请观察一下你周围人的站姿、坐姿、走姿等是否存在什么问题，若有，同时提醒自己避免出现这些问题，请每天用 10～20 分钟时间进行体态练习。

(2) 你的眼神是否充满了自信和活力？与同桌讨论一下怎样才能使眼神充满自信和活力？

(3) 今天你微笑了吗？试着每天清晨起床后，对着镜子整理仪容，同时把甜美愉快的笑容留在脸上。

(4) 两人为一组，相互进行表情练习。可以将每人的微笑表情、眼神表情拍张照片，大家投票选出"最佳表情个人"。

(5) 自己在生活中使用的手势，有哪些不符合礼仪规范的地方？应如何改正？

5. 实训项目

实训项目1：体态礼仪实训

实训目标：进行站姿、坐姿、走姿和蹲姿训练，纠正不良的体态，以练就挺拔健美的仪态气质。

实训地点：墙面安装长度及地镜子的形体训练室。

实训准备：书籍、靠背椅、音乐播放。

实训方法：教师讲解示范，学生操作。

实训步骤如下。

首先播放轻松、舒缓的音乐，作为训练背景音乐，按照基本站姿的要领站好，静态训练 15 分钟。然后进行站姿基本训练。①腰板挺直，两手自然交叉放在前面，面带笑容站立训练。②提踵训练，脚跟提起，头向上顶，让身体有被拉长的感觉。注意保持姿势稳

定。练习平衡感。③背靠背训练，两人为一组，背靠背站立，要求脚跟、小腿、臀部、双肩、后脑勺都贴紧。④对镜练习，面向镜子按照动作要领体会站立姿势。⑤夹上书本训练，把书本夹在双腿之间，使书本不掉下来。练习大腿、小腿的直立。⑥背贴墙训练，下巴向内收，头、背、臀、肩、脚都靠墙壁，上身挺直。⑦顶书本训练，利用顶书本的方法来练习，使书本不掉下来。练习颈椎和头颈部的稳定性。

休息调整 5 分钟后，女生按照"丁"字步场合站姿要领训练 10 分钟；男生按照分腿站立的场合站姿要领训练 10 分钟。

两人为一组，面对面坐好，按照标准坐姿要求进行坐姿训练，并保持 10 分钟。

播放节奏感较强的音乐，进行如下步态训练。①进行走姿的提、迈、落的分步骤练习。②进行步位练习，沿着地面上的直线行进，有意识地纠正内八字、外八字习惯。③以 10 米距离为一行程，头顶书本，来回反复行进，并观察自己的步幅是否适当。

进行蹲姿的训练：①男生、女生进行运用标准蹲姿地面取物训练，然后进行高低式蹲姿训练。②男生进行单膝点地式蹲姿训练，女生进行交叉式蹲姿训练。

实训要求：全程录像，大屏幕回放，然后学生自我评价、小组评价，教师点评总结。师生评选出"最佳表现小组"和"最佳表现个人"若干。

实训项目 2：表情礼仪实训

实训目标：掌握眼神的基本要领，正确使用眼神；掌握微笑的基本要领，交往中正确使用微笑，养成爱微笑的习惯。

实训准备：小镜子(每人一面)、音乐音频文件、优秀影视作品中演员和节目主持人通过眼神表达内心情感的视频资料及微笑的视频资料等。

实训方法：以下方法坚持天天训练，不要间断，长此以往，必使目光明亮有神。

(1) 睁大眼睛训练：有意识地练习睁大眼睛的次数，增强眼部周围肌肉的力量。

(2) 转动眼球训练：头部保持稳定，眼球尽最大的努力向四周做顺时针和逆时针 360° 转动，增强眼球的灵活性。

(3) 视点集中训练：点上一支蜡烛，视点集中在蜡烛火苗上，并随其摆动，坚持训练可使目光集中、有神，眼球转动灵活。

(4) 目光集中训练：眼睛盯住三米左右距离的某一物体，先看外形，逐步缩小范围到物体的某一部分，再到某一点，再到局部，再到整体。这样可以提高眼睛明亮度，使眼睛十分有神。

(5) 影视观察训练：观看录像资料，注意观察和体会优秀影视剧中的演员和节目主持人是如何通过眼神表达内心情感的。

注意事项：训练时可以配优美的音乐，放松心情，减少单调、疲劳之感。

此外，经常坚持以下方法训练，必会拥有自然甜美的微笑和好心情。

(1) 情绪记忆法，即将自己生活中最高兴的事件中的情绪储存在记忆中，当需要微笑时，可以想那件最使你兴奋的事情，脸上自然会流露出笑容。

(2) "口咬筷子"法。把筷子横着含在嘴里咬住，嘴角斜着往两边走，发出"一"的声音。与此同时，对着镜子不断调整自己的表情。

(3) 口型练习法。练习微笑时，要使双颊肌肉用力向上抬，嘴里发出"一"的声音，用力抬高嘴角两端，注意下唇不要过分用力。普通话中的"一""七""茄子""田七"

"前""威士忌"等的发音也可以辅助微笑口型的训练。

注意事项：练习微笑之前要忘掉自我和一切烦恼，让心中充满爱意。练习微笑时可对着镜子，调整自己的口型，注意与面部其他部位和眼神的协调，做出使自己满意的微笑表情。训练过程中可配优美的音乐，放松心情，减少单调、疲劳之感。

实训要求：全程录像，大屏幕回放，然后学生自我评价、小组评价，教师点评总结。师生评选出"最美眼神"和"最美微笑"若干。

实训项目3：手势礼仪实训

实训目标：练习标准手势，培养运用手势进行礼貌表达的良好习惯。

实训准备：笔、剪刀、水果刀、名片、一本书等。

实训方法：调整体态，保持良好的站姿，然后进行以下训练。

(1) 两人为一组，一人扮演主人引领客人，另一人扮演客人跟随主人，主人从大门口把客人引领到室内，引领的过程中要随时用规范的手势表达"请进""请随我来""请坐""请喝茶"。然后主人、客人角色互换，再次重复上述引领、交流的过程。

(2) 两人为一组，按照递接物品的手势互相递接笔、剪刀、水果刀、名片等物品。

(3) 运用展示物品的手势，向大家展示一本书。

(4) 两人为一组练习招呼他人、挥手告别等手势。

(5) 一起练习正确的鼓掌手势。

(6) 5人为一组围坐在一起，入座后选择一个喜闻乐见的话题进行交流，交流过程中适当运用手势对语言表达起到补充说明、增强感染力的作用。

实训要求：全程录像，大屏幕回放，然后学生自我评价、小组评价，教师点评总结。师生评选出"最佳表现小组"和"最佳表现个人"若干。

课程思政指南

课程思政的基本要求

(1) 遵循育人规律，推进教学理念的同向性和同行力。

(2) 加强队伍建设，提高教师教学的专业性和引导力。

(3) 完善教材体系，增强教材内容的系统性和说服力。

(4) 改进教学方法，提升思想教育的针对性和亲和力。

(5) 丰富教学载体，打造学习方式的多样性和吸引力。

(6) 关注学生学法，重视学生的主体性和成长力。

电子活页：校园生活礼仪

尊师礼仪

同学相处礼仪

课堂与实验(训)室礼仪

宿舍礼仪

就餐礼仪

图书馆礼仪

学生工作页

任务 1	尊重老师，遵守尊师礼仪				
任务 2	同学间友好相处，讲究礼仪				
任务 3	遵守课堂与实验(训)室礼仪				
任务 4	宿舍生活讲究礼仪				
任务 5	食堂就餐讲究礼仪				
任务 6	遵守图书馆礼仪				
班级		学号		姓名	

学生自评

我的心得：

建议和提出的问题：

教师评价

项目二　日常交往礼仪

众所周知，日常生活涉及面非常广泛，因此礼仪无处不在。人际关系是通过人与人之间的交往和联系表现出来的，就像体育运动和游戏活动需要规则一样，要使这些交往和联系正常进行，就需要用一定的行为规范来调节和增进彼此的关系。

随着经济社会的发展，礼仪的重要性也越来越明显，日常交往礼仪更是成为社会生活中不可缺少的内容，不仅是人们日常行为的规范，而且是人际关系的"润滑剂"。讲究礼仪，注重礼貌，遵守一定的礼仪规范，是社会不断进步的重要标志。这更能帮助大学生在与人交往的过程中树立良好的个人形象，使人际关系变得融洽而顺畅。

任务1　会　面　礼　仪

此生何处不相逢。

——【唐】杜牧《送人》

学习目标

知识目标： 在交际中能够得体地称呼对方；亲切自然地问候对方；礼貌地进行自我介绍和介绍他人，更好地与人相识；熟练运用标准的握手、鞠躬等见面规范。

能力目标： 规范自身言行，正确运用会面礼节，不断提升社交能力；自主学习新知识，能够利用网络媒体查找与会面礼仪相关的知识。

思政目标： 树立传承文化、开拓创新的意识；具有良好的审美情趣，努力提升个人整体形象；具有团队意识和协作精神。

任务导入

如此会面

今年，小李刚大学毕业，在某公司总经理办公室担任秘书。一天，公司王总经理派他到机场去接广州某公司销售部的吴经理。小李准时来到机场，在出口处吴经理见到小李手中的字牌，走到小李面前说："你好！你是小李吧，我是吴丽晶！"小李连忙用不太标准的普通话说道："是的是的，我是小李，您好！您就是广州过来的狐狸精(吴丽晶)吧？我是王总派来接您的。我是东方大学行政管理专业毕业的研究生，现在是王总的秘书。"一边说一边伸手准备与吴经理握手。面对小李这样的称呼、自我介绍及握手方式，吴经理会有什么感觉呢？

问题

(1) 小李在礼仪上存在什么问题？

(2) 会面应注意哪些礼仪？

见面礼仪是人们进入交际状态实施的第一个礼节，是交际双方情感交流的开始。这第

一礼节给人的印象，往往会成为交往是继续还是中止，甚至断交的一个至关重要的标准。第一印象感觉好，交往将继续深入，合作有望；第一印象感觉不好，心中别扭，交往将磕磕绊绊，合作艰难，甚至有可能使原先的合作中断。常用的见面礼仪包括称呼、问候介绍、握手等基本礼仪。不同的场合面对不同的对象，见面礼仪都有相应的规范和要求。

见面礼仪最能塑造一个人自身的形象及其组织的形象，"任务导入"中小李的见面礼仪是不及格的，诸多不符合礼仪的表现怎么能够赢得客户呢！

在现代交际中，见面礼仪符合基本规范和要求，是极其重要的，它可以给交际对象留下良好的第一印象，使交际继续深入发展，使合作取得成功。

一、称呼得体恰当

在社会交往中，双方见面时，如何称呼对方，这与双方之间的亲疏、了解程度、尊重与否及个人修养等直接相关。一个得体的称呼，会令彼此如沐春风，为以后的交往打下良好的基础。一个不恰当或错误的称呼，可能会令对方心里不悦，影响彼此的关系乃至交际的成功。可见，一个得体的称呼可谓交际的"敲门砖"！

(一)通常的称呼

1. 称呼姓名

一般的同事、同学关系，平辈的朋友、熟人，彼此之间均可直呼其名，例如，"王小平""赵大亮""刘军"等。长辈对晚辈也可以直呼其名，但晚辈对长辈却不能这样称呼。为了表示亲切，可以在被称呼者的姓前分别加上"老""大"或"小"字，而免称其名。例如，对年长于己者，可称"老张""大李"；对年幼于己者，可称"小×""小周"。但这种称呼多用于职场，不适合在校学生。对同性的朋友、熟人，若关系极为亲密，可以不称其姓，而直呼其名，如"春光""俊杰"。对于异性一般则不可以这样称呼。因为如此称呼的通常是其家人或其配偶。

通常的称呼

中国古人的
名、字、号

2. 称呼职务

工作中，以交往对象的职务相称，以示身份有别、敬意有加，这是一种最常用的称呼方式。具体做法是，可以只称呼职务，如"局长""经理""主任"等；也可以在职务前加上姓氏，如 "王总经理""李市长""张主任"等；还可以在职务之前加上姓名，但这仅适用于极其正式的场合，如"×××主席""×××省长""×××书记"等。

3. 称呼职称

对于有职称者，尤其是有高级职称、中级职称者，工作中可以直接以其职称相称。可以只称呼职称，如"教授""研究员""工程师"等；也可以在职称前加上姓氏，如"张教授""王研究员""刘工程师"等，当然有时可以简化，如将"刘工程师"简化为"刘工"，但使用简称时应以不发生误会、没有歧义为原则；还可以在职称前加上姓名，这适用于十分正式的场合，如"×××教授""×××主任医师""×××主任编辑"等。

4. 称呼学位

工作中，以学位作为称呼，可增加被称呼者的权威性，有助于增强现场的学术氛围。此外，也可以在学位前加上姓氏，如"张博士"；还可以在学位前加上姓名，如"张××博士"。称呼学位一般仅限于拥有博士学位者，对拥有学士学位、硕士学位者则不这样称呼。

5. 称呼职业

称呼职业，即直接以被称呼者的职业作为称呼。例如，将教员称为"老师"，将教练员称为"教练"或"指导"，将专业辩护人员称为"律师"，将财务人员称为"会计"，将医生称为"大夫"，等等。一般情况下，在此类称呼前，均可加上姓氏或姓名。

6. 称呼亲属

亲属，即与本人拥有直接或间接血缘关系的人。日常生活中，对亲属的称呼也已约定俗成。面对外人，对亲属可根据不同情况采取谦称或敬称。对本人的亲属应采用谦称。对辈分或年龄比自己高的亲属，可以在其称呼前加"家"字，如"家父""家叔"；称辈分或年龄低于自己的亲属，可在其称呼前加"舍"字，如"舍弟""舍侄"；称自己的子女，则可在其称呼前加"小"字，如"小儿""小女""小婿"。对他人的亲属，则应采用敬称。对其长辈，宜在其称呼前加"尊"字，如"尊母""尊兄"；对其平辈或晚辈，宜在称呼前加"贤"字，如"贤妹""贤侄"。若在其亲属的称呼前加"令"字，一般可不分辈分与长幼，如"令堂""令爱""令郎"。

【小故事】

小姐还是太太

有一位先生为一位外国朋友订做生日蛋糕。他来到一家蛋糕店，服务员接过订单一看，忙说："对不起，请问先生，您的朋友是小姐还是太太？"而这位先生也不清楚这位外国朋友有没有结婚，也从来没有打听过，他为难地抓了抓后脑勺说："小姐？太太？一大把岁数了，太太。"生日蛋糕做好后，服务员按地址到酒店客房送生日蛋糕，敲门后，一名女子打开门，服务员有礼貌地说："请问，您是怀特太太吗？"女子愣了愣，不高兴地说："错了！"服务员丈二和尚摸不着头脑，抬头看看门牌号，然后打电话问那位先生，结果房间号码没错。服务员又开始敲门，开门后，服务员说："没错，怀特太太，这是您的蛋糕。"那女子大声说："告诉你错了，这里只有怀特小姐，没有怀特太太。""砰"一声，门被用劲关上，蛋糕掉了一地。

点评：这个故事就是错误的称呼造成的。在西方，特别是女子，很重视别人对自己的称呼。如果搞错了，就会引起对方的不快，往往好事就变成坏事。

(二)称呼的注意事项

1. 初次见面要注意称呼

第一次与人洽谈或见面，要对对方表示尊重，因此不宜直呼其名，应在其姓氏后加上职务或职称，如"张总经理""王教授"等，初次见面就称兄道弟，或者称其为"老板"

等，都是不当的称呼表现。

2. 慎用俗语和昵称

在正式场合，不适宜使用"张哥""王姐""哥们儿""姐们儿"等称呼，这些称呼虽然听起来亲切但会显得不正规且缺乏严肃性。有些称呼因其庸俗低级，格调不高，甚至带有黑社会性质，在正式的交往中应慎用。

3. 正确使用地方性称呼

在不同的地方，称呼所表达的意思也会有所不同，使用时要注意地方色彩。例如，北京人喜欢称呼别人为"师傅"，山东人喜欢称呼别人为"伙计"。但是在南方某些地方，"师傅"是指出家人，"伙计"是指打工者。因此，称呼时，要注意民族和地域的不同，应根据被称呼者的交往习惯来选择称呼，以免造成误会。

4. 勿错误称呼

常见的错误称呼主要是由于粗心大意产生的误读或误会，是十分失礼的。误读是念错对方的姓名，例如，我国百家姓中"仇"应发音为"qiú"而不能读为"chóu"，"单"应发音为"shàn"而不能读为"dān"，"查"应发音为"zhā"而不能读为"chá"，等等。对于不认识的姓名要虚心请教，及时更正错误读音。

误会是对被称呼者的年龄、辈分、婚否及与其他人的关系作出了错误判断。比如，将未婚女性称为"夫人"就属于误会。如果需要称呼不知未婚还是已婚的年轻女性，可以统称为"女士"。

5. 将绰号作为称呼

工作中，不能随便给别人起绰号和称呼别人的绰号，特别是一些具有讽刺、侮辱性质的绰号，更应严禁使用。一些绰号的称呼仅适用于非正式场合，或者熟人之间，不可在正式的社交场合称呼对方的小名、绰号。要注意称呼的感情色彩，以使不同的交往对象都有被尊重之感。此外，也不能拿别人的姓名开玩笑，要尊重一个人，必须首先尊重他的姓名。

6. 缺少称呼

称呼他人时，如果没有任何称呼，以"喂""嘿""那边的"等词语取而代之，都是极不礼貌的。不要以这样的称呼去称呼对方，更不能不称呼对方直接进入谈话。称呼要合乎常规，要照顾被称呼者的个人习惯。另外，需与多人同时打招呼时，称呼要注意按照一定的顺序进行。

【小训练】

请指出以下情景称呼上的不妥之处。

情景 1：在物流公司上班的李经理为人热情，平时与公司同事相处融洽。公司门卫都对李经理以"李哥"相称，李经理觉得这个称呼很亲切。某一天，几位来自外省的客人前来洽谈业务，门卫看到李经理一行人，热情地上前打招呼："李哥好！几位大哥好！"几位客人听后，觉得很诧异。

"小"字别乱喊

情景 2：有一位年轻人到外地出差，寻找××旅馆，走了很长一段路也没有找到。他看见前方有一位老者，立刻跑过去问道："喂，老头儿，××旅馆离这里多远？"老者抬头望了年轻人一眼，生气地回答："五里(无理)。"年轻人也没有道谢，匆匆忙忙就走了。

情景 3：一位西装革履的男士走进写字楼，上前问前台接待人员："这是大华公司吗？"接待人员没有理他。这时，有一个客户走进来，接待人员马上说："张哥，我们刘经理正等你……"

二、问候亲切自然

【小案例】

问候亲切自然

见　面

张某高中毕业后，10 年未与高中的同学见过面。在 8 月 6 日的同学聚会中，她的同学童某一见面就问道："喂，还记得我的名字吗？"张某微笑摇摇头，说："抱歉，想不起来了。"童某接着说："真是贵人多忘事，连老同学都想不起来了，你的眼角怎么长皱纹了，是不是没有保养好。"张某听了很不高兴，马上就要走，童某也意识到自己说的话有些不太礼貌，对多年没见的同学不应那么随意，弄得彼此都非常尴尬。

点评：见面问候是我们向他人表示尊重的一种方式。见面问候虽然只是打招呼，简单的三言两语，却代表着对他人的尊重。多年不见的人，要注意语言的表达方式，不要口无遮拦，以免造成双方不快。

问候，即与人见面时微笑、点头问好、打招呼，或以语言向对方致意的一种方式。问候时要注意问候的次序、态度、方式和内容等。

(一)问候的次序

1. 一个人问候另一个人

问候的次序讲究"位低者先问候"，即辈分、身份较低者首先向辈分、身份较高者问候。例如，晚辈先问候长辈、下级先问候上级、主人先问候客人、男士先问候女士。

2. 一个人问候多人

如果同时遇到很多人，可以笼统地问候，比如说"大家好"；也可以逐一问候。逐一问候许多人时，可以按由尊至卑、由长至幼的顺序进行，也可以采用由近及远的顺序进行。

(二)问候的态度

1. 主动

遇到认识的人要积极、主动地问候对方。当他人首先问候自己时，则要立即热情地予以回应，不能不理不睬，否则就是失礼于人。

2. 热情

问候他人时，通常要表现得热情、友好。面无表情地问候还不如不问候。

3. 自然

主动、热情地问候他人，更要表现得自然、大方。问候时，要面带微笑，注视对方的双眼，并且专心致志。

4. 专注

问候的时候，要面含笑意，以双目注视对方的两眼，以示口到、眼到、意到，专心致志。不要在问候对方的时候，眼睛看向别处，引起对方的反感。

【小测试】

从打招呼方式看性格

新的一天往往是从"早上好"等招呼语开始的。请问，你平常都是怎么打招呼的？
A. 扬手打招呼
B. 微笑点头打招呼
C. 只动嘴巴，表情不变
D. 拍拍对方的肩膀或手臂，说："你好！"

(三)问候的方式

1. 语言问候

一般熟人相见，使用频率最高的问候语就是"你好"或"您好"，另加"好久不见，近来可好(怎么样)？"等。问候语应根据不同场合、不同对象而灵活运用，总的原则就是越简单越好。随着社会的发展和进步，人们越来越喜欢用"你好"或"您好"来表达双方见面时的喜悦和礼貌。

2. 动作问候

动作问候有点头、微笑、握手、拥抱、吻礼、鞠躬等。与外国人见面时，场合、对象不同，礼节也不同。例如，对日本人等多数东方国家来说，鞠躬是最常见的；欧洲人则更喜欢拥抱的问候动作。

【小贴士】

路遇的问候

(1) 遇到不太熟悉的异性。很多人会有这样的感受，就是在路上遇到不太熟悉的异性会觉得尴尬，不打招呼显得不礼貌，打招呼又不太好意思，或怕对方误会。正确的做法应该是，一位女士在路上偶然遇见不熟悉的男士应点头招呼，但不要显得太热情，也不要冷冰冰地点头；一位男士在路上偶然遇见不太熟的女士应首先打招呼，但不可过分殷勤。

(2) 遇到很久不见的老朋友。遇到很久不见的老朋友时，不要大声惊呼，也不要隔着很远或隔着人群就大声呼唤，边喊边横穿马路是非常危险的。问候之后，如果还想多谈一会儿，应该避开拥挤的行人，找一个相对安全和安静的地方交谈，或另约时间、地点继续交谈，不要站在来往的人流中进行攀谈。

(3) 两人以上同行遇到熟人。两人以上同行遇到熟人时，你应主动介绍一下这些人与

你的关系，如"这是我的同事"或"这是我的朋友"，但也没有必要一一介绍；然后向同行介绍一下你的这位熟人，但也只要说一下他与你的关系即可，如"这是我的邻居"，被介绍者应相互微笑，点头致意。

如果是两对夫妇或两对情侣在路边，相互致意的顺序应是：女士们首先互相致意，然后男士们分别向对方的妻子或女友致意，最后才是男士们互相致意。

(四)问候的内容

1. 直接式问候

直接式问候就是直截了当地以问好作为问候的主要内容。这适用于正式的公务交往场合，尤其是宾主双方初次相见。

2. 间接式问候

间接式问候就是以某些约定俗成的问候语，或者在当时条件下可以引起的话题，主要适用于非正式、熟人之间的交往场合。例如，"忙什么呢？""您去哪里？"等，来替代直接式问候。交谈者可根据不同的场合、环境、对象进行不同的问候，常见的问候语如下所示。

(1) 表示礼貌的问候语。如"您好！""早上好！""节日好！""新年好！"之类。根据问候对象的不同，如从年龄上考虑，对少年儿童要问："几岁了？"或者问："上几年级了？"对成年人要问："工作忙吗？"从职业上考虑，对老师可以问："今天有课吗？"对作家问："又有大作问世了吧？"对朋友、邻居、同事的问候就更为丰富了，如果问候语用得好，就能密切关系、增进友谊。

(2) 表达思念之情的问候语。如"好久不见，你近来怎么样？""多日不见，可把我想坏了！"等。

(3) 表示对对方关心的问候语。如"最近身体好吗？""来这里多长时间了，还住得惯吗？""最近工作进展如何，还顺利吗？"

(4) 表示友好态度的问候语。如"生意好吗？""在忙什么呢？"等这些貌似提问的话语，并不表明真想知道对方的起居行止，往往只表达说话人的友好态度，听话人只把它当作交谈的起始语予以回答即可，或把它当作招呼语不必详细作答，只不过是一种交际的媒介。

令人乏味的问候

【小训练】

面对以下情境该如何问候？

下列都是经常发生在我们身边的情境，在这些情况下，应该如何问候呢？

情境1：当我们在校园里与老师迎面相遇时……

情境2：下课的铃声响了，同学们走出教室，这时意外发生了——两个急急忙忙的同学撞到了一起……

情境3：一位同班同学生病了，在宿舍养病……

三、介绍礼貌尊重

介绍是社交活动中最常见，也是最重要的礼节，它是初次见面的陌生双方开始交往的起点。介绍在人与人之间起桥梁与沟通作用，几句话就可以缩短人与人之间的距离，并为进一步交往奠定良好的基础。

你知道介绍有
哪些类型吗？

(一)自我介绍的礼仪

自我介绍，即将本人介绍给他人。在缺少介绍人的情况下，自我介绍是非常必要的。从礼仪上讲，做自我介绍时应注意以下问题。

1. 介绍的时机

以下场合有必要进行适当的自我介绍。

(1) 应试求学时，在交往中与不相识者相处时。

(2) 应对方要求做自我介绍时。

(3) 有求于人，而对方对自己不甚了解或一无所知时。

(4) 自我推荐、自我宣传时。

(5) 欲结识某人而又无人引见时，可向对方自报家门，自己将自己介绍给对方。

2. 介绍的顺序

(1) 长辈与晚辈相识时，晚辈应先向长辈进行自我介绍。

(2) 男士与女士相识时，男士应先向女士进行自我介绍。

(3) 上级与下级相识时，下级应先向上级进行自我介绍。

(4) 资历深者与资历浅者相识时，资历浅者应先向资历深者进行自我介绍。

(5) 已婚人士与未婚人士相识时，未婚人士应先向已婚人士进行自我介绍。

3. 介绍的形式

介绍的形式如表 2-1 所示。

表 2-1　介绍的形式

形　式	适用场合	特　点	举　例
应酬式	适用于某些公共场合和一般性的社交场合	简洁，往往只包括姓名	"你好，我叫××。""你好，我是××"
公务式	适用于工作场合	包括本人姓名、供职单位及其部门、职务或从事的具体工作	"你好，我叫××，是××公司的销售经理。""你好，我叫××，在××职业技术学院读大二。"
交流式	适用于社交活动中，希望与交往对象进一步交流与沟通	包括介绍本人姓名、工作、籍贯、学历、兴趣及与交往对象的某些熟人的关系	"你好，我叫××，在××工作，我是××的同学，都是××人。"

续表

形　式	适用场合	特　点	举　例
礼仪式	适用于讲座、报告、演出、庆典、仪式等正规而隆重场合	包括姓名、单位、职务等，同时还应加入适当的谦辞、敬语	"各位来宾，大家好！我叫××，是××学校学生，我代表……欢迎各位专家莅临我校，希望大家……"
问答式	适用于应试、应聘和公务交往场合	有问必答，问什么就答什么	面试官："请简单介绍一下你的基本情况。" 面试者："大家好！我叫××，今年 22 岁，天津人，毕业于北京××大学××专业……"

4. 介绍的关键点

为了给对方留下良好的第一印象，并充分展示自我魅力，自我介绍时要把握要领，一般要注意以下几个关键点。

(1) 巧解名字。名字是一个人的"有声名片"，要向他人介绍自己的名字，让人印象深刻，恒久不忘，就需要巧解名字，把自己的名字介绍得顺耳入心。

让自我介绍在
名字上出亮点

【小故事】

名人的自我介绍

相声大师马三立有一段著名的自我介绍："我叫马三立。就是马啊，剩三条腿还立着呢，马三立！三立，立起来，被人打倒；立起来，又被人打倒；最后，又立起来了。"

台湾一位节目主持人在一次晚会上这样介绍自己："在下××……。两年多来，我在大江南北走了一趟，拍摄《八千里路云和月》，所到之处，观众给予了我们很多支持，尤其男性观众对我印象特别好。因为他们认为本人长相很中国——中国 5000 多年的苦难和沧桑都写在我的脸上。一般来说，女性观众对我的长相感觉就不太良好，有的女性观众对我的长相已经达到忍无可忍的地步！她们认为，我是人比黄花瘦，脸比煤球黑……"

(资料来源：佚名. 凌峰:以自嘲赢得掌声[J]. 小作家选刊，2005(5): 47.)

点评：从自己名字中寻找特点、亮点，与众不同、标新立异地予以介绍，会收到意料之外的效果。

(2) 分清对象。从下面这则小故事可以看出，介绍自己分清对象是多么重要。"到什么山唱什么歌"，面对千差万别的交往对象，只有有针对性地予以介绍，才能让对方认识自己。

【小故事】

丰子恺自我介绍

传说，著名画家丰子恺先生一次对商人介绍自己的姓，说"丰"是咸丰皇帝的

"丰",商人不懂。他又说,"丰"是五谷丰登的"丰",商人还是不懂。丰子恺只好把名字写出来,商人大悟:原来是汇丰银行的"丰"啊!后来,丰子恺又向农民介绍自己,说"丰"是汇丰银行的"丰",农民不懂。他又说,是咸丰皇帝的"丰",农民还是不懂,于是他又写了出来,这时农民笑了:原来是五谷丰登的"丰"啊!

(资料来源:王前玲.一个"丰"字两种说法[EB/OL]. [2010-11-25]. https://zzrb.zynews.cn/html/2010-11/25/content_239373.htm.)

(3)注意态度。态度上,自我介绍要做到以下几点。①举止庄重大方,充满自尊自信。介绍时可将右手放在自己的左胸,不要慌慌张张、手足无措,更不要用大拇指指着自己。②表情亲切、自然,眼睛看着对方或大家,善于用眼神、微笑和自然亲切的面部表情来传递友谊之情。不要不知所措、面红耳赤,更不能摆出随随便便、满不在乎的样子。③语气自然,语速正常,语音清晰。力戒语气生硬冷淡,语速过快或过慢,语音含混不清。

(4)把握时间。在自我介绍的时间上,要注意把握以下几个方面。①各种形式的自我介绍所用的时间长度不可一概而论。但总的原则是所用时间越短越好,以半分钟左右为佳,如无特殊情况最好不要长于 1 分钟。②在适当的时间进行自我介绍。进行自我介绍的适当时间有以下五点:一是对方有兴趣时;二是对方有空闲时;三是对方情绪好时;四是对方干扰少时;五是对方有要求时。而不适当的时间,则指对方无兴趣、无要求、工作忙、干扰大、心情不佳、休息、用餐或正忙于私人交往之时。

(5)讲究方法。进行自我介绍前,应先向对方点头致意,得到回应后再向对方介绍自己,如果有介绍人在场,未经介绍便自行介绍则可能被视为不礼貌的行为。应善于用眼神表达自己的友善、关心及沟通的渴望。如果想认识某人,最好预先获得一些有关他的资料,如性格、特长及兴趣爱好等,这样在自我介绍后,便很容易融洽地交谈。在获得对方的姓名之后,不妨加重语气重复一次,因为大多数都乐意听到自己的名字。

【小案例】

尴尬不堪的介绍

情境:一位男士和一位女士在门口迎接来宾。

你知道自我介绍的"四个不要"吗?

一辆小轿车驶到,男士下车。女士走向前道:"王总您好!"呈上自己的名片后又道:"王总,我叫李月,是××集团的秘书,专程前来迎接您。"王总道谢。男士上前:"王总您好!您认识我吧?"王总点头。男士又问:"那我是谁?"王总却尴尬不堪。

点评:介绍是社交场合相互了解的一种方式,做自我介绍应及时、准确和清楚,不应该理所当然地认为对方认识自己。即使原来有一面之交,对方也可能会忘记,因此,不应该让对方难堪。

(二)他人介绍

他人介绍,又称居间介绍,即交际中的第三者介绍。居间介绍时应当注意介绍人的选择、介绍人的姿态、介绍的顺序、介绍的方式等方面的礼仪。

1. 介绍人的选择

一般而言，如果家里来客人，主人可作为介绍人；如果单位来客人，专职人员(公关人员、文秘等)可担当介绍人；如果是贵宾来访，应由单位的高级领导担任介绍人。在正式的商务交往中，东道主、长辈、聚会主要负责人、身份或地位较高者、专职人员、双方熟悉者等，都可以作为介绍人向他人进行介绍。

2. 介绍人的姿态

介绍人在为他人做介绍时，无论介绍哪一方，都应该热情友好，语言要清晰明快。手臂与身体呈 50°～60° 角。手势动作文雅，手心朝左上，四指并拢，拇指张开，胳膊略向外伸，指向被介绍的一方，并向另一方点头微笑，用自己的视线把另一方引导到被介绍人身上(见图 2-1)。介绍人不能用手拍被介绍人的肩、胳膊和背等部位，更不能用食指或拇指指向被介绍的任何一方。

图 2-1　介绍人的姿势

介绍人介绍后，不要立即离开，应给双方交谈提供话题，例如，相同或相似的经历、共同的爱好和相关的职业等，双方开始交谈后，再去招呼其他客人。当两位客人正在交谈时，介绍人不要再立即给其介绍其他人。

3. 介绍的顺序

介绍两人相互认识时，总的要求是：位尊者优先了解对方的情况，即先把被介绍人介绍给你所尊敬、身份和地位较高的一方，以表示对尊者的敬重。而在口头表达方面，则是先称呼尊者，然后再做介绍。

(1) 在社交场合介绍女士与男士认识时，先介绍男士，后介绍女士。例如，介绍王先生与李小姐认识，介绍人说："李小姐，我来给你介绍一下，这是干先生。"

(2) 介绍职位高者与职位低者认识时，先介绍职位低者，后介绍职位高者。具体操作是，先称呼一下职位高者，然后再做介绍。例如，"王总，这位是新来的销售经理小刘"。

(3) 介绍年长者与年少者认识时，先介绍年少者给年长者，后介绍年长者。例如，"王教授，我来介绍一下，这位是我的同学张某某"或者"张阿姨，这是我的表妹王某某"。

(4) 介绍已婚者与未婚者认识时，先介绍未婚者，后介绍已婚者。例如，"张太太，我来介绍一下，这位是我的朋友李小姐"。当社交场合无法辨别被介绍者是已婚还是未婚时，就不存在先介绍谁的问题，可以随意介绍，比如，"张女士，我来介绍一下，这位是我的朋友李小姐"。

(5) 介绍同事、朋友与家人认识时，先介绍家人，后介绍同事、朋友。例如，"张先生，这是我的女儿某某，这是我的妻子某某"。介绍家人时，注意要说明你与家人的关系及家人的姓名，因为如果不介绍家人的姓名，对方可能不知道该如何称呼你的家人。

(6) 在聚会上介绍先到者与后来者认识时，应先把后来者介绍给先到者。

(7) 在日常聚会中，通常把与自己关系较近的一方先介绍给关系较疏的一方。同客户交往时，应该先把同事介绍给客户，例如，"张先生，这是我的同事小李"；带朋友去做客

或参加某个聚会时，通常应该先把朋友介绍给主人，例如，"王先生，这是我的朋友某某"。

4. 介绍的方式

实际情况不同，为他人做介绍的方式也不尽相同，一般来说，有以下几种。

(1) 一般式。一般式也称标准式，主要介绍双方的姓名、单位、职务等信息，适用于正式场合。例如，"请允许我为两位引荐一下。这位是某某公司营销部主任王某，这位是某某化妆品的副总经理陈某某女士。"

(2) 简单式。只介绍双方的姓名，甚至只提到双方的姓氏，适用于一般的社交场合。例如，"我来为大家介绍一下，这位是谢总，这位是徐总。希望大家合作愉快"。

(3) 引见式。介绍者所要做的是将被介绍的双方引见到一起，适用于普通场合。例如，"两位认识一下吧。大家其实都曾经在一个公司共事，只是不在同一部门。接下来，请自行交流。"

(4) 推荐式。介绍者经过精心准备再将某人推荐给另一人，介绍时通常会对前者的优点予以重点介绍，适合比较正规的场合。例如，"这位是李某某先生，这位是某某公司的总经理程某。李某某先生是一位经济学博士。程总，我想您一定有兴趣和他交流"。

(5) 礼仪式。礼仪式是一种最正规的他人介绍方式，特别适用于正式场合。其语气、表达、称呼上也都更为规范和谦恭。例如，"孙小姐，您好！请允许我把某某公司的公关部经理赵某先生介绍给您。赵先生，这位是某某公司人力资源部经理孙某某女士"。

被介绍者的礼仪

【小案例】

介绍的礼仪

W 公司与北京 H 公司的合作很顺利，总经理史密斯先生决定偕同夫人前往中方公司进行进一步的业务洽谈。小王陪同北京 H 公司的赵总经理前来迎接。在机场出口见面后，经介绍，赵总经理热情地与 W 公司史密斯先生及夫人握手并问好。

思考题

(1) 小王应如何做自我介绍？

(2) 小王为他人做介绍的次序应是怎样的？

介绍的礼仪案例分析

(三)集体介绍

1. 单向介绍

在演讲、报告、会议上，通常只需将主角介绍给广大参加者，即通常由主持人向与会者介绍报告人或演讲人的情况，而没有必要逐一介绍与会者。

2. 少数服从多数

少数服从多数是指当被介绍者双方地位、身份大致相似，或者难以确定时，应当使人数较少的一方礼让人数较多的一方，或一个人礼让多数人。先介绍人数较少的一方或个人，后介绍人数较多的一方或多数人。例如，当新加入集体的成员初次与其他成员见面

时，负责人应先将他介绍给其他成员，再向他介绍集体的主要成员。

3. 强调地位、身份

若被介绍双方的地位、身份存在明显差异，则应遵循"尊者优先"的原则，先介绍位次低的一方，再介绍位次高的一方，不考虑人数多少。

4. 多方的介绍

当被介绍的人员有两个以上时，需要对被介绍的各方进行位次排列。排列的具体原则如下。

(1) 以负责人身份高低为准。
(2) 以单位规模为准。
(3) 以单位名称的英文开头字母顺序为准。
(4) 以抵达时间的先后顺序为准。
(5) 以座次顺序为准。
(6) 以距离介绍者远近为准。

【小案例】

向大家介绍新同事

王强周一到新单位——A 报社报到，报社主编将他领进编辑部办公室与老员工相互认识。主编进门后对大家说："让我给大家介绍一位新同事。这是王强，从今天起，他就是财经版的新成员了。请大家对王强同志多多照顾。"王强环视编辑部的成员，微笑着说："大家好，我是王强，希望与大家合作愉快！"主编又按照顺时针方向一一介绍老员工："财经版的张明，资深记者。""新闻版的赵璐，擅长写热点报道。""娱乐版的王丽丽，对休闲娱乐非常熟悉。""副刊版的孙彤，我们报社的资深编辑。"主编介绍完毕，对王强说："好了，和大家都认识了，工作流程让张明具体告诉你，有什么困难及时提出来。"又对大家说道："希望大家工作愉快！请继续工作吧！"

点评：向大家介绍新同事是一种集体介绍，它实际上是介绍他人的一种特殊情况，也应该注意礼仪，依礼而为。

四、握手规范到位

【小贴士】

握手的由来

很久以前，人类的祖先以打猎为生，世界对他们来说是充满危险的。因此，陌生人相遇时，如果双方都怀着善意，便伸出一只手，手心向上，向对方表示自己手中没有石头或武器，走近之后，两人互相摸对方的右手，以示友好。这种规范就这样沿袭下来，成为今天人们表示友好的握手。

关于握手礼来源的另一种说法是，在中世纪时，骑士们都穿着盔甲，全身披挂后，除两只眼睛露在外面，其余都包裹在盔甲里，随时准备冲向敌人。如果表示友好，互相走近

就脱去右手的甲胄，伸出右手，表示没有武器，互相握手，这是和平的象征。

当今，握手已成为世界上普遍的一种礼节，其应用范围也远远超过了鞠躬、拥抱、接吻等。在日常交际中，我们必须注意握手的基本礼节。

(一)握手的时机

1. 迎送客人时

在办公室、家中及其他以自己为东道主的社交场合，迎接或送别外宾和来访者时，要握手以示欢迎或欢送。拜访他人、慰问同事、进行家访后，辞行时，要握手以示"再会"。

2. 在重要的社交活动中表达敬意

在年终奖励、研讨会、宴会、舞会等开始前与结束时，要与来宾握手，以示欢迎与道别。

3. 表示感谢

他人给予自己一定的支持、鼓励、祝贺、馈赠、帮助或邀请参加活动时，要握手以表示衷心感谢。

4. 向他人表示恭喜、祝贺时

向他人祝贺生日、晋升、获得荣誉与嘉奖时，要握手以表达贺喜之意。

5. 高兴与问候

遇到久未谋面的熟人时要握手，以示久别重逢而万分欣喜。被介绍给不相识者时要握手，以示自己乐意结识对方，并为此深感荣幸。在社交场合，偶然遇到同事、同学、朋友、邻居、长辈或上司时，也要握手以示高兴与问候。

6. 表示理解、支持、慰问等

对他人表示理解和支持时要握手，以示真心实意。当得知他人患病、遭受其他挫折或家人去世时，要握手以示慰问。

(二)握手的次序

根据礼仪规范，握手时双方伸手的先后次序一般遵循"尊者先伸手"的原则。尊者应首先伸出手来，位卑者随后予以回应，而绝不可贸然抢先伸手，否则就是违反礼仪的行为。基本规则如下。

1. 男女之间握手

男女之间握手，男士应等待女士先伸出手后才握手。如果女士不伸手或没有握手意图，男士应向对方点头致意或微微鞠躬致意。在男女初次见面的情况下，女方可以选择不与男士握手，而只是点头致意。在握手时，男士要脱去帽子和右手手套；如果匆匆忙忙来不及脱，就要道歉。女士通常在与长辈握手时才需要脱去手套，其他情况下可以不必脱手套。

2. 宾客之间握手

宾客之间握手时，主人应向客人先伸出手。在宴会、宾馆或机场接待宾客时，当客人抵达时，不论对方是男士还是女士，女主人都应该主动先伸出手。男士若是主人，尽管对方是女宾，也可先伸出手，以表示对客人的热情欢迎。而在客人告辞时，则应由客人首先伸出手来与主人相握，表达的是"再见"之意。

3. 长幼之间握手

长幼之间握手时，年幼者一般要等年长者先伸手。与长辈及年长的人握手时，不论男女，都应起立趋前握手，并应脱下手套，以示尊敬。

4. 上、下级之间握手

上、下级之间握手，下级应等待上级先伸手。但在涉及主宾关系时，可以不考虑上、下级关系，主人应先伸手。

5. 一个人与多人握手

若是一个人与多人握手，握手时应讲究先后次序，由尊而卑，即先年长者后年幼者，先长辈后晚辈，先老师后学生，先女士后男士，先已婚者后未婚者，先上级后下级，先职位高者后职位低者。

值得注意的是，在公务场合，握手伸手的先后次序主要取决于职位和身份；而在社交、休闲场合，握手伸手的先后次序则主要取决于年龄、性别和婚姻状况。

(三)握手的方式

握手的标准方式是在距握手对象约 1 米处，双腿立正，上身略向前倾，伸出右手，四指并拢，拇指张开与对方相握。握手时应用力适度，上下稍许晃动三四次，随后松开手来，恢复原状。具体应注意如下几点。

1. 神态

与人握手时，神态应专注、热情、友好、自然。通常情况下，与人握手时应面带微笑，目视对方双眼，并且口道问候。握手时切勿三心二意、敷衍了事、傲慢冷淡。如果迟迟不握他人伸出的手，或是一边握手，一边东张西望，甚至忙于与其他人打招呼，都是极不应该和失礼的。

2. 力度

握手时用力应适度，不轻不重，恰到好处。如果手指轻轻一碰，刚刚触及就离开，或是慢慢地相握，则缺少应有的力度，就会给人勉强应付、不情愿的感觉。一般来说，手握得紧表示热情。男人之间可以握得较紧，甚至另一只手也加上，握对方的手大幅度上下摆动，或者在手相握时，左手握住对方胳膊肘、小臂甚至肩膀，以表示热烈。但需要注意的是，既不能握得太用力，使人感到疼痛，也不能显得过于柔弱，给人敷衍之感。对女性或陌生人，轻握可能会显得不热情，尤其是男性与女性握手应热情、大方，用力适度。

3. 时间

握手通常是握紧后打过招呼即松开。但如果是亲密朋友意外相遇、敬慕已久而初次见面、挚爱亲朋依依惜别、衷心感谢难以表达等场合，握手时间则可长一点，甚至紧握不放，话语不休。在公共场合，如列队迎接外宾，握手的时间一般较短。握手的时间应根据与对方的亲密程度而定。

握手姿势如图 2-2 所示。

图 2-2　握手姿势

(四)握手的禁忌

社交中，握手虽然司空见惯，看似寻常，但它可被用来传递多种信息，因此行握手礼时应努力做到合乎规范，并且注意以下几方面。

一是不要用左手与他人握手，尤其是与阿拉伯人、印度人打交道时要牢记这一点，因为在他们看来左手是不干净的。

二是握手时不要争先恐后，而应当遵守秩序，依次而行。特别要记住，与基督教信徒交往时，要避免两人握手时与另外两人相握的手形成交叉状，这类似十字架，在基督教信徒眼中是很不吉利的。

三是不要戴着手套握手，社交场合女士的晚礼服手套除外。

四是不要在握手时戴着墨镜，患有眼疾或眼部有缺陷者例外。

五是不要在握手时将另一只手插在衣袋里。

六是不要在握手时另一只手依旧拿着香烟、报刊、公文包、行李等东西而不肯放下。

七是不要在握手时面无表情，好似根本无视对方的存在，而纯粹是为了应付。

八是握手时长篇大论，点头哈腰，滥用热情，显得过分客套，这会让对方不自在、不舒服。

九是握手时不要把对方的手拉过来、推过去，或者上下左右抖个没完。

十是不要在与人握手之后，立即擦拭自己的手，好像与对方握一下手就会弄脏自己的手似的。

(五)握手的技巧

1. 主动与每个人握手

在社交场合，尤其是商务场合，如谈判开始前，双方都需要作自我介绍。这时，你最好表现得积极一些、主动一些，以表示你很高兴与他们认识。为了表示你的诚意，你可以主动地与对方的每一个人握手。因为你的主动表明你对对方的尊重，只有在你尊重别人的情况下，才会得到别人的尊重。

握手的方式与性格

2. 有话想让对方出办公室讲，握手时不要松开

有时你想找对方谈一些事情，但办公室里还有其他人，你又想与对方单独谈，等了很久以后仍没有机会，那你只好想办法让对方出来谈。但你不能直接告诉对方"我有点儿

事，咱们到外边说"，因为这是不礼貌的。所以，你得想办法让对方起身相送。在你起身告辞时，对方站起来，你就边与对方交谈边向外走。如果对方无意起身，你就走近他，很礼貌地与他握手，出于礼貌，对方会站起身离开自己的座位，然后你边说边往外走，千万不要停顿讲话。因为当你还有话要说时，对方是不好意思不送你的。说话时，眼睛也要看着对方，不要只顾着走路。走到门口对方要与你告辞，你主动伸手与他握手，握手之后不要马上松开，要多握一会儿，并告诉对方："你看我还有件事……"你说得缓慢一些，对方也就意识到了，他也就主动走出来了。

3. 握手时赞扬对方

握手时的寒暄是非常重要的。在你与对方握手时，可以对对方表示一下关心和问候，或赞扬对方两句。握手时双方的距离很近，对方的衣着服饰可以看得清清楚楚，如果你用心观察，肯定会有某一方面值得你赞扬。而每个人又都有自己特别注重修饰的地方，有人特别爱惜自己的发式，每天精心修理头发，使自己看上去神采奕奕；有人特别注意领带，不惜高价买一条，或用一枚精致的领带夹点缀一下，使自己容光焕发；有人穿了一件新西装，质地优良、做工讲究；有人穿一件色彩和谐明快的衬衣，使人显得年轻、漂亮。见面握手时不能对这些视而不见，要加以赞美。双方会因此而显得更亲近，你则显得格外大方、热情、细心，因而给人留下一个好印象。

(六)常见的其他见面礼节

在国内外交往中，除了握手之外，以下见面礼节也颇为常见。

1. 鞠躬礼仪

(1) 鞠躬礼仪的含义。鞠躬礼仪，即躬身行礼，是一种对他人表示敬重的郑重礼节。常用于下级向上级、晚辈向长辈、学生向教师表达出衷的敬意或深深的感激之情。演员谢幕、讲演和领奖、婚礼、隆重的接待、悼念活动时也经常使用到鞠躬礼，如图 2-3 所示。

(2) 鞠躬的方式。鞠躬礼分为两种：一种是鞠一躬，另一种是三鞠躬。

① 鞠一躬时要立正站好，保持身体端正，面对受礼者，距离两三步远，目光向下。双手应当自然下垂(严格来说，应当双手拇指弯曲，其余四指挺直，中指紧贴裤腿中缝)，以腰部为轴，整个腰及肩部向前倾一定的角度(15°～90°)，礼毕后注视对方。

图 2-3　鞠躬

身体前倾的角度一般根据场合而定。

第一，与客人交错而过时，面带笑容，行 15° 鞠躬礼，表示礼貌地向客人致意及打招呼。

第二，当迎接或送别客人时，面带笑容，行 30° 鞠躬礼。

第三，当感谢客人或初次见到客人时，面带笑容，行 45° 鞠躬礼。

第四，特别隆重、庄严、肃穆的仪式上，身体肃立，目光平视，保持严肃，行 90° 鞠躬礼。

② 三鞠躬时要身体立正站好，目光平视，不带微笑，身体上部向前下弯约 90°，缓

缓恢复直立姿态，如此连续重复，鞠躬三次。

(3) 鞠躬的注意事项。

① 鞠躬时必须摘下帽子，摘下围巾，否则就是失礼。

② 低头比抬头速度要慢。

③ 特别隆重、庄重肃穆的场合行 90° 鞠躬礼，保持严肃；面试、应聘时可采用 30°鞠躬礼，并面带微笑。

④ 手里有文件夹或者其他材料时，可双手(左上右下)斜抱文件夹，男士采用立正姿势，女士采用"丁"字步姿势行鞠躬礼。

⑤ 女士手中没有文件夹或其他材料时，可双手叠握于腹部。

2. 拥抱礼仪

鞠躬礼的异域礼俗

(1) 拥抱礼仪的含义。拥抱礼仪是西方国家通用的见面礼节，在我国还不多见，只是在国际交往中对比较熟悉的朋友才施此礼，而且仅用于同性之间。

(2) 拥抱的要领。拥抱的方式是双方相对而立，各自右臂稍高，左臂稍低，两人靠近，上体接触后，双方用右臂拥住对方的左肩背部，左手稍微抱住对方的腰部，有时手可以轻轻地拍一拍对方的背部，头部向左，口称"欢迎""您好"等，然后二人交换一下姿势，向对方右侧再行拥抱礼，接着再做一次左侧拥抱。

(3) 拥抱的注意事项。这种礼节在我国一般不用，因此接待外宾时，应待外宾主动要行拥抱礼时，才回应对方，行拥抱礼。

3. 亲吻礼仪

(1) 亲吻礼仪的含义。亲吻礼，是指以亲吻对方某些特定部位，来向对方致意的礼节。人们常用此礼来表达爱情、友情、尊敬或爱护。

据说它产生于母亲与婴儿之间的嘴舌亲昵，也有人说它产生于史前人类互舔脸部来吃盐的习俗。据文字记载，公元前，罗马与印度已流行公开的亲吻礼。有人考证，法国是世界上第一个公开行亲吻礼的国家。至今，亲吻礼在欧美许多国家广为盛行。美国人尤其爱行此礼，法国人不仅是男女间行此礼，男士间也多行此礼。

(2) 亲吻的方法。行亲吻礼时，往往伴有一定程度的拥抱。不同身份的人，相互亲吻的部位也有所不同。一般而言，夫妻、恋人或情人之间，宜吻唇；长辈与晚辈之间，宜吻脸或额头；平辈之间，宜贴面。在公开场合，关系亲密的女子之间可吻脸，男女之间可贴面颊，晚辈对长辈可吻额头，男子对尊贵的女子可吻其手背(这也称"吻手礼")。

许多国际迎宾场合，宾主往往以握手、拥抱、左右吻脸、贴面颊的连续动作表达最真诚的热情和敬意。

法国男士常常行两次亲吻礼，即左、右脸颊各吻一次；比利时人的亲吻礼比较热烈，往往反复多次。

行吻手礼时，一般由女士主动伸出右手(掌心向下，五指自然弯曲)，男士行吻手礼。男士只能吻手背，不能真正吻到或者湿吻，而且一般是象征性、礼节性的。

4. 脱帽礼

见面时男士应摘下帽子或举一举帽子，并向对方致意或问好。若与同一人在同一场合

多次相遇，则不必反复脱帽。

进入主人房间时，客人必须脱帽。在庄重、正规的场合应自觉脱帽。

5. 合十礼

合十礼，又称"合掌礼"，即"双手合十"，属于佛教礼节。佛教礼仪中又称"莲华合掌"。在泰国等东南亚一些信奉佛教的国家与地区极为流行。我国的傣族聚居区也通用合十礼。

行礼时，两掌合拢于胸前，十指并拢向上，掌尖和鼻尖基本齐平，手掌向外倾斜，头略低，神情安详、严肃。

6. 点头礼

点头礼适用于路遇熟人，或在会场、剧院、歌厅、舞厅等不宜与人交谈之处，或在同一场合多次见面者，或遇上多人又无法一一问候之时。

点头礼的行礼方法是，头部向下轻轻一点，同时面带笑容，不宜反复点头不止，且点头的幅度不必过大。

7. 举手礼

行举手礼与行点头礼的场合大致相似，它最适合向距离较远的熟人打招呼。

举手礼的行礼方法是，右臂向前方伸直，右手掌心向着对方，其他四指并齐，拇指分开，轻轻向左、右摆动一两下。需要注意的是，不要将手上下摆动，也不要在手摆动时用手背朝向对方。

8. 注目礼

一般在升国旗、游行检阅、剪彩揭幕、开业挂牌等情况下行注目礼。

注目礼的行礼方法是，起身立正，抬头挺胸，双手自然下垂或贴放于身体两侧，笑容庄重、严肃，双目正视被行礼对象，或随之缓缓移动。

9. 拱手礼

拱手礼是我国民间传统的会面礼节，今天也常使用，例如，过年时举行团拜活动，向长辈祝寿，向友人祝贺(结婚、生子、晋升、乔迁)，向亲朋好友表示无比感谢，以及与海外华人初次见面时表示久仰大名，等等。

行礼时应起身站立，上身挺直，两臂前伸，双手在胸前高举抱拳，自上而下或者由内而外，有节奏地晃动两三下。

【小训练】

请根据以下场景，让学生担任不同角色。先分组进行握手示意演练，再进行评比、讲解和评议。

一天，L 集团公司总经理孙某、行政总监李某一行到其子公司 L 大酒店检查工作，酒店组织工作汇报会，由总经理赵某和 4 名部门经理参加，时间定在下午两点整。不巧的是，午饭后总经理孙某突然身体不适，要留在房间休息，他请李某代他听取工作汇报。下午 1:55 分，李某走进 L 大酒店会议室，赵某带领 4 名部门经理起立相迎，欢迎领导视察工作。

课 后 练 习

1. 运用判断

(1) "张教授"属于称呼中的职务称呼。　　　　　　　　　　　　( )

(2) "王总经理"属于职称称呼。　　　　　　　　　　　　　　　( )

(3) "小姐"是对未婚女性的称呼。　　　　　　　　　　　　　　( )

(4) 职位高者与职位低者相识,职位低者应该先做自我介绍。　　( )

(5) 为他人做介绍时,应该先把身份高的一方介绍给身份低的一方。( )

(6) 当别人介绍你的时候说错了你的名字,不要立刻去纠正,免得对方难堪。( )

(7) 被介绍双方均为多人时,应先介绍主方,后介绍客方。　　　( )

(8) 上、下级握手,下级要先伸手,以示尊重。　　　　　　　　( )

(9) 在社交场合女士可以戴晚礼服手套握手。　　　　　　　　　( )

(10) 在握手场合中,男士与女士见面时,男士应先伸手。　　　　( )

(11) 与人握手后,出于卫生考虑可以立即擦拭自己的手。　　　　( )

(12) 当我们遇到任何人时,都应当主动握手。　　　　　　　　　( )

2. 简要回答

(1) 常用的称呼有哪些?

(2) 称呼有哪些禁忌?

(3) 使用称呼的技巧有哪些?

(4) 自我介绍有哪些礼仪要求?

(5) 怎样进行他人介绍?

(6) 握手的次序是怎样的?

(7) 握手应有哪些禁忌?

3. 案例讨论

扫描二维码,阅读案例原文,然后回答案例后面的问题。

案例分析题原文

4. 思考训练

(1) 设想几种不同的社交场景,说一说如何根据交往对象不同来称呼。

(2) 假如你刚刚毕业到一家外资企业工作,在公司为你专门举行的欢迎会上请你向全体同事介绍自己。

(3) 小李与本单位销售部王经理正在商谈业务,对面走来本单位的一位客户——刘小姐,王经理与刘小姐都有互相认识的意愿,小李应怎样做介绍呢?

(4) 握手是重要的见面礼节。请思考,下列情境,见面的双方应该由谁首先伸出手来促成握手,并说明原因。

① 甲单位的张小姐与乙公司的董先生。

② 公司的总经理和营销主管。

③ 退休的老李和其接任者张小姐。

④　宴会的主办者和嘉宾。

⑤　有五年资历的公关经理和刚上任的公司总经理。

(5)　请总结一下与人握手的基本动作要领。

(6)　在一次业务洽谈会上，小王遇到了一直想与之合作的某集团公司周总，他立即起身走到周总面前，伸出双手准备去握周总的手。请问：小王的表现有什么不妥？与同学一起模拟演练一下正确的做法。

(7)　分析以下交际情境，然后回答问题

B女士陪同某公司一女士(C女士)进入本公司会客厅，本公司C男士正在恭候。

B女士首先把C男士介绍给客人："这是我们公司的陈总。"然后向C男士介绍客人："这是某公司的刘总。"

①　以上情境中B女士的做法正确吗？

②　B女士的做法错在哪里？又应怎样做？

5. 实训项目

见面场景模拟实训

实训目标：掌握见面礼仪相关要求与规范，塑造良好的职业交际形象。

实训准备：电话、办公桌椅、沙发、茶几、茶壶、茶杯等。

实训方法：将全班学生分成若干组，每组为3～5人，每组设计一个见面场景，将称呼、介绍、握手等见面礼仪连贯地演示下来。演示之前，每组应就设计的场景和成员的角色进行说明。

实训要求：全程录像，大屏幕回放，然后学生自我评价、小组评价，教师点评总结。师生评选出"最佳表现小组"和"最佳表现个人"若干。

任务2　接待礼仪

我有嘉宾，鼓瑟吹笙。

——《诗经·小雅·鹿鸣》

学习目标

知识目标： 明确接待的各项准备工作；确保迎客、待客、送客均符合礼仪要求。

能力目标： 规范自身言行，提升交际能力，在接待过程中给客人留下良好印象；自主学习新知识，能够利用网络媒体查找与接待礼仪相关的信息。

思政目标： 培养严格、主动、宽容的社交礼仪心态；塑造真诚、合作、勤勉的良好社交形象。

任务导入

不善接待的小张

一天上午，某公司前台接待人员小张匆匆走进办公室，像往常一样做着上班前的准备工作。她先打开窗户，接着打开饮水机开关，然后翻看昨天的工作日志。这时，一位事先有约的客人要求会见销售部的李经理，小张一看时间，发现客人提前了30分钟到达。小

张立刻通知了销售部的李经理，李经理回复说正在接待一位重要客人，请对方稍等。于是小张就如实转告客人说："李经理正在接待另一位重要客人，请您稍等。"话音未落，电话铃响了，小张用手指了指一旁的沙发，没有对客人说什么，就急忙接电话去了。客人尴尬地坐下……

待小张接完电话后，发现客人已经离开了公司。

问题

1. 小张在接电话过程中存在哪些失礼之处？
2. 本案例对你有何启示？

接待是指在交际活动中迎来送往的一系列招待活动，是给客人留下良好第一印象的重要环节，是表达主人情谊、体现礼貌素养的重要方面。无论是在职场中，还是在家中，有客人来访都需要做好接待工作，尽到地主之谊，热情相待，让客人高兴而来，满意而归，从而促进双方感情，推动事业发展。为了使自己在接待时的言行举止得体恰当，学习相关礼仪知识十分必要。

依据不同的分类标准，接待有多种类型。按来宾的任务分类，有上级检查、工作联系、业务往来、经验交流、召开会议、讲课、参观、访问等接待；按来宾的地域分类，有本地接待、外省市接待、境外及国外来客接待；按来宾的人数分类，有个别接待和团体接待；按来宾是否有预约分类，有随机性接待和预约性接待；按工作岗位和工作内容分类，有前台接待、办公室接待、会议接待与在家待客；等等。

做好接待工作，要求接待人员具备良好的组织能力、协调能力、沟通能力和应变能力，从接待的准备工作到接待过程中的迎送礼仪规范，都需要认真对待并熟练掌握。严谨、热情、周到、细致的接待工作，会给客人留下深刻的印象，增加了客人对公司的了解，增强与对方公司合作的信心，促进双方业务的开展，全面提升公司的形象。在"任务导入"中接待人员小张的言行随意，忽视了客人的感受，甚至对其置之不理，导致客户不辞而别，失望而去。这是一个值得汲取的教训。

一、准备细致入微

准备细致入微

(一)接待前的心理准备

首先，要诚恳待客。公关人员在接待客人时应以最大的诚意、热情和耐心对待每一位客人。无论是预约还是没有预约的客人，无论性格如何，都应让对方感到自己是受欢迎的、被重视的。接待客人时要有一种"欢迎光临""感谢惠顾"的心理。其次，公共人员应善于合作。当看到同事接待客人比较忙碌时，应主动帮同事做一些力所能及的事情。另外，即使不是负责接待工作的员工，在见到来客时也应保持诚恳的态度，尽量帮忙，作为同一家公司的员工，这种行为能传递团结协作的精神、真诚的友谊和企业的文化，让客人感受到这是一个团结合作、积极向上、具有集体荣誉感的团队，有助于提升企业形象。

(二)接待前的物质准备

首先，环境准备。为了给来宾留下美好的印象，应充分布置活动地点及其周边的环境。接待环境应保持清洁、整齐、明亮、美观、无异味，可以在前台、走廊、会客室等地

方摆放一些花束或绿色植物，使客人产生好感。其次，办公用品准备。为客人提供座位是基本的礼貌，因此，前厅要准备沙发或座椅，其样式应简洁流畅，摆放整齐舒适。会客室内的桌椅也应摆放整齐，桌面保持清洁。茶具、茶叶、饮料等应该事先准备好，茶杯必须干净，无污渍或缺口。会议室的墙上可以挂一些雅致的壁画，使人一进门就觉得清新雅致，心情愉悦。最后，了解来宾的基本情况。接待人员在接待来宾之前，要准确地掌握对方的基本信息，如姓名、性别、年龄、籍贯、民族、单位、职务，以及文化程度、宗教信仰、生活习惯、家庭状况等。同时，也应对来宾的具体人数、性别构成、团队情况等给予关注。对于来宾正式抵达的时间，如具体日期、具体时间，以及相关的航班、车次、地点等信息，接待人员必须充分掌握。

(三)制定接待流程

一般性的接待活动，特别是需要举行专门仪式的接待活动，必须事先制定接待流程，以确保接待事务有序进行。

1. 确定接待规格

接待人员要在接待之前确定接待规格，这关系到哪些管理人员将参与接待、陪同，以及接待用餐、用车、活动安排等。接待规格主要取决于接待方主陪人的身份。高规格接待，就是主陪人职务高于主宾的接待方式；对等规格接待，是指主陪人与主宾职务相当的接待方式；低规格接待是指主陪人职务低于主宾的接待方式。

2. 拟定日程安排

为了让所有相关人员都准确地知道此次接待活动中的任务，可事先制定并分发两份表格。一份是人员安排表，包括时间、地点、事项、主要人员和陪同人员。另一份是日程安排表，包括日期、活动时间、地点、内容和陪同人员等。

3. 注意细节

在接待宾客的具体过程中，接待人员应从大局着眼，同时关注细节。

在准备工作中，要时刻关注天气变化，掌握当地的天气规律，并针对可能的天气变化，制定应急方案。同时，也要注意交通状况，树立"安全第一"的观念。

二、迎客积极热情

(一)迎候礼仪

迎客积极热情

迎接宾客时，应体现主人的主动和热情。对于远道而来的客人，应派专人提前到机场、码头或车站等候迎接。在嘈杂的迎候地点，为了便于素不相识的客人识别，可以采用以下方法。①使用接站牌。接站牌上可以写上"热烈欢迎某某同志"或"某单位接待处"。②悬挂欢迎条幅。迎接重要客人或众多客人时，这种方法尤为适合。③佩戴身份胸卡。迎宾人员应佩戴胸卡，以供客户确认身份，内容主要包括迎宾人员的姓名、工作单位、所在部门及现任职务等。

(二)见面礼仪

接待宾客时,要注意正确使用日常见面礼仪。接待人员应保持仪表端正,举止得体,服饰整洁、得体、高雅。宾客到达后,应主动、热情地握手,并礼貌询问确认对方身份,如:"您好,请问您是从某某公司来的吗?"对方确认后,接待人员应作自我介绍,如:"您好,我是某某公司的秘书,我叫张某某。"然后按一定顺序将迎客方的成员介绍给客人。如果客人递送名片,应双手接过名片,并认真查看后,郑重地放入名片夹,或放进上衣上部口袋。

(三)乘车礼仪

客人如有行李,接待方应主动帮客人将行李提到车上。上车时,最好让客人从右侧门上,主人从左侧门上。座位安排要符合规范:轿车的座次尊卑一般为右高左低,前高后低;在公务接待中,轿车前排副驾驶座通常为"随员座",但在主人亲自驾驶时,主宾应坐在副驾驶座上,与主人"平起平坐"。

(四)引导礼仪

当客人到达公司时,应引导客人进入会客室。引导时应注意以下礼仪:在走廊上,引导人员应走在访客左前方 2~3 步;当访客走在走廊正中央时,接待人员应走在走廊的一侧,偶尔向后看,确认访客是否跟上;当转弯时,接待人员应说"请往这边走"。

在楼梯上时,接待人员应先说一声"在某某楼层",然后引领访客到楼上。一般来说,高的位置代表尊贵。上楼时应该让访客先行,下楼时客人随后。在上下楼梯时,不应并排行走,应右侧上行,左侧下行。

上电梯时,接待人员应先按电梯按钮,让客人先进。若客人不止一人,接待人员可先进电梯,按住"开"按钮,礼貌地说:"请进!"到达目的地后,接待人员应按"开"按钮,做"请出"的动作,并说:"到了,您先请!"客人出电梯后,接待人员应立即跟上,在客人前面引导方向。到达会客室开门时,接待人员应扶住门把手,站在门旁让客人先进。

三、待客礼貌周到

不懂电梯礼仪
的营销人员

(一)座次礼仪

客人进入会客室后,接待人员应请客人入座。招待客人入座时,应讲究座次礼仪。

1. 面门为上

主、客双方采用"相对式"就座时,根据惯例,面对房门的座位为上座,应让客人就座;以背对房门的座位为下座,宜由主人就座。

2. 以右为上

主、客双方采用"并列式"就座时,以右侧座位为上,应请客人就座;以左侧座位为

下，主人则可就座。若主、客双方参与会见者人员较多，则双方的其他人员可分别按照各自身份的高低，由近及远在各自负责人的两侧就座。

3. 居中为上

如果客人较少，而主人方接待者较多，通常可以让主人方的人员以一定的方式围坐在客人的两侧或者四周，请客人居于中央位置。

4. 以远为上

当主、客双方并未面对房间的正门，而是位于房间的一侧时，通常距离房门较远的座位为上座，应让客人就座；而距离房门较近的座位为下座，适宜主人就座。

(二)端茶倒水礼仪

客人落座后，接待人员应主动及时地为客人斟茶。以茶待客是最具中国特色、最受中国人欢迎的待客方式。若来访的客人较多，上茶的顺序应遵循以下礼仪：先为客人上茶，后为主人；先为主宾上茶，后为次宾；女士优先于男士；长辈优先于晚辈。

标准的上茶步骤如下：双手端着茶盘进入会客室，将茶盘放在客人附近的茶几或备用桌上。然后右手持茶杯的杯托，左手轻扶杯托附近，从客人的左后方递上茶杯至客人的右前方，确保茶杯的杯耳朝向客人的右侧。轻声提醒客人"您请用茶"。如果客人表示感谢，应礼貌回应"不客气"。如果上茶过程中打扰了客人，应礼貌地说"对不起"。

【小案例】

秘书小董的接待符合礼仪吗

秘书小董是某高职院校现代文秘专业的毕业生，参加工作后他虚心好学，认真观察并学习老秘书接待来访者的过程。在接待过程中，他特别注重迎客、待客、送客的各个环节，力求使来访者满意。

一天，办公室来了一位下级单位的工作人员。刚听到敲门声，小董就赶紧放下手中的工作，说："请进"，同时起身相迎。客人进屋后，小董后来主动与对方握手，但热情地邀请对方坐下，并询问是否需要帮忙，给客人留下了深刻印象。

思考题

你觉得秘书小董的接待是否符合礼仪？请予以分析。

秘书小董的接待符合礼仪吗？案例分析

(三)陪客交谈

客人坐下，并敬奉烟、茶、糖、果之后，应及时与客人交谈。话题内容可根据实际而定。一般应选择客人熟悉的话题。若无法亲自陪客人交谈，可安排身份相当者代陪或提供报纸、杂志、电视等供客人消遣，避免将客人冷落一旁。

1. 待客应尽力方便客人

待客时，应该"主随客便"，讲究"宾至如归"才是好的待客之道。不要将自己的喜好强加给客人，不询问客人的需要就自作主张，这是不尊重客人的表现。应主动体察并满足客人的需求。

2. 不可冷落和嘲笑客人

如果主人有事不能照顾客人，应该让亲戚、朋友代为照顾。同时招待多位客人时，主人应避免冷落任何人：如果客人身份较低受到冷落，是对客人的不尊重；如果客人地位较高，冷落他是对其挑衅；如果客人生性腼腆，冷落他是以强欺弱。待客时，不能嘲笑客人的身体缺陷或礼仪上的失误。应尊重不同国家、不同民族、不同地域文化背景的客人。

3. 待客交谈时要避免冷场

如果主人不说话或说话很少，客人有时会感到紧张和无聊，误以为主人是在故意让自己难堪，暗示客人"你不受欢迎"；如果客人谈话热情不高，主人应主动寻找话题；如果客人对某些话题很感兴趣，主人应主动顺应并配合客人的谈话。

4. 要照顾第一次远道而来的客人

对于第一次远道而来的客户，主人应关心客人是否习惯当地的饮食，询问客人的兴趣及告知外出注意事项，并提供交通路线和出行建议等。

5. 留宿客人要问客人的习惯

留宿客人时，应事先询问客人对住宿环境的要求，客人有自己的习惯，擅自按自家习惯照顾对方是不恰当的。应针对客人的年龄、性别、身份进行安排，尽量提供整洁、安静的居住环境。

6. 待客殷勤有度

待客时应避免过度殷勤。客人喜欢安静，主人却热情得滔滔不绝，一定会让客人感到烦躁；客人不希望主人客套，主人却一口一个"您请"，时时保持鞠躬的姿态，客人一定会承受不了；客人饭量很小，主人却不依不饶地往客人碗里夹菜，并盛两三碗饭准备客人吃完第一碗饭后替换，客人一定会很为难且"吃不消"。

7. 不可在客人面前与家人争吵

待客时，应与家人和睦相处。待客期间，尽量不要与家人发生口角和争执，避免在客人面前发生争吵，制造紧张、难堪的气氛，让在场的客人感到自己"来得不是时候"。另外，主人当着客人的面与家人争吵，容易被客人认为是"指桑骂槐"，误以为真正的矛头是自己。

8. 不可任由自家小孩打扰客人

招待客人时，应先安顿好自家小孩。当小孩哭闹时，主人应尽快好言抚慰，不应当着客人的面呵斥、打骂小孩。如果自家小孩已经懂事，就要事先教其礼貌地向客人问好，并嘱咐其不打扰客人。

苏东坡轶事

【小贴士】

接待中令人不悦的 10 种表现

(1) 客人进来时，假装没看见，继续忙于自己的工作。

(2) 表现出爱搭不理甚至厌烦的态度。

(3) 以貌取人，客人外表改变态度。

(4) 言谈举止速度过快，缺乏耐心。

(5) 身体背对客人，只有脸朝向客人。

(6) 未停止与同事聊天或嬉闹。

(7) 显得无精打采，打哈欠。

(8) 继续进行微信聊天。

(9) 双手抱胸迎宾。

(10) 长时间打量客人。

四、送客情深义重

当接待人员与来访者交谈完毕或领导与来访客人会见结束时，接待人员应礼貌地送别客人。"出迎三步，身送七步"，是接待宾客最基本的礼仪。接待宾客要善始善终，因此，送别客人是必不可少的环节。接待工作是否圆满，在很大程度上体现在送别客人的这一环节上。

送别客人时，有很多细节需要注意。首先，不要在客人面前看表，这样会给客人下"逐客令"的感觉，因此，会客的时候不应该总是看表。其次，当客人提出告辞时，应等待客人起身后再站起来相送，避免在客人起身前就急于站起。更不能嘴里说"再见"，却还忙于自己的事情，甚至连眼神也没有转到客人身上。最后，当客人起身告辞时，应马上站起来，主动为客人取衣帽，与客人握手告别，同时选择最合适的言辞送别，如"希望下次再来"等礼貌用语。特别是对初次来访的客人，更应热情、周到和细致。

(一)送别本地客人

对待本地客人，一般陪同送至单位楼下或大门口。如果客人携带较多或较重物品，送客时应主动帮客人提东西。离开办公室时，要轻声关门，不可将门"砰"地猛关上，造成不礼貌的声响。在门口告别时，接待人员应与客人握手，帮客人打开车门，待其上车后轻轻关上车门，并挥手送别，目送客人离开。送客时应以恭敬、真诚的态度，面带微笑，不要急于返回，应挥手致意，待客人走远后，再返回。

(二)送别外地客人

首先，要确定时间。对于远道而来的客人，负责送别的接待人员必须予以重视，一定要提前与对方商定双方会合的时间和地点。对于送别的具体时间，双方不仅要事先商定，而且通常遵循"主随客便"的原则。接待人员在安排送别活动的时间表时，要留有充足的时间，并在执行上留有适当的余地，即送别人员在执行任务时，应提前到场、最后离场，并且在遇到特殊情况时要随机应变。

其次，要充分准备。送别时，接待人员要注意以下两点。一是控制送别的规模。组织活动时，应突出实效、体现热情，但在实际操作上应务实从简，严格控制参加人数、主人身份、车辆档次与数量，避免过分铺张。二是在力所能及的情况下，送别来宾所使用的交

通工具应由接待方负责提供。接待方应确保交通工具的数量能够满足要求，以备不时之需。

最后，要热情话别。为客人送行，应使对方感受到接待方的热情、诚恳、礼貌和修养。接待方应提前为客人预订返程的车票、船票或机票。一般情况下，公务接待人员应专程陪同来宾乘车前往车站、码头或机场，并亲自为来宾送行。必要时，可在贵宾室与来宾稍叙友谊，或举行专门的欢送仪式。在宾客临上火车、轮船或飞机之前，送行人员应按一定顺序与来宾一一握手话别，祝愿客人旅途平安并欢迎再次光临。火车、轮船开动或飞机起飞后，送行人员应向宾客挥手致意，直至宾客在视野中消失。

【小故事】

细节里的尊重

鲁迅先生在北京居住时，晚上经常有客人来访，他总是热情接待，亲自为客人倒茶，拿花生和糖果给客人吃，当客人告辞时，他总是要端起灯来，将客人送出门外。客人离去后，他并不立即回屋，而是一直端着灯站着，直到客人走远看不到了，才关上门回屋。未名社成员、作家王冶秋在《怀想鲁迅先生》一文中写道："深夜，他端着灯送出门外，我们走了老远，还看到地下的灯光，回头一看，灯光下他的影子好看得很，像是个海洋中孤岛上的灯塔，倔强地耸立在这漆黑的天宇。"

很多时候，尊重体现在生活的细节里。鲁迅先生是中国文学史上的大师级学者，但他在待人接物的细节方面不忘尊重别人；这种行为，值得我们仰望和学习。

点评：客人已经走远，还能看到地下的灯光，这体现鲁迅先生送客的礼节。体现在细节里的尊重，是一种更加令人感动的尊重。因此，社交接待活动中，无论客人乘车还是步行，都应目送客人远去。

课 后 练 习

1. 运用判断

(1) 在办公室接待客人，客人进入时，应立即从座位上站起来，并礼貌地打招呼。
（　　）

(2) 到车站迎接客人时，见到客人后应主动帮助客人拿公文包。（　　）

(3) 如果来访者中有身份很高的客人，要考虑请公司相关领导出面参与接待。（　　）

(4) 待客交谈时要避免冷场。（　　）

(5) 奉茶时，茶可斟得满一些，一般以九分满为宜。（　　）

(6) 奉茶时，应以左手托住茶盘底部，右手扶住茶杯，恭敬地将茶端给客人（　　）

(7) 客人告别时，接待人员应婉言相留。（　　）

(8) 送客时，不论是送至电梯口、门口或车站，都要挥手送别，而且要等客人走远了再回去。（　　）

(9) 和客人握手道别后，马上转身就可以走了。（　　）

(10) 客人来访时用一次性纸杯盛水接待。（　　）

2. 简要回答

(1) 在公司接待客人时，应做好哪些准备工作？

(2) 接待的迎宾礼仪有哪些？

(3) 接待过程中，有哪些陪同礼仪？

(4) 接待过程中，如何为客人奉茶？

(5) 接待的送别礼仪有哪些？

(6) 居家的待客之道应该是怎样的？

3. 案例分析

扫描二维码，阅读案例原文，然后回答案例后面的问题。

案例分析题原文

4. 思考训练

(1) 小王做销售工作多年，也积累了不少工作经验。近日，领导让他给新来的小张介绍一下接待客户的经验，如果你是小王应怎样介绍？

(2) 在你所在学校的"校园宣传日"里，要接待到校参观的学生家长和当年准备参加高考的考生，如果由你负责这项接待工作，你准备怎样做？请制定接待方案。

(3) 在接待过程中，当客人提出告辞时，主人如何进行适当的挽留？怎样做更恰当，既不失礼貌，又能让客人满意？

(4) 请与同学讨论：在接待中，如何平衡好"礼多人不怪"与"礼多人也怪"？

5. 实训项目

接待模拟训练

实训目标：掌握接待的礼仪规范。

实训地点：实训楼前、电梯间、会议室。

实训准备：办公家具、茶具、茶叶、热水瓶或饮水机、企业宣传资料等。

实训方法：一部分学生扮演来访客人，一部分学生扮演某企业的办公室人员接待客人，模拟演示以下情境。

(1) 在门口迎接客人。

(2) 引导客人前往接待室。

(3) 与客人搭乘电梯。

(4) 引见介绍。

(5) 待客之道。

(6) 与客人交谈。

(7) 送客之道。

演示完毕后，两组人员对调角色，再演示一遍，充分体会接待及会面的不同礼仪要求。

实训要求：全程录像，大屏幕回放，然后学生自我评价、小组评价，教师点评总结。师生评选出"最佳表现小组"和"最佳表现个人"若干。

任务3 拜访礼仪

乘兴而行，兴尽而返。

——《世说新语·任诞》

学习目标

知识目标： 明确拜访的各项准备工作；掌握办公室拜访的礼仪；了解宾馆拜访的礼仪；掌握私人住所拜访的礼仪。

能力目标： 能规范自身言行，提升交际能力，在拜访中给人留下良好印象；自主学习新知识，能够利用网络媒体查找与拜访礼仪相关的知识。

思政目标： 培养严格、主动、宽容的社交礼仪心态；塑造真诚、合作、勤勉的社交良好形象。

任务导入

小王的失礼之处

小王和小李是大学同学，大学毕业后各奔东西。如今，小王在 A 公司当业务员，小李在 B 公司当经理。A 公司准备与 B 公司合作(第一次)，而小王得知此事后，便自告奋勇，一方面想去探望一下 10 多年没见的老同学，另一方面也想提升一下自己在公司的地位。这天下午，小王便去 B 公司的经理室，结果在门口就被秘书拦住。经过一番解释，秘书告诉他李经理不在，并把公司的电话给了他。

隔了几天，小王打电话给 B 公司，预约成功，定于星期三下午 3:30 见面。结果由于堵车，小王迟到了一小时。到了以后，经询问，李经理还在，小王便推门进去。老同学相见，十分欢喜。小王马上冒出一句："小李，这几年过得不错啊！"李经理感到有些尴尬。接着两人寒暄了几句。小王便往沙发上一坐，跷起了二郎腿，掏出一支烟递给小李，李经理不抽，小王自己便大口大口地抽起来，整个经理室顿时烟雾缭绕。李经理实在觉得不适，就打开窗户，说："我这几天咽喉发炎，闻不得烟味儿。请原谅。"于是小王不情愿地掐灭了香烟。

问题

1. 小王在拜访过程中有哪些失礼之处？

2. 本案例对你有何启示？

拜访，又称拜见、访问或探访，是日常生活中最为常见的一种交际形式，也是社会活动中一项经常性的工作，同时还是联络感情、增进友谊的一种有效方法。

拜访一般有事务性拜访、礼节性拜访和私人拜访三种。事务性拜访又包括商务洽谈性拜访和专题交流性拜访。按拜访的方式不同，可分为应邀拜访和主动拜访。按拜访的地点不同，可分为到客人家拜访、到客人居住宾馆拜访、到客人工作单位拜访。中国人素以好客而闻名，古人说："出门如见大宾"，意思是拜访他人时应选择恰当的时间、衣冠整洁、言谈举止符合礼仪要求。故而无论何种拜访，要做一个受欢迎的拜访者，都必须遵循一定的礼仪规范和要求。必须明白的一点是，并非所有的客人都会受到欢迎，如扰乱主人

美梦的不速之客、打扰他人工作安排的不识相之客、乱翻乱闯的不自重之客。

想做一个受欢迎的拜访者，就一定要做好拜访的各项准备工作，注意自己的言行举止，做到客随主便。特别是在办公场合，哪怕与对方比较熟悉也应约束自己的行为，尽量不让别人难堪。"任务导入"中的小王种种不符合礼仪规范的行为，有失一名营销人员的素质。

因此，要使拜访做得更得体、更有效，更好地实现拜访的目的，现代人一定要重视和学习拜访的礼仪。

一、拜访充分准备

拜访，尤其是到对方单位的商务拜访，拜访者在拜访之前，一定要做好充分的准备。拜访前的准备工作主要包括以下几方面。

拜访充分准备

(一)了解拜访对象

拜访之前，拜访者应当了解拜访对象，特别是初次拜访的对象。所需了解的内容主要包括以下方面。

1. 受访单位的基本信息

受访单位的基本信息包括单位名称、所属行业、发展规模、业务情况等。

2. 受访单位的特殊信息

受访单位的特殊信息包括该单位引以为荣的事件、曾经获得的荣誉、发展业务的深层次考虑等。

3. 主要受访人员的基本信息和特点

主要受访人员的基本信息和特点包括受访人员的性别、年龄、性格、兴趣、生日、健康状况、个人兴趣、个人荣誉、家庭状况，以及别人对他的评价等。

只有充分掌握了拜访对象的相关信息，才能在正式拜访时准确地找到与对方沟通的突破口，从而促进拜访目的的实现。

(二)事先礼貌预约

拜访前，应事先和被访对象约定，以免扑空或扰乱被访人的生活或工作。切忌"突然袭击"的造访，扰乱受访者的工作计划。拜访时要准时赴约，拜访时间长短应根据拜访目的和被访人的意愿而定。一般而言，时间宜短不宜长。万一因故迟到或取消访问应立即通知对方。

预约，是指在拜访前应通过电话等方式把拜访的相关事宜告知对方，预约包括以下四个方面。

1. 预约时间

要约定在双方合适和方便的时候，并协商决定具体的拜访时间和大概持续的时间。如果由自己提议见面时间，也必须考虑对方的时间是不是合适，并同时提供几个时间段供对

方选择。一般情况下，要避免对方认为不合适的时间、繁忙的工作时间、节假日、凌晨与深夜、常规的用餐时间和午休时间等。繁忙的工作时间一般指每个月月初和月末及每周的周一上午和周五下午等。拜访前一天应致电对方，确认是否有变更。如果需要更改时间，则应尽快联系对方，表达歉意并另约时间。

【小幽默】

邀　请

星期一的早上，王太太将她 3 岁的小儿子送到幼儿园，然后就外出买东西了。在超市，她碰见了邻居李太太。

"您今天晚上有时间吗？"王太太问。

"有。"李太太答道。

"明天下午呢？"

"也有。"

"那么后天呢？"

"可惜没有时间，后天我们有客人来访。"

"多么遗憾！"王太太说，"我真心想邀请您，后天来我家喝茶呢！"

2. 预约地点

拜访的地点既可以是拜访对象的工作地点，也可以是其私人住所或者是环境幽雅的咖啡厅、茶座等。对商务人员来讲，一般应将拜访的地点约定在工作场所，除非拜访对象特意邀请去其住所。

3. 约定人数

预约的时候，宾、主双方都要事先向对方通报到场的具体人数及其各自的身份。宾、主双方都要尽量避免在拜访中安排对方不喜欢甚至极为反感的人。一般情况下，双方参与拜访的人员及其人数一经约定，便不会随意变更。做客的一方要特别注意，切勿在没有告知主人的情况下增加拜访人员，以免给主人已有的安排计划造成不必要的干扰，影响拜访的效果。

预约的三种方式

【小训练】

假如你是刚毕业的大学生，到一家软件公司工作，主要负责一款智慧健康养老软件的销售。你准备到某大型养老机构去推销这款软件，现在要进行电话预约。请列出整个预约的全部内容，并详细说明预约内容的具体细节。

4. 准时赴约

拜访时准时赴约，按时到达，会给对方留下一个守信、守时的印象，可以使双方的交流与合作有一个良好的开端。拜访一般以提前 10 分钟到达目的地为宜，等待一会儿，准时出现。如果到得太早，则可能让对方措手不及，出现尴尬的局面。

守时的康德

(三)做好赴约准备

拜访，正式赴约出发前还要做好以下几个方面的准备工作。

1. 心理准备

当预约得到肯定的答复后，就要认真做好赴约的心理准备。制定拜访目标，明确谈话主题、思路，并考虑好谈话内容。

2. 形象准备

形象准备原则上是力求与客户层次接近并略显高一些，或体现权威的形象。正式的商务拜访，拜访者要服饰整洁大方、符合规范，并与自己的职业相称，与此同时，还应注意仪表的修饰。朋友之间的私人拜访，则不必太讲究，整洁、大方即可。

3. 物品准备

(1) 准备拜访材料。拜访是有一定目的的交际活动，为了促进拜访目的(签单、收款等)的达成，拜访者拜访前一定要根据拜访的内容，准备好相关的材料，如建议书、洽谈书、协议备忘录、产品介绍、公司宣传册、宣传单、样品、报价单、合同书、发票等，从而保证双方见面后能清晰、有效地表达自己的意愿，既不浪费对方的时间，又能达到拜访的目的。准备充足的书面资料，足以能够说明你的诚意，也足以使你在拜访中有条不紊、主旨分明，给对方留下良好的印象。

(2) 检查携带物品是否齐备。拜访前，拜访者一定要把自己的名片准备好，并放在容易取出的地方，要适时双手呈上自己的名片。必要的话还要准备一些礼品，这对于促进情感的交流、增进相互了解有一定的作用。此外，笔、记录本等物品也要带好。

4. 出发准备

拜访者一定要对拜访的地点有所了解，尤其是第一次去的地方，应提前了解一下交通路线，以免迟到。最好与拜访对象通话确认，以防临时发生变化。选定合适的交通路线，计划好出发时间，以便提前 10 分钟到达拜访地点。

5. 意外情况的处理

爽约很难让人产生信赖感，因此，一旦有约，务必守时。如果确实由于特殊原因不能按时赴约，一定要设法及时通知对方，并诚恳地说明原因，表达歉意。如果实在来不及或没有办法通知对方，一定要在事后及时向对方说明原因，并表达歉意。在致歉的同时，可以提出重新安排拜访的时间和地点，在下次拜访时，应对上次未能如期赴约作些解释，以争取对方的谅解。

【小案例】

有备无患

小王在某公司市场部工作，她准备去拜访顺达公司的市场部经理胡先生。小王预约的

拜访时间是本周三下午三点。事前，小王准备好了有关拜访的资料、名片，并对顺达公司及胡先生进行了了解。拜访前，小王对自己的仪容、仪表进行了精心且得体的修饰。到了周三，小王提前五分钟到达顺达公司。在与胡先生的交谈过程中，小王简明扼要地表达了拜访的来意，交谈中始终紧扣主题，给胡先生留下了很好的印象，最终促成了合作。之后，小王适时且礼貌地告辞，圆满地完成了此次拜访任务。

点评：小王在拜访顺达公司经理胡先生时，在以下方面做得出色，从而最终促成与顺达公司的合作：事先预约，不做一个不速之客；如期而至，不做失约之客；做好准备，不做仓促之客；衣冠整洁，不做邋遢之客；举止文明、谈吐得体，不做粗俗之客；惜时如金，适时告辞，不做难辞之客。

二、为客彬彬有礼

(一)到办公室拜访的礼仪

到对方办公室进行拜访的基本礼仪包括以下内容。

到办公室拜访的礼仪

1. 准时拜访

按约定时间准时拜访，如果因交通等原因确实不能准时到达，务必及时通知对方，并在到达时郑重向对方致歉。

【小幽默】

换只手表

总统先生有一个年轻的秘书，一天早晨，这位秘书迟到了，发现总统正在等他，他感到很内疚，便说他的手表出了毛病。总统平静地回答："恐怕你得换一只手表，否则我得换一个秘书了。"

2. 礼貌登门

办公室的门不论是关着的还是开着的，进门前都要敲门，一般轻轻敲三下，经允许后方可进入。如果办公室的门是关着的，进来后应轻轻把门关上。

3. 问候及自我介绍

如果是初次拜访，进门后应问候"您好""各位好"，或点头致意，然后自我介绍或向主人递上名片。主人办公室还有其他客人时，若主人没有向你介绍其他客人，就不要随便打听其他客人的情况，也不要主动与其他客人攀谈。

4. 谢座

向对方说明身份及来意后，对方让座时，来访者应道声"谢谢"，然后大方、稳重地坐下。若主人还没有说请坐，客人最好站着，不要急于就座，也不要自己寻找座位。要坐在主人指定的座位上，坐姿要端正。如果主人是位年长者或身份较高者，应待主人坐下后方可坐下。主人委派的人送上茶水时，应从座位上欠身起立，双手接过并致谢。

【小贴士】

坐沙发的技巧

坐沙发时，应使臀部靠近沙发前端，并浅坐。如果是女士，则应挺直脊背，双膝并拢偏向一侧，这样显得较为优雅。不能因为感觉坐在坐垫上舒服，就将身体倚在靠背上，并深陷其中。如果带有手提包，既不能将它放在沙发上靠近自己，也不能放在桌子上，而应将它放在沙发靠近自己脚边的位置。

5. 交谈技巧

入座并简单寒暄后，就要主动开始谈话，要珍惜会见时间。在交谈过程中，谈吐要清晰，用词要准确，既要表达自己的观点，又要认真倾听对方的谈话，观察对方情绪的变化，并注意应对。不要急于展示随身携带的资料，只有对方感兴趣时方可出示。遇到对方资历较浅、学识较低的情况时，要格外注意不要表现出过强的自我优越感。避免在交谈中出现说教的口气。还要注意的是，如果来访者较多，应掌握好谈话时间，不可让其他客人久等。

6. 适时告辞

到办公室拜访通常都是在工作时间，因此拜访时间不宜过长，一般为 15～30 分钟。拜访结束后应适时起身告辞，特别是如果遇到以下几种情况，应及时告辞。

(1) 与对方话不投机，或主人反应冷淡。
(2) 主人有反复看表的动作。
(3) 主人心不在焉或长吁短叹，有急事心情烦躁。
(4) 主人将双肘抬起，双手支撑于椅子的扶手时。
(5) 被拜访者对谈话做了小结，并提出以后再继续交流。
(6) 接近就餐或休息时间。

7. 礼貌辞行

不管是否达到拜访目的，都应向对方礼貌辞行，告辞之前不要显得急切，应先讲一段有告别之意的话，或是在双方对话告一段落，新的话题没有开始之前提出告辞。即使主人有意挽留，也要态度坚决，切不可犹豫不决，迟迟不走。辞行时，应向主人和在场人士一一挥手道别或点头致意，应对主人的款待表示感谢。出门后应主动请主人留步，礼谢远送。出门一段距离后，应回首再向送行的主人致意，不宜匆匆离去。

若拜访是重要约会，拜访之后要给对方发一条感谢短信，这样会加深对方对你的好感。

小赵的拜访

【小幽默】

话　别

小林是个不太会说话的人。这天去火车站送别妻子，妻子怕小林难受，就说："亲爱的，你不要到站台送我了，我怕你伤心，而且还要花一元钱买站台票。"小林脱口而出："没关系，花一元钱就能把你送走，挺值的！"

(二)到宾馆拜访的礼仪

如果外地客人到本地，住在宾馆里，前去进行礼节性拜访时，应注意以下几方面。

1. 按事前预约时间拜访

拜访时间多由对方确定，预约前要问清宾馆的位置、楼层、房号及联系电话。

2. 讲究仪容、仪表

到星级宾馆拜访客人，若因穿着不得体被阻挡，也会招来人们异样的眼光，这也是对客人的不尊重。

3. 进入宾馆要行为有礼

进入宾馆要步态稳健，精神饱满，行为举止要端庄；遇到提供帮助的服务人员，应以微笑点头致意，表示感谢。

4. 注意谈话场所

谈话场所首选宾馆公共区域，如大堂吧、咖啡厅、商务中心会谈室等，避免进入客人房间。当双方关系较近，并由客人提议时，再把约见地点选在客房。

5. 进入客人房间应事先通报

进入宾馆后应向总台服务员说明来意，并给房间客人打个电话，经客人允许后，才能去房间。进客房前，要看清房间号再敲门，待客人开门后进行自我介绍，客人说"请进"后，方可进入房间。

(三)到私人住所拜访的礼仪

私人拜访主要是在私人领域，会面目的是以加深友谊与联系、洽谈工作以外的事为主。住宅是私人领地，应该特别注意交际礼仪，这样才能收到很好的交际效果。

1. 遵守时间

首先应和主人约定一个合适的时间，到住宅拜访时间不宜太早或太晚，最好下午或晚饭后，尽量避开吃饭和休息时间，准时到达，以免让主人久等。如临时出现特殊情况而不能前往或者需要改变日期和时间，应提前通知对方，并表示歉意。拜访时，穿戴要整洁、大方。对仪容适当做一些修饰，以显示尊重主人。

2. 先声入门

到达对方住所后，如无人迎候，可以先按门铃或轻轻敲门，门铃不要反复或长时间按，敲门的声音也不要太大，轻轻用手指叩门两三下即可，切不可用掌拍门或以拳击门。如果主人来迎门并询问"谁呀"，除了经常见面的熟人、主人能辨别出你的声音外，必须通报自己的姓名和单位，而不应简单地回答"是我"，因为这样极易给人留下一个以自我为中心来看待事物和考虑问题的印象，如此易导致很多误会，增添交流障碍，进而人为地妨碍事情进展。按响门铃或敲门后，应该退后两步，等待主人开门。

3. 礼品选择

初次到别人家做客，最好带点礼品，如主人家有老人或小孩，所带礼品应尽量符合他们所需。熟客一般不必带礼物，但遇有重要节日或特殊约会，也不妨带些大家喜欢的礼品。

4. 入门有礼

进门时，要在门口先换上主人备用的拖鞋，再向主人行见面礼，如握手和问安。对主人家的其他成员，应按长幼有序的顺序亲切称呼问好。如果携带礼品而来，则要将礼物恭敬地交给主人收下。落座之前，要将外衣和帽子脱下，连同携带的手提包等物品，放在主人指定的地方。

在主人来让座之前，不要急着坐下。如果拜访的主人是长辈，或者第一次来拜访，更要彬彬有礼。如果双方关系密切，可稍微随意些。

当主人上茶时，应欠身双手接过并致谢。一般不要在主人家吸烟。如果主人招待的是饮料、水果、点心，已开瓶的饮料可以全喝完，但水果、点心只能稍稍品尝。

在主人家要尊重主人的隐私，克制自己的好奇心，主人没有邀请参观其房间或设施，不应主动提出参观的要求，更不能未经允许到处走动或随意翻动主人的物品和书籍。

可以对主人家的布置和陈设进行夸赞，以引起主人的好感，使拜访的气氛温馨而愉快，切忌挑剔主人家的不是。这样做会伤害主人的自尊心，导致大家不欢而散，自己也变成一个不受欢迎的人，拜访目的当然也无法达到。

在与主人交谈时，应注意礼貌，姿势要端正、自然，语气要温和可亲，要注意倾听主人的谈话，同时也要掌握交谈的技巧。

拜访时间不宜过长，特别是晚上，第一次拜访应以 30 分钟左右为宜，以免影响主人及其家人休息。

当有新客人来时，也应遵守"前客让后客"的原则尽快告辞，把时间留给新来的客人。

当谈完该谈的事情，就应适时告辞。要学会察言观色，把握告别的时机。决定告辞时，应恭敬地对主人说："时候不早了，我要告辞了。"告别时，注意向主人及其家庭主要成员道别，并诚意邀请他们到自己家做客。

拜访"九忌"

三、馈赠适情适宜

中国人民历来重视交情，古代就有"礼尚往来"之说。亲友和商务伙伴之间的正当馈赠是礼仪的体现、感情的物化。在正常的交际活动中，用以增进友情的合理、适度的赠礼与受礼是必要的。

(一)馈赠礼品的标准

1. 情感性

馈赠礼品要重视其情感意义。礼品作为友好的象征，其意义并不在于礼品本身，而在于通过礼品所传达的友好情谊，这是馈赠礼品的基本思想。

你知道"千里送鹅毛，礼轻情意重"的由来吗?

所谓"千里送鹅毛，礼轻情意重"，就是指虽然礼物本身的价值不高，但所表达的情感和心意却是非常珍贵的。"烽火连三月，家书抵万金"同样说明"情"的价值。著名作家萧乾，当年访问一位美籍华人朋友，特意捎去几颗生枣核。他深知：朋友身在异国他乡，年纪越大，思乡越切，送去几颗故土的生枣核，让它在异国他乡生根、开花、结果。果然，那位美籍朋友一见到那几颗生枣核，就勾起了缕缕思乡之情，他把枣核托在手掌，那一刻仿佛它比珍珠、玛瑙还贵重。因此选择礼品时，勿忘一个"情"字，应挑选物美价廉、具有一定的纪念意义，或具有某些艺术价值，或为受礼者所喜爱的小艺术品，如纪念品、书籍、画册等。

选择礼品的价值要得体。并非价格越昂贵的礼品所表达送礼者的情义越深厚。送礼要与受礼者的经济状况相适应，中国人历来有"礼尚往来"的习俗，若受礼者的经济能力有限，当接到一份过于贵重的礼品时，其心理负担可能会大于受礼的喜悦。尤其当你有求于对方的时候，昂贵的厚礼会给人以礼代贿的嫌疑，这不仅增大了对方接受这份礼品的心理压力，也失去了平等交流的意义。

【小故事】

铜 镜

1926 年夏，梁思成与林徽因赴美留学，就读于宾夕法尼亚大学，前者学建筑，后者学美术。梁思成送给林徽因的礼物未必贵重，但一定是独特并饱含情意的。1928 年元旦，他赠予林徽因一面仿古铜镜。在宾夕法尼亚大学的工作室，他亲手雕花、铸模、翻砂，一周之内完工。铜镜的铭文为："徽因自鉴之用。民国十七年元旦，思成自镌并铸，喻其晶莹不珏也。"梁思成的意思是说，这面仿古铜镜是自己亲自铸造篆刻的，此物精致完美，再也找不到第二块与它一样好的了。

(资料来源：王开林. 元旦旧事[EB/OL]. [2017-01-03].
http://www.chinawriter.com.cn/GB/n1/2017/0103/c404018-28993322.html.)

点评：礼物是否贵重并不重要，关键在于是否传情达意。

2. 独创性

送人礼品，最忌讳"老生常谈""千人一面"的。选择礼品，应当精心构思，匠心独运，富有创意，力求使之新颖、奇异、特别。这就是礼品的独创性。赠送具有独创性的礼品给人，往往可以令人耳目一新，既兴奋又感动，因为这无异于"特别的爱献给特别的你"。赠送者在对方心目中往往会因礼品的独创性而"升值"。近年来，个性化定制礼品成为一种趋势。送一个可以定制名字、日期或者短语的礼品，不仅具有独创性，也让人感受到一份特殊的心意。

3. 适俗性

挑选礼品时，特别是要为交往不深、外地人士或外国人挑选礼品时，应当有意识地使赠品与对方所在地的风俗习惯相匹配。在任何情况下，都要避免把对方认为属于伤风败俗的物品作为礼品相赠，否则将会被视为不尊重交往对象。例如，在我国大部分地区，老年人忌讳发音为"终"的钟，恋人反感发音为"散"的伞；阿拉伯地区严禁饮酒；在西方药

品不宜送人。因此，在涉外交往中，要根据不同国家、不同地区的风俗与个人的爱好做一些必要的选择。赠礼问俗是我们不能忽视的，这也是一个重要标准。

【小故事】

尼克松的国礼

1972 年，尼克松总统准备访华，他急于寻求能代表国家的礼物。美国保业姆公司闻讯后，趁此良机向尼克松总统献上了公司生产的一尊精美的天鹅群瓷器珍品，因为瓷器的英文 China 也有"中国"的意思。尼克松一见，大喜过望，于是把这尊具有双重意义且具有很高艺术价值的瓷器珍品带到了中国。

(资料来源：孟红. 国礼馈赠见证共和国外交风云[N]. 辽宁日报，2011-03-24：B11.)

点评：在选择馈赠礼物时，一定要考虑对方的风俗习惯，若能够充分尊重对方的风俗习惯，将大大加深双方的情谊。

4．时尚性

赠送礼品应折射时代风尚。现代人追求高品质生活，礼品是否够档次，往往取决于它是否符合时代风尚。自改革开放以来，随着人们生活水平的提高和思想观念的转变，人们相互馈赠的礼品也经历了质的变化和飞跃，从经济实用的物质型礼品向高雅、新潮的时尚型礼品转变。要选择一份具有时尚感的礼品，可以从以下几方面入手。

(1) 电子产品。如今，越来越多的人离不开电子产品，一部设计时尚的手机、耳机或智能手表都是不错的选择。

(2) 饰品。一款精致的项链、一只时尚的手链或者一副个性化的耳环都能给人一种别样的感觉。

(3) 皮具。时尚的手提包、钱包或者皮带都能凸显一个人的品位和气质。

馈赠礼品的场合

(4) 美容保健品。送人美容保健品，不仅实用，也是时尚人士的钟爱之选。

(5) 文具。一份设计特别的笔、笔记本或手账本，也能成为让人眼前一亮的礼品。

礼品禁忌

(二)馈赠礼品的礼仪

1．精心包装

送给他人的礼品，尤其是正式场合赠送他人的礼品，在相赠之前，一般都要认真地进行包装。可用专门的包装纸包裹礼品或将礼品放入特制的盒子、瓶子里等。礼品的包装是其"外衣"，这样不仅显得礼品正式、高档，而且会使受赠者感到自己备受重视。

2．表现大方

现场赠送礼品时，要神态自然，举止得体。切勿表现得如同做了"亏心事"一样，小气或手足无措。通常在与对方会面之后，将礼品赠送给对方时，应起身站立，走近受赠者，双手递上礼品。礼品应递到对方手中，而不是放下让受赠者自取。如果礼品过大，可

由他人帮忙递交,但赠送者本人最好参与其中。若同时向多人赠送礼品,应遵循先长辈后晚辈、先女士后男士、先上级后下级的次序,有条不紊地进行。

3. 认真说明

当面赠送礼品时要辅以适当且认真的说明。一是可以说明因何送礼,若是生日礼物,可说"祝你生日快乐";二是说明自己的态度,送礼时不要自我贬低,说什么"没有准备,临时才买来的""没有什么好东西,凑合着用吧",而应当实事求是地表达自己的态度,比如"这是我为你精心挑选的"或"相信你一定会喜欢"等;三是介绍礼品的寓意,送礼时,介绍礼品的寓意,并多说几句吉祥话是很有必要的;四是说明礼品的用途,对于设计新颖或功能特殊的礼品,说明其用途和使用方法。

(三)接受礼品的礼仪

1. 受礼坦然

一般情况下,对方真心赠送的礼物不宜拒收,因此,不必没完没了地说"受之有愧""我不能收这样贵重的礼物"这类话往往是多余的,有时还会使人产生不快。即使礼物不称自己的心意,也不应表露出不满。接受礼物时应用双手接过,并说上几句感谢的话。避免虚情假意,推推躲躲,反复推辞,更不要心口不一,嘴上说"不要,不要",手却已经伸向了礼物。

2. 当面拆封

如果条件允许,在接受他人赠送的礼品后,可当着对方的面将礼品包装当场拆封。这种做法在国际交往中是非常普遍的。拆封时,动作要温和、有序,避免粗暴乱扯或乱撕。拆封后,应用适当的动作和语言,表达对礼品的喜爱。例如,将收到的鲜花捧在身前闻一闻,然后精心插入花瓶,并放在显眼之处。

3. 拒礼有方

有时候,由于种种原因,不能接受他人赠送的礼品。拒绝时,要讲究方式、方法,要保持礼貌,要给对方留有面子,避免使对方难堪。可以委婉地用不失礼节的语言暗示自己难以接受对方的好意。例如,如果对方赠送的是一部手机时,可以礼貌地说"我已经有一部了"。此外,也可以直截了当地向赠送者说明自己难以接受礼品的原因,特别是在公务交往中,这种方法最为适用。拒绝他人所赠的大额或贵重礼品时,可以这样说:"依照有关规定,您送我的这件东西,必须登记上交。"

(四)赠花的礼仪

鲜花是美好、吉祥、友谊和幸福的象征。现在无论是欢迎、送别、婚寿庆祝,还是节庆、开业、慰问、吊唁及国际交往,人们经常赠之以鲜花,言志明心。但由于各地风俗不同,花的含义也不同,因此送花时必须得体,要做到以下几点。

1. 了解"花卉语"

当我们以花为媒介传递友谊时,要注意正确运用"花卉语",以免

你知道常见花卉的寓意吗?

尴尬。

在不同的国家和地区，同一种花可能有不同的寓意。实际上，即使是同一种类型的花卉，不同的颜色，均可能代表不同甚至相反的意思。例如，红色的郁金香是"爱的告白"，蓝色郁金香象征"诚实"，而黄色郁金香则象征"无望的爱恋"。因此，要恰当地运用"花卉语"。

2．不同场合的赠花

玫瑰花的花语是"我真心爱你"，蔷薇花象征"我向你求爱，小天使"，桂花表示"我挚意爱你"，这类花卉适合赠给恋人，以传递深情。若将这类花卉赠送给其他对象，可能会引起误会。

婚礼赠花，可以由红玫瑰、吉祥草、文竹等组成的花束。其中红玫瑰象征爱情美好；吉祥草寓意朋友吉祥如意、生活美满；文竹绿叶葱葱，祝愿新人爱情永葆青春。并蒂莲表示"恩爱如初，幸福长存"，百合花象征"百年好合"，它们与红色郁金香等都是婚礼的理想花卉选择。

慰问病人，送黄月季，表示"早日康复"；送芝兰，象征"正气清运，贵体早康"；或送松、柏、梅花，以鼓励病人与病魔斗争，展现"坚贞不屈"的精神和"胜利属于你"的信心。

庆贺生日赠花，年轻人可送其火红的石榴花、鲜红的月季花、美丽的象牙花，愿他们前程似锦、青春常驻；对年长者，可以赠寿星草等，祝福老人健康长寿、快乐幸福。

3．赠花的注意事项

在正式场合，如组织开张、纪念、庆典等，通常可送花篮；迎宾、欢送、演出中送给演员，通常送花环、花束；宴请、招待会等场合则送胸花。

送花时一般不能送单一的白色花，因为这会被人认为不吉利；送玫瑰花时应送单数，不宜送双数，但12朵除外；也不要将红玫瑰花送给未成年女孩；不要将香味浓烈的鲜花送给病人。

送花时最好用彩色透明纸包装，并系上与鲜花颜色相协调的彩带，这样既便于携带，又使花束显得更加美观。

课 后 练 习

1. 运用判断

(1) 约定好了拜访客户的时间，就不能迟到，而且到得越早越好。　　　（　　）

(2) 一般情况下，双方参与拜访的人员及其人数约定后可以随意变更。　（　　）

(3) 主人办公室还有其他客人时，拜访时可主动与其他客人攀谈。　　　（　　）

(4) 到办公室拜访时间不宜过长，一般为15～30分钟。　　　　　　　（　　）

(5) 看到主人将双肘抬起，双手支撑于椅子的扶手时，拜访者应该告辞。（　　）

(6) 出门一段距离后，拜访者应回首再向送行的主人致意，不可匆匆离去。（　　）

(7) 到宾馆拜访，首选的拜访场所为宾馆公共区域，如大堂吧、咖啡厅、商务中心会谈室等。　　　　　　　　　　　　　　　　　　　　　　　　（　　）

(8) 到住宅拜访，如果门户是敞开的，可直接进去。　　　　　　　（　　）

(9) 价值越昂贵的礼品表示送礼者的情义越深厚。　　　　　　　　（　　）

(10) 送给他人礼品，一般都要认真地进行包装。　　　　　　　　　（　　）

(11) 在接受他人相赠的礼品后，应当等客人告辞后再打开。　　　　（　　）

(12) 送玫瑰花时应送双数，但12朵除外。　　　　　　　　　　　　（　　）

2. 简要回答

(1) 拜访之前应该做好哪些准备？

(2) 到办公室拜访应注意哪些礼仪？

(3) 到宾馆拜访的礼仪有哪些？

(4) 到私人住所拜访应注意哪些礼仪？

(5) 在拜访的过程中，何时提出告辞是适宜的？

(6) 如何选择馈赠的礼品？

(7) 赠送礼品和接受礼品应注意哪些礼仪？

3. 案例分析

扫描二维码，阅读案例原文，然后回答案例后面的问题。

案例分析题原文

4. 思考训练

(1) 假如公司派你明天去拜访一位非常重要的客户，商谈公司新产品推介的项目，拜访前你要做哪些准备？如何预约？要准备哪些资料？如何进行形象准备？

(2) 请选择一个合适的时间，到你的同学(或者老师)家中做一次礼节性的拜访，并在事后将感想写下来。

(3) 你的上司很欣赏你的才华，邀你去他家中做客，并盛情挽留你与他家人一起共进午餐，其间你该注意什么问题？

(4) 有客人来你办公室做公务拜访，但你已有约定要去赴约，此时你该怎么办？

(5) 以宿舍为单位，请谈谈不同的室友过生日，应分别选择什么样的礼品，并说明理由。

5. 实训项目

拜访场景模拟实训

实训目标：熟练、规范地运用拜访的各种礼节进行交际。

实训准备：办公室拜访场景、名片若干张。

实训方法：将全班学生分成若干组，每组为 3～5 人，每组设计一个办公室拜访场景，将拜访的相关礼仪连贯地演示下来。表演之前，每组应就设计的场景和成员的角色进行说明。

实训要求：全程录像，大屏幕回放，然后学生自我评价、小组评价，教师点评总结。师生评选出"最佳表现小组"和"最佳表现个人"若干。

任务4　沟通礼仪

言语之美，穆穆皇皇。穆穆者，敬之和；皇皇者，正而美。

——《礼记·仪礼》

学习目标

知识目标：能够与交际对象得体地进行交谈；礼貌地使用电话进行沟通；礼貌地使用手机进行沟通；熟练使用电子邮件、微博、微信等网络沟通手段。

能力目标：能规范自身言行，提升表达能力、人际沟通能力；自主学习新知识，能够利用网络媒体查找与沟通礼仪相关的知识。

思政目标：提升个人礼仪修养，培养恭敬、谦和的社交态度；塑造礼让、文雅的社交形象。

任务导入

沟通中看礼仪

人事经理张先生所在的软件公司收到了 30 余封求职简历电子邮件，进行筛选后，他按简历上留的手机号码给其中比较优秀的 5 个人打电话，想了解、确认并通知他们面试时间。让他感到意外的是，5 个人中有 3 个人因"手机关机""不在服务区""无人接听"等无法联系上。这时他关注到一个简历中"联系方式"一栏里写得最全面的应届毕业生，这个学生留了两个手机号码、一个固定电话号码、一个 QQ 号，还有一个电子邮箱地址，张先生已做好了依次联系的心理准备，可没想到第一个手机号就拨通了，却是学生的家长接的电话，对方说："我儿子今天参加一个志愿者活动不方便接打电话，手机放在家里劳烦我代接……"张先生便请他转告了对学生的面试通知和要求。

第二天早上一上班，张先生意外地收到了这个学生的一封邮件，是晚上 12 点之后发的，上面解释了志愿者活动很晚结束，回家后已不便回复电话，随即发送邮件深表歉意……张先生从这个学生的所作所为中看出了他对人的尊重，也感受到了他的敬业和勤奋。因此面试顺利过关，也让这名学生收获了一份惊喜。

问题

(1)　如何在与他人的沟通中更好地发挥新兴通信方式的作用？

(2)　本案例对你有何启示？

沟通礼仪，为案例中这名学生找到理想的工作单位助力。所谓沟通是指人与人之间的信息互动，同一时刻有信息发出者和信息接收者之分，信息发出者的行为称为表达，信息接收者的行为称为倾听。沟通是人际关系的基础，贯穿于生活的所有领域，是人们获取知识和信息的重要途径，同样也是衡量个人情商水平的重要尺度。正如日本"企业之神"、松下电气公司创始人松下幸之助所说："伟大的事业需要一颗真诚的心与人沟通。"如果一个人在与人沟通的过程中，遵守交谈、电话、网络等沟通礼仪，不仅能给对方可亲可敬、可合作可交往的信任感，还会使合作过程更加和谐、顺利，达到事半功倍的效果，促进事业的成功。

一、说话交谈礼貌文明

美国前哈佛大学校长伊立特曾说："在造就一个有修养的人的教育中，有一种训练必不可少，那就是优美、高雅的谈吐。"交谈是交流思想和表达感情最直接、最快捷的途径。在交际中，因为不注意交谈的礼仪规范，或用错了一个词，或多说了一句话，或不注意词语的色彩，或选错话题等导致交往失败或影响人际关系的事时有发生。因此，在交谈中只有遵从一定的礼仪规范，才能达到双方交流信息、沟通思想的目的。

(一)态度正确

交谈的态度有两类：一类是成功交谈的态度，另一类则是极力避免的态度。

1. 成功交谈的 7 种态度

(1) 感兴趣。对正在进行的谈话、谈话人及其所作所为表现出一定的兴趣，不要只对熟人感兴趣，要对参加谈话的所有人感兴趣。

(2) 友好。成功的交谈需要友好的态度。如果你对在场的人有所不满，且对其谈话挖苦讽刺，通常交谈难以进行下去。

(3) 神情愉快。当你谈话时，应表现出愉快的心情，并通过微笑表示感兴趣和友好。

(4) 有张有弛。在交谈中，有张有弛的气氛也是成功交谈所不可缺少的，人们从中可以感到轻松。

(5) 随机应变。谈话的话题是经常变化的，一个成功的交谈者应随机应变。

(6) 得体。交谈中说话要得体，避免触及敏感问题，不要因自己的粗心对他人造成伤害。

(7) 谦恭有礼。许多无可辩驳的事实证明，一个成功的交谈者都是谦恭有礼的。

2. 交谈态度的"7 不要"

(1) 不要武断。你应使自己陈述的语气和缓，力戒"所有"和"总是"这样的词，转而用"一些"和"有时"这些你认为有把握的词。还有更为重要的一点是，说话的语调也应尽力避免武断。

(2) 不要有优越感。用一种优越于任何事和任何人的态度进行交谈会使你陷入孤立的境地。同样，你也会因此失去与人交往的良机，成为孤家寡人。

(3) 不要好斗。不要做"杠精"。人们喜欢在拳击场上看一场精彩的争斗，但没有人愿意在自己的客厅中接待一位好与人斗嘴的客人。

(4) 不要无动于衷。当一个交谈者期望你能对其话语有所反应时，你应有所表示，不要让他在整个谈话中唱独角戏。这样，既体现了你对他的尊重，也使交谈成为一种真正的交流。

(5) 不要言过其实。表扬别人时不要过分，不要虚构，要实事求是地表扬。

(6) 不要以自我为中心。交谈中应客观地表达你的思想，不要给人一种整个宇宙在围绕你转动的感觉。

(7) 不要含糊其词。说话不要含糊不清，而应清楚、响亮。人们只有听见并理解了你所说的话，才能懂得其中的意思，并回答你提出的问题。

(二)讲究技巧

语言作为人类的主要交际工具，是人与人沟通的桥梁。交谈的语言技巧包括以下几方面。

1. 准确流畅

交谈时，如果表达不清晰或逻辑不连贯，很容易被人误解，这样便达不到沟通的目的。因此，在表达思想感情时，应做到发音标准、吐字清晰，语句应符合规范，避免使用含糊不清的语言。应去掉过多的口头语，以避免语句的断裂；语句的停顿要恰当，思路要清晰，谈话的节奏要适度，从而使交流过程畅通无阻。

语言的准确和流畅还表现在容易让人理解上，因此，交谈时尽量不用书面语或专业术语，因为这样的表达让人感到太正规、受拘束，而且难以理解。

【小幽默】

自 作 自 受

有一则笑话，讲的是古时有一书生突然被蝎子蜇了，便对其妻子喊道："贤妻，速燃银烛，你夫为虫所袭！"他的妻子没有听明白，书生更着急了："身如琵琶，尾似钢锥，叫声贤妻，打个亮来，看看是什么东西！"其妻仍然没有领会他的意思，书生疼痛难熬，不得不大声吼道："快点灯，我被蝎子蜇了！"真乃自作自受。

2. 委婉表达

交谈是一种复杂的心理交往活动，人的微妙心理和自尊心往往起着重要的控制作用。因此，对一些只可意会不可言传的事情、人们回避忌讳的事情、可能引起对方不悦的事情，不能直接陈述，只能用委婉、含蓄的表达方式。常见的委婉表达方式有：避免使用主观武断的词语，如"只有""一定""唯一""就要"等不留余地的词语，应尽量采用与人商量的语气；先肯定后否定，学会使用"是的……但是……"这个句式，把批评的话语放在表扬之后，这样会显得更委婉；通过间接的方式提醒他人或拒绝他人。

【小案例】

卖 便 壶

相传，有一对父子，冬天在镇上卖便壶(俗称"夜壶"，旧时男人夜间或病中卧床小便的用具)。父亲在南街卖，儿子在北街卖。

不一会儿，儿子的地摊前来了看货的人，其中一个人看了一会儿，说道："这便壶大了些。"儿子马上接过话说："大了好哇！！装得多。"那人听了，觉得很不顺耳，便扭头离去。

在南街的父亲，当听到一个老人自言自语地说"这便壶大了些"后，父亲马上笑着轻声地接了一句："大是大了些，可您想想，冬天夜长啊！"老人听罢，会意地点了点头，买走了便壶。

点评：儿子的一句话搞砸了生意，父亲的一句话却赢得了生意。这也揭示了在交谈中委婉、含蓄表达的重要性。

3. 掌握分寸

谈话要有放有收，不要过头，不要嘲弄，把握好度。在谈话时，不要唱"独角戏"，夸夸其谈，忘乎所以，不给别人说话的机会；说话应察言观色，注意对方的情绪，对方不爱听的话少讲，一时接受不了的话也不要急于辩驳。开玩笑要看对象、性格、心情、场合。一般来说，不要随便开女性、长辈、领导的玩笑，一般不与性格内向、多疑、敏感的人开玩笑，当对方情绪低落、心情不好时不开玩笑，在严肃的场合或用餐时也不要开玩笑。

4. 幽默风趣

交谈本身就是一个寻求一致的过程，这个过程中，难免会出现不和谐的地方，从而产生争论或分歧。这就需要交谈者幽默风趣并能随机应变，凭借机智消除障碍，化解尴尬局面，增强语言的感染力。幽默风趣是建立在说话者高尚的情趣、较深的涵养、丰富的想象、乐观的心境以及对自我智慧和能力自信的基础上的，它不是耍小聪明或"卖弄嘴皮子"。幽默风趣的语言表达既诙谐又入情入理，应体现一定的修养和素质。

【小幽默】

"还没插秧呢！"

有一次，梁实秋的幼女梁文蔷回老家探望父亲，他们便邀请了几位亲友到"鱼家庄"饭店聚餐。酒菜齐全，唯独白米饭久等不来。经过一催、二催之后，仍不见白米饭的踪迹。梁实秋无奈，待服务小姐入室上菜之际，戏问曰："怎么饭还不来，是不是稻子还没收割？"服务小姐眼都没眨一下，答道："还没插秧呢！"原本是一个不愉快的场面，经服务小姐这一妙答，举座大笑。

(三)用语礼貌

《福布斯》杂志刊登过这样一段话：语言中最重要的 5 个字是"我以您为荣"，最重要的四个字是"您怎么看？"，最重要的 3 个字是"麻烦您"，最重要的 2 个字是"谢谢"，最重要的 1 个字是"您"。那么，语言中最次要的一个字是什么呢？是"我"。因为把别人放在心上，才是最重要的。用语礼貌，是把别人放在心上；用语礼貌，是人类文明的标志；用语礼貌，是全世界共同的心声。用语礼貌不仅会得到人们的尊重，提高自身的信誉和形象，还会对自己的事业起到良好的辅助作用。

在我国，政府有关部门向市民普及文明礼貌用语，基本内容为十个字："请""谢谢""你好""对不起""再见"。在社会交往中，日常礼貌用语远不止这十个字，概括起来，主要可划分为如表 2-2 所示的几个大类。[①]

你会用尊称、敬语与谦称、谦语吗？

[①] 杜明汉. 营销礼仪[M]. 3 版. 北京：电子工业出版社，2011. 6.

表 2-2　礼貌用语一览

序号	礼貌用语类型	举　例
1	问候用语	您好！各位好！小姐好！××先生好！××主任好！早上好！中午好！下午好！晚安！各位下午好！××经理早上好
2	欢迎用语	欢迎！欢迎光临！见到您很高兴！恭候光临！××先生，欢迎光临！欢迎再次光临！欢迎您又一次光临本店
3	送别用语	再见！回头见！慢走！走好！欢迎再来！保重！一路平安！旅途顺利
4	请托用语	请稍候！请让一下！劳驾！拜托！打扰！请关照！请您帮我一个忙！劳驾，您替我看一下这件东西！拜托您为这位女士让一个座位
5	致谢用语	谢谢！××先生，谢谢！谢谢，××小姐！谢谢您！十分感谢！万分感谢！多谢！有劳您了！让您替我们费心了！上次给您添了不少麻烦
6	征询用语	您需要帮助吗？我能为您做点什么？您需要点什么？您需要哪一种？您觉得这件工艺品怎么样？您不来一杯咖啡吗？您是不是很喜欢这种方式啊？您是不是先来试一试？您不介意帮助您吧？您打算预订雅座，还是散座
7	应答用语	是的；好；很高兴能为您服务；好的，我明白您的意思；请不必客气；这是我们应该做的；请多多指教；过奖了；不要紧；没关系；不必，不必；我不会介意；哪里，哪里，我做得还很不够；承蒙夸奖，真是不敢当；得到您的肯定，我们很开心
8	赞赏用语	太好了！真不错！对极了！相当棒！非常出色！您真有眼光！还是您懂行！您的观点非常正确，看来您一定是一位内行。
9	祝贺用语	祝您成功！一帆风顺！心想事成！身体健康！生意兴隆！全家平安！节日快乐！活动顺利！新年好！春节快乐！生日快乐！旗开得胜，马到成功
10	推脱用语	您可以到对面的商场去看一看；我可以帮您向其他专卖店询问一下；下班后我们酒店还有其他安排，很抱歉不能接受您的邀请
11	道歉用语	抱歉；对不起；请原谅；失礼了；失言了；失陪了；失敬了；失迎了；不好意思，多多包涵；很惭愧；真的过意不去

【小贴士】

拒绝不文明语言

与人交谈，使用礼貌语言的同时，还应拒绝不文明的语言。表 2-3 列出的语言都不宜采用。

表 2-3　不文明语言示例

粗话	为了显示自己为人粗犷，出言必粗，称爹妈为"老头儿""老太太"，称年轻女士为"小姐"，把吃饭叫"搓一顿"，实际上，社交中使用这种粗话是有失身份的
脏话	讲脏话，即口带脏字，讲起话来骂骂咧咧，出口成"脏"；讲脏话的人，不但不文明，也自我贬低，低级无聊
黑话	黑话，即流行于黑社会的行话，讲黑话会令人反感厌恶，难以与他人进行真正的沟通和交流

荤话	荤话，即说话者把艳事、绯闻、男女关系之事挂在口头，说话"带色""贩黄"，不仅表明说话者品位不高，而且对交谈对象也不够尊重
怪话	有些人说话或怪里怪气，或讥讽嘲弄，或怨天尤人，或黑白颠倒，或耸人听闻，故意要以自己的谈吐之"怪"而令人刮目相看；爱讲怪话的人，难以让人对其产生好感
气话	气话，即说话时闹脾气、泄私愤、图报复，大发牢骚，指桑骂槐；交谈中说气话，不仅无助于沟通，还容易伤害人、得罪人
土话	交往对象如果不是家人、亲属，最好不讲对方听不懂的方言、土语；对听不懂方言、土语的人来讲是对对方的不尊重

(四)话题得当

所谓话题，是指人们交谈中所涉及的题目范围和谈话内容。换言之，话题是由一些相对集中的同类知识、信息构成的谈话资料及其相应的语体方式、表述语汇和语气风格的总和。社交中，学会选择话题，能使谈话有个良好的开端。

话题得当

1. 恰当的话题

(1) 既定的话题。既定的话题是指社交中双方事先约定的主题。这是交谈中最直接、最简洁的谈话主题，既省时又省力。例如，双方约定见面是为了签订某项协议或合同，见面时做简单介绍后，直接进入谈判主题。

(2) 高雅的话题。高雅的话题内容涉及哲学、文学、艺术、历史或其他专业的知识，能体现双方的层次和教养。其适用于讲究品位的正式谈话，但要选择双方共同感兴趣的话题作为谈话的主题。例如，美国一名记者第一次采访肯尼迪，见面就说："我看您像个人文主义者。"这引起了肯尼迪的兴趣，破例与这名记者谈了近两小时。

(3) 愉快的话题。与人初次接触时，谈话以哲学、历史等为主题，一定程度上确实可以提高自己谈话的品位，但这样的交谈主题往往会给人一种厚重、压抑的感觉。因此，与其这样，不如谈一些轻松、愉快的话题，如文艺演出、旅游观光、风土人情等。

(4) 擅长的话题。社交中，一旦找到对方擅长的话题，就很容易让对方打开话匣子，谈得开心，引起对方共鸣，即所谓"闻道有先后，术业有专攻"。谈论对方所擅长的话题，给对方提供一个展示自己的机会，进而营造一个良好的交谈氛围，这样往往会收到事半功倍的效果。

(5) 流行的话题。正式谈话前，在不能确定对方的特长、爱好和擅长谈及的话题时，选择时下流行的话题作为谈话的主题应该说是一个非常明智的选择。如美国职业篮球赛、某某明星的演唱会、热播的电视剧等，都是比较好的谈话主题。

2. 忌讳的话题

(1) 个人隐私。社交双方不能随便讨论个人隐私的问题。尊重对方隐私就等同于尊重对方。与外国人交谈时，尤其应回避个人隐私，具体包括"五不问"：不问收入、不问年龄、不问婚否、不问健康、不问个人经历。

(2) 他人短处。这包括生理的缺陷、以往的过失、遭遇的不幸、伤心的往事等。"莫对失意者说得意之事",否则会伤害对方的自尊。例如,不要在残疾人面前谈论运动与健美,不要在大龄未婚女子面前谈论家庭与孩子,等等。与此同时,也不可炫耀自己的成就与财富,因为炫耀自己等同于贬低别人。

(3) 非议他人。不在背后议论他人,尤其是领导、同行或同事,这会让他人对自己的人格、信誉产生怀疑,交谈中搬弄是非、无中生有、造谣生事,更是一种不礼貌、不光彩的行为。

(4) 庸俗话语。在社交的过程中,一个人不仅体现出个人的修养和魅力,而且在一定程度上展示了个人形象和所在组织的形象。如果将一些低级趣味的内容,如家长里短、小道消息、桃色新闻、黄色段子等当作谈资,并津津乐道,会贻笑大方,让对方觉得自己素质不高,且缺乏教养,进而对自己疏远。

(5) 机密之事。无论是涉及国家秘密、企业秘密或商业秘密,还是关键技术、营销策略或经营信息,都不应在社交中谈及,以免给国家和企业造成不必要的损失。

由于受到个人经历、职业、兴趣、学习状况及所掌握的话题状况各不相同等条件的局限,作为现代人,必须尽量扩大话题范围。其中,知识储备尤为重要。如果一个人有理想、有追求,思想境界高,而且肯下功夫学习,广泛阅读,涉猎各类知识和信息,并关注社会现实新闻,把看到、听到的知识有意识地加以记忆和积累,那么,他就会变得学识渊博,通晓时事政策、天文地理、政治外交、文艺体育、花鸟鱼虫、音乐美术等知识。

(五)善于聆听

有人说:"人为什么两只耳朵一张嘴,即耳朵的数量是嘴的两倍?那是因为上帝造人的时候就要求我们少说多听。"此话颇有意思。我国古代也有"愚者善说,智者善听"之说。听,可以从谈话对方获得必要的信息,并领会谈话者的真实意图。如果不能认真地聆听,就无法了解和满足对方的需求,和谐的人际关系也无法形成。况且聆听本身也是尊重他人的表现。因此,应充分重视听的功能,讲究听的方式,追求听的艺术。

1. 要耐心

对方在阐述其观点时,应该认真地听他讲完,并真正领会其意图。许多人在听的过程中,一听到与自己意见不一致的观点或自己不感兴趣的话题,或者因为产生了强烈的共鸣就打断对方或作出其他举动,致使他人思路中断,这是不礼貌的表现。当别人讲话正在兴头上时,不宜插话。如必须打断,应适时示意并致歉后再插话;插话结束时,要立即告诉对方"请您继续往下讲"。聆听中还应注意自己的仪表,不应该流露出不耐烦、疲劳或是心不在焉的情绪,因为这样会伤害对方的自尊心。

我还会回来

2. 要专心

在听对方说话时,应该目视对方,以示专心。要真正了解对方,语言只传达了部分信息,还应注意说话者的神态、表情、姿势及声调、语气等非语言符号的变化传递的非语言信息,以便全面、准确地了解对方的思想感情。与此同时,以专注的目光表示认真聆听,

也是对说话者的一种尊重和鼓励，可以使其意识到自己谈话的重要性和必要性。

3. 要热心

交谈中，强调对方说话时目视对方、认真专心地去听，并不是说聆听者完全被动地、默默地听。经验告诉我们，说话时，如果对方面无表情、目不转睛地盯着自己看，会使谈话者怀疑自己的仪表或讲话有什么不妥之处并深感不安。因此，聆听者在听取信息后，为使对方知道你的确在听而非发呆，可以根据情景，或微笑，或点头，或发出"哦""嗯"的应答声，甚至可以适时插入一两句提问，例如，"哦，原来这样，那后来呢？""真的吗？"等。这样能够实现谈话者与聆听者之间不断的交流，形成心理上的某种默契，使谈话更为投机。

【小贴士】

聆听(LISTEN)六要点

礼仪专家赵玉莲总结了聆听(LISTEN)的六个要点。

L：Look，注视对方，使用"肯尼迪总统眼神法"，即轮流看对方的眼睛，左眼、右眼，再回到左眼，两眼交替注视。据说肯尼迪总统经常使用此法，最能打动对方的心。

I：Interest，表示兴趣，通过点头、微笑、身体前倾等身体语言表达。

S：Sincere，诚实关心，留心对方的说话，给予真心善良的回应。

T：Target，对准目标，如果对方说话离题，听者要适当提醒，将其引导回主题。

E：Emotion，控制情绪，即使听到过分言语时，也不应发火。

N：Neutral，避免偏见，细心聆听对方的立场，不要急于坚持己见。

(六)注意提问

提问是引出话题、展开谈话或转换话题的有效方法，是交谈的重要组成部分。通过提问，我们可以获得所需要信息，了解对方的需要和追求，达到交流与合作的目的。在交谈中，应要注意提问的方式，确保问题切合环境、恰当和得体。

1. 切合环境，恰当提问

语言运用应与特定环境相切合、相适应。不同的交际场合、不同的交际时间、不同的交往目的、不同的交际对象所使用的提问语言应有所不同，只有做到切合环境，才能问得恰当、得体。

巧用环境来推销

2. 认清对象，得体提问

年龄、收入、婚姻关系、家庭背景往往是交谈中应避免的话题。如果问到这类问题，尽管发问者并无恶意，也在客观上使对方不愉快，甚至恼怒。不同的对象，性格也不一样，有的开朗外向、能言善辩，有的严肃内向、不善言辞。对前者提问可以开门见山，连连发问；而对后者，则要善于引发诱导，由浅入深，启发对方把心里话说出来。不同的对象也有不同的学识、阅历，提问者应先了解对方的背景，适当地发问，且不可问对方明显不懂的问题，使其感到难堪。一旦遇到这种情况，提问者切不可露出鄙夷、嘲笑的神态，而应当尽快使对方摆脱困境。总之，一把钥匙开一把锁，要针对不同对象采用不同的对策

进行提问，让对方轻松、自如地说出你想知道的信息。

3. 抓住关键，讲究措辞

发问还要注意问题不要过于笼统，缺乏逻辑性，以免对方难以开口或一开口就无法讲下去。对敏感问题，正面发问往往效果不佳，若能转化成具体的、侧面的问题，常有利于对方坦率地说出自己的想法。发问的措辞也有讲究，要想获得所需的信息，就必须注意提问的措辞。例如，有一个教士问主教："我在祈祷时可以抽烟吗？"这个请求遭到主教的断然拒绝。另一名教士也去问他的主教："我在抽烟时祈祷吗？"他的抽烟请求就得到了允许。由此可见，提问的技巧很有讲究，它是社会交往的敲门砖。

(七)学会赞美

赞美源于人性，源于人的欲望和需求。心理学家威廉·詹姆士说，人类本质中最殷切的需求是渴望被肯定。出身贫寒的美国总统林肯总结说，人人都需要赞美，你我都不例外。戴尔·卡耐基常说的一句话就是"称赞别人"。善于发现他人的优点，并恰到好处地赞美他人，不仅能促进人际关系的和谐，也有利于交谈的顺利进行。

社交中，只要用真诚、敏锐的目光关注对方，就会发现他们的善良、美丽、勇敢、勤劳、肯干等优点。对所存在的优点要不吝啬赞美之词，即使最简单的一句赞美，也会让他们愉悦开心。马克·吐温曾说过，"一句精彩的赞词可做我的十天口粮"。莎士比亚也说过，"称赞，即是我的薪俸"。赞美让对方的心理得到了慰藉，精神得到了放松，情感得到了纾解，他们在心情愉悦的心境下，就很容易接纳你、欣赏你，从而建立起稳固、和谐的人际关系。赠人玫瑰，手留余香。懂得赞美对方，是送给对方的"玫瑰花"。对方的优点会因你的赞美而更加有光彩；对于自己，给予对方赞美的同时，不仅手上有一缕清香，也会有助于实现交际的目的。

赞美的效果受到各种条件的制约，能引起好感的赞美如下。

1. 热情真诚的赞美

每个人都珍视真心诚意，它是人际交往中最重要的尺度。能引起好感的赞美首先必须是发自内心的、热情洋溢的，否则就是恭维。赞美和恭维到底有什么区别呢？卡耐基说，"很简单，一个是真诚的，另一个是不真诚的；一个发自内心，另一个出自牙缝；一个为天下人所欣赏，另一个为天下人所不齿"。大音乐家约翰内斯·勃拉姆斯(Johannes Brahms)是农民的儿子，出生于汉堡的贫民窟，没有受教育的机会，更无从系统学习音乐，因此，他对自己未来能否在音乐事业上取得成功缺乏信心。然而，在他第一次敲开罗伯特·舒曼(Robert Schumann)家大门的时候，根本没有想到他一生的命运在这一刻决定了。当他取出他最早创作的一首 C 大调钢琴奏鸣曲草稿，手指无比灵巧地在琴键上滑动，弹完一曲站起来时，舒曼热情地张开双臂抱了他，兴奋地喊着："天才啊！年轻人，天才……"正是这发自内心的由衷赞美，使勃拉姆斯的自卑消失得无影无踪，也赋予了他从事音乐艺术生涯的坚定信心。从那以后，他便如同换了一个人，不断地把心底里的才智和激情流泻到五线谱上，最终成为音乐史上一位卓越的艺术家。正是这一句真诚的赞美，成就了一位音乐大师。

2. 令人愉悦的赞美

赞美的言语应该是对方喜欢听的言语，能达到使人愉悦的目的，我们称它为愉悦性原则。在交际活动中，遵守愉悦性原则就是要多说对方喜欢听的话语，不说对方讨厌的话语。这样，往往能收到较好的表达效果。

不同的赞美

3. 具体明确的赞美

空泛、含混的赞美没有明确的评价原因，常使人觉得不可接受，并怀疑你的辨别力和鉴赏力，甚至怀疑你的动机、意图，因此，只有具体明确的赞美才能获得人们的好感。对他人总以"你工作得很好""你是一个出色的领导"来赞美，只能引起别人反感。

女大学生得到赞美

4. 符合实际的赞美

赞美别人时，应尽量实事求是，虽然有时可以略微夸张一些，但不可太过分。如某个人对某领域或某个方面提出了一些很好的意见，或者有了一点成果。你可以说"你在这方面可真有研究"，甚至可以说"你是这方面的专家"，可如果你说"你真不愧是个著名的专家""你真是这方面的泰斗"等，对方如果是个正派的人就会感到不舒服，旁边的人也会觉得你在阿谀奉承，另有企图。

5. 让听者无意的赞美

赞美者不是有意说给被赞美者听的赞美，称无意的赞美。这种赞美会被人认为是发自内心，没有私人动机的。如《红楼梦》中一次贾宝玉针对史湘云、薛宝钗劝他要做官为宦，走仕途的话，对史湘云和袭人赞美黛玉道："林姑娘从来说过这些混账话不曾？要是她说这些混账话，我早和她生分了。"凑巧这时林黛玉正好来到窗外，无意中听见这些话，使她"不觉又惊又喜，又悲又叹"。结果宝、黛二人推心置腹，感情大增。

6. 雪中送炭的赞美

最有实效的赞美不是"锦上添花"，而是"雪中送炭"。在他人最需要的时候送上赞美，比那些平时说出的赞美更让人受到重视。赞美要选好时机。在独特的情景下表达出来的赞美和赏识更让人怦然心动，也更能换来对方的倾心相报。

第一时间送上的赞美

7. 不断增加的赞美

阿伦森研究表明，人们喜欢那些对自己赞美有加的人，并且对自始至终都赞美自己的人与最初贬低逐渐发展到赞美的人，人们会尤其喜欢后者。因为相对来说，前者容易使人产生他可能是个对谁都说好的"和事佬"的感觉；但人们对开始持否定态度的后者会留下这样一种印象——说我不好，一定是经过考虑、分析的，可能有他一定的道理，从而认为对方可能更有判断力，进而更喜欢他。

8. 出人意料的赞美

若赞美的内容出乎对方意料，就易引起对方的好感。卡耐基在《人性的优点》中讲过

他经历的一件事。一天，他去邮局寄挂号信，从事着年复一年的单调工作的邮局办事员显得很不耐烦，服务态度很差。当他给卡耐基的信件称重时，卡耐基对他称赞道："真希望我也有你这样的头发。"闻听此言，办事员惊讶地看着卡耐基，接着脸上泛出微笑，热情、周到地为卡耐基服务。显然，这是因为他接受了出人意料的赞美。

总之，赞美是人的一种心理需要，是对他人尊重的表现，也是一剂理想的"黏合剂"，它给人舒适感，使我们拥有更多的朋友。但"赞美引起好感"并不是绝对的、无条件的，它要受赞美动机、事实根据、交往环境诸因素的制约。因此，在与人相处时，还必须记住一点——"一味地赞美不足取"。

怎样接受赞美

【小贴士】

赞美的话语

经常使用的赞美的话语如表 2-4 所示。[①]

表 2-4　赞美的话语

语　意	常用口头语
表示一般性赞美	好！(竖起大拇指) 好极了！(太好了！实在太好了。真是有史以来最好的。) 好主意！(很不错！太棒了！了不起！太奇妙了！你的点子真妙。) 做得好！(做得非常好！你做得漂亮极了。) 真可爱！(你真是太可爱了。) 我很喜欢你。 恭喜你！(你走对路了。这正是我说的好事。) 你还记得呢。(你记性真好！) 你真是乐于助人。 你真让我们大家开心。(有你在，真的让我们感到快乐。) 我们为你今天所取得的成绩而骄傲。 做得漂亮！做得好极了！真让我吃惊！
评价合作情况	就照你说的办。 时间真快，我们已经是亲密战友了。 你真是我的最佳搭档。(我真高兴有你这样的伙伴。你真是好帮手，我们一起努力。) 这是我们合作得最好的一次。(今天大家配合得比平时好。)

---

① 袁红兰. 演讲与口才[M]. 北京：航空工业出版社，2014.

语 意	常用口头语
评价努力情况	继续试试看。(继续加油努力。再努一把力就快做到了。继续努力，你会越来越成熟。) 这是像你那样做的。(你下次会做得更好。) 你一定练习了很久。(你正尽力地做好它。) 你真的在不断进步。(你学习进步得真快。你每个月都有很大进步。) 你已经有很好的开始。(现在你可以一路顺风了。) 你这么快就领悟了精髓。(看到你这段时间的进步，我觉得很欣慰。) 你马上就要做到了。(你快要成功了。你一定可以办到的。) 你很快就做到了。(你很快就办得到了。)
评价当前状态或表现	继续保持。 哇！看你的了。 你做得很顺手。(我们都做得很好。) 那就是了！(那就对了！对了，就是这样做。你做得很对。) 你今天做得很认真。(你今天做了不少事。你今天确实做得很好。) 真高兴你有如此表现。(你今天有极佳的表现。你表现很突出。你今天的状态特别好。) 你的选择是正确的。(这正是你该做的。) 你做到了。(我就知道你能做到。) 我以你为荣。(你真是团队的宝贝。) 你没有任何错。
评价个人能力	没有人是十全十美的。 你很能干。(你几乎像个高级领导人了。) 我很喜欢你那样做。 你已经懂很多了。(你已经有把握了。) 你现在比刚加入时好多了。 你真学到了不少东西。
表示感谢	万分感激你。 真让我感激！(真的谢谢你。) 我很感激你的帮忙。
表示效果	这样好多了！(进行得很顺利。) 简直不可思议。 这件事简直是太完美了。(这件事你做得真好。) 那真是一件温馨的事。

【小训练】

假设你到一个新的环境，面对初次见面的同事，请找出同事的三个优点加以赞美。

(八)弥补失误

在与人交往的过程中，由于言语的某一个失误，有可能会导致终生遗憾。那么，当言语出现失误时，该怎样弥补呢？

1. 及时纠正

俗话说，亡羊补牢，未为晚也！每个人的言行不可能永远正确，若一时失误，应及时纠正，这才是明智之举。这种方法，可以在一定程度上避免当面出丑，不失为补救的有效手段。

【小故事】

里根纠正口误

一次，美国总统里根访问巴西。由于旅途疲劳，加上年龄岁又大，在欢迎宴会上，他脱口说道："女士们，先生们！今天，我为能访问玻利维亚而感到非常高兴。"

有人低声提醒他说错了地点，里根忙改口道："很抱歉，我们不久前访问过玻利维亚。"

尽管他并未去过玻利维亚。当人们还来不及反应时，他的口误已经淹没在后来的滔滔宏论之中了。

2. 及时移植

及时移植，就是把错话移植到他人头上。例如说："这是某些人的观点，我认为正确的观点应该是……"这就把自己出口的某句错误纠正过来了。对方虽有某种感觉，但是无法认定是你说错了。

3. 及时引申

迅速将错误言辞引开，避免在错误中纠缠，也就是接着那句错误的话说："然而正确的说法应是……"或者说："我刚才那句话还应作如下补充……"，这样就可将错话抹掉。

4. 借题发挥

借题发挥，就是错话一经出口，简单地致歉之后立即转移话题，有意借着错处加以发挥，以幽默风趣、机智灵活的话语改变场上的气氛，使听者随之进入新的情境。借题发挥，妙在一个"借"字，重在"发挥"上。借什么样的"题"，如何发挥，这是关键所在。很显然，它并不是不动声色地续接错处，而是有意渲染和凸显错处，借机大作文章，为自己的错话寻找解释。

求职

5. 将错就错

将错就错，就是在错话出口之后，巧妙地将错话续接下去，最后达到纠错的目的。其巧妙之处在于：能够不动声色地改变说话的情境，使听者不由自主地转移原先的思路，顺着讲话者的思维而思考。

"已过磨合期"

(九)避免冷场

与人交谈时，一个话题谈完了，如果双方都不善言谈，而另一个话题又没接上，就有可能出现冷场的尴尬局面，这时别人会显出局促不安的神态，你也会无所适从，怎么办？一般来说，冷场分为两种情况：一种是单向交流，听者毫无兴趣，注意力分散；另一种是双向交流，听者毫无反应，或仅以"嗯""哦"之类应付。不管是哪种情况出现的冷场，根本原因都是听者不愿听说话人所说的话，听者仅仅出于纪律的约束或为人处世的礼貌而扮演一个"接受"的角色。发言者既然要发言，就必须实施控制，避免冷场。避免和控制冷场的办法如下。

1. 发言简短

单向交流的那种应景式讲话，越短越好。例如，某商场举行开业仪式，邀请了市内各界人士参加。总经理只说了两句话："女士们，先生们：热忱欢迎各位光临！现在我宣布××商场正式开业！"

双向交流中，任何一方都不要滔滔不绝地"包场"，要有意识地给对方留发言的时间和机会。自己一轮讲不完，应待对方有所反应后再讲，不要一轮就讲得很长。

2. 变换话题

单向交流的话题变换是暂时的，变换话题是为了吸引听者的注意力，调动他们的积极性。这一目的达到后，仍要回到原有话题的轨道。例如，教师在讲课过程中发现学生精力分散，可以暂停授课，穿插几句应景、时髦、诙谐的话，或者简短地讲个与教学相关的典故、趣闻，学生的精力便会一下子集中起来，之后再继续教学。双向交流的话题变换是不确定的，根据现场情况随时进行。例如，你与别人谈今日凌晨看的一场世界杯足球赛电视直播，可别人并不喜欢足球，也没有在半夜观看，对你所谈论的话题自然毫无兴趣，出现冷场。这时，你就应及时将话题转到其他方面去。

3. 终止交谈

任何人交谈时都不希望听者不愿接受。但若出现这种情况，自己虽采取了诸如简短发言、变换话题等控制手段，却仍然不能扭转冷场的局面，那就应终止交谈。没有人接受的交谈是无意义的，无意义的交谈既白白耗费自己的精力，又无端浪费别人的时间。

二、电话沟通礼貌高效

我们已经进入信息时代，人与人之间的联系、交流正因科学技术提供的先进通信工具和手段变得更加方便、准确和及时。过去，人们通信主要依靠写信、拍发电报，现在固定电话普及，移动电话、电子邮件、传真机等也成为现代社交活动的重要通信工具。电报这种在过去重要的通信工具现在使用得越来越少，逐渐居于次要地位，但传统的书信通信依然具有其独特的功效和魅力。另外，在享受通信的便捷与快乐时，请不要忘记通信时的礼貌。

电话是人们开展社交活动不可缺少的工具，在日常生活和工作交往中，我们都要用电

话与别人取得联系和交流。据美国《电话综述》(*Telephone Review*)说，一个人一生平均有8760 小时在打电话。在视频电话还没普及之前，人们通过电话给人的印象完全靠声音和使用电话时的习惯，要想拥有"带着微笑的声音"或者通过电话赢得信任，就必须掌握使用电话的礼节与技巧。

(一)电话语言要求

目前，大部分电话能传输的信号是声音，但这一信号载体包含着许多信息。说话人想做什么，要做什么，是高兴还是悲伤，以及对另一方的信任感、尊重感，打电话时的语言与声调，通话双方都可以清晰地感知。因此，电话语言要礼貌、简洁和明了，以准确地传递信息。

1. 态度礼貌友善

使用电话交谈时，我们不能简单地将对方视作一个"声音"，而应将其看作一个正在交谈的人。使用电话时，多用肯定语，少用否定语，酌情使用模糊用语；多用些致歉语和请托语，少用傲慢语、生硬语。礼貌的语言、柔和的声音，往往会使对方产生亲切之感。可以说，不管是在公司还是在家里，凭一个人在电话里的讲话方式，就可以基本判断其"教养"的水平。

2. 传递信息简洁

电话用语要言简意赅，将自己所要讲的事用最简洁、最明了的语言表达出来。通话的一方尽管可能产生紧张、失望等情绪，但通话的另一方不知道，他所能得到的判断只能是来自他听到的声音。通话时最忌讳发话人吞吞吐吐、含混不清、东拉西扯。正确的做法是，问候完对方，即开宗明义，直言主题，少讲空话，不说废话。

3. 控制语速、语调

打电话时语气温和，语速、语调适中，这种有魅力的声音容易使对方产生愉悦感。如果打电话过程语速太快，则会使对方听不清楚；语速太慢，则会使对方不耐烦。语调太高，对方则会听得刺耳，感到刚而不柔；语调太低，对方则会听不清楚，感到有气无力。一般说话的语速、语调应与平常一样，即使是长途电话，也无须大喊大叫，只要把话筒放在离嘴边两三寸的位置，正对着它通话即可。另外，打电话时，若周围有种种杂音，会使对方觉得自己未受尊重而恼怒，这时应向对方解释，以使双方心情舒畅地打电话。

4. 使用礼貌用语

在电话交际中应使用礼貌用语，如表 2-5 和表 2-6 所示。

表 2-5　打一般社交电话的礼貌用语及应对要点

接电话者(对方)	打电话者(自己)	应对要点
▲ 您好，这里是国际公司门市部	● 我是中华公司业务部的张××。请问李××先生在吗	◇ 首先把要和对方谈的事情用备忘录整理好，并将会用到的资料事先准备妥当
▲ 请稍等一下	● 谢谢	◇ 去叫李先生接电话

接电话者(对方)	打电话者(自己)	应对要点
▲ 我是李××	● 您好，我是中华公司业务部的张××。前天您订的货已经来了，我打算早一点儿送过去，您觉得如何	◇ 要找的人一接电话，就恭敬地再打一次招呼 ◇ 不要只配合自己的情况，也要询问对方是否方便
▲ 哦，是这样啊！明天送过来怎么样	● 好，我知道了，那么明天几点，要送到哪里比较方便	◇ 要确定准确信息
▲ 三点送到总务科，交给赵×× ▲ 能不能向您请教一下商品的使用方法	● 好，明天三点送到总务科，给赵××先生 ● 好的，我明天会过去为您详细解说。现在我手上有说明书，马上用传真机传过去，若您看不清楚，给我打电话	◇ 为避免错误，把对方的话重复一遍 ◇ 打电话前，必要的资料要先拿在手上 ◇ 用传真机发送，发送以前，都需以电话确认
▲ 好，我明白了 ▲ 传真收到了，很清楚，谢谢	● 明天再拜访了，谢谢您，再见！ ● 好，我知道了，再见	◇ 别忘了结束时的道别

表 2-6　接一般社交电话的礼貌用语及应对要点

打电话者(对方)	接电话者(自己)	应对要点
	● (电话铃响)这里是中华公司业务部	◇ 电话铃响两声，就拿起话筒。如果是中午前，别忘了道一声"早安"
▲ 麻烦您找张××先生听电话	● 对不起，请问您是哪一位	
▲ 我是国际公司的李××	● 张先生他在，请稍等 ● 抱歉，让您久等了，他大概三点会回来。请问您有何事，能否让我转达	◇ 反复确认对方 ◇ 倘若叫人需要花点时间，要问对方是否方便等 ◇ 如果要找的人不在，不要只告知"他不在"，其后的应对不要忘记
▲ 不可以，这事除了张先生之外，别人不明白。那么，能不能麻烦您请他四点左右打电话给我？ ▲ 好的，电话号码是×××××××	● 是。但为防万一，能不能留下您的电话号码？ ● 我确定一下，电话号码是××××××××，免贵姓杨，等张先生回来我一定转告他四点左右给您打电话	◇ 如果对方愿意告知什么事情，用备忘录记好 ◇ 对方交代的事情一定要重复确认 ◇ 在留言备忘录中，要记上对方打来的电话及对方的姓名
▲ 拜托您了	● 不客气。那么，再见	◇ 确定对方已挂断电话后，再轻轻地放下听筒

【小训练】

以下电话用语符合电话礼仪要求吗？为什么？

A. "您好！张老师，祝您教师节快乐！"

B. "您好！我是张三，李四在吗？"

C. "喂，叫一下李四。"

D. "喂，李四吗？你知道我是谁吗？猜猜看！怎么？连我的声音都听不出来？把我忘记了？"

E. "您好！我是四海公司营销部的张三，请找李四先生，谢谢。"

(二)接电话的礼仪

1. 迅速接听

接电话的速度要快，力争在铃响三次之内就拿起话筒，这是避免让打电话的人产生不良印象的一种礼貌行为。电话铃响过三遍后才做出反应，会使对方焦急不安或不愉快。正如日本著名社会心理学家铃木健二所说："打电话本身就是一种业务。这种业务的最大特点是无时无刻不在体现每个人的特性。""在现代化大生产的公司里，职员的使命之一，是一听到电话铃声就立即去接。"接电话时，应先自报单位、姓名，然后确认对方，如："您好！这是××公司营销部。"如果对方没有马上进入正题，可以主动请教："请问您找哪位？"

2. 积极反馈

通话过程中，要仔细聆听对方的讲话，及时作答，并给对方以积极的反馈。如果通话中听不清楚或意思不明白时，要立即告知对方。在电话中接到对方邀请或会议通知时，应热情致谢。

3. 热情代转

如果对方请你代转电话，应弄明白对方是谁，要找什么人，以便与接电话的人联系。此时，请告知对方"稍等片刻"，并迅速找人。如果不放下话筒就喊距离较远的人，应用手轻捂话筒或按保留按钮。如果你因为某些原因决定将电话转到其他部门，应客气地告诉对方，你将电话转到处理此事的部门或适当的职员。例如："真对不起，这件事是由财务部处理的，如果您愿意，我帮您转过去，好吗？"

4. 做好记录

如果要接电话的人不在，应为其做好电话记录，记录完毕，最好向对方复述一遍，以免遗漏或记错。可用电话记录卡片做好电话记录。

【小训练】

试从礼仪角度，比较以下两组电话对话的优、缺点及其功效。

第一组对话

甲：喂。

乙：喂，找谁？

甲：找王佳！

乙：等等。

　　她不在！

　　有什么事？

　　你是谁？／把你的姓名地址给我！

　　听不清！再说一遍！

　　你说完了吗？

　　我忘不了！

第二组对话

甲：您好！

乙：您好！这里是四海公司，请问您找哪一位？

甲：请您帮我找一下王佳，好吗？谢谢！

乙：请稍等。

　　她在另一处办公，请您直接给他打电话，电话号码是……

　　或对不起，她不在，如果有急事，我能否代为转告？

　　或对不起，她不在，请您过会儿再来电话，好吗？

　　或请问您有什么事？

　　对不起，请问您是哪一位？／对不起，能否将您的姓名和地址留给我？

　　对不起，我听不太清楚。／对不起，请您再说一遍。

　　您还有其他事吗？／您还有其他吩咐吗？

　　请放心，我一定照办。

　　谢谢，再见！

(三)打电话的礼仪

1. 时间适宜

　　打电话的时间应尽量避开上午 7 点前、晚上 10 点以后的时间，此外，还应避开晚饭时间。有午休习惯的人，也不要打电话打扰他。往外地打电话，特别是往国外拨打电话，要考虑对方所在地区与本地的时差，如新疆地区时间比北京时间晚 2 小时，伦敦相对北京要晚 8 小时，纽约相对北京要晚 12 小时，如果忽略了时差，自己上着班而对方已经休息了，这就很失礼。电话交谈所持续的时间也不宜过长，事情说清楚就可以了，一般以 3～5 分钟为宜。因为在办公室打电话，要照顾到其他电话的进出，不可占线过久，更不可将办公室的电话或公用电话作为聊天的工具，这是影响他人的行为。

【小案例】

不 懂 时 差

小李上午 9:30 给客户打电话：

"喂，是张总吗？"

"你是？"

"我是前两天拜访过你的小李呀。"

"哦，小李，我在吃早饭……"

"啊，都9:30了你还在吃早饭呀！"

"我到新疆出差来了……你晚点打吧……"

"哎，到哪儿出差都没关系呀，反正我就在电话里给你说点儿事……"

没等小李说完，张总的电话就挂断了。

点评： 显然，不懂时差，又不考虑时机的通话是很失礼的，最遗憾的是，对方已经不高兴了，小李还不知道原因。

2. 有所准备

通话之前应该核对对方公司或单位的电话号码、公司或单位的名称及接话人姓名。准备好通话要点及询问要点，准备好应答中使用的备忘纸和笔及必要的资料和文件。估计一下对方情况，决定通话时间。

3. 注意礼节

接通电话后，应主动友好，自报家门和核实对方的身份。应先介绍自己，除非通话的对方与你很熟悉，否则就该同时报出你的公司及部门名称，然后再提一下对方的名称。打电话要坚持用"您好"开头，"请"字在中，"谢谢"收尾，态度温文尔雅。若你要找的人不在，可以请接电话的人转告，如："对不起，麻烦您转告×××……"，然后将你所要转告的话告诉对方。最后别忘了向对方道一声"谢谢"，并且问清对方的姓名，切不可"咔嗒"一声就把电话挂了，这样做是不礼貌的。即使你不要求对方转告，你也应该说一声："谢谢，打扰了。"结束通话时，要道谢和说声"再见"，这是通话结束的信号，也是对对方的尊重。注意声音要愉快，听筒要轻放。一般来说，应是打电话的人先搁下电话，接电话的人再放下电话。但是，假如是与上级、长辈、客户等通话，无论你是接话人还是发话人，都最好让对方先挂断电话。

电话中的
"女高音"

三、手机通信文明有礼

手机被称为"第五媒体"，已是现代社会生活不可缺少的通信工具。随着手机的普及，它已经成为人人随身必备，且使用最为频繁的通信工具。因此，手机使用的礼仪也越来越受到关注。

(一)使用手机的礼仪

无论是在社交场所还是工作场合，放肆地使用手机已经成为不注重社交礼仪的典型表现。因此，使用手机的时候应该注意以下礼仪。

1. 放置到位

在一些公共场合，手机没有使用时都要放在合乎礼仪的常规位置。放手机的常规位置有：一是随身携带的公文包里，这个位置最正规；二是上衣的内袋里。有时候，可以将手机放在不起眼的地方，如手边、背后、手袋里，但不要放在桌子上，特别是不要对着对面

正在聊天的客户。

2. 注意场合

在会议中或与别人洽谈的时候，最好把手机关掉，或者调成静音、振动模式。这样既显示出对别人的尊重，又不会打断发言者的思路。那种会场上铃声不断，像是业务很忙，而且将大家的目光都转向他的人，给人留下的印象只能是缺少教养。懂得手机使用礼仪的人，不会在公共场合或座机电话接听中、开车时、飞机上、剧场里、图书馆和医院里接打手机，而且在公交车上大声地接打电话也是有失礼仪的。公共场合特别是楼梯、电梯、路口、人行道等地方，绝不可以旁若无人地使用手机，应该把自己的音量尽可能地压低，绝不能大声说话，同时也不要妨碍他人通行。在一些公共场合，如看电影时或在剧院接打手机是极其不礼貌的，如果一定要回话，采用静音的方式发送手机短信则是比较合适的。

3. 考虑对方

给对方打电话时，尤其又知道对方是身居要职的领导时，首先想到的是这个时间他是否方便接听电话，并且要有对方不方便接听的准备。需要注意的是，打对方手机时，可以通过从听筒传来的回音鉴别对方所处的环境。如果环境很静，应想到对方也许在开会，有时大的会场能感受到一种空阔的回声；听到噪声时可以判断对方很可能在室外，开车的"隆隆"声也是可以听出来的。有了初步的鉴别，对能否顺利通话就有了数。但不论在什么情况下，是否通话还是由对方来定为好，因此"请问，现在通话方便吗"通常是拨打手机的第一句问话。其实，在没有事先约定和不熟悉对方的情况下，我们很难知道对方什么时候方便接听电话，因此，在有其他联络方式时，还是尽量不要给对方手机打电话。

在餐桌上，关掉手机或是把手机调成振动模式也是必要的，避免正吃饭时，被一阵烦人的铃声打断。不要在别人注视自己时查看短信。一边和别人说话，一边查看手机短信，对别人是不尊重的。当与朋友面对面聊天时，不要正对着朋友拨打手机，避免让对方心生不快。使用手机时，必须牢记"安全至上"，否则不但害人，还会害己。注意不要在驾驶汽车时使用手机打电话或查看手机短信内容，以避免发生车祸；不要在病房、油库等地方使用手机，以免发出的信号有碍治疗或引发火灾、爆炸；不要在飞机飞行期间使用手机，否则极可能使飞机"迷失方向"，造成严重后果。

另外，现在有不少人，特别是年轻人喜欢使用彩铃。有些彩铃很搞笑或很怪异，确实有独特之处。但是彩铃是给打进电话的人听的，如果我们需要经常用手机联系业务，最好不要用怪异或品位低下的彩铃，以免影响自己和单位的形象。

4. 拍照尊礼

拍照是手机的功能之一，但不要因为方便就随意拍照。在用手机拍照或者摄像时，应该征得对方的同意，并要保护对方的隐私。

不要在车厢、剧院、餐馆等地方用摄像机、手机对着行人拍照。如果对方允许拍照，也不能未经对方同意将他的照片转发给其他人欣赏，甚至在网络上广为传播。

使用手机礼仪的"六要"和"六不要"

(二)微信通联的礼仪

微信是一款提供即时通信服务的免费应用程序。凭借其信息发布便捷、传播速度快、影响面广、互动性强等特点，在短短几年时间内迅速发展，成为目前国内社交用户群体最多的软件。为了正确使用微信，提高沟通效果，树立良好形象，我们需要了解和掌握微信礼仪。

微信通联的礼仪

1. 微信的设置

(1) 微信头像。微信不仅是和他人联络感情、获取消息的窗口，也是商务人士与同事、领导和客户沟通的工具。微信头像是一个人工作、生活、性格、心态、审美和爱好的缩影。因此，选择一个得体、适合自己的微信头像至关重要。若要传递职业化形象，选择的头像应该专业化，展现职业特点，传达专业性和可信赖性。微信头像的色彩不宜太多，背景图案最好为纯色，以突出重点。一旦选择专业化的头像，不宜频繁更换，以免给人留下不严谨、情绪变化无常的印象。

(2) 微信命名。微信名虽说是网名，使用时也应便于交往、记忆，应规范，高雅，避免随意或标新立异。有些微信用户用党和国家机关名称来命名，很不严肃；有些用外国政要人名来命名，如"特朗普""普京"等，更有甚者采用恐怖分子的名字；有些把丑当美，视低俗为高尚，如叫什么"非洲小白脸""你大爷"；有些名称则让人难记难懂，如使用一长串英文字母和数字，或看似汉字却难以辨认的字，这些都会给人留下不好的印象。

(3) 微信签名。微信签名是展示自己的窗口，应备注有价值的信息。

2. 发微信的礼仪

(1) 注意发送时间。发消息时，应避免非工作时间和休息时间发送(提示消息会打扰别人休息)，如果对方在国外，还要注意时差问题。

"加微信"的礼仪

(2) 直接说事。发消息时直接说明事项，避免只问"在问"，若需问，应在问后立即说明事情。

(3) 慎打语音电话或视频电话。对不熟悉的人，应避免直接拨打语音电话或视频电话，必要时先询问对方是否方便。

(4) 慎用截图。发送需要编辑的文件信息时，最好以文字的形式发送，避免使用截图。

(5) 转发说明。转发帖子给别人或转到微信群里，需要说明一下你转发的目的。如果要发文件给对方，先问一下对方想通过微信还是电子邮件接收。因为文件有可能占用对方的手机内存，这样会给对方增添麻烦。

(6) 优先选择文字，慎发语音。无论是给领导、下属，还是给同事发微信，优先选择文字，因为在职场活动中，很多场合都不适合发出声音，如开会时，大家都会把手机调成振动或静音模式，发语音就非常不合时宜，有时甚至会因为发音不标准或不清晰而让人产生歧义或误解。因此，原则上不发语音，特别是工作微信和60秒长语音。

(7) 注意沟通上的平等。如果对方发来的微信采用文字形式，就不能为图省事而进行语音回复，因为这是沟通上的不平等，会使人感觉缺乏修养。

(8) 学会用表情符号。表情符号作为一种"非语言的表达方式"，一定情境下比文字更简练、更形象、更传神、更富有表达力，但因为表情符号并未设定明确含义，因此每个人的用法都可能不同，在不同情境下的含义也可能不同。由于文化环境的差异，同一个表情符号会有不同的理解，因此作为下级，回复上级时仅仅使用表情符号是不妥的。

(9) 未及时回复微信要表示歉意。在沟通的对等方面，微信和短信不同，发短信只要对方手机开机就能正常收到信息，微信则要求在手机上网的前提下才能正常发挥功能，因此要事先检查微信是否正常运行，以确保及时回复他人信息，因故未及时回复的要表示歉意。

(10) 工作微信注意排版和说明意图。工作微信内容要有条理，有思路，要编辑好，字数较多时，需要分段并加标点符号。通常来说，一条信息表达一件事情，多件事情就要发多条信息。工作微信还要注意说明意图。如果发通知，可以加上"收到请回复"；如果是向领导请示工作，最后可以说"请领导批示"；如果发的只是一个提醒，可以告诉对方"FYI"(for your information 的首字母缩写，意思是让他了解一下，并不需要回复)。

3. 收微信礼仪

(1) 要及时回复。如果收到对方微信后不能马上回复，可以告诉别人"我要再想想"或者"有时间再看"。

(2) 重要的人物置顶。通过置顶可以把最重要的群和人永远放在最上面，这样不容易遗漏重要信息。

(3) 语音类微信的处理。如果接收到语音类的工作微信，即使你不方便接听，你可以回复："现在不方便接听语音，如有急事，可以发送文字。"或者你可以选用微信的"语音转文字"功能，先大体了解信息内容。

(4) 工作信息及时回复。如果收到工作信息，但暂时没有时间处理的话，建议可以先回复："已收到，现在手头有其他工作。"或"在外出或者开会中，晚点回复你。"让对方知道你已经收到信息，不用一直焦急等待。

(5) "提醒"功能的使用。在工作时收到消息，不想立刻处理，又怕以后忘了，或者收到文件只保存却忘了看，都可以用"提醒"功能。

4. 微信群礼仪

(1) "拉群"礼仪。"拉群"之前一定要征求被拉对象的意见。与此同时，如果想邀请某人进群，应事先征得对方的同意。群主应向群成员介绍群功能，如果是人数不多的工作群，最好介绍一下群成员。介绍顺序是，将晚辈介绍给长辈，将下级介绍给上级，将男士介绍给女士。

(2) 微信群昵称和微信群名称的命名。针对群的主题来修改自己的群昵称。起一个清晰明了的群名称，以此明确建群目的及沟通内容。

【小贴士】

微信群"七不发"

(1) 个人生活琐碎和烦恼的事不要发。

(2) 带有明显政治色彩的内容和图片不要发。

(3)　不强制别人转发你的作品。

(4)　他人隐私不要发。

(5)　未经他人同意，带有个人隐私性质的内容和图片，不能随意发。

(6)　对于不确定的新闻，不要随意转发。

(7)　太过直白的广告不要发。

(3)　微信群常用礼仪。

①　群红包不要只抢不发，更不要强行要求别人发红包。

②　不是所有群的红包都可以抢，抢之前要看清楚是不是群发红包。

③　能私聊的不群聊。群交流如果是两个人对话较多，就不要在群里持续交流，可以加好友私聊，避免影响他人。

④　不要乱发表情包。群聊切忌连续发不雅表情包，注意微信群是交流信息的地方，不是发泄个人情绪的地方。

⑤　公司项目群最好一群一主题，讨论结束后，下载文件、备份聊天记录便可解散群。

微信朋友圈礼仪

四、网络沟通诚信有规

(一)网络礼仪的原则

1. 相互尊重

网络把五湖四海的人聚集在一起，网络让我们可在未见其人、未闻其声的情况下进行交流。不要因为只有自己面对计算机屏幕，而放纵自己的行为，不要忘记网络那端人的存在；不要随意评论对方的长相、宗教信仰、智商、生活方式和饮食习惯等。尊重，是网络礼仪的首要原则。

2. 行为一致

网络世界虽是虚拟空间，但也不可因此无视道德标准。网上的道德和法律与现实生活是相同的，现实生活中大多数人都是遵纪守法的，网上也应同样如此。线上与线下应行为一致。

3. 文明交流

网络是虚拟的空间，网上的言谈用语是评价一个人品格修养与道德水平的唯一标准。网络的交流方式很多，如微信、聊天室、博客、QQ 等，无论使用何种方式，都必须注意文明交流。文字要准确、简洁，用语要文明、规范和礼貌。网上发表言论时，不要使用过激的词语和侮辱性的语言，不要恶意攻击、诋毁他人。

4. 保守秘密

在网上，不可将自己掌握的秘密当作炫耀的资本加以传播或泄密；不要公开发布私人邮件；不要公开别人与自己用电子邮件或私聊的记录，它是个人隐私的一部分；未经同意，不能公开他人的网名；如果不小心看到别人的电子邮件或秘密，也不能到处传播。

5. 注意安全

使用网络要有安全自我保护意识。不要随便传递内部文件和信息，以免泄密；公用账户、私人密码不要在公众场合使用；要防范黑客、病毒，谨慎对待不明电子邮件；有关部门发布的信息预警，应及时采取防范措施。

6. 诚实守信

诚实，是做人之本。在未见其人的虚拟网络中，诚实更能体现一个人的品格与修养。网上购物要诚信，网络营销要诚信。不要发布和传播虚假信息，不要转载、复制拥有版权的文字、图片和影像资料等。

【小贴士】

全国青少年网络文明公约

要善于网上学习，不浏览不良信息。
要诚实友好交流，不侮辱欺诈他人。
要增强防护意识，不随意约会网友。
要维护网络安全，不破坏网络秩序。
要有益身心健康，不沉溺虚拟时空。

(二)电子邮件礼仪

电子邮件，又称 E-mail，是通过互联网进行信息交换的一种联络工具。它能够帮助人们非常快速地传递信息，省时、省钱、省力，逐渐成为交际中不可或缺的联络工具。电子邮件礼仪，指在书写和收发邮件时应当遵守的礼仪规范。

你知道电子邮件的由来吗？

1. 电子邮件的书写礼仪

电子邮件的书写通常应按照纸质信函的格式进行。然而，书写电子邮件时，还应当注意以下礼仪。

(1) 主题明确。添加邮件主题是电子邮件与纸质信函的主要不同之处。商务人员在撰写电子邮件时，一定要在"主题"(Subject)栏设定一个邮件主题。该主题应明确、具体、提纲挈领，且不宜过长，如"关于洽谈会的准备事宜"等，以便收件人通过主题便可快速判断邮件内容的轻重缓急，减轻其查找或阅读邮件的负担。

(2) 内容规范。与纸质商务信函一样，电子邮件也应当用语规范、内容完整。与此同时，电子邮件的书写还应注意以下两方面：一是尽量避免使用晦涩难懂的缩略语，且不要使用网络用语和符号表情，以免影响商务信函的专业性和严肃性；二是在英文电子邮件中，切勿使用大写字母书写正文，以免被误解为态度恶劣或强硬。

(3) 签名恰当。商务人员可在电子邮件的签名档中填写写信人的姓名、公司、电话、传真、地址等信息，此外，还可填写个人的座右铭或公司的宣传口号等信息，但行数不宜过多，一般不超过 4 行。

(4) 附件合理。商务人员可以通过电子邮件的附件功能发送整理成文档形式的文件，

还可以发送照片、音频、视频等文件。使用邮件的附件功能时，应在邮件的正文对附件进行简要说明，并提示收件人查看附件。

若附件为特殊格式的文件，则应在正文中说明其打开方式，以免影响收件人查看。

同时，应为附件设定有意义的文件名。当附件的数量较多(多于 2 个)时，应将其打包成一个压缩文件。

若附件容量较大(超过 25MB)，则应事先确认收件人所使用的邮件服务系统是否有足够的容量收取，否则，应将附件分割成多个小文件分别发送。

2. 电子邮件的收发礼仪

发送和接收电子邮件时，应当注意以下礼仪。

(1) 及时确认发送状态。发送电子邮件后，一定要及时确认邮件是否发送成功。确认邮件发送成功与否的方法通常有如下两种：一是检查被发送的邮件是否已显示在"已发送"列表中，若该列表中有显示，则表明发送成功；二是邮件发送几分钟后，检查邮箱中有无系统退信，若无系统退信则表明发送成功。

(2) 通知收件人。电子邮件发送完毕后，一定要打电话通知收件人查收并阅读邮件，以免耽误重要事宜。

(3) 及时回复。收到重要或紧急的电子邮件后，通常应当在两小时内回复对方，以示尊重。对于一些不紧急的电子邮件，则可暂缓处理，但一般不可超过 24 小时。

回复邮件时，最好只将原件中相关的问题抄到回复邮件上，然后附上结构完整的答复内容。若只回复"已知道""对""谢谢""是的"等，则是非常不礼貌的。

【小贴士】

令人反感的行为

曾有调查结果显示，以下几种行为最受电子邮件接收者反感：①转发伤风败俗的玩笑；②使用大写字母写邮件；③讨论敏感的个人问题；④对工作或老板抱怨不止；⑤就某问题争论不休；⑥不厌其烦地讲述自己的不幸；⑦传播不负责任的流言蜚语；⑧随意批评他人；⑨详细谈论自己或者其他人的健康问题。

(三)微博礼仪

微博是现在广泛应用的一种网络传播和交流的方式，是一种通过关注机制分享简短信息的广播式的社交网络平台。微博可以相互关注，可以共享信息，也可以结交朋友，而且使用起来极为方便和快捷，因此其一经问世，立即风靡全网，现在是很受欢迎的私媒体和社交平台。

对话是微博的基本形式。虽然大家在微博上彼此互动却不见其人，但微博绝不是一个纯虚拟空间。微博上的一言一行，都能体现出每个用户的不同学识、气质形象与品行素养。而企业的官方微博则更是一个窗口，展现一家企业、一个品牌的内涵。因此，不论是个人的微博，还是企业组织的微博，都应特别注意方法技巧与礼仪规范。

1. 文明高雅，客观评论

个人微博发布信息时，语言一定要文明高雅，内容一定要清新可读，不可语言粗俗，

更不可攻击他人，甚至公开骂人；生气时尽量不发微博，别让自己的心情影响大家；发送前一定要检查是否有错别字，转发时必须确保自己了解这件事情，评论别人的微博时要清楚原文，要客观地发表自己的意见，不能信口雌黄，更不能随便骂人，这些都是发微博的基本礼仪。

2. 礼尚往来，互相关注

微博也是一个网络社交平台，同样，其也讲究礼尚往来，因此互相关注也是一种礼貌。一般来说，我们会优先关注那些已经关注自己的人，以及那些回复自己消息的人。关注别人和被别人关注都能获得心理的认知。如果你想和一个人交往，你不妨天天浏览他的微博，等到有一天他便会关注你。如果大家天天来关注你，你一直没有回复，时间久了，也就没有人再关注你了。也就是说，如果别人"粉你"(关注你)，作为回礼，你也应当适时回访，也关注别人，"互粉"才是礼貌的。

3. 官方微博，注重形象

如果你将来在某企业就职，专门负责管理企业的微博，那么讲究礼仪就显得尤为重要，因为这是树立企业良好形象的关键。从某种意义上说，企业的官方微博是企业形象的展示窗口，甚至是企业形象的代表。因此，维护好企业的官方微博，就是在维护企业的形象。虽然微博操作的权限可能属于某一位员工，但操作者必须明白，他们的一言一行都代表着官方企业账号，在公共平台上与公众互动交流。他们与公众的关系不再是个人对个人，而是以企业形象和相关权限身份与大众在线交流。因此，在具体操作中，应尽量减少和避免编辑和客服人员的个人行为，而应遵循亲和、专业、干练的职业原则。

企业的官方微博应对重大事件保持高度敏感，对于公众关心或当前的热点问题，可以积极转发；对于公益活动，也可以积极参与并转发；对于企业客户，要全心全意提供服务，并在此过程中提升企业形象。

4. 语言文明，灵活互动

微博上的礼仪主要通过发布、回复、评论和私信等方式体现：发布微博时的语言应文明礼貌、生动有趣。文明用语不仅有助于培养积极健康的心态，也是热情、亲和、开放合作精神的体现。在微博互动中适当穿插趣味和生动的回复，偶尔与粉丝开玩笑，可以取得良好效果。微博中的"小表情"也能很好地辅助传递情绪，展现人性化的感性内涵。如果遇到敏感问题不适合公开交流，可以选择私信对方，但要注意，非必要的私密沟通应尽量避免，以免引起对方反感或导致被拉黑。

课 后 练 习

1. 运用判断

(1) 与人交谈时，可以跷二郎腿。 （ ）

(2) 与人交谈时，可以涉及收入多少的话题。 （ ）

(3) 与人交谈，不能唱"独角戏"。 （ ）

(4) 电话语言要礼貌、简洁明了，以准确地传递信息。 （ ）

(5)　早晨 7 点前晚上 10 点后一般不宜给人打电话。　　　　　　　　（　　）

(6)　应尽快对收到的邮件进行回复。　　　　　　　　　　　　　　　（　　）

(7)　每天都应查看自己的电子邮箱。　　　　　　　　　　　　　　　（　　）

(8)　可以命名自己的微信名为"你大爷"。　　　　　　　　　　　　　（　　）

(9)　因故未及时回复微信，要表示歉意。　　　　　　　　　　　　　（　　）

(10)　无论是给领导、下属，还是给同事发微信，优先选择语音。　　（　　）

2．简要回答

(1)　交谈的基本礼仪有哪些？

(2)　日常礼貌用语有哪些？

(3)　如何才能做一个交谈中好的倾听者？

(4)　交谈时应选择哪些话题？应避免哪些话题？

(5)　在交谈中应如何提问和赞美？

(6)　电话交流的礼仪有哪些？

(7)　使用手机应注意哪些礼仪？

(8)　微信通联应遵循哪些礼仪规范？

(9)　使用电子邮件应注意哪些礼仪？

(10)　使用微博应注意哪些礼仪？

3．案例分析

扫描二维码，阅读案例原文，然后回答案例后面的问题。

案例分析题原文

4．思考训练

(1)　请根据交谈礼仪的要求与同学模拟一次交谈。

(2)　讨论交谈中遇到以下三种情况该如何处理。

①　对方不知不觉将话题扯远了。

②　对方心血来潮，忽然想到了让他得意的事。

③　对方故意转变话题，不愿意再谈原来的事。

(3)　有些话，意思差不多，表达稍有不同，给人的感觉就大不一样。如说"谁？"，不如说："哪一位？"因为前者太直白，而后者更委婉、动听。请指出以下话语如何运用更委婉、动听的表达方式来表达。

①"不来。"　　②"不能干。"　　③"什么事？"　　④"如果不行就算了。"

(4)　请分析以下情境中提问的"得"或"失"。

在一家经营咖啡和牛奶的茶室，营业员刚开始总是问顾客："先生，喝咖啡吗？"或者："先生，喝牛奶吗？"其回答往往是否定的。后来，营业员经过培训，改变了提问方式，变为"先生，喝咖啡还是喝牛奶？"结果其销售额大增。同样的情况也出现在两家卖粥的小店，尽管产品、装修、服务大致一样，但 A 店总是比 B 店多卖出一倍的鸡蛋，原因在哪里呢？B 店客人进门，服务员会问一句："要不要鸡蛋？"客人有一半要一半选择不要。而 A 店客人进门，听到的是"要一个鸡蛋还是两个鸡蛋？"有的客人要一个，有的要两个，很少有人选择不要。就这样，A 店的鸡蛋总是卖得多一点。同样一句话，不同的提

问方式，就会出现不同的结果，其实质就在于提问者掌握了对方的思考方向。请分析这其中的原因是什么？

(5) 交谈语言技巧自我测试。请回答以下问题以确定你与他人交流中的优点、缺点。1=从不这样，2=很少这样，3=有时这样，4=经常这样，5=每次都这样。选择符合的项即可得出相应的分数。

① 与人交谈时，我发言时间少于一半。

② 交谈一开始，我就能看出对方是轻松还是紧张。

③ 与人交谈时，我想办法让对方轻松下来。

④ 我有意识提些简单问题，使对方明白我正在听，并对他的话题感兴趣。

⑤ 与人交谈时，我留意消除引起对方注意力分散的因素。

⑥ 我有耐心，对方发言时不打断人家。

⑦ 我的观点与对方不一样时，我努力理解他的观点。

⑧ 我既不挑起争论，也不卷入争论。

⑨ 即使我要纠正对方，也不会批评他。

⑩ 对方发问时，我简要回答，不做过多的解释。

⑪ 我不会突然提出令对方难回答的问题。

⑫ 与人交谈时，前 30 秒我就把我的用意说清楚。

⑬ 对方不明白时，我会把我的意思重复或换句话说一次，不然就总结一下。

⑭ 我每隔一段时间会询问对方有何反应，以确保他能听懂我的意思。

⑮ 我发现对方不同意我的观点时就停下来，问清楚他的观点。等他说完之后，我才就他的反对意见，发表我的看法。

交谈语言技巧
自我测试结果
分析及建议

(6) 请指出以下接电话过程中错误的礼仪行为。

电话铃声响起，响了五六声。

女：喂！五湖四海公司，你找谁？

客户：我的手机好像出了问题，请问要找谁处理呢？

女：你等一下。

转接声音很久……

男：喂！找谁？

客户：我的手机出问题了，有一位小姐帮我转到这里的。

男：我们这是业务部，不管手机修理的问题(不耐烦)。

客户：我应该找谁呢？可以帮我转一下吗？

男：好啦！你等一下。

转接声又响了好久……

女：喂！

客户：我的手机出了问题，请问如何……(被打断)

女：电话转错了吧！

客户：那我到底要怎么办呢？

女：我再帮你转转看。

电话又响了很久……没人接听。

客户：怎么搞的(骂声)！

"咔"的一声客户直接把电话挂掉了。

(7) 为什么说"从电话礼仪就可以基本看出对方的教养如何"？

(8) 如果你工作时手机接到老家来的电话，但此时工作非常忙，这时你要如何处理？

(9) 到目前为止，将在现代交际礼仪课上的感受或意见、建议等写一封简短的电子邮件发送到授课老师的邮箱，注意相应的网络礼仪规范。

(10) 结合自身实际，谈谈使用微信与人沟通应注意哪些礼仪？

(11) 在使用微信、微信群沟通的过程中，你遇到过哪些不符合相关礼仪的表现？请指出，并谈谈正确的做法应该是怎样的。

(12) 如何在网络交际中保护好自己的安全和隐私？

5. 实训项目

实训项目 1：交谈实训

实训目的：通过本训练，一是让学生运用所学的日常沟通方法和技巧，与他人沟通交流，提高其口头表达能力；二是让学生掌握发表个人见解的方法和策略，在公众场合具备敢于说话的勇气和胆量。

实训方法：本实训的基本组织思路是模仿电视中的说话类节目，如央视财经频道《对话》节目的形式，组织学生进行主题谈话训练。可从以下方面着手开展。

(1) 将学生 10~15 人划分为一组，每组选出 3 名选手作为嘉宾参加交谈训练，其他同学作为听众，可以以提问的方式与嘉宾进行交谈、互动。

(2) 谈话过程中主持人和选手也可以和听众进行互动，方法和规则可视现场情况作出规定，目的是调动全体学生的参与意识，保持场面的活跃。

(3) 教师和学生先确定交谈的话题，可以采用教师出题或学生出题的方式，然后从中优选。话题的选择应与学生的学习、生活、兴趣爱好联系紧密，让学生有话可说，不会造成冷场。话题应包含较丰富的信息容量和多维的价值取向，有利于发挥学生的个人体验和独立思考。

(4) 教师或学生担任沟通活动的主持人，通过提问、询问、转问、串接、引申、转换话题等多种方式，引导和调动场上、场下的交谈气氛，掌握和控制活动的节奏和进展。

(5) 每位同学交谈时，都要注意充分体现交谈的语言风格，注意使用礼貌用语及伴随正确的身体姿态和表情等。

实训要求：全程录像，大屏幕回放，然后学生自我评价、小组评价，教师点评总结。师生评选出"最佳表现小组"和"最佳表现个人"若干。

实训项目 2：通信礼仪实训

实训目标：掌握日常交际中的通信礼仪规范，赢得交际对象的信任和好感，并展现自己良好的职业形象。

实训准备：通信场景设计；模拟一个办公室环境，有两张办公桌及办公椅，办公桌可以相隔一定的距离，电话(手机)若干部。

实训方法如下。

(1) 电话(手机)沟通训练。将全班学生分组，每 4～6 人为一组，模拟在以下五个情境中的电话接听礼仪技巧及交谈内容，如果没有电话可用手机代替。

① 假如你是某公司的业务员，突然接到一个投诉电话，客户要求赔偿迟交货物造成的全部损失。

② 假如你正在电话里和一位客户谈生意，另一部电话铃声突然响起。

③ 如果有个电话是你接听的，而所找的人是你的同事，而你的同事此时恰好不在。

④ 你与客户第一次进行业务联系。

⑤ 你接到一位消费者的电话，其情绪非常激动，言辞激烈，抱怨他买的手机质量不好。但你知道是这位消费者打错电话了，你该如何应答？

也可以发挥想象，设计其他电话(手机)通信情境。

(2) 网络沟通训练。以小组为单位，要求结合所学的网络通信礼仪规范和自身使用网络的体会，制定一份网络沟通行为准则。

实训要求：全程录像，大屏幕回放，然后学生自我评价、小组评价，教师点评总结。师生评选出"最佳表现小组"若干。

任务5 面 试 礼 仪

天生我材必有用。

——李白《将进酒》

学习目标

知识目标： 做好求职面试的各项准备；根据自身实际设计一份能引起用人单位关注的简历；面试符合礼仪规范，拥有职业化的举止；面试中得体地与面试官沟通交流，展现自己良好的职业形象；遵循办公室的各项礼仪规范，使自己的职业生涯有一个良好的起点。

能力目标： 能够灵活运用面试礼仪知识和技巧，积极参与面试活动，争取面试成功；自主学习新知识，能够利用网络媒体查找与面试礼仪相关的知识。

思政目标： 在求职过程中做到有礼、有节、谦恭，培养严格、主动、宽容的社交心态；塑造真诚、合作、勤勉的社交形象。

任务导入

面试礼仪帮小徐成功

小徐在上大学期间就听说过就业不容易，因此毕业前投了很多简历，终于获得了两家企业面试的机会。在第一家企业的面试中，因为小徐没有接受过面试辅导，面试过程出了问题。尽管小徐自我感觉不错，可最终还是没有通过面试。于是她向职业顾问进行了咨询，才知道面试也有很多学问，她在做了职业生涯规划之后又进行了面试辅导，对面试前、面试中、面试后的所有要求、做法和可能遇到的问题接受了全方位的辅导，又针对自己的专业和职业目标进行了场景模拟训练。再次参加面试时，小徐心中有了底气，心态也非常好，信心十足，面带微笑，语气和缓，对问题应对自如，不但顺利通过面试，还得到

了面试官的赞许。小徐高兴极了，因为她终于用专业求职者的姿态从众多竞争者中脱颖而出，成功进入一家著名的外资公司，在同学中最先找到了适合自己的工作。

　　问题

　　(1)　小徐面试成功对你有何启发？

　　(2)　如何提高面试的成功率？

　　所谓面试礼仪，是指求职者在求职过程中与招聘单位人员接触时应具有的礼貌行为和仪表形态规范。求职者的应聘资料、语言、仪态举止、着装打扮等方面体现其内在素质，进而影响面试官的招聘决策。心理学家奥里·欧文斯说："大多数人录用的是有礼貌的人，而不是能干的人。"得体的礼仪在求职中的重要性毋庸置疑。谦谦君子总会令人印象深刻，情礼兼备者往往能在竞争中更好地脱颖而出。"任务导入"中的应届毕业生小徐，其面试成功正是最好的例证。

　　"人尽其才，才尽其用，家国两利，各得其所"，这句话强调了个人才能与社会需求的完美结合。对于毕业生而言，求职面试是职业生涯中的重要一环。同样，对于已经工作的人来说，重新求职面试也是常见的情况。在求职面试中，很多情况下是与他人最直接的交流，这种接触需要和谐、融洽。

　　求职者在面试中的表现，与其礼仪修养有着密切的关系。良好的礼仪往往能产生重要的加分效果。求职者能否抓住机会，脱颖而出，实现就业，关键在于面试时的临场表现。因此，面试时，求职者的言行举止、细节表现尤为关键。

　　掌握面试礼仪、塑造自信大方的面试形象，是求职者必须学习的一课。务必要精心准备，认真对待每一次面试机会。

一、面试准备全面细致

(一)心理准备

　　无论是刚从学校毕业的新人，还是等待谋求新职位的人，都要过求职面试这一关。每个求职的人都希望面试时给主考官留下一个好印象，从而增加录取的可能。因此，事先了解面试的一些必要礼节是非常重要的。可以说，这是求职者迈向成功的第一步。古人云"知己知彼，百战不殆。"面试就如同一场试探性的战斗，战斗的双方就是面试单位的主考官和参加面试的你。

1. 要研究主考官

　　应聘者要研究主考官，这里的"研究"是要试想一下主考官会从哪些方面来考察、评价面试者。综合起来，主要有以下几个方面：主考官可能会先评价一个应聘者的衣着、外表、仪态和行为举止；主考官会对应聘者的专业知识、口才、谈话技巧做整体的考核；主考官可能会从面谈中了解应聘者的性格和人际关系，并从谈话过程中了解应聘者的情绪状况及人格成熟的程度；主考官会在面试时观察应聘者对工作的热情和责任心，以了解应聘者的人生理想、抱负和上进心。

2. 要研究自己

研究自己包括以下几个方面。①认识自己，了解自己的长处、兴趣、人生目标、就业方向等。许多学校都会为毕业生就业求职进行一些辅导，帮助毕业生分析个人的专业和求职方向，你可以充分利用这个渠道，为求职做好准备。②听取家人和有社会经验的亲友的意见和建议，修正个人的求职方向，也是很有必要的。③收集招聘公司的相关资料，了解该公司目前的经营状况、企业文化、未来的发展等情况，这可以使你了解情况，增强面试的信心。④事前的演练可以帮助你发现问题，放松紧张的精神。⑤参加面试一定要持谨慎的态度，不浪费每一次机会，把每一次面试当作重要的经验予以积累，千万不要有随便或侥幸的心理。人与人的作用是相互的，你若是严肃对待，对方也自然会重视你。⑥了解并演练必要的面试礼仪。平时，你可能是一个非常自由、无拘无束的人，对任何繁文缛节都不太注重，但在面试之前，你多少要了解一些面试的礼仪，这对你争取工作职位有很大帮助。面试之前演练一下你并不熟悉的礼仪，会让你在面试中表现得轻松、自如。⑦准备一套适合面试的服装。对于刚大学毕业的你来说，毕业工作意味着社会角色的转变，求职是参加工作的第一步，你的穿着一定要符合你的新社会角色。对男士来讲，拥有一套合身、穿着舒服但不很昂贵的西装是非常必要的；对女士来讲，应选择得体的职业套装，以展现成熟和风韵。

(二)材料准备

在双向选择的过程中，大部分用人单位安排面试的依据是毕业生的书面材料，通过这些书面材料来判断和评价毕业生的学习成绩、工作潜力。毕业生要成功地向用人单位"推销"自己，拟订具有说服力和吸引力的求职面试材料是成功的第一步。

扬长不避短的
杨澜

面试材料包括毕业生就业推荐表、简历、自荐信、成绩单及各种证书(获奖证书，英语、计算机等各类技能等级证书)、已发表的文章复印件、论文说明、取得的成果证明等。

1. 毕业生就业推荐表

毕业生就业推荐表是一份反映毕业生综合情况并附有学校书面意见的推荐表。其主要内容一般包括毕业生的基本资料、照片、学历、社会工作情况、获奖情况、科研情况、个人兴趣特长等，一般还附有教务部门出具的成绩单。其中，该表的综合评定及推荐意见部分是由最了解毕业生全面情况的辅导员填写的，并且是以组织负责的形式向用人单位推荐，具有较强的权威性和可靠性。因此，大部分用人单位历来把该表作为接收毕业生的主要依据。毕业生必须使用正式的毕业推荐表来签订就业协议。

2. 简历

简历主要是针对应聘的工作，将毕业生的相关经验、业绩、能力、性格等简要地列举出来，以达到自我推荐的目的。由于毕业生就业推荐表的栏目和篇幅有限，大多数毕业生更希望拥有一份个性突出、设计精美、能给用人单位留下深刻印象的简历。

(1) 简历的设计原则。真实、简明、无错，是简历设计的三个原则。

真实原则是指简历内容必须真实。例如，选修了哪些课程就填写哪些；没有选修的就

不写。兼职工作也是如此，做了什么就写什么，不要夸大其词。因为面试时，你的简历将成为面试官提问的依据。如果你能对简历上的内容给出回答，那很好；如果作假，你和考官都会陷入尴尬境地，你在考官眼里的诚信度也会大打折扣。所以，要讲真话，不要夸大其词。如果没有参加过兼职工作，可以不写，因为主考官知道你是刚毕业的学生，学生的本职工作就是学习。或许你专注于本专业学习，或许选择了第二专业或辅修专业，或许在校内做了大量实践工作。总之，没有必要因为没有兼职工作而苦恼或捏造事实。请记住，主考官也是从学生时代过来的，他们会尊重你的选择。

简明原则是指简历应简单明了。如果简历内容过多且缺乏层次感，会给人琐碎的感觉。必要的信息如姓名、性别、出生年月、联系电话和地址等一定要写上。相比之下，身高、体重、血型、父母的工作等个人信息则不必要，至少不应占据重要位置。可以将自己认为重要的信息浓缩到第一页，次要信息如每学期成绩单、获奖证书复印件等可以作为附件。这样的简历，主考官只需看一页就能了解主要内容，如果感兴趣，可以继续查看附件。

无错原则是指简历应该没有错误。在寄出简历之前，应逐字检查一遍，包括标点符号。否则，可能会被认为是粗心大意的人，在激烈的竞争中处于不利地位。

(2) 简历的内容。简历没有固定格式，对于社会经历较少的大学毕业生来说，其内容大体包括以下几方面。

一是个人基本资料。主要包括姓名、性别、出生年月、家庭住址、政治面貌、身高、视力等，一般写在简历最前面。

二是学历。用人单位主要通过学历了解应聘者的智力及专业能力和水平，一般应写在前面。习惯上，书写学历的顺序是按时间的先后，但实际上用人单位更重视现在的学历，建议从现在开始往回写，写到中学即可。学习成绩优秀，获得奖学金或其他荣誉是学习生活中的闪光点，可一一列出，以增加简历的含金量。

三是生产实习、科研成果和毕业论文及发表的文章。这些材料能够反映你的工作经验，展示你的专业能力和学术水平，是简历中有力的参考内容。

四是社会工作。近几年来，越来越多的用人单位希望招聘具有一定应变能力、能够从事不同性质工作的大学毕业生。因此，担任过学生干部和具备一定实际工作能力、管理能力的毕业生更受青睐。

五是勤工助学经历。即使勤工助学的经历与应聘职业无直接关系，它也能够显示你的意志，并给人留下吃苦耐劳、勤奋、负责、积极的好印象。

六是特长、兴趣爱好与性格特点。特长是指你拥有的技能，特别指中文写作、外语及计算机能力。兴趣爱好与性格特点能够展示你的品德、修养、社交能力及团队精神，它们与工作性质关系密切，因此用词要贴切。

七是联系方式。联系地址、联系电话、邮政编码等信息千万不要忘记写，以免用人单位因联系不到你错失机会。

在按要求完成上述简历内容的基础上，你也可以为自己的简历设计一个精美、醒目的封面。

3. 自荐信

自荐信，即求职信，它的基本内容主要包括以下几方面。

如何选择简历照片？

（1）明确写明了解用人信息的来源及自己所希望从事的工作岗位，否则用人单位将无法答复。

（2）愿望和目标。这是自荐信的核心内容，说明自己要求竞争所期望职位的理由和今后的目标。

（3）所学专业与特长。列举大学所学的重要专业课程，但避免过于冗长，以免掩盖重点。对自己熟悉、有兴趣的，尤其是与期望单位所需人才职位关系密切的，可详细写一些。

（4）兴趣和特长，要写得具体、真实。

（5）最后应提醒用人单位留意你附带的简历，并请求给予面试机会。

求职信在毕业生求职的过程中，是最常用且最主要的方式。求职信由开头、正文、结尾和落款四部分组成。开头要有正确的称呼和格式，在第一行顶格书写，如"尊敬的人事处负责同志""尊敬的张教授"等，加上问候语"您好"以示尊敬。正文部分主要是个人基本情况，即个人所具备的条件。求职信的核心部分要从专业知识、社会实践能力、专业技能、性格特长等方面使用人单位相信，他们所需要的正是你所能胜任的。结尾部分可提醒用人单位回复，并且给予用人单位更为肯定的确认："您给我一个机会，我会带给您无限的惊喜！"结束语后面要写表示敬意的话，如"此致""敬礼"。落款部分署名并附日期。如果有附件，可在信的左下角注明。

求职信的信封、信纸最好选署有本学校的信封、信纸，避免使用带有外单位字样的信封、信纸，字迹要清晰、工整。如果能写一手漂亮的书法，最好手写，因为"字如其人"。如果字迹不佳，就用电脑打出来，篇幅要适中，不宜过长，1000字左右较为合适。求职信是个人与单位的第一次接触，文笔要流畅，可以有鲜明的个人风格，但不可过高地评价自己，也不可过于谦虚，要给用人单位留下深刻的印象。最后，要留下自己的联系方式。

在毕业生就业推荐表、简历和自荐信后，还应附上成绩单及各种证书、已发表的文章复印件、论文说明、取得的成果证明等。如果本专业比较特殊，还应附一份本专业的介绍。

以下是一封求职信范例，供读者参考。

自荐信

尊敬的经理先生：

您好！几天前，我在贵公司网站上看到招聘两名产品推销员的消息，对此我非常感兴趣，因此，冒昧地给您写信表达我的意愿。

我主修市场营销，预计7月将从某学院毕业。去年暑假，我有幸为贵公司做过一个月的商品促销工作。在此期间，贵公司产品的优秀质量和卓越性能给我留下了深刻印象。我的促销工作也得到了贵公司相关人士的好评。我希望能到贵公司工作，以自己微薄之力为扩大销售业务贡献自己的一份力量。

虽然我是一名专科生，我清楚自己的学识与贵公司的要求可能存在差距，但我自信具有端庄的相貌、良好的身体素质、吃苦耐劳的精神。我兴趣广泛，保持谦虚好学的态度，乐于助人，具备出色的环境适应能力和人际交往能力，这些都是一名优秀推销员所需的基

本素质。我来自一个简朴的家庭，性格朴实正直，在学习期间多次获得表彰，包括被评为优秀团员、"三好"学生、优秀学生干部等荣誉。我的学习成绩优秀，同时具备较强的外语和计算机操作能力(随信附上我在校期间的成绩记录及获奖情况，请参阅)。

以上经历都真诚地表达了我成为贵公司一员的愿望。如果贵公司能给予我一次锻炼和学习的机会，请通过电话×××××××与我联系，或来函预约面谈时间，我将准时前往。

此致

敬礼!

自荐人：×××

××××年××月××日

(三)方法准备

求职面试的基本方法主要有电话自荐、笔试考核、面试求职、网络应聘等，各种方法中也有很多应试技巧。掌握以下一些方法和技巧将有助于你在求职面试中取得成功。

1. 电话自荐

通过电话推荐自己是常用的一种求职方式，如何充分地利用电话接通后的短暂时间用最简洁、明了的语言清楚地介绍自己，给对方留下一个深刻、清晰的印象，是求职者十分关心的问题。

打电话之前，一定要做好充分的准备工作。在谈话内容上，首先，要了解用人单位的有关情况，尽量做到心中有数；其次，要对自己有一个客观、全面的认识；最后，要根据用人单位的需求，结合自己的特长，列出一份简单的提纲，有条理并重点突出地介绍自己，力争给接听者留下深刻印象。此外，还要调整好自己的心态，做好充分的心理准备，努力控制好说话的语音、语调、语速，在短暂的时间里展现自己积极向上、有理有节的个人良好品质。

电话接通后应有礼貌地询问："请问这是某单位人事部门吗？"在得到对方单位的肯定答复后，再做简短的自我介绍，并说明来电意图。求职者一定要言简意赅，并着力表现自身特长与所求职位相互的契合度。

2. 笔试考核

笔试是常用的入职考核方法，一般限于对专业技术要求很强、对录用人员素质要求很高的单位，如一些涉外部门或技术要求高的专业公司等。

参加笔试前，应了解笔试的大体内容。一般而言，用人单位的笔试包括以下几方面的内容：一是对知识面的考核，包括基础知识和专业知识；二是智力测试，主要测试应聘者的记忆力、分析观察力、综合归纳能力、思维反应能力；三是技能检测，主要是对应聘者处理实际问题的速度与质量的测试，检验其对知识和智力运用的程度和能力。参加笔试要准时到场，不能迟到。卷面要整洁，字迹要工整，如此才能给阅卷老师留下良好的印象。在考试过程中，绝对不能作弊或搞小动作，因为用人单位尤其看重这一点。

3. 面试求职

面试是求职中应用极广、简便易行且技巧性很强的一种方式。它比笔试具有更强的灵活性和综合性，因此，被许多用人单位广泛使用。常见的几种面试形式如表 2-7 所示，面试过程中，招聘者也可能同时采用几种面试形式，而这正是求职者展示知识、能力、经验和智慧的最佳时机。

表 2-7　常见的几种面试形式

程式化式	招聘者根据事先准备好的问题依次对求职者发问，再由求职者逐个回答；招聘者在询问过程中会观察求职者的仪表、气质和谈吐，以获得全面、真实的材料
解题式	招聘者根据本单位情况及求职者应聘的岗位情况，提出一个或数个生产或经营中的问题，请求职者说出解决办法，以此了解其掌握专业知识的情况及判断其解决问题的能力
闲谈式	招聘者为了在轻松的环境中把握求职者的能力、才智、谈吐和风度，尽量活跃谈话气氛，与求职者敞开心扉沟通，让其在无拘束的氛围下充分发表观点、展现自己
游戏式	由招聘者围绕一个或数个主题，组织若干名求职者开展各种形式的游戏活动，以在活动中选拔单位所中意的人才
压力式	招聘者有意识地对求职者施加压力，针对某一问题接连发问，追问到底，直至求职者无法回答，甚至刺激求职者，看其在突如其来的不利情况下的应变能力和机敏程度
综合式	招聘者为了了解求职者的综合才能，用外语与求职者会话以考察其外语水平；请求职者当场使用计算机以考察其运用计算机的能力；请求职者写段文字以了解其写作水平；请求职者即兴演讲以考察其表达能力；等等

【小故事】

最主动的面试

我国古代，古人的面试也印证了面试的重要作用。"姜太公钓鱼，愿者上钩"是一句人尽皆知的歇后语。关于这一典故，现存最早的记载见于《武王伐纣平话》卷下："姜尚因命守时，立钩钓渭水之鱼，不用香饵之食，离水面三尺，尚自言曰：'负命者上钩来！'"传说姜子牙大半生穷困潦倒，80 多岁时妻子又离他而去。得知文王姬昌正在广纳人才的消息，他便不辞劳苦地来到周的领地渭水之滨，主动向招聘方靠拢。到渭水后，他先是在提高自己知名度上狠下功夫，把"渭水河边有个钓鱼的穷老头能断人生死"宣传得神乎其神、家喻户晓，之后又玩起行为艺术——用直钩钓鱼，上面不挂鱼饵，且离水面三尺高。这种奇特的钓鱼方法终于惊动了姬昌。在多次派出士兵、官员邀请被拒绝后，姬昌这才意识到，这位钓者必是位满腹韬略的高人。于是，他吃了三天素，然后带着厚礼亲自前往诚心聘请，并立即对姜子牙委以重任。让面试本末倒置，姜子牙当属第一人。

点评：姜子牙的面试，凭借其高超的才能主动出击而大获成功。在汹涌的求职大军中，每一个求职者既要主动出击，又要储备知识，只有用实力说话，才能征服招聘者。[①]

---

① 王玉苓. 商务礼仪案例与实践[M]. 北京：人民邮电出版社，2018.

4. 网络应聘

网络求职，首先要准备一份既简洁又能吸引用人单位的求职信和简历。求职信的内容主要包括：求职目标——明确你所向往的职位；个人特点的小结——吸引人阅读你的简历；表决心——简单、有力地显示信心。

准备求职信时还要注意控制篇幅，最好让人事经理无须使用屏幕的滚动条就能读完；直接在篇内编辑，排版要工整；做到既体现个人特点又不过分吹嘘。对于网上求职来讲，简历的准备相对比较简单，"中华英才网"等人才网站上都提供了标准的简历样本。需要注意的是，学历和工作经历要按时间顺序倒着填，也就是把最近的工作经历和学历写在最前面，以便招聘方了解你目前的状况。填写工作经历时，很多求职者只是简单地列出工作单位和职位，并没有详细描述工作的具体内容，但招聘方恰恰就是根据你做过什么工作来评估你的实际工作能力。除非应聘美工职位，否则不要使用花哨的修饰或字体。

在网上填简历，要严格按照招聘方的要求填写，要求网上填写的就不要寄打印的简历；要求用中文填写的就不要用英文填写；有固定区域填写的就不要另加附件。发送简历是网上求职关键的一步，如果是自己在网上用 E-mail 发简历，就应该以"应聘某某职位"作为邮件主题，把求职信作为邮件的正文，再把简历直接复制到邮件正文中，这样既方便招聘方阅读，又杜绝了附件带计算机病毒的可能。如果通过人才网站求职，可以直接把填好的简历发送给招聘单位，这样网站的在线招聘管理系统还能把个人简历以数据库的方式存储起来，根据求职者的要求供招聘单位检索和筛选。

面对多个机会，如何做出合理的选择？

二、面试仪表规范得体

(一)妆容适度

求职时，妆容应简洁、大方、淡雅、自然，给人以庄重感。对刚毕业的大学生而言，充满朝气的青春之美是任何化妆品都替代不了的。当然，在此基础上适当加些修饰，增加美感也是可以的。

面试仪表规范得体

女士妆容要有"度"，宜化淡妆，追求一种雅致的感觉，妆不宜浓艳，化妆过度，结果会适得其反。例如，口红涂得太红，指甲油颜色太刺眼，香水味刺鼻，都会使人反感。女性求职者"浓妆艳抹"去面试不可取，但"素面朝天"却容易给主考官一种为人不拘小节甚至懒散的印象，也是不足取的。

男士要剃须，保持面部清爽，鼻毛不可外露。男、女求职者均要注意保持手部卫生，女性尤其不能留长指甲或染指甲。

(二)发式适宜

发式是仪表的重要方面，求职者应保持头发的清洁，并加以修饰，以充分显示自己的生机和活力。

男士的头发，前面不可遮住眉毛，也不应过于凌乱，保证头发整洁、无头屑。发型要大方又有朝气，不可求新、求怪，更不宜染发。

女士要保证头发柔顺，不毛躁，不凌乱，不染夸张的颜色，发式美观、大方，不要太过新潮、前卫，如有职业要求，最好将头发扎起。

(三)服装得体

服装得体就是做到简洁、大方、雅致。男士面试以西装、衬衫、皮鞋为主。可以穿一套深色的西装。西装颜色不宜过于艳丽，以藏青色、深蓝色、深灰色等冷色调为主，选择做工精细、质量上乘的套装为佳，过于艳丽的颜色会给人轻浮之感。女士则以得体、大方的职业套装和连衣裙为主。如果穿裙子，裙子不宜过短或过长，以刚到膝盖上或者膝盖下为最佳。女士可以穿颜色较为鲜艳和款式较为时尚的服装，但不宜穿奇装异服，不能追求前卫、新潮和另类。

求职者的装束应与自己的个性相符。如果女性拥有一张"娃娃脸"，应选择颜色深沉的套装，给人一种稳重的印象；如果相貌成熟，就选择色调柔和的套装，显得充满活力，以免给对方跟不上时代节奏的感觉。

【小贴士】

行业与面试服装

(1) 业务人员与销售人员：应选择专业而保守，舒服而不过分醒目的服饰。

(2) 会计人员与律师：需要简单、干练、质感好且中性色调的服饰。

(3) 研发人员与工程师：应选择轻便而不随意的服装，简单的素色、中性的西服套装是最佳选择。

(4) 创意工作者：服装应兼具时尚与沉稳，富有创意的穿着可以更好地展现个性。

(5) 秘书：应选择套装，服装风格以典雅为原则，给人干净利落的感觉。

(四)配饰得当

配饰在人的整体装束中很重要，如果运用得当，可以起画龙点睛的作用，人更加潇洒飘逸；反之，如果运用不当，会破坏人的整体形象。领带在男性求职者的配饰中是很重要的，在选择领带颜色时要考虑与西装颜色搭配，领带的质地、图案也要与西装颜色和个人的身材、体型相协调。鞋袜的选择也很重要，鞋子一定要干净，皮鞋要擦亮，鞋带要系好。女性的皮鞋要注意款式简单、大方。鞋跟高度以 3～5 厘米为宜。注意不要穿走路时会发出声音的鞋子。袜子颜色与上衣颜色相接近，不宜过于鲜亮，一般以肉色为佳。面试的时候要多准备一双袜子，以方便替换。

面试不可忽视的细节

一般除手表外，不宜佩戴过多饰品，也不应佩戴过于耀眼或怪异的首饰。求职者的妆容和服饰应展现自己的青春朝气，而不是给人浮华、浅薄之感。

【小案例】

小水沟里翻船

一家合资饭店招聘各类服务人员共 350 名，700 多名男女青年怀着对这家企业的向往，很早就排起了长龙等候面试。七点半，第一次面试在众多人的期待中开始了。一位女

青年，环佩叮当、浓妆艳抹，昂然来到面试官面前，话不过三句，面试官就眉头轻皱，却彬彬有礼地连声说："谢谢。"女青年立刻明白，这就是被淘汰了。一位男青年留着长发，穿着极为随便，面试官以礼相待，对他说"请坐"，这位男青年如入无人之境，屁股落座，二郎腿一跷，悠然自得地抖起来……

这天的 700 多名应聘者，仅面试这一关就被"刷掉"80%，人们或多或少地被震动了。尤其是那些自视才大志高的应聘者更是没有预料到，他们在这小水沟里翻了船。

点评：参加面试时，应聘者注意自己的妆容、发型、穿着、配饰等细节，做到仪表规范得体是非常重要的，因为只有这样才能给面试官留下良好的第一印象。

三、面试过程自信大方

面试时，首先遇到的问题就是究竟何时到达面谈地点较为恰当。是准时抵达，还是提前到达？若是早到，又应以几分钟为宜？在等待的时间里应该注意什么？由于目前的交通状况不是很理想，人们无法预计准确的车程时间，所以最好提早出门，比原定时间早 5～10 分钟到达面谈地点，所谓"赶早不赶晚"。早到可以熟悉这家公司附近的环境并整理仪容。但如果早到 10 分钟以上，千万别在接待区走来走去，因为这样会打扰公司职员上班，有损他人对自己的第一印象，对后面的面试没有一点好处。所以，此时可向别人询问洗手间在哪儿，在那里再一次检查自己的服装仪容。轮到自己上场面试时，掌握好以下要点。

(一)学会自我介绍

求职者自我介绍的根本目的是使面试官对自己有个初步的、大概的了解，并且尽可能留下好的印象以使面试深入进行下去，最终获得面试的成功。求职面试的自我介绍必须讲究技巧，成功的自我介绍往往会给面试官留下深刻的印象，如此求职就成功了一半。人们往往存在这样的误区：认为最了解自己的人一定是自己，把介绍自己当作一件很容易的事。其实不然，说人易，说己难。在求职面试中，介绍自己是最难的，要成功地进行自我介绍，要从以下几方面着手。

1. 礼貌问候

在进行自我介绍之前，求职者先要与面试官打个招呼、道声谢，这是最起码的礼貌。比如，"经理，您好，谢谢您给我这个机会，现在，我向您做个简单的自我介绍……"介绍完毕以后，要向面试官致谢，并且还要向在场的其他面试人员致谢。

2. 主题要鲜明

求职面试中的自我介绍一般包括以下基本要素：姓名、年龄、籍贯、学历、学业情况、性格、特长、爱好、工作能力和工作经验等。自我介绍时，不必面面俱到，要主题鲜明，直截了当，切入正题，不拖泥带水，做到详略得当、重点突出。一般来说，应按招聘方的要求来组织介绍材料，围绕招聘主题说话。假如招聘单位对应聘人员的工作能力和工作经验很重视，求职者就可以对自己的工作能力及经验作详细的叙述，而且整个介绍都是以这个为中心。下面是某家工艺品总公司招聘业务员的一则对话。

面试官：我们公司主要经营具有地方特色或民族特色的工艺品，如北京的景泰蓝、景德镇的陶瓷和湖州的抽纱等。这次招聘的对象主要是能开拓海内外业务的湖州抽纱的业务员。现在，请你介绍一下自己的情况。

求职者：我叫李伟，今年 24 岁，是湖州市人，今年毕业于湖州市商业学校，主修市场营销专业。我一直生活在湖州，小时候就经常帮妈妈和奶奶做抽纱活儿，对于传统的抽纱工艺比较了解。在商校学习的两年中，我掌握了营销方面的专业知识，这是我将来做好业务的资本。我的口才较好，曾参加省属中专学校的求职口才竞赛，并获得了二等奖，还具备一定的英语口语能力。我这个人的特点是头脑灵活、反应快，平时喜欢看报纸，对国内外的经济发展动态很感兴趣，喜欢从事具有挑战性的工作。

应聘的求职者一般从最高学历讲起，只要面试官不问，就没有必要谈及小学、中学。谈所学的专业、课程时，不必说明成绩。谈求职的经历时，不要漫无边际、东拉西扯，最好在 1~3 分钟完成自我介绍，并且话语要简洁、明快、有力。

3. 用事实说话

面试时，有的人为了能给面试官留下深刻的印象，喜欢对自己的成绩进行夸大，动辄就"我的业务水平是很高的""我的成绩是全年级最好的"，其实，这样反倒给面试官留下不好的印象。现在的用人单位往往更注重应聘者的真才实学。"事实胜于雄辩"，虽然面试的时间有限，不可能完全展示出求职者的才能，但是，求职者可以通过实际的事例来证明自己的能力，把自己的才华展示给面试官。

小刘的独到之处

4. 给自己留条退路

面试中的自我介绍既要坦诚，又要有所保留；既要介绍自己的能力，也不要把自己说成事事皆能的全才，使自己进退两难。在自我介绍中，求职者要尽可能客观地展示自己的实力，但同时应尽可能地避免使用保证式或绝对式的语言，如："我非常熟悉这项业务，我保证让部门改变面貌！"这些话往往没有具体内容，反倒会引起面试官的反感，如果遇到较为平和、内敛的面试官，也许不会为难你，但如果遇到个性较强的面试官进行追问，求职者会因无法回答而尴尬万分。

教训

(二)掌握言谈艺术

面试过程中，求职者直接与招聘者见面交谈，能否掌握面试的谈话艺术，能否准确、灵活、恰当地进行语言表达，是面试能否取得成功的重要环节。

掌握言谈艺术

1. 使用礼貌用语

一个不懂礼貌的人到哪里都不会受欢迎。因此面试过程中，首先，要多用"您""请"等礼貌用语，注意对方身份，要称呼得体，并尽可能注意感情色彩。其次，回答问题时，言语要友善和谦逊，这既是对招聘者的尊重，也是个人涵养的表现。有些求职者在面试的过程中喜欢一味地谈"我"，却忽略了对面的招聘者。有些求职者还喜欢卖弄才

学，甚至用外语来表达自己的意思，以显示自己知识渊博，结果反而弄巧成拙。

2. 把握语速、语调、语气

言谈的语速、语调、语气能反映一个人的气质、性格与修养，也影响着语言表达的直接效果。面试时，语速要慢而适中。语速太慢，会使招聘者烦躁；语速太快，招聘者可能无法听清语意，会觉得求职者太紧张或性格急躁，办事不稳重。语调的掌握也很重要，语调太轻，令人感到过于胆怯，缺乏勇气；但语调过重，则会有盛气凌人、武断专横之嫌。语气的运用一定要平和、谦恭，让对方感到通情达理、坦诚而有人情味，千万不能傲气十足、咄咄逼人。

3. 语言力求准确、简洁

求职者在讲话或表达自己的想法时，一定要善于将语言组织得准确、简洁。切忌用模棱两可的话语或模糊性的语言，要针对问题，回答干脆。准确、简洁的话语有利于满足心理沟通的需要。

4. 学会适度地赞美

在面试交谈中，求职者要注意发现对方的优点，要学会真心实意、恰到好处地赞美用人单位、赞美对方，以博得好感，赢得信任。但要注意的是，毫无诚意的过分赞美之词有阿谀奉承之嫌，会引起对方的反感。

5. 用幽默活跃气氛

面试谈话中，如在适当之时插入一些幽默语言，可以活跃气氛，会让面试在比较轻松和谐的氛围中进行。而且幽默语言能表现出求职者的机智敏锐、优雅气质和广博学识。尤其是遇到难以回答的问题时，幽默语言会化险为夷，给人留下好感。

6. 讲究问答技巧

在求职面试的过程中，如何与面试官进行良性的双向沟通，是求职者求职成功的重要保障。因此，在面试过程中，要注意以答为基础、以问为辅助的沟通技巧。尽管不同的公司面试的程序和模式有所不同，面试官的风格各异，但是有些问题面试官比较喜欢提问，求职者一定要对这些问题有所准备，知己知彼才能百战不殆。

一般来说，招聘方提出的问题可分为两类：一类是规定性提问，也就是招聘方事先准备好的，对每一位求职者都要问的问题；另一类是自由性提问，即招聘方随意穿插的问题，这些问题往往千变万化、涵盖广泛。招聘方可以从求职者不经意的回答中发现其闪光点或缺点。无论是哪类问题，求职者回答时都应当掌握以下基本技巧：①不要遗漏表现自己才能的重要信息；②保持高度敏锐和灵活的思维状态；③回答既要表现自己的个性气质，又要表现对招聘方的尊重；④认真倾听招聘方的提问，并注意招聘方的反应，以便及时调整自己不恰当的回答；⑤避免提到"倒霉""晦气""不幸""疾病"之类可能招致对方忌讳的字眼。

面试经典问题
解答

同一个面试问题并非只有一个答案，而同一个答案并不是在任何面试场合都有效，关键在于求职者掌握规律后，对面试的具体情况具体分析，有意识地揣摩面试官提出问题的心理背景，然后投其所好。

(三)拥有职业化的举止

一家医疗机构为了选拔护士长进行了一次面试。一位应试者在笔试中成绩最优秀，但在面试过程中，她不但拍桌子，脚也不断地敲打地板，身体还时不时地扭动。她认为自己很有希望被录取，但结果却落选了。那么，她为什么会落选呢？原因就是她缺乏职业化的举止。许多面试者往往只注重衣着和话语，却忽略了胜过有声语言的形体语言。职业化的举止，包括站姿、坐姿、走姿、手势和眼神等方面。

1. 站姿

站姿给人的印象非常重要，可人们往往认为其简单却忽略了它的重要性。站立应当身体挺直、舒展、收腹，眼睛平视前方，手臂自然下垂。这样的站姿给人一种端正、庄重、稳定、朝气蓬勃的感觉。如果站立时歪头、扭腰、斜伸着腿，就会给人留下轻浮、没有教养的印象。

2. 坐姿

进入面试房间后，应等主考官示意坐下才可就座。如果有指定座位，则坐在指定的位置；但如觉得座位不舒适或光线正好直射，可以对主考官说："有较强光线直接照射我的眼睛，令我感觉不舒服，如果您不介意，我是否可以换个位置？"若无指定位置，可以选择主考官对面的座位，以便于面对面交谈。

面试时的坐姿，不要贪图舒服。正确的坐姿从入座开始，入座的动作要轻而缓，不要随意拖拉椅子，身体不要前后左右晃动，背部要与椅背平行，沉着安静地坐下。落座后，上身要保持直立状态，既不前倾，也不后仰。双手自然下垂，肩部放松，五指并拢。男士可以微分双脚，这样给人自信、豁达的感觉，双手可以自然放置；女士一般要并拢双膝，或者小腿交叉端坐，这样给人端庄、矜持的感觉，双手一般要放在膝盖上。

应避免以下这些坐姿：拖拉椅子发出很大的声音；一屁股坐在椅子上；坐在椅子上耷拉着肩膀，给人萎靡不振的感觉；半躺半坐，男士跷二郎腿，女士双膝分开或叉开腿等，给人放肆和缺乏教养的感觉；坐在椅子上，脚或者腿不自觉地抖动或晃动。

3. 走姿

对于求职面谈而言，展现走姿是指求职者从进入面谈室到入座或站立以及面谈结束后离开房间的两个过程。求职者要注意的是，步入面谈室前先轻轻敲门，听见里面说"请进"后，再轻轻推开门，并主动向屋内的人打招呼，然后神态自然、步履稳健、面带微笑地走进房间。面谈结束后，不管自己对面谈的预感如何，步履仍然应自信、从容，到门口时再轻轻把门带上，切记不可失去常态，慌慌张张地快步走出，也不能漫不经心、一步三晃地离开，这样会使招聘人员对你的整个面谈失去好感。

面试时重要的是自信，这种自信也是通过求职者的走姿表现出来的。自信的走姿应该是身体重心稍微前倾，挺胸收腹，上身保持正直，双手自然前后摆动，脚步要轻而稳，两眼平视前方，步伐要稳健，步履自然，有节奏感。

4. 手势

面试者运用手势时要注意紧密配合有声语言，做到协调一致，"该出手时就出手"，不要犹豫不决，以免给人胆小、拘谨之感。此外，手势还要大方自然，幅度适中。幅度过大让人觉得性格不稳定，无节制地挥手或无规律地乱摆也会让人觉得说话者轻浮或者狂妄；手势过小显得呆板，缺少风度。

一些下意识的举动，如揉眼睛、玩手指、双手交叉在胸前、拉耳垂、掰手指、扯衣摆、挠头，甚至腿无意识地抖动等，这些都能反映出求职者内心的不安、慌张、窘迫，并给面试官留下不好的印象。因此，上述情形一定要在面试中予以杜绝。

5. 眼神

在求职面谈中，求职者要敢于并且善于与招聘人员进行目光接触，这既是一种礼貌，又能帮助维持沟通，使谈话在频繁的目光接触中持续下去。一般情况下，目光接触的范围是双眼与嘴部之间的三角形区域，这样既保持了接触，又避免了因直直地盯着对方引起对方的不快。正确地运用眼神目视对方，体现了你的礼貌，说明你对话题感兴趣而且不怕挑战。有的求职者习惯于低着头看地板，几乎不正视招聘方，或者左顾右盼；还有的求职者总是窥探招聘人员的桌子、稿纸或笔记本，这些行为都会传递出其性格不稳定、不诚实、怯懦、缺乏自信心等信息，这对面试非常不利。

此外，求职者面试时还要注意微笑，这显得亲切、自然，是充满自信心的又一表现。

总之，求职者要用无声的、职业化的举止，向招聘人员表明"我是最适合的人选"。

消除过度紧张的
小技巧

(四)做到适时告辞

适时告辞既是礼仪规范的要求，也有一定的技巧。主考官宣布面试结束时，最好与之配合结束面试。出于对求职者的尊重，以及对自身和单位形象的考虑，主考官也往往会使用间接的、委婉的方式结束面试。如他们可能对本次面试作个小结，也可能说一些尽管含蓄，但意图明确的结束语。例如："感谢你参加本次面试，希望你对我们的面试工作满意。""不管结果如何，我们会尽快通知你""我们会仔细考虑你的情况，很高兴认识你。"听到这些话，求职者应大方、得体地告辞。

告辞时，求职者应保持微笑、自然站立，把刚才坐过的椅子扶正，为占用主考官宝贵的时间而致谢，并与主考官道别。例如："非常感谢各位领导给了我这次宝贵的面试机会，我为有幸参加这次面试感到高兴，再见！"这时求职者仍然不要主动与主考官握手，除非主考官主动伸手。然后整理好物品，从容向室外走去，走到门口，转身面向主考官再次表示感谢，之后开门离开，并轻轻关上门。

离去前，记得对引导你进入面试地点的接待人员表示感谢。这不仅是对他们工作的尊重，也显示出你良好的个人素质，为你日后的工作奠定良好基础。

(五)重视面试细节

求职的过程中，求职者忽视"细节"的情况总是存在，但又恰恰因为疏忽"细节"礼

仪而遭淘汰。细节是装不出来的，它是一个人品质的真实表露。正因如此，有经验的、聪明的招聘者往往通过一些细节礼仪识人才，用人才。

这里摘取以下礼仪小故事，供求职者思考、借鉴，以帮助求职者打开理想之窗，叩开好运之门。①

【小故事】

"一支钢笔"赢机会

经过一轮又一轮的筛选后，五个来自不同地方的求职者最终从数百名竞争者中脱颖而出，成为进入最后一轮面试的佼佼者。这五人各有所长，能力相当，谁都可能被聘用，同时谁也都可能被淘汰。就在这时，有一个陌生男子急急忙忙地赶来。他说，自己也是前来参加面试的，只是由于粗心，忘记带钢笔了，询问大家是否有笔，想借用一下填写个人简历。五位求职者中的四个人面面相觑，谁也没有拿出钢笔。此时，求职者小董站了起来，对这位男子礼貌地说："对不起，刚才我的笔没墨水了，我掺了点自来水，勉强还可以写，不过字迹可能淡些。"这位陌生男子紧紧握住小董的手，当即表示他被录用了，原来他就是公司的人事经理。

恰科的第 53 次应聘

法国有个银行家，叫恰科。但他年轻时并不顺利，52 次应聘均遭拒绝。第 53 次他又来到了那家最好的银行，叩开董事长办公室的门，请求被雇用，但结果仍未能如愿。他礼貌地说完"再见"，转过身，低头往外走去。忽然，他看见地上有一枚大头针，横在离门口不远的地方。他知道大头针虽小，但也能对人造成伤害，就弯腰把它捡了起来。第二天，他出乎意料地接到了这家银行的录用通知。原来，他捡大头针的行为被董事长看见了。从这个不经意的行为中，董事长发现了他品格中的闪光点。这么细心的人是很适合做银行职员的。于是，董事长改变主意决定聘用他。恰科也因此得到了施展才华的机会，走向了成功之路。

"饭局"赢机会

"饭局"已经成为生活中用来进行人际交往的最常见的方法之一，而不少企业正是利用"饭局"，并在"饭局"中见微知著，识人用人。

福耀玻璃集团的创始人、董事长曹德旺是一位吃饭时也保持认真、清醒的人，早年，有一次他招人，四个年轻人都很优秀，当时难以定夺，于是他便请四个人去吃饺子。吃的时候，他与大家谈笑风生，饭后他问四个人吃了几个饺子，其中三个人都说不知道，只有一个人说自己吃了 32 个。于是，这个人被录用了。

(六)面试后的礼仪

如果面谈非常顺利，且彼此都感到满意，你一定会非常想知道面试结果。那么，到底什么时候询问进一步的消息比较合适呢？

首先，面谈结束后，应写信给主考官致谢。这不仅体现出你对主考官的尊重，也可以

---

① 王玉苓. 商务礼仪案例与实践[M]. 北京：人民邮电出版社，2018.

在主考官决定录用人选时，让你的名字在他的考虑之中。在写信致谢后几天，便可以打电话询问了。如果对方还没有作出决定，可以再询问是否还有面试及自己是否有可能被录用。

如果你被几家公司同时录取，并决定接受其中一个职位，有必要向被你拒绝的公司写信表示感谢，也许将来有一天你会换到那家公司工作，这封致谢信会给对方留下良好的印象。

表示拒绝的感谢信应该直接寄给最后决定录用你的联系人，信中只需表达你的感激之情，并说明你已经接受了其他公司的工作即问，不必做过多解释，也不要提及那家公司的具体名称。

面试被录取后，
如何签约？

课 后 练 习

1. 运用判断

(1) 女性求职者"浓妆艳抹"或者"素面朝天"去面试都是可以的。　　　（　　）
(2) 面试时可以带陪伴。　　　（　　）
(3) 参加面试时准时到达即可，不必提前。　　　（　　）
(4) 进入面试房间时，如果面试房间的门是虚掩的，不用敲门可直接进入。　　　（　　）
(5) 面试从面试者接到面试通知的那一刻就已经开始了。　　　（　　）
(6) 面试交谈时可以使用方言。　　　（　　）
(7) 政治和宗教话题，在求职面试时是可以涉及的。　　　（　　）
(8) 面试时，脚或手可以不自觉地抖动。　　　（　　）
(9) 面试时不应该谈薪酬。　　　（　　）
(10) 面试时，为了壮胆可以喝点儿酒。　　　（　　）

2. 简要回答

(1) 面试之前的形象准备包括哪些？
(2) 如何准备简历和求职信？
(3) 面试中要注意哪些仪态问题？
(4) 在回答面试官的问题时，要注意哪些礼仪规范？
(5) 面试者如何进行得体的自我介绍？
(6) 面试结束时要注意哪些细节？
(7) 面试后的礼仪包括哪些方面？

3. 案例分析

扫描二维码，阅读案例原文，然后回答案例后面的问题。

案例分析题原文

4. 思考训练

(1) 面试的基本程序你都清楚了吗？找个机会，将面试过程中的这些礼仪悉数演习一遍。
(2) 结合所学专业的职业特点，为自己设计一个符合面试礼仪的形象。
(3) 与同学讨论以下问题。

① 为什么在求职应聘中要诚实有信？

② 据报道，现在有一些大学毕业生为提高求职的成功率去整容。你如何看待这种现象？

（4）面试结束后，出于对面试官的尊重要写面试感谢信。如果需要再次为自己争取面试的岗位，你应该说什么？同时，你应该怎样表达渴望得到这份工作的热情？

（5）请分析以下面试对话，找出应试者有何不当之处。

① 应试者是一位从事技术工作的女士；面试官是××公司中国人力资源部副总裁×××。面试过程如下。

问：你以前在哪里工作？

答：我在一家公司做技术支持。

问：为什么选择我们公司？

答：喜欢技术支持，因为我具有这个能力。

问：你周围的同事、朋友怎么评价你？

答：待人诚恳。

问：你取得过什么成绩？

答：给北京一家公司设计过一个技术方案，效果很好。

反问：为什么要问我这个问题？

答：……看你在工作中的业务能力……做技术支持的，当然应该有技术方面的能力。……

② 应试者是一位年轻人；面试官是××公司招聘人员。面试过程如下。

问：你是哪所学校毕业的？

答：是××学院毕业的。

问：学习什么专业？

答：信息技术。

问："你是怎么知道我们公司的招聘信息的"？

这位年轻人故作神秘地说："昨晚，我在梦里听到有人对我说的。"

说完自己先笑起来……

（6）请结合个人实际试着回答下列面试问题。

① 你为什么来应聘本公司？

② 你如何评价自己的大学生活？

③ 哪位老师对你的影响最大？

④ 你最崇拜谁？

⑤ 你的座右铭是什么？

⑥ 与上级意见不一致时，你该怎么办？

⑦ 你对工资有什么期望？

⑧ 恐怕我们不能录用你呀！

5. 实训项目

招聘会情景模拟实训

实训目标：通过情景模拟，让学生熟悉面试流程，掌握面试礼仪，并注意面试细节，

积累求职面试的经验，学会"推销"自己。

实训准备：模拟招聘企业情况、需求岗位、面试问题、面试桌椅等。

实训方法如下。

(1) 全班每3人为一个小组，每6人为一个大组，分别扮演招聘方和求职方。

(2) 双方积极查找一个与本专业密切相关的企业，以它为对象进行模拟。

(3) 设置招聘流程。

(4) 布置招聘环境。

(5) 进行招聘与应聘演示。面试官先介绍企业及岗位需求情况，然后求职者依次进行1分钟的自我介绍，接着面试官提问，求职者回答问题。

实训要求如下。

(1) 双方注意整体流程的把握及礼仪的运用，如果可以，最好找企业的招聘人员进行指导。

(2) 全程录像，大屏幕回放，然后学生自我评价、小组评价，教师点评总结。师生评选出"最佳表现小组"若干。

任务6　工作礼仪

乐至则无怨，礼至则不争。

——《礼记·乐记》

学习目标

知识目标：确保入职礼仪符合规范要求；与同事、上级、下级讲究礼仪，建立友好关系，打造和谐的人际关系；营造良好的办公室环境；遵循办公室的各项礼仪规范，为自己的职业生涯奠定良好的起点。

能力目标：在工作中能规范自身言行，提升人际沟通能力；自主学习新知识，能够利用网络媒体查找与工作礼仪相关的知识。

思政目标：培养守礼、用礼的良好习惯和乐观向上的社交心态；塑造完美的人格品质。

任务导入

同事交往

阿艳是一位新应聘入职的职业院校毕业生，她工作勤奋认真，为人也非常热情，但是同事们却都不喜欢她。

某天午休时，阿艳看到同事张姐正在整理自己的照片，阿艳马上抢过鼠标，她一边看一边说："哎呀，张姐，你太不上相了，这么胖，你老公也这么……"

某天，阿艳看到同事小孙从总经理办公室走出来，她跑上去搭话："什么事？是不是上次的合同搞砸了被老板骂了？"小孙面露不悦，快速离开了。

阿艳又跑到同事小董那里说："小孙被老板骂了，肯定是因为上次合同的事……"

问题

(1) 同事之间应如何相处？

(2) 本案例对你有何启发？

求职成功后，就要走上工作岗位。对大学生而言，意味着从学生变成了职场人员。工作礼仪是工作场合应遵循的一系列规范。它直接影响工作，涵盖待人接物的能力、创新精神、办事效率、执行领导指示的态度等。工作礼仪通常由试用期礼仪、工作交往礼仪和办公室环境礼仪三部分构成。

在工作场合，遵守工作礼仪规范，言谈举止彬彬有礼，不仅体现了个人素质修养，也反映了对职业的认同和对同事的尊重。像"任务导入"中的阿艳那样，违反工作礼仪规范，触犯了同事的隐私：在公司内谈论私生活；与关系好的同事在其他同事面前过分亲密，形成小团体；以自我为中心，传播闲话和谣言；抱怨不止，破坏团队和谐，这不仅损害自身形象，也会被同事疏远，对职业发展极为不利。

有人说："职场生存，三分靠工作能力，七分靠为人处世。"只有遵守工作礼仪规范，与公司每个人和谐相处，顺畅沟通，才能提升工作效率，使职业生涯更加精彩，为事业成功打下坚实基础。

一、入职良好开局

各行各业对试用期的定义长短不一，有的设一个月到三个月的试用期，有的则设三个月到六个月，甚至更长。试用期是对新人是否可以真正胜任正式工作岗位的考核期。

如果你面试成功并进入试用期，说明这个职位对你来说已近在咫尺，但并不表明你就稳操胜券。因为"试用期"并不等于正式聘用；如果工作表现不佳，用人单位照样可以不与你签订劳动合同，原本看似确定的机会也可能失去。只有通过了试用期，求职过程才算真正完成。如果你的求职面试成功代表了你承受的一项挑战，那么试用期将是你面临的另一项挑战。作为职场新人，顺利通过试用期，踢好职场的"第一球"，需要做到以下几点。

(一)调整心态

作为职场新人，每个年轻人都应该细心观察、积极学习、虚心求教，让自己努力融入新的工作环境。要礼貌得体，既不过分迎合也不显得高傲，尽快获得公司同事的认可。不要急于表现自己，应以不卑不亢的态度融入新的集体。无论自己多么优秀，都不能自视甚高，认为自己高人一等。在职场中，没有人能独立完成所有的工作任务。尤其是刚入职的年轻人，按照礼仪专家茱莉亚的说法，需要"减少一些个人色彩"，以适应公司的文化，融入公司的风格，调整自己的行为策略。

有些新入职的年轻人，刚离开大学校园，可能心高气傲、个性张扬，追求与众不同以彰显个性。这种强烈的"希望在人群中脱颖而出"的欲望，或许能吸引注意，却不一定能得到主管和同事的欣赏。毕竟，工作岗位不是"个人秀"的舞台，而是需要团队协作的环境。年轻人需要去除自身的锐气和浮躁，虚心开启新的学习旅程。

自命不凡的小吴

(二)尽快适应

要主动了解并遵守单位的各种制度，包括管理制度、工作制度、作息制度，熟悉工作流程和环境。职场新人应严格遵守公司所有规章制度，尽快融入公司的运作体系。

在出勤方面，应提前 15 分钟到达，延后 15 分钟离开，以此展现年轻人积极、诚恳的工作态度。与工作相关的人和事必须在最短时间内熟悉，了解自己的工作性质和任务。要清楚自己岗位的要求、责任范围，以及奖惩制度是如何规定的，并牢记在心。

熟悉单位的业务范围和与岗位相关的客户情况，了解得越清楚、越详细越好。了解前任在此岗位的工作状况，这样可以有一个参照。要知道达到何种程度的工作表现会受到赞赏，以及什么样的错误可能导致被解雇。

【小贴士】

职场生活"三要求"

第一，要学会调整工作和生活节奏。刚进入新的工作单位，会遇到许多新的工作和生活问题，因此有许多东西需要重新学习，这势必要耗费很多时间和精力，有时甚至可能会把自己搞得焦头烂额、精疲力尽。这就需要根据环境，及时调整工作和生活节奏。如果调整得快且好，就有利于提高对环境的适应力。

第二，要学会有条不紊地工作。刚参加工作时，正常的工作秩序和生活规律尚未完全建立，这就要求毕业生既要稳重不乱，又要善于分清主次矛盾和轻重缓急，同时还要注意不急功近利或急于求成，以免分散精力，出现欲速则不达的情况。

第三，学会科学地安排业余时间。随着对工作环境的熟悉和职业生活的适应，业余时间便会逐渐增多。科学、合理地安排业余生活，有计划地加强学习，这对每一位刚走上社会的毕业生来说颇为重要。它既有利于培养自己的兴趣爱好，打开人际关系的新局面，养成生活规律的作息，丰富生活内容，也有利于劳逸结合，减轻工作疲劳，提高个人素质和工作效率。

(三)协调关系

如果说单位领导是决定你被录用的关键，那么，周围的同事则是决定你试用期结果的关键。与周围同事处理好关系，对试用期的益处很大，一方面，他们可以无私地帮助你，指点你，传授经验，一些企业的销售机构，甚至会主动为你联系客户。另一方面，在试用期结束时，他们可以帮你"说好话"，如果你周围的同事一致反映："这个人不错，挺能干的，很有潜力。"你的试用期很大可能会通过，因为他们的评价直接影响着领导作最后的决定。反之，如果与周围同事的关系很僵，后果将是非常严重的，想象一下，当大家都向领导反映："这个人能力差，不爱学习，又听不进别人的意见。"那么，你很可能将离开这家单位。

平时不要疏远领导和同事。有些职场新人对主管"零接触"，唯恐避之不及，开会、吃饭，甚至在电梯间遇到也躲得远远的。其实，如此这般的表现，不仅"帮"你躲开了主管的关注，也拉远了你与升职、加薪机会的距离。还有的职场新人过度专注自己的工作而不参与同事的谈论，这不是敬业，礼仪专家茉莉亚戏称其为"隐形人""空气人"：

不听也不说，好像不存在。而一到休息时间就不见踪影、下班时没打招呼就离开，那你就是同事眼中的"蒸发人"。

正确的做法是主动和老板、主管及同事打招呼，打招呼时要接触对方目光，保持微笑或点头示意。在电梯口、电梯间、走廊上、会议中、员工庆生聚会、公司年会等场合，新职员会有难得的遇到老板的机会，应好好抓住机会向老板打招呼、做自我介绍，争取给领导留下好印象。和上级打招呼看似一件人人都会的小事，却有新人需要注意的地方——千万不要跟着老职员乱称呼。比如，公司老职员都称呼一位年长的同事为"王姐"，为了和大家打成一片，你也这样跟着叫就大错特错了！要知道，多年共同的经历、合作或并肩拼搏，使老职员间拥有很多默契和感情，这些过往，作为新入职的你是无法相提并论的，因此，和大家一起称呼"王姐"会显得过于随便，也显得不够尊重对方。作为新员工，请规规矩矩、正式地称呼对方，尊称职衔，比如"王经理""王会计"，除非对方明确向你表示"和大家一样叫我'王姐'吧。"

处理好职场人际关系的要点在于：保持谦虚、热情、诚恳的态度，以交朋友的方式处理与周围同事的关系。学会给他人留足面子。作为新职员，切勿在公开场合批评公司或主管。即使主管能力不强、资历不深，他仍是上司，在公开场合不可让对方难堪，要学会维护老板、主管的尊严和面子。即使老板、主管的判断或指示有误，不宜当场指出，可以表示："等我确认后再向您汇报。"

平时一定要多虚心向同事请教，礼貌待人。下班时主动与直属主管告辞，并询问是否还有事需要做。对别人的事情要主动热心地提供帮助，不要怕吃点小亏，受点委屈。如果你与同事建立了友谊，他们会在你需要时尽可能地给予帮助。

多与同事接触，例如，和同事一起吃午饭，你只需微笑着问一句："你们中午都在这里吃饭吗？"通常你都会被邀请加入。在与同事交往上，投入时间是值得的。乐于接受同事私人聚会的邀请。下班后与同事聚餐、一起唱歌、在打折季一起购物，适当地主动参与会有很多收获。

掌握与老员工沟通的谈话技巧，使用敬语和谦辞，并养成习惯。学会微笑着与人交谈，真诚而得体地称赞对方。不要打探他人隐私，诸如婚姻、薪水等隐私性话题是交谈的禁忌。

要处处体现对上司的尊重。不管有多忙，都不能坐着仰头和主管讲话。主管来到你的办公桌时，要从座位上站起，停下手边的工作，专注地与主管交谈，绝不可以一边看电脑屏幕，一边回答问题。如果正在接打电话，要用眼神给主管一个示意，并告诉通话对方："对不起，我有些工作事务需要处理，稍后再与您联系。"尽快结束通话。当主管远距离叫你时，要起身回应。

在电梯内遇到上级主管，即使只有你和主管两个人，这里也不是私人空间，而是隐蔽的公共空间。公事、私事都不适合在电梯里讲。在电梯内只需要简单问候，点到为止即可。与主管同行时，应把尊位让给主管，礼仪规则是前者为尊、以右为尊。三人同行时，中间为尊，要走在主管左侧斜后方 0.5 米处，随时观察主管的动态，主管动则动，主管停则停。若遇开门、搭电梯、上车等情况，作为职场新人，应主动快速上前开门，帮领导挡门。乘车时让主管先上车，自己坐后座；点菜时最后点，一定要谦让主管、同事。

(四)尽展能力

试用期的主要目的就是考察应聘者的实际工作能力。如果不能满足岗位的要求工作表现一塌糊涂，可能未到试用期满就会被解雇。因此，试用期不仅要勤勤恳恳、努力工作，还必须千方百计地展示自己的能力。

尊重领导的决定

勇于面对挑战，面对困难。对新人而言，如果有前例可依循的工作，就不容易出错，但也局限了自己。因此，碰到艰巨的任务要勇敢承担，这就等于把握了自己快速成长的契机。如果这个时候将工作往外推，等于告诉主管"我没有能力。"

承担挑战绝对不是埋头苦干，面对困难要懂得如何适当求援。找有经验的人提供协助，可以请教前任(如果可能的话)，如何把这个工作做得更好，也可以到外面一些单位的相关岗位取经求教，还可以发动朋友、老师、同学帮助出主意、想办法，当然，最主要的还是自己动脑筋、想办法。最理想的结果是，你不仅按质按量完成了任务，还做了一两项有创意的开创性工作，那么，你也就能够从解决困难中获取更多的经验，你的试用期肯定能更加圆满。

新人新气象。为了给自己打气，一定要进行积极的自我暗示，抛弃那些旧的负能量的口头禅——"我的妈呀，实在太挑战了！""不会吧，太恐怖了！""拜托，千万不要是我！""天哪，我怎么那么倒霉！"而是换成——"是的，我需要再进一步学习！""没错，我没有彻底了解！""好的，我会想办法""太棒了！这就是我需要学习的地方！"这样一来，就会给人正面、积极的印象，同时也体现出你的积极态度和朝气。

(五)注意小节

现代职场上，一些自己不经意的坏习惯常常在不知不觉中让自己成为团队中被排挤的对象。这些自己毫不在意的"小毛病"，不仅让你在同事心中留下坏印象，甚至可能得罪老板，导致丢了工作，自己却还不知道原因。这实在是不容忽视！

待人有礼，但要注意保持适当的距离。不要在茶水间逗留过久，因为这里往往是公司是非的滋生地，容易使自己卷入公司的是非纷争中；大公司往往没有午休时间，一般用餐时间都是一小时，所以要注意调节个人习惯，不要趴在桌上睡过头。虽然没有人会叫醒你，但大家会觉得你这个人很懒散，造成不良影响。

少说话多做事，行动至上。用人单位最担心的是大学生过于自负，大事做不来，小事又不屑于做。办公室的卫生、复印机里的纸张、饮水机上的水桶……这些需要动手的小事，默默做了会积累给人留下踏实肯干的好印象。

要公私分明。作为职场新人，绝不要在办公时间处理私人事务，如发微信聊天、打私人电话、上微博、浏览网页，甚至网上购物等都是不允许的。闲暇的碎片时间应尽量多看业务资料，翻阅公司资料，查阅与自己职位相关的资料……多多学习，有助于你了解公司、轻松融入，也可以在老员工心中树立好学、勤奋的好印象。在自己的个人生活中，也要学会划清私人与公事之间的界限，在私人博客、微博中对公司事务的谈论要斟酌，不要贬低公司，肆意发表议论。

积极、准时、有准备地出席公司内部业务会议。会议室的上座是靠内面门的座位，下座是靠外近门的座位，入场时不要坐错位子。在会议室，不仅有同一办公室的同事，还有

跨部门的同事、各级部门的主管等，职场新人的一举一动都会被多双从不同角度审视的眼睛捕捉到。因此，参加会议时，职场新人不要像老职员那样松散地坐在座位上，应保持端正的坐姿，认真聆听会议内容，以肢体语言传递出端庄和认真。不打断别人的发言。新人对团队还没有太多贡献时，不要有太多主张和意见，要以静制动，尽量让老职员发言。轮到新人发言时，要做有准备的发言，但要掌握分寸，避免夸夸其谈，引起老员工反感。

在会议中，若与其他同事有不同的意见，不要争论，应与直属主管沟通讨论后，再根据情况提出。当遇到自己不确定答案的问题，或不知道该如何回答的问题时，一定不要支吾、搪塞，要坦诚面对，可以向对方表示："我现在无法回答这个问题，请您给我一些时间(可以说半天时间或一天或更多时间，但一定要具体)向主管请示、沟通之后再给您回答，您看可以吗？"把握参加公司会议这一给更多同事留下好印象的最佳时机，你会塑造良好的职业形象。

如果你有上述的任何坏习惯，都要尽快克服。总之，对于职场新人而言，讲究礼仪，注意小节，不断完善自我，就一定会在试用期安稳度过。

(六)角色到位

不应炫耀与主管的交情，也不应随意开玩笑。无论私人关系如何亲密，在职场上角色只能是上司和下属，要严格遵守职场的"尊卑伦理"。

礼仪专家茱莉亚曾提出以下建议：见到上级时，应主动问好，面带微笑，微微点头，以示尊敬。在会议上，要注意座次礼仪，不要抢占老板身边的位置或不自觉地争抢上座。应按照职位等级顺序就座，并请老板、主管先入座。与上级同乘电梯时，按住电梯按钮让上级先进，先按上级所到楼层，到达楼层后，按住电梯按钮让上级先出，然后自己再前往目的楼层。无论是在餐桌上，还是办公室、会议室，见到上级应立即起身，待上级入座或上级示意后，方可坐下。在通道或走廊遇到上级时，要礼让，不可抢行。在会见客户或参加仪式等站立场合时，在老板、主管面前不得把手交叉抱在胸前。进入主管办公室前，应先轻轻敲门，听到应答后再进入。进入后，要随手关门，但不要过于用力。如果对方正在讲话，应稍等，不要中途插话；如有急事需要打断，也应选择合适的时机。与主管交谈时，态度应不卑不亢、诚恳有礼。回应时目光要注视主管，避免唯唯诺诺；应使用"了解""知道""是的"等肯定性回答，代替"嗯""哦"等简短回答，让主管感受到你的自信和专注。

避免越级、越权报告，这在职场上是大忌，通常不是出于邀功就是为了申诉，往往会破坏职场秩序。在许多外企中，越级汇报本身就可能成为辞退员工的理由。即使在业务范围内必须让更高级的主管了解某些事务，也不应主动越级汇报，而应先向自己的直接主管汇报，并建议其向上级反映。

进入职场必须克服的10种坏习惯

作为下属，应随时向主管汇报工作的进展情况，让其了解你的工作进度。这不仅是严谨、高效的工作方法，也是对上司管理权的尊重。这一点同样适用于平级间的工作沟通，有助于促进交流和达成共识。应向指派你工作的人员报告，这样可以避免给人留下邀功的印象。

辞职礼仪

二、职场友好交往

(一)与同事相处的礼仪

与同事相处的
礼仪

与同事相处是否融洽、和谐，直接关系到自己的工作是否顺利，自身是否能够得到进步与发展。如何处理好与同事之间的关系，在职场中如鱼得水，是一门学问。

1. 与同事保持适当距离

管理学中的"刺猬法则"讲述的是当刺猬相互靠得太近时，会彼此刺痛；离得太远，则不利于相互取暖，双方都会感到寒冷。最后，它们找到一个适中的距离——既可以相互取暖，又不至于刺伤对方。这一法则告诉我们：人与人之间的适度距离是由双方的人际关系及其所处的情境决定的。与同事相处，需要懂得如何与他们保持适当的距离，既不过分亲近，也不过分疏远。关系太远，可能会被认为你不合群、孤僻或高傲；关系太近，可能会导致误解，认为你在搞"小圈子"，不利于团结。因此，与同事保持适当的距离是非常必要的。

2. 对同事平等相待

在职场中，应对所有同事平等相待，不能因为个人偏好而有所偏颇，也不应拉帮结派，形成"小圈子"。应该以平等、诚恳的态度对待每一位同事，共同营造友好、和睦的工作环境。

3. 尊重每一位同事

同事间的性格、兴趣、爱好各不相同，职位、能力、水平也各有差异，但每个人都是团队中不可或缺的一员，承担着重要的任务。因此，同事之间应该互相尊重，不应以自己的长处比较他人的短处，更不能歧视或嘲笑那些在某些方面不如自己的同事，以免伤害他人的感情，造成人际关系的紧张和隔阂。

4. 热心帮助同事

助人为乐是美德。在遇到困难、挫折时，同事之间的恰当关心和热情帮助是增进友谊的重要方式。有时，一句温暖或关怀的话，可能让人倍感温暖，从而赢得同事的接纳和好感。相反，那些只考虑自己、不愿帮助他人、通过贬低他人来抬高自己的人，往往无法建立良好的人际关系。

5. 诚实守信

诚实意味着为人处世要真诚、实事求是，不应虚情假意或犹豫不决。守信则是指严格履行承诺，言出必行，不应随意承诺或言行不一。诚实守信是建立良好人际关系的基本要求，只有诚实守信，才能在交往中建立互相了解和信任，实现和睦相处。

6. 宽容大度

在与同事的交往中，平易近人、随和自然的态度会让人感到亲切，愿意与你相处。如

果表现出自负、清高或性格孤僻，可能会让人对你敬而远之。交往中的摩擦或误会需要以宽容的心态对待，不应斤斤计较或怀恨在心。宽容大度是维护良好人际关系的关键。

7. 学会拒绝

在工作相处中，同事请求帮助是常有的事。当无法提供帮助时，应认真对待，而不是随意应付。学会恰当的拒绝技巧，避免简单地否定，如"不""不行""不去""做不到"，这些可能会给同事带来冷漠和生硬的感觉，不利于和睦相处。掌握有效的拒绝方法，可以在不得罪同事的同时，维护彼此的关系。

【小故事】

回请巧拒绝

二十多年前，当旅居海外十几年的著名作家梁实秋回到台北时，朋友们一个接一个地请他吃饭。梁实秋是有名的早睡早起的人。基本上他晚上八点睡觉，第二天凌晨四点就起床写作。偏偏那些朋友都是夜猫子，每天深夜十二点请他吃夜宵。梁实秋吃了几顿后，就受不了了，于是想出一个好方法，对大家宣布："谁请我吃夜宵，我就回请他吃早餐。"这些老朋友都愣住了，你看看我，我看看你，然后会心大笑，于是从此再也没人敢请梁实秋吃夜宵了。巧妙的拒绝，让梁实秋摆脱了吃夜宵的困扰。

与同事相处，拒绝时要讲究方法，既能达到拒绝的目的，又能保持正常的同事关系。以下拒绝方法可供参考。

(1) 但是法。首先肯定对方的意见，然后转换话题说"但是……"，把对方没有考虑的几种情况摆出来，来说明你的具体意见。这样你并没有直接拒绝对方，就已经达到了拒绝的目的。

(2) 商量法。拒绝对方时不使用过于生硬的语句，而是采用商量的口吻。例如，"你看这样是不是更好一些……""我们能否换个角度考虑一下问题……"

(3) 让对方自我否定。让对方自己否定自己，是一种有效的拒绝方法。通过帮助对方分析其不合理之处，指出其可能的不良后果，让对方自己主动停止。

(4) 借助他人的力量。当自己无法直接拒绝时，可以借助他人的力量来拒绝。但要注意的是，不要让对方感觉缺乏诚意或在推诿责任。

8. 钱、物往来要清楚

借了钱或物，一定要及时归还。俗话说："有借有还，再借不难。"即使是小额款项，也应记在备忘录上，以提醒自己及时归还，以免遗忘。向同事借钱或借物时，适当地写借条也是必要的。如果所借的钱或物不能及时归还，应每隔一段时间向对方说明情况。在钱、物方面，无论是有意还是无意地占他人便宜，都会让对方心里产生不快，从而降低自己在对方心目中的人格和地位。

9. 要勇于认错道歉

与同事相处、共同工作时，出现错误在所难免。一旦工作中出现错误，不要一味地找客观原因或推卸责任。而应学会主动承担责任，勇于承认错误，这样才能在职场中赢得信

任与尊重。

【小贴士】

同事相处"五不要"

(1) 不要唯我独尊。

(2) 不要牢骚不断。

(3) 不要总让同事请客。

(4) 不要趾高气扬。

(5) 不要打听、传播个人隐私。

(二)上、下级交往的礼仪

1. 上级与下级交往的礼仪

作为上级，处理好与下级之间的关系，要注意以下几方面的问题。

(1) 礼贤下士。在单位，上下级之间只有分工不同，没有高低贵贱之分。作为上级，不能以"领导"自居，应该以平等、友好的态度与下级相处。

"礼贤下士"，就是对下级以礼相待。领导者要充分注意下级的表现，尊重下级的权利，给他们平等的机会，对下级做出的成绩要予以充分肯定。上级与下级保持良好的关系，会极大调动下级的工作积极性，这是做好一切工作的保障。

(2) 关心下级。上级关心下级，最主要的是重视对下级的任用和培养。首先，领导要深入实际，全面了解下级的基本情况，甚至了解其内心世界，做到"知人善任"；其次，要充分信任下级，鼓励下级开拓进取，勇于创新；最后，对于下级创新中出现的问题，上级要敢于承担责任。

(3) 爱护下级。上级要主动为下级创造良好的工作环境，不断改进办公条件，减轻其工作负担，不断通过改进物质条件来调动下级的工作积极性；经常了解下级的工作和生活情况，尽力帮助下级解决其遇到的困难；对刚参加工作的年轻人，要热情而耐心地指导，帮助他们尽快提高个人素质。多开展各类文体活动，创造上级与下级沟通交流的机会，这不但有利于员工增强体质、陶冶情操，还有助于建立良好的人际关系，增强团体的凝聚力和向心力。

(4) 聆听下级。作为上级，一定要认真听取下级的意见和建议，以全面了解情况。这是领导者对下级的一种礼仪，要本着"有则改之、无则加勉"的态度，采取或公开或私下、或集体或个别的多种方式倾听。通过听取下级的意见，上级可以获得一些必要的参考信息，拓宽自己获取信息的渠道，更全面地了解情况，了解下级的愿望，更好地调整自己的决策，更加和谐地开展工作。只有虚心纳谏、平易近人，才有可能听到真实的、真诚的话语，而且对下级工作出现的挫折情绪进行及时的了解，及时沟通，将负面后果消除在萌芽阶段。

与下级及时、有效地沟通是解决问题比较好的方法，沟通时，如果下级提出异议和意见，上级要有良好的接受态度和端正的心态，要耐心地倾听下级的意见，不能有不耐烦的情绪而中途中止和下级的交谈。也不要表现轻蔑，要及时记录下来，并向下级表示会认真

考虑。不要自圆其说，推卸责任。合理的意见，要承认错误并提出改正的具体做法；不合理的意见，要给出令人信服的解释，不要恼羞成怒，更不能打击报复。不管下级提什么意见，都要向下级表示感谢。

得到意见后及时对意见进行分析，尽快对下级提出的意见做出答复。如果可以独自处理，就对下级的意见给出客观的分析评价；如果意见涉及的问题比较重大，就尽快召集管理人员一起讨论。主动公布意见处理结果，亲自向下级传达改进方法，并立刻实施处理方案。另外，对于指出公司重大失误的下级还要给予嘉奖。

注重聆听的老板

(5) 宽待下级。在批评下级之前，上级应该深入调查，多方了解，搞清楚下级出现问题的真正原因。调查清楚下级的某些错误是否情有可原，以便批评的时候对症下药，让下级明明白白地知道挨批的原因，从而以理服人。批评时要做到对事不对人。批评时还要选择正确的批评场合，除非下级的问题已经严重威胁整个公司的正常工作，否则不要使用当众点名批评的方式。不能不分时间和场合当面批评下级；要注意批评的态度，应把批评看作纠正某些不当行为的内部沟通，如果言辞过于刻薄，容易伤害下级的感情，甚至引起下级的敌对情绪。

对于犯了错误的下级，批评的方式一定要因人而异，最大限度地尊重对方，并有的放矢，力争批评效果最优化。如果方式、方法采用不当，不仅无法达到批评的目的，还有可能引起下级的敌意，激化和下级之间的矛盾。对于比较敏感的下级，不要直接就事论事地批评，可以先讲故事或者举例子等，让下级自己领悟到自己的不足。对于不便当面进行批评的下级，可以通过他的朋友或者他比较信任的人提醒。

对于好心办坏事的下级，要充分肯定他们的初衷，然后用探讨的方式和他们一起讨论。对于责任心很强、很有上进心的下级，很多情况下可不必做出批评的姿态，而是让他们自己认识到自己错了在哪里。对于产生逆反心理的下级，应该在以后的工作中多关心、爱护，使其明白批评只是对他们不同方式的关心。

批评也要讲技巧

(6) 善于分享。只有内求团结才能更好地外求发展，组织要更好地发展，就要把员工的力量拧成一股绳。作为上级，只有让下级共享组织的利益，让其明确组织的利益与自己的利益休戚相关，上、下级才能同舟共济、同心同德，共创美好未来。如果上级只顾组织利益，只顾自己多获利，而让下级拼命多干活，却不能与下级共享利益，那么，这样的上级是不能带动组织发展的。

许胜雄的用人之道

2. 下级与上级交往的礼仪

职场中，作为下级如何与上级相处，会影响一个人的发展前途。因此，与上级相处同样需要把握一些基本原则，遵循一定的礼仪规范。

(1) 调整好心态。与上级相处，既要尊重他，又要不畏惧他。有的人平时很自信，一到领导面前就紧张，行为拘谨，讲话不自然。这是因为其将领导看得太重，从而造成心理负担。因此，调整好心态，摆正位置是搞好上、下级关系的前提。下级的正确做法是，对上级既热情又不过火，既大度又不畏手畏脚。

当主管呼叫你的名字时，你怎么办？

(2) 维护上级形象。上级是一个单位或部门的代表，是组织的核心。无论在什么场合，对内还是对外，下级都要在口头上、行动上维护好上级的形象和声誉，服从命令听指挥。例如，遇到上级要主动打招呼；与上级谈话要谦虚诚恳；不议论上级，不当面顶撞上级，对其失误要理解、包容。当上级有错误时，切勿当众纠正。若错误不明显，不妨装聋作哑；若错误严重必须纠正，则要寻找合适的时机，以恰当的方式向上级指出。

(3) 主动向上级汇报。有些人认为只要做好自己的工作就行了，没必要多和上级沟通、事事汇报。其实不然，经常与上级沟通、汇报工作，既可以让上级知道你的工作进度与安排，有了问题还可以及时得到解决，避免造成失误。

(4) 不替上级做决定。勿擅自替上级做决定，但可以向上级表达你的建议。比如，当你向上级汇报一项工作时，不妨这么说："王经理，您好！这件事情经过我的调查和分析，我觉得有三种解决方式。这三种方式分别……这三套方案各有利弊，由于我资历较浅，请您来决定。"无论领导选哪种方案，你都是认可的。即使领导都不赞成，一个也没选，也至少会让领导知道你做了认真的准备和思考。

(5) 体谅、支持上级。在一个单位里，上级和下级只是分工和责任不同，共同的目标都是做好工作。作为上级，承担的责任更重大，工作更繁忙劳累。作为下级，在工作中就要多体谅、多支持上级，设身处地地为上级考虑、分忧，多出力、多尽责。恪尽职守、爱岗敬业、全心全意做好本职工作，这就是对上级工作的最大支持。

(6) 产生意见分歧时要巧沟通。当下级与上级有不同意见的时候，或者上级的意见让自己难以接受的时候，不妨先对上级的意见给予肯定，然后找一个适当的机会，委婉地表明自己的想法。这样既不会让上级丢面子，也合理地维护了自己的发言权。尤其当下级遭到上级批评时，不管批评是对还是错，尤其在公众场合，作为下级都要当面接受，然后找个机会和上级私下表明你的一些想法。千万不要当面顶撞，当面顶撞是最不明智的做法，这样既会让自己下不来台，也让上级下不来台。面对分歧时，下级如果巧妙沟通，会使上级或有一种歉疚之情，或有感激之情，或有认可之情。

"下属达人"晏殊的沟通艺术

三、办公环境幽雅

办公室既是工作的地方，也是社交的场所。随着人们办公硬件水平的逐渐提高，办公环境对工作的影响也越来越大，因此，员工对办公环境的要求也越来越高。办公室环境不仅体现出环境为员工服务、以人为本的现代精神，也反映出活动在这个环境中的人的精神面貌、审美情趣、工作作风。办公室良好的环境和工作秩序也是企业文化的一种体现。清洁卫生、整齐有序的办公环境能使员工产生积极的情绪，充满活力，提高工作效率。维护办公室环境需要注意以下几方面。

办公环境幽雅

(一)办公自然环境的要求

1. 保持光线明亮

充足的光线是办公室良好环境的重要因素。办公室光线充足且舒适，有助于员工减轻工作疲劳，保持充沛的精力，更好地工作。办公室要合理采光，无论是自然采光还是人工

采光,都应做到光源充足、光线柔和、光色和谐。如果光线不足,可用人工采光来弥补,所选择的灯具造型及光色要与整个办公环境相协调。此外,保持光线充足还要做到窗明几净,门窗玻璃应该经常擦洗。办公时间不要拉上窗帘,以免遮住光线。

2. 办公室的颜色要协调

颜色会影响人的情绪,办公室地板的颜色较墙壁的颜色要深,墙壁的颜色则应较天花板深。一般来说,普通办公室的天花板宜用白色,面对职员的墙壁宜用冷色,其他墙壁颜色宜用暖色,且所有颜色之间应相互协调。会议室以淡色和中性颜色为最佳,会客室以欢快、中性的颜色为最佳。

3. 空气清新

办公室的空气应自然流通,保持一定的温度、湿度。温度太高,员工会出现不适或头晕的现象。空气过于潮湿,会引起呼吸器官的不适并引发沉闷、疲倦的感觉,过于干燥的空气则容易使人焦虑和精神急躁。办公室理想的相对湿度为 40%~60%,并且经常要通风换气。门窗不常开会造成室内空气混浊,影响办公人员的工作效率和身体健康。

4. 环境安静

好的办公室能给员工提供安静的办公环境,而嘈杂的办公环境则会令人不愉快,且分散员工的注意力,容易造成工作的失误,因此,要尽量减少或尽可能消除声音的来源,如在桌椅和一些设备底下置橡皮垫等。员工在办公室应注意声音的调节,不要高声喧哗,防止发出噪声,应保持安静。接电话时音量要适中,不能高声喊叫,以免影响他人,不要播放嘈杂的音乐。出入要轻手轻脚,开关门力度要适中,不应摔门或用力开门,尽量不产生干扰他人工作的噪声。

(二)办公室环境布置

办公室应有鲜明的标志,对外的房门上或门旁挂上一个醒目、美观的标牌。办公桌应放在房间内采光条件较好、正对门口的地方,与窗户保持 1.5~2 米的距离,如果是多人的办公室,可采用不同规格的隔板,把各个工作人员的办公区域隔开,以保持各自工作区域的独立性,保证大家彼此的办公不受影响,有利于提高工作效率。

1. 装饰宁静

办公室的布置应给人高雅、宁静的感觉。办公室不宜一味地追求豪华,应注意符合办公自然环境的要求。根据工作性质和整个企业的经营宗旨及企业形象和办公室的空间大小,可选择风景画、盆景、有特殊意义的照片、名人字画、企业的徽标等作为办公室的装饰,以营造浓厚的企业文化氛围和使人心情愉快地交流信息和情感的环境。需要注意的是,不管多么好的装饰品,它所占的位置绝不能影响工作人员的工作。同时用于办公室的装饰品应符合办公室的审美原则,以优雅、和谐、轻松、宁静等为主,不宜摆放充满战争、恐惧、紧张、死亡的题材和情调的装饰品。另外,所有这些装饰品都应注意定期更换和清扫。

宽敞的办公室可以放置盆花(鲜花),但盆花要认真选择,一般不用盛开的鲜花装点办公室,过于鲜艳的色彩会分散人的注意力,使员工不能专注地工作。可以选择以绿色为主

的植物，绿色植物在办公室中扮演着重要角色。它不仅可以给人舒适的感觉，而且可以调节人的情绪。盆花要经常浇灌和整理，不能让其枯萎出现黄叶。可以在绿叶上喷水，使其保持葱绿之色。花盆泥土更不能有异味儿，肥料要精挑细选，不能选用有异味儿的肥料，否则会引来苍蝇或滋生寄生虫，使办公室环境杂乱不堪。

2. 整洁有序

办公室应保持整洁。地板、天花板、走道要定期打扫，玻璃、门窗、办公桌要擦拭干净、明亮。办公场所最先修饰的应该是办公桌。办公桌是办公的集中地，是进入办公室办理公务的人员注意力最集中的地方。办公桌摆放好了，办公环境就好了一半。办公桌要向阳摆放，让光线从左方射入，以合乎用眼习惯。桌面上只放些必要的办公用品，且摆放整齐。办公室内桌椅、电话机、茶具、文件柜等物品的摆设应以方便、高效、安全为原则。

书柜和文件柜应靠墙摆放，这样既安全又美观。要经常擦拭书柜和文件柜，使其整洁，如果有带玻璃门的书柜和文件柜，那么柜子上的玻璃门也要保持洁净、透明。尽量选用高低一致的柜子。如果办公室有沙发，最好远离办公桌，以免谈话时干扰别人办公。沙发上不要随便摆放报纸、纸张和文件等物品，茶几上可以适当摆放装饰物，如盆花等。

【小贴士】

复印机的使用礼仪

复印机是公司使用频率较高的公共设备，因此同事间容易在使用时间上发生冲突。一般来说，要遵循"先来后到"的原则，但是如果后来的人复印的数量较少，也可让其先复印，但先来的人已花费了不少时间做准备工作，那么后来者就应等一会儿再来。

当遇到需要更换碳粉或处理卡纸等问题时，如果自己不能处理，就请别人帮忙，不要一走了之，把出了问题的设备弃之不管，如此会给他人的使用带来麻烦。

使用完毕后，不要忘记将自己的原件和复印件拿走，否则容易丢失原稿或泄露信息。要遵守公司的使用规定，将复印机设定在节能待机状态或者关机。

在公司一般不要复印私人的资料。

(三)办公室公共环境的清洁

1. 日常清洁和维护

主动打扫办公室卫生，如倒垃圾、扫地、拖地。不乱丢废弃物，办公用品摆放整齐。办公室的地面要保持清洁，常清扫、擦洗，地毯要定期吸尘，以免滋生细菌。保持地面无污物、污水、浮土，无卫生死角。保持墙壁清洁，表面无灰尘、污迹。保持挂件、画框及其他装饰品干净、整洁。办公室也不宜堆放积压物品，以免给人"脏乱差"的印象，要经常清理办公室里的废弃物。

饮水机、灯具、打印机、传真机、文件柜等要摆放整齐，保持表面无污垢、无灰尘等。打印机和传真机使用完毕后要归位，不要让纸张散落在机器周围。办公室内电器线走向要美观、规范，并用护钉固定，尽量不乱搭接临时线。无论是使用公用的办公桌，还是洗手间，用完后都要保持整洁；如果需要维修要及时修复或者报修。

下班离开办公室前，应该关闭个人所用电器的电源，如电脑、传真机和打印机等。最

后离开办公区的人员应关闭照明设施和总电源,关闭门窗,要检查没有安全隐患后方可离开。

2. 用餐环境清洁

现在的工作节奏很快,因此,单位职工或公司员工不可避免地会在办公室用餐。在自己的办公桌用餐或者与同事一起进餐的时候,需要注意一些小节,以免破坏环境卫生。

注意餐前卫生,尽量不要将有强烈气味的食物带到办公室。即使个人喜欢,也不应该随心所欲。不好的气味弥散在办公室里,会损害办公环境和公司形象。另外,吃起来乱溅及声音很响的食物,会影响他人,最好不要吃,即使吃也要尽量注意。

保持干净的用餐环境。在用餐过程中,如果食物掉在地上,要马上捡起并扔掉,以免他人踩到,或者和残肴剩菜及废弃物品一起包好后扔进远离办公室的有盖垃圾桶内,最好不要放入办公桌旁边的纸篓里。准备好餐巾纸,不要用手擦拭油腻的嘴,应该用餐巾纸擦拭。尽量不要当众剔牙,非剔不行时,可用另一只手掩住口部;剔出来的东西也不要随手乱弹或随口乱吐。剔牙后,不要长时间叼着牙签,更不要随地乱扔,以免污染办公环境。

及时清理餐具。如果是个人自带餐具,用餐过后要及时将餐具清洗干净,并放置在合适的地方,不要长时间摆在桌上。如果是一次性餐具,用完餐后要立即把其扔掉,如果长时间摆在桌上,就会影响办公室的空气。如果突然有事要外出或来不及收拾,要礼貌地请同事帮忙。打开了的饮料罐不宜长时间摆在桌上。如果想喝完再扔掉,就把它放在不被人注意的地方。用餐后要及时将桌面擦净,以免产生难闻的气味,餐后将地面擦拭干净也是必须做的。如果还有异味,可用空气清新剂去除食物的气味,以免影响工作环境。

计算机的使用礼仪

(四)个人办公环境维护

1. 办公桌位要清洁

每天上、下班时要保持办公桌面整洁。每天擦拭桌椅,要定期更换并清洁外罩。定期擦拭电脑屏幕,清洁键盘。保持个人办公桌附近地面的清洁。桌面不能摆放太多的东西,只摆放当天需要或当时处理的文件或资料,其他书籍、报纸不能放在桌子上,应归入书架或报架;文件资料不要堆得乱七八糟,要定期清理,及时归档或上交。

废纸应扔入废纸篓里。零碎的东西放在抽屉里,切勿堆放得乱七八糟,影响办公环境。办公桌下面也不要摆放无用的物品,要整理干净。不要将自己的物品放到办公桌旁边的过道上妨碍人员通过,结束每天的工作后应将个人水杯或茶具中的水倒掉并清洗干净,将办公桌收拾干净,把桌面的物品归位,锁好贵重物品和重要文件再离开。离开自己的办公座位时,应将座椅推到办公桌下。

2. 办公用品要整洁

桌面只放些必要的办公用品,且摆放要整齐有序。不要将杂志、报纸、餐具、小包等放在桌面上,招待客人的水杯、茶具应放在专门饮水的地方,有条件的应放到会客室。为使用方便,办公文具要放在桌面上,可准备多种文具,如毛笔、自来水笔、圆珠笔、铅笔、曲别针、夹子、订书机等,能放进笔筒里面的就不要散放在桌面上。杂乱无章的办公物品会让人望而生厌,影响工作效率。

3. 环境布置要适当

要注重办公室环境的严肃性，非办公用品不外露，不摆放与工作无关的物品。不能视办公室为"家"。办公桌上的玻璃板下，主要放与工作有关的文字及数字资料，不应放与工作无关且容易分散注意力的物品，在办公桌上挂毛巾、衣服，以及塞满个人用品，甚至摆满个人餐具的做法都是不可取的。

你知道"6S"现场管理法吗？

【小贴士】

会议室的使用礼仪

为了使各项工作顺利进行，应尽量避免会议室的使用时间与别人发生冲突。因此，使用会议室之前，应该事先向管理人员进行预约。

保持会议室的整洁、干净。不管你是用来做什么，都要保持会议室的干净和整洁，不要把会议资料留在会议室，走之前要将桌面清理干净，保持会议室的良好卫生环境。

使用会议室的投影仪、音响等设备时，要请相关人员提前调试好，不要自己乱调乱动设备，以免损坏。

课 后 练 习

1. 运用判断

(1) 上班时尽量不要吃零食。　　　　　　　　　　　　　　　　（　　）

(2) 办公室的计算机桌面可以使用自己喜欢的图片。　　　　　　（　　）

(3) 当与上司的意见不一致时，可以直接反驳。　　　　　　　　（　　）

(4) 工作中切忌牢骚满腹。　　　　　　　　　　　　　　　　　（　　）

(5) 办公环境应处处体现出主人认真严谨的作风，高雅的品位。（　　）

(6) 办公时间不要随便接听私人电话。　　　　　　　　　　　　（　　）

(7) 一般不能在上班时间随便出去办私事。　　　　　　　　　　（　　）

(8) 办公室里一般不要谈薪金等问题。　　　　　　　　　　　　（　　）

(9) 遇到上司接听私人电话时，尽量回避，同时替上司关上办公室的门。（　　）

2. 简要回答

(1) 作为职场新人，应怎样做才能顺利通过工作试用期？

(2) 同事之间应该如何相处？

(3) 与上级相处应注意什么？

(4) 如何和下级交往？

(5) 办公室礼仪原则有哪些？

(6) 从合理的角度来讲，应如何布置办公室？

(7) 怎样维护办公环境？

3. 案例分析

扫描二维码，阅读案例原文，然后回答每个案例后面的问题。

案例分析题原文

4. 思考训练

(1) 办公室的空间虽小，可是方寸之间皆讲礼仪，你还知道办公室礼仪包括哪些方面吗？假如你要去一个办公室实习，你又该做哪些准备？

(2) 在办公时间受到上级的召见，应注意哪些礼仪？

(3) 工作中，你认为哪些礼仪是需要我们特别关注的？

(4) 假如你是外企公司职员，如果办公室有人主动跟你讨论工资，你该怎么对待？

(5) 遇到棘手的问题时，可以越级直接去见别的领导吗？为什么？

(6) 两人为一组，互相分享自己的学习环境、写字台或课桌上物品的摆放，找出问题并及时改正。

5. 实训项目

工作礼仪实训

案例背景：小白是某公司销售部的工作人员，她为人比较随和，不喜争执，和同事相处得也都比较好。但是，前一段时间，不知道什么原因，同一部门的小李却处处和她过不去，本来是她的工作任务也都故意让小白做，甚至还抢了小白好几个客户。

起初，小白觉得都是同事，没什么大不了的，自己忍一忍就算了。但是，后来小李却越来越过分，小白一赌气，告到了经理那里，经理批评了小李。从此，小白和小李成了冤家。

实训方法如下。

(1) 全班每4人为一个小组，选1人为组长，组织小组讨论：以小白遇到的问题为背景，帮她找到问题的所在，并提出合理的解决方案。

(2) 每组上台展示本组的解决方案，并设置一个为小白解决遇到问题的工作场景，一人负责场景介绍，其余同学分别扮演小白、小李、经理，进行角色模拟，演示工作交往礼仪。

实训要求：全程录像，大屏幕回放，然后学生自我评价、小组评价，教师点评总结。师生评选出"最佳表现小组"若干。

课程思政指南

课程思政元素

1. 传统礼仪文化

传统礼仪文化作为传统社会的行为准则，有着丰富的道德教育资源，诸如"仁""敬""和"等道德精神。

2. 我国民间礼俗

我国民间礼俗涉及人生礼仪民俗、岁时节日民俗、语言发展民俗、艺术民俗、物质生产生活民俗和信仰民俗等诸多方面，蕴含着丰富的德育教育内容。

3. 古今名人礼仪故事

古今名人，尤其是老一辈无产阶级革命家学礼、知礼、守礼的小故事中，体现出他们遵守礼仪规范的言行，彰显其崇高的人格风范，具有深远的教育意义，永远激励着青年学子学会"做人"。

电子活页：公共场所礼仪

娱乐场所礼仪

商场购物礼仪

就医探视礼仪

体育运动礼仪

洗手间礼仪

学生工作页

任务 1	遵守娱乐场所礼仪规范
任务 2	商场购物讲究礼仪
任务 3	在医院看病和到医院探视讲究礼仪
任务 4	遵守体育运动礼仪规范
任务 5	遵守就餐礼仪规范

班　级		学　号		姓　名	

学生自评

我的心得：

建议和提出的问题：

教师评价

项目三　社交活动礼仪

为了适应社会发展的需求，现代人除了要掌握基本的现代社交礼仪之外，还要对各类社交活动的仪式礼仪规范有一定的认识。

在社会交往中，仪式活动、会议活动等是当今社会生活中不可缺少的一部分，它们都有其既定的程序和礼仪要求，每一个社交活动的每一个步骤都有着严格的要求。只有了解和掌握了其中规范的及系统的礼仪要求，我们才能从容地开展各类社交活动。

现代社会对每一个人既提出了各种挑战，又提供了各种难得的机遇。如何在竞争激烈的人才市场中力挫群雄，谋得职位，礼仪的细节表现往往起着举足轻重的作用，礼仪可谓通往成功的桥梁！

任务 1　仪式活动礼仪

以礼为翼者，所以行于世也。

——《庄子·大宗师》

学习目标

知识目标： 开业仪式、签约仪式、剪彩仪式符合礼仪规范，成功地组织各类仪式活动。

能力目标： 能规范自身言行，提升活动组织能力和人际沟通能力；自主学习新知识，能够利用网络媒体查找与仪式活动礼仪相关的知识。

思政目标： 培养谦恭、谦和的社交态度；塑造礼让、文雅的社交形象；提高自身修养，提升可持续发展能力；具有团队意识和协作精神。

任务导入

失败的签约

一家拥有 6000 名职工的 A 企业为了避免破产，想寻找一家资金雄厚的企业作为合作伙伴。经过多方的努力，A 企业终于找到了"意中人"——一家具有国际声望的 B 公司。双方经过长时间的讨价还价的谈判，终于要草签合约了，全厂职工为之欢欣鼓舞。本以为大功告成了的 A 企业人员，没想到在第二天的签约仪式中，公司领导到达签约地点的时间比双方正式约定的时间晚了 10 分钟。待他们走进签约厅时，只见对方人员早已衣着整齐地排成一行恭候他们的到来。A 企业领导请对方人员坐上签约台，对方的全体人员却整整齐齐、规规矩矩地向他们鞠了一个躬，随后集体退出了签约厅。A 企业领导感到莫名其妙，因为迟到 10 分钟对他们来讲实在不算什么。事后，B 公司递交给 A 企业一份正式信函，其中写道："我们绝不会为自己寻找一个没有时间观念的生意伙伴。不遵守约定的人，永远不值得信赖。"

问题

(1) 举行仪式活动应遵循哪些礼仪规范?

(2) 本案例对你有何启示?

仪式是国际交往或社会交往中重大庄严的正式场合,主办方为了表示对活动的重视,会按照惯例举行某种规范化形式。在现实生活中,我们接触到的仪式很多,如开业仪式、签约仪式、剪彩仪式等。举办仪式活动,既可以表明企业对此项活动重视、严肃的态度,又可以显示自己的管理水平和视野格局,还可以激发全体员工的自豪感和责任心,扩大企业的社会影响力,提高企业的知名度和美誉度。

各类仪式活动的举行都有着较为正规、严格的礼仪规范要求,马虎不得。像"任务导入"中的 A 企业人员在签约仪式上的失礼行为是要坚决杜绝的。本来举行签约仪式意味着合作即将大功告成,因此是一项非常郑重、友好的活动,但 A 企业人员思想上不重视签约仪式,忽略了礼仪细节,最终导致前功尽弃。

一、开业仪式热情喜庆

开业仪式,是指在单位创建、开业,项目完工、落成,某一建筑物正式启用,或是某工程正式开始之际,为了表示庆贺和纪念按照一定的程序隆重举行的专门仪式。筹备和举行开业仪式始终应按照"热烈、隆重、节约、缜密"的原则进行。

(一)开业仪式的准备

1. 做好舆论宣传

开业庆典的准备

举办开业仪式的主要目的是提高企业的知名度和美誉度,并塑造良好的组织形象,吸引社会各界对企业的重视与关心,因此必须运用传播媒介广泛宣传,以引起公众的注意。宣传的内容一般应包括:开业仪式举行的日期、地点,企业的经营特色,开业时对顾客的优惠,等等。与此同时,别忘了邀请新闻界的记者光临开业仪式,对组织的开业仪式进行采访、报道,以进一步扩大企业的影响力。

2. 拟订宾客名单

开业仪式能否成功,很大程度上与参加典礼的主要宾客的身份、人数直接相关。因此,开业典礼前应邀请上级领导、知名人士、有关职能部门、社区负责人、社团代表及新闻媒介等方面的人士参加。对邀请出席的来宾,应将请柬送达,以示对客人的尊重。请柬要精美、大方,一般用红色、白色、蓝色,填写好的请柬应放入信封,提前一周左右邮寄或派人送到有关单位和个人(也可向来宾发送电子请柬)。

3. 布置现场环境

举行开业仪式的现场既可以是正门之外的广场,也可以是正门之内的大厅。现场应悬挂开业仪式的会标、庆祝词或欢迎词等。开业仪式一般是人们站着举行的,因此要在来宾站立处铺设红色地毯,以示尊敬和庄重。会场两边可放置来宾赠送的花篮,四周悬挂彩带和宫灯。此外,还要准备好音响、照明设备,使整个场地隆重、热烈。对于音响、照明设

备，以及开业仪式举行所需使用的用具、设备，必须事先进行认真检查、调试，以防使用时出现故障。

4. 安排接待服务

来宾的接待服务工作一定要指派专人负责，重要来宾的接待应由组织负责人亲自来做。要安排专门的接待室，接待室要求茶杯洁净，茶几上放置烟灰缸，如不允许吸烟，应用礼貌标语标牌放在接待室，提示来宾。要准备好来宾的签到处，并准备贵宾留言簿，最好是红色或金色锦缎面高级留言册，同时准备好毛笔、砚、墨等留言用的工具。为了便于来宾了解企业的情况，可以印刷一些材料，例如，庆典活动的内容、意义，来宾名单和致辞，企业经营项目和政策，等等。

5. 拟订仪式程序

为了确保开业仪式能够顺利进行，在筹备之时必须草拟具体的程序，并选定称职的主持人。开业仪式的程序包括：确定主持人、介绍重要来宾、企业负责人或重要来宾致辞、剪彩或参观、座谈、联欢等。

6. 准备馈赠礼品

在开业仪式上向来宾赠送的礼品是一种宣传性的传播媒介，只要准备得当，一般都能产生很好的效果。礼品要突出纪念性，并具有一定的纪念意义，让人珍惜；同时也要突出其宣传性，可以在礼品的包装上印上企业标志、庆典开业日期、产品图案、企业口号和服务承诺等。

【小案例】

特殊的开业庆典

没有拱门，没有气球，没有鲜花，没有鞭炮……这天上午，一场特殊的开业庆典在某市残疾儿童康复中心举行。在数十名孤残儿童与工作人员的见证下，刚刚进驻该市的一家公司的董事长将一张 5 万元的支票郑重交到残疾儿童康复中心主任手中，用这种特殊的方式庆祝其公司开业。

公司原计划举行一场盛大、热闹的开业庆典，但董事会成员都觉得传统庆典方式不符合当今社会提倡的节俭之风。于是，公司最终决定将原计划用于请礼仪公司办庆典的 5 万元全部拿出来捐给市残疾儿童康复中心，把这个俭朴而有意义的捐赠仪式作为公司的开业庆典。

捐赠仪式结束后，该公司的全体员工和孤残儿童欢聚一堂，做游戏、看节目，优美的歌声与快乐的笑声交织在一起，让这场特殊的开业庆典充满了爱的味道。这次开业庆典得到多方媒体的报道，为公司树立了良好的形象。

点评：开业庆典的形式不拘一格，深入人心的创新活动更能收到事半功倍的效果。

(二)开业仪式的种类

1. 开幕仪式

开幕仪式是开业仪式常见的形式之一，通常是公司、企业、宾馆、商店、银行等正式

启用前，或各类商品的展示会、博览会、订货会正式开始前所举行。开幕仪式举行之后，公司、企业、宾馆、商店、银行等将正式营业，有关商品的展示会、博览会、订货会也将正式接待顾客与观众。一般来说，开幕仪式要在比较宽敞的活动空间中举行，如门前广场、展厅门前、室内大厅等。

开幕仪式的主要程序如下。

(1) 宣布仪式开始，全体肃立，介绍来宾。

(2) 邀请专人揭幕或剪彩。揭幕时，揭幕人行至彩幕前恭敬地站立，礼仪小姐双手将开启彩幕的彩索递交给揭幕人。揭幕人随之目视彩幕，双手拉起彩索，展开彩幕。全场目视彩幕，鼓掌并奏乐。

(3) 在主人的引导下，全体到场者依次进入幕门。

(4) 主人致辞答谢。

(5) 来宾代表发言祝贺。

(6) 主人陪同来宾参观，开始正式接待顾客或观众，对外营业或对外展览宣告开始。

2. 奠基仪式

奠基仪式为一些重要的建筑物，如大厦、场馆、亭台、纪念碑等，动工修建前正式举行的庆贺性活动。其举行地点应选择在动工修建建筑物的施工现场，一般在建筑物的正门右侧。奠基仪式的现场设有彩棚，展示该建筑物的模型、设计图、效果图，并且建筑机械就位待命。

用来奠基的奠基石应是一块完整无损、外观精美的长方形石料。奠基石上的文字应当竖写，在其右上方写上建筑物的名称，正中央有"奠基"两个大字，左下方刻有奠基单位的全称及举行奠基仪式的具体时间。奠基石上的文字大都用楷体刻写，并且最好用白底金字或黑字。在奠基石的下方或一侧，还应安放一只密闭完好的铁盒，内装与该建筑物相关的各有关资料及奠基人的姓名。届时，它将同奠基石一道被奠基人等培土掩埋于地下，以志纪念。

奠基仪式的程序如下。

(1) 仪式正式开始，介绍来宾，全体起立。

(2) 奏国歌。

(3) 主人对建筑物的功能、规划设计等向来宾进行介绍。

(4) 来宾致辞道贺。

(5) 正式进行奠基。奠基人双手持握系有红绸的新锹为奠基石培土，再由主人与其他嘉宾依次为之培土，直至将奠基石埋没为止。奠基时应演奏喜庆乐曲或敲锣打鼓，营造喜庆的气氛。

3. 开工仪式

开工仪式是指工厂准备正式开始生产产品、矿山准备正式开采矿石所专门举行的庆祝性、纪念性活动。开工仪式通常在工厂的生产车间或矿山的主要矿井等生产现场举行，以使全体人员有身临其境之感。仪式现场除了司仪人员可以穿礼仪性服装之外，其他人员均应穿干净、整洁的工作服出席仪式。

开工仪式的程序如下。

(1) 宣布仪式开始。全体起立，介绍各位来宾，奏乐。

(2) 开工单位领导讲话。

(3) 来宾致贺词。

(4) 在司仪的引导下，本单位的主要负责人陪同来宾行至开工现场机器开关或电闸附近等地肃立。

(5) 正式开工。届时，应由本单位职工代表或来宾代表来到机器开关或电闸旁，动手启动机器或合上电闸。全体人员此时应鼓掌祝贺，并奏乐。

(6) 在主人的带领下，全体来宾参观生产现场。

4. 落成仪式

落成仪式，也称竣工仪式，是指本单位所属的某一建筑物或某项设施建设、安装工作完成之后，或是某一纪念性、标志性建筑物，如纪念碑、纪念塔、纪念堂等建成后，以及具有特别意义的产品生产完工后，所专门举行的庆贺性活动。落成仪式一般都在现场举行，如新落成的建筑物外或纪念碑、纪念塔的旁边等。参加落成仪式要注意表情，如在庆贺工厂大厦落成、重要产品投产等时，应表现欢乐和喜悦；在庆祝纪念碑、纪念塔等落成时，则应表现庄严且肃穆。

落成仪式的程序如下。

(1) 宣布仪式开始。全体起立，介绍来宾。

(2) 奏国歌，并演奏本单位标志性乐曲。

(3) 本单位负责人发言，内容主要以介绍、回顾、感谢为主。

(4) 进行揭幕或剪彩。

(5) 全体人员向刚刚落成的建筑物行注目礼。

(6) 来宾致辞。

(7) 全体人员进行参观。

5. 下水仪式

下水仪式是指新船建成下水之时所专门举行的仪式，是造船厂在吨位较大的轮船建造完成、验收完毕、交付使用之际，为其正式下水起航特意举行的庆祝性活动。下水仪式基本上都是在新船码头上举行，届时，要对现场进行美化，如在船坞门口与干道两侧布置彩旗、彩带。在新船所在的码头附近，应设置专供来宾观礼或休息用的彩棚。对新船也应进行装扮，如在船头扎上由红绸制成的大红花，在船舷两侧插上彩旗，系上彩带。

下水仪式的程序如下。

(1) 宣布仪式开始，介绍来宾，全体起立，乐队奏乐或敲锣打鼓。

(2) 奏国歌。

(3) 由主人介绍新船的基本情况，如船名、吨位、马力、长度、宽度、吃水深度、载重能力、用途、造价等。

(4) 特邀掷瓶人行掷瓶礼，砍断缆绳，新船正式下水。掷瓶礼是国外传入我国的一种独具特色的下水仪式节目，旨在渲染喜庆气氛。其做法是：由身着礼服的特邀嘉宾双手持握一瓶正宗的香槟酒，用力将瓶身向新船的船头投掷，瓶破之后酒香四溢，酒沫飞溅。嘉

宾掷瓶后，全体到场者皆面向新船行注目礼，并热烈鼓掌。此时，可再度奏乐或敲锣打鼓，放飞气球，放飞鸽子，并在新船上撒彩花、落彩带等。

(5) 来宾代表致辞祝贺。

6. 开通仪式

开通仪式是指在重要的交通建筑完工并验收合格后正式举行的启用仪式。例如，公路、铁路、地铁、轻轨及重要的桥梁、隧道等，在正式交付使用前，都会举行一次开通仪式以示庆贺。举行开通仪式的地点应在公路、铁路、地铁与轻轨新线路的起点，新建桥梁的一端，或者新建隧道的一侧。现场附近及沿线两旁，应当适量地插上彩旗，挂上彩带。必要时，还可以设置彩色牌楼，并悬挂横幅。对汽车、火车或地铁列车等要进行装饰，可在车头系上红花，在车身两侧插上彩旗，系上彩带，悬挂大幅醒目标语。

开通仪式的程序如下。

(1) 宣布仪式开始，介绍来宾。

(2) 全体起立，奏国歌。

(3) 主人致辞。介绍即将通车的新线路、新桥梁、新隧道的基本情况，并向有关方面表示感谢。

(4) 来宾代表致辞祝贺。

(5) 正式剪彩。

"机场饭店"
别开生面的
开业仪式

二、签约仪式郑重友好

签约仪式是组织与对方经过会谈、协商后形成了某项协议或协定，再互换正式文本的仪式。它是一种比较隆重的活动，且礼仪规范也比较严格。

签约仪式郑重
友好

(一)签约仪式的准备

签约仪式是组织具有里程碑意义的大事，组织应提前做好充分的准备，做到万无一失。

1. 准备待签文本

洽谈或谈判结束后，双方应指定专人按谈判达成的协议做好待签文本的定稿、翻译、校对、印刷、装订、盖印等工作。文本一旦签字就具有法律效力，因此，对待文本的态度应当郑重、严肃。

在准备文本的过程中，除了要核对谈判协议条件与文本的一致性以外，还要核对各种批件，主要是项目批件、许可证、设备分交文件、订货卡等是否完备，合同内容与批件内容是否相符等。审核文本必须对照原稿件，一字不漏，对审核中发现的问题要及时互相通报，通过再谈判达到谅解、一致，并相应调整签约时间。协议或合同上签字的有几个单位，就要为签约仪式提供几份样本。如有必要，还应为各方提供一份副本。与外商签订有关协议、合同时，按照国际惯例，待签文本应同时使用宾、主双方的母语。

待签文本通常应装订成册，并以仿皮或其他高档质料作为封面，以示郑重。其规格一般为大八开，所用的纸张务必高档，印刷务必精美。主方应为文本的准备提供准确、周

到、快速、精美的服务。

2. 布置签约场地

签约场地有常设专用的签约厅，也有临时以会议厅、会客室来用作签约厅的。签约厅布置的总原则是庄重、整洁、清净，如表 3-1 所示。

表 3-1　签约厅布置

项　目	操作说明
挂屏风式挂画	厅室正面挂屏风式挂画
布置签约桌	① 将长条桌摆放在离墙 2.5 米处，并居中； ② 在长条桌上均匀铺上深绿色台布：外侧长，距地面为 10 厘米；内侧短，距地面为 40 厘米
布置签约椅	将两张高背扶手椅摆放在签约桌后面，两椅相距 1.5 米
布置照相设备	① 在椅子背后 1.2 米处，根据人数多少摆上梯式照相机脚架； ② 照相机脚架两侧陈设常青树
摆放待签文本	在两个座位前的台面上摆放待签文本，右上方放文具
摆放旗架	签署双边性涉外商务合同时，需摆放旗架，并且将旗架摆放在两个文本中间的前方位置上，注意"客右主左"
摆放沙发	两侧可布置少量沙发，供休息用

3. 安排签约人员

举行签约仪式之前，有关各方应预先确定好参加签约仪式的人员，并向相关方面通报。客方尤其要将自己一方出席签约仪式的人数提前告知主方，以便主方做好安排。签约人要视文件的性质来确定，可由最高负责人签，但双方签约人的身份应当对等。此外，参加签约的各方事先还要安排一名熟悉签约仪式详细程序的助签人，并商定好签约的所有细节。其他出席签约仪式的陪同人员基本上是双方参加谈判的全体人员，按一般礼仪做法，人数最好大体相同。为了表示重视，双方也可邀请相同人数的更高层领导人出席签约仪式。

签约仪式的礼仪性极强，因此签约人员的穿着也有具体要求。按照规定，签约人、助签人以及随员出席签约仪式时，应当穿着具有礼服性质的深色西装套装或西装套裙，并配以白色衬衫与深色皮鞋。

参加签约仪式的服务人员(礼仪人员)可以穿自己的工作制服，或是旗袍等礼仪性服装。签约服务人员应注意仪态、举止，要落落大方，得体自然，既不要过于严肃，也不要过分喜形于色。服务人员的礼仪如表 3-2 所示。

表 3-2　服务人员的礼仪

项　目	操作说明
门口候客	① 服务人员站在门口，迎候签约人员； ② 签约人员到达时，服务人员要敬语相迎，将其引领至签约桌旁，并拉椅让座； ③ 照应其他人员按顺序就位

项 目	操作说明
双方仪式开始	服务人员手托摆有香槟杯的托盘(杯中酒约七分满)站立两旁，距签约桌两侧约 2 米远
双方签约完毕	① 服务人员看到签约人员握手并交换文本时，迅速撤除签约椅； ② 立即将酒杯送到双方签约人员面前，并说"请"； ③ 从桌后站立者的中间处开始，向两边依次分发； ④ 等签约人员干杯后，立即上前用托盘接收酒杯
送客	① 签约仪式结束后，为签约人员开门； ② 引领签约人员到电梯口，按电梯，用敬语送别

(二)签约仪式的程序

虽然签约仪式的时间不长，但它却是合同、协议签署的高潮，因此其程序规范、庄重而热烈。签约仪式的程序主要有以下几项。

1. 签约仪式开始

相关各方人员进入签约厅，然后在既定的位次上坐好。签约者按照主居左、客居右的顺序入座，双方其他陪同人员则分主、客两方，各自以职位、身份高低为序，自左向右(客方)或自右向左(主方)排列站于各签约人之后，或坐在己方签约者的对面。双方助签人则分别站在己方签约者的外侧，协助翻揭文本，并指明签约位置。

2. 签约人签署文本

签约人签署文本通常的做法是先签署己方的合同文本，再签署对方的合同文本。这一做法在礼仪上称为"轮换制"。它体现了位次排列上轮流使有关各方有机会居于首位一次，以显示机会均等和各方平等。

3. 交换合同文本

双方签约人正式交换已经相关各方正式签署的文本。交换后，各方签约人热烈握手，互致祝贺，并相互交换各自刚才使用过的签约笔，以示纪念。此时，全场人员应该鼓掌，表示祝贺。

4. 共同举杯庆贺

交换完已签订的合同文本后，礼宾小姐会用托盘端上香槟酒，进行签约的有关人员，尤其是签约人应当场喝完一杯香槟酒，这是国际通用的增添喜庆色彩的做法。

【小贴士】

香槟酒

香槟酒，是法文 champagne 的音译，是一种富含二氧化碳的起泡白葡萄酒，原产于法国香槟省，故而得名。香槟酒与快乐、欢笑和高兴同义，是庆祝佳节的酒，具有奢侈、诱惑、浪漫的色彩。

1688 年，法国的香槟省有位叫唐·佩里侬(Dom Pérignon)的修道士，他对酿酒有极浓厚的兴趣，但因香槟省地区偏北，阳光不足，且天气较为寒冷，缺乏良好的气候条件，很难酿出好酒。一次，修道士发现他酿出的酒不够甜，于是往里加了些白糖。但是白糖不能完全溶解，他又将酒加热，不料加热后放出二氧化碳形成小气泡，变成了高级佐餐酒。为了纪念这位修道士对酒的贡献，以 Dom Pérignon 作为高级香槟酒的名字。

历史上，没有任何酒可媲美香槟的神秘性，它给人一种纵酒高歌的豪放气概。香槟酒味道醇美，适合任何时刻饮用，也可搭配任何食物。在大型宴会上，使用香槟比其他混合酒更恰当。在婚礼和受洗仪式上，香槟也适合用来干杯。此外，香槟还是第一流的调酒配料，且价格合理。

5. 有秩序退场

喝完香槟酒后，礼宾小姐请双方最高领导及客方先退场，随后东道主再退场。整个签约仪式的时间以半小时为宜。

三、剪彩仪式隆重有序

剪彩仪式是有关组织为了庆贺公司、企业、宾馆、商店、银行等成立开业、大型建筑物落成，新造的车船和飞机出厂，道路桥梁落成首次通车，以及大型展销会和展览会的开幕举行的一种庆祝活动。

剪彩仪式的由来

作为一种庆典仪式，剪彩可以在开业典礼中举行，也可以举办专门的剪彩仪式，以期引起社会各界的重视。剪彩仪式的礼仪规则主要包括以下几方面。

(一)邀请参加者

参加剪彩仪式的人员主要包括主办单位的负责人、组织仪式的人员、上级领导、主管单位的负责人、知名人士、记者等来宾；主办单位的员工；以及相关的管理人员和技术人员。通过参加仪式，参加者可以更好地感受项目或展览的重要性，从而留下深刻印象。对仪式的参加者应做好接待工作。当宾客到达时，接待人员要请宾客签到，然后引领他们到指定位置。

(二)准备工作

剪彩仪式的主席台要事先布置好，并蒙上合适的台布，然后摆放茶水和就座人员的名牌。为了营造热烈而隆重的喜庆气氛，可以邀请礼仪小姐参加仪式。礼仪小姐可由组织方挑选，或从礼仪公司聘请。礼仪小姐的要求是仪容文雅、仪表大方、仪态端庄，着装宜选择西式套装或红色旗袍，穿高跟鞋，搭配长筒丝袜，化淡妆，并以盘起发型为佳。人员确定后，要进行必要的分工和演练。剪彩仪式的用品如剪刀、白纱手套、托盘应按剪彩者人数配齐，系有花结的大红缎带约 2 米，而且馈赠的纪念性小礼品也应准备好。

(三)剪彩者形象

剪彩者是剪彩仪式上的主角，其仪表、举止直接关系到剪彩仪式的效果和组织形象。

因此剪彩者要有荣誉感和责任感,衣着大方、整洁、挺括,容貌要适当修饰。在剪彩过程中,剪彩者应保持稳重的姿态、洒脱的风度和优雅的举止。

(四)仪式开始

当仪式主持人宣布仪式开始时,声音应高亢响亮。随后向到会者介绍参加剪彩仪式的领导人、负责人与知名人士,并对他们表示谢意。同时,也应对在场的其他与会者表示感谢。感谢可通过掌声表达,主持人可以举手示意,引导在场各位鼓掌。仪式上可以安排简短发言,发言者一般为东道主的代表,以及向主办方表示祝贺的上级主管部门、地方政府及其他协作单位的代表。

(五)进行剪彩

仪式主持人宣布正式剪彩后,剪彩者应在礼仪小姐的引导下走向剪彩位置。如有多位剪彩者,应让中间的主剪者走在前面,其他剪彩者紧随其后。主席台上的人员一般应在剪彩者之后 1～2 米处站立。当礼仪小姐用托盘呈上白手套、新剪刀时,剪彩者应用微笑表示谢意并接过手套和剪刀。剪彩前,要向手拉缎带的礼仪小姐点头示意,然后全神贯注、表情庄重地剪断缎带。如果多位剪彩者共同剪彩,需协调行动,尽量同时剪断彩带。剪彩者还应与礼仪小姐配合,确保彩球落入托盘中。剪彩后,剪彩者应转身向周围的人鼓掌致意,并与主人进行礼节性的交谈,然后在礼仪小姐的引导下退场。

(六)参观庆贺

剪彩后,通常组织来宾参观工程、展览等,并有时宴请宾客,共同举杯庆祝。

课 后 练 习

1. 运用判断

(1) 开业仪式能否成功,很大程度上与参加典礼的主要宾客的身份、人数直接相关。

(　　)

(2) 在签约仪式上,双方签约人员的身份应该对等。(　　)

(3) 在签约仪式上,双方助签人员分别位于各签约人员的后边。(　　)

(4) 剪彩开始时,主席台上的人员一般要在剪彩者身后4～5米处站立。(　　)

(5) 剪彩时不许戴帽子、戴墨镜,可以穿便装。(　　)

(6) 当剪彩者拿剪刀准备剪彩时应向四周观礼者致意。(　　)

2. 简要回答

(1) 举办开业仪式应注意哪些礼仪?

(2) 签约仪式需要做哪些准备?

(3) 如何进行签约仪式的座位安排?

(4) 签约仪式的程序是什么?

(5) 剪彩仪式的必备物品有哪些?

(6) 剪彩仪式的程序有什么？

(7) 剪彩的正确做法是什么？

3. 案例分析

扫描二维码，阅读案例原文，然后回答案例后面的问题。

案例分析题原文

4. 思考训练

(1) 作为开业仪式的组织者，开业仪式之前应做好哪些准备？

(2) 作为开业仪式的参加者应当遵循哪些礼仪原则？

(3) 中国北京的 A 公司与美国的 B 公司通过近一年的谈判，终于达成了正式的合作，双方将在北京某大饭店举行签约仪式，如果此次签约仪式由你准备，请列出准备的具体内容和签约仪式的现场布置工作。

(4) 剪彩仪式为何一直盛行不衰，思考并讨论其存在的意义。

(5) 剪彩仪式上，剪彩者与助剪者该怎样默契配合，达到协调一致，共同促进剪彩活动有条不紊地进行？

5. 实训项目

实训项目1：签约仪式模拟实训

实训目的：通过实训，掌握签约仪式的相关礼仪规范，并能全程组织实施签约仪式。

实训背景：东北亚专修学院与五湖化工集团的订单式培养签约仪式在东北亚专修学院会议厅举行。本次仪式由东北亚专修学院办公室刘主任负责筹备，五湖化工集团参加签约仪式的领导有集团总经理、人力资源部部长、办公室主任、人力资源部招聘经理，人力资源部办事员；东北亚专修学院参加签约仪式的领导有学院院长、副院长，学院办公室主任，教务处处长及化工系主任；同时还邀请了当地新闻记者参加。签约仪式上，大家举杯庆祝，共同祝贺合作成功。

实训要求：①学生分组，每十人为一组，分别扮演不同角色。②进行签约场所的布置。③准备签约正式文本，一式若干份；准备签约用文具、旗帜等物品。④角色扮演，模拟从进入签约厅到退出签约厅的整个过程。

实训项目2：剪彩仪式模拟实训

实训目的：通过实训，了解剪彩仪式的规范要求和过程。

实训内容：①观看视频，了解剪彩仪式的规范程序。②学生自设情境，模拟剪彩仪式场景。

实训要求：①学生分组，自设情境。②剪彩道具准备：红色缎带、剪刀、白色手套、托盘、红色地毯。③剪彩人员选定：剪彩者一人或几人，最多5人；助剪者由主办方礼仪小姐担任。④按照剪彩程序，进行角色扮演，演练过程中要注意遵守剪彩仪式的各项礼仪要求和规范。

最后，对上述两个实训项目学生进行自我评价、小组评价，教师点评总结，并指出各组存在的共性问题。全班评选出"最佳表现小组"和"最佳表现个人"。

任务 2　会议活动礼仪

缘人情而制礼，依人性而作仪。

——《史记·礼书》

学习目标

知识目标：组织洽谈会、发布会、展览会、联欢会、茶话会等会议，并在会议中遵守礼仪规范。

能力目标：规范自身言行，提升活动组织能力和人际沟通能力；自主学习新知识，能够利用网络媒体查找与会议活动礼仪相关的知识。

思政目标：树立团队意识和协作精神；培养谦恭、谦和的社交态度；塑造礼让、文雅的社交形象；提高自身修养，促进可持续发展；树立传承文化、开拓创新意识。

任务导入

会场的尴尬

某公司要举办一次公司转产的会议，邀请了公司股东和各部门领导。此外，还邀请了当地政府要员和同行业知名人士出席。该会议关系公司未来的发展，因此领导都非常重视，所需的相关材料也都准备得非常仔细。到了开会这天，股东和领导都到齐了，但主持人却迟迟未到场。原定于9点召开的会议，9点10分主持人才到，大家对此非常不满。而且会议中也频繁出现问题，一会儿话筒没有声音，一会儿投影仪不好用，股东们为此非常生气。公司领导这时发现会议气氛有些不对，且会场十分混乱，有的股东甚至非常激动地说："这简直是笑话，知不知道我们的时间有多宝贵？"随后纷纷离开会场，留下一脸尴尬的公司领导。

问题

(1) 成功举办会议应注意哪些礼仪？

(2) 本案例对你有何启示？

会议是指三人以上参加、聚集在一起讨论和解决问题的一种社会活动形式。组织会议、主持会议或者参加会议已是现代职场人士日常工作的基本内容，常见的会议有洽谈会、新闻发布会、展览会、茶话会等，但无论哪种类型的会议，都应该遵守基本的会议礼仪。会议礼仪是指在召开会议前、会议中、会议后，参会人员应注意的一系列职业礼仪规范。懂得会议礼仪对会议精神的执行有较大的促进作用。如果企业能在一个宽松和谐的氛围中举行会议，就会自然地拉近会议成员之间的距离，加深相互理解，促进彼此友谊，推动会议成功举办。会议礼仪越周到，会议工作越详细，会议越能顺利进行，也就越能取得预期效果。而像"任务导入"中的这种准备不充分、组织不成功的会议，只是浪费与会者的宝贵时间，同时也损害了企业的形象。

遵守会议礼仪规范对于职场人士来说是十分重要的。因此，筹办会议时，各方面都考虑周全。主持会议要体现出会议主持人员对整个会议的良好控制能力；出席会议时，仪

态、精神都要与会议的内容、主题相吻合。一个重要会议的举行往往既是职场人士才华展现的机会，又是其礼仪修养和业务水平的展示舞台，因此应特别予以重视。

一、会议精心筹备

(一)会址的选择

会址的选择

大型会议的会址选择与会议主题的深化有着密切的关系，同时也对与会者的情绪产生很大影响。选择会址时，首先要本着适中、方便、舒适、经济的原则，并考虑以下各方面因素，以满足会议的多种需求。

1. 交通要便利

会场的位置必须便于与会者前往。如果周边路况不佳或主要交通通道正在施工，即使其他条件再好，也不宜选择，因为这会给与会者带来不便，是非常失礼的。

2. 大小要适中

会场的大小应根据会议内容和参与人数来决定。如果会场大而参与者少，会显得空旷；反之，会场小而参与者多，则会显得拥挤。一般而言，会场大小应与会议规模相匹配。若会议时间较长，场地可稍大些。对于大型会议，还需明确进场、退场路线，并确保通道宽敞、畅通。

3. 设施要齐全

会场应配备完善的设施，包括桌椅、通风、照明、空调、音响设备等，这些设施应完备且有效，卫生设施也应便利。对会议所需的设备，如计算机、演示板、投影仪、麦克风等，应特别关注，并提前进行检查。

4. 主题要符合

室内会议如洽谈会、发布会等，应选择安静、舒适的环境，尽量避开喧闹地区，以免受外界干扰。必要时，可在会场外挂"会议正在进行中，谢绝参观"的牌子，并要求与会者关闭手机，同时会场应具备良好的隔音设施。对于公关宣传性质的庆祝会、赞助会、展示会等，若需在室外举行，可选择在主办单位门前广场，同时要追求隆重热烈的效果，注意避免造成不良影响，如交通堵塞。

总的来说，不同类型的会议应选择不同的地点，如表 3-3 所示。

表 3-3 会议类型与会议地点

会议类型	会议地点
培训活动	举办培训活动的最佳环境是能提供专门工作人员和专门设施的成人教育场所，如公司的专业培训中心、旅游胜地的培训点及学校等
研究和开发会议	研究和开发会议需要有利于沉思和灵感涌现的环境，培训中心或其他宁静场所最为适合
学会年会	一般由会员表决决定，通常选在最受欢迎的城市，并选择能提供会议服务的酒店

续表

会议类型	会议地点
表彰和奖励会议	重大的表彰、奖励型会议的环境一定要高端，因为会议的目的是表彰杰出表现
交易会和新产品展示会	交易会和新产品展示会需要有展厅的场所，同时，到达会议所在城市的交通必须便利

5. 停车要方便

选择会议活动的地点时，还应考虑附近有无停车场所，以方便与会人员停车。

6. 费用要合理

租借场地的成本费用要合理，既要讲究排场，又要勤俭节约。此外，会务人员一定要对会场的照明、通风、卫生、服务、电话、扩音、录音等进行检查，保障与会者的舒适度和会议的顺利进行。一个好的会议场所不仅可以让与会者感受到主办方的诚意，还能够带来高效率；不适宜的场所则不会给会议带来良好效果。

(二)会场的布置

一般小型会议，会议室只需清洁、明亮，并有足够的桌椅供与会者方便地查看文件、做记录、讨论发言即可。而大型会议的会场准备则比较复杂，需要体现会议主题，应注意会场内座位的布局、主席台的布置及其他装饰，渲染和烘托气氛，确保会议的科学性、合理性和艺术性。

1. 会标

会标，即会议全称的标题化，应将会议全称用大字书写后挂在主席台的正上方，一般用红底白字或红底金字，这是会议礼仪中非常重要的一点。会标能增强会议的庄重性，揭示会议的主题与性质，同时帮助与会者快速进入会议状态。

2. 会徽

会徽是体现或象征会议精神的图案性标志。选择会徽时，应挑选具有强烈感染和激励作用的图案，重大会议的会徽可以向社会征集，也可以在单位组织内部征集。会徽图案应简练、易懂且寓意丰富。

3. 标语

标语是会议主题的体现，会场上的气氛常被恰到好处的标语、旗帜等渲染。标语应在准备会议文件时拟定，并报请领导批准。会议标语应集中体现会议精神，使其简洁、上口、易记，且具有宣传性和号召力。

4. 旗帜

会议的旗帜包括主席台悬挂的旗帜和会场内、外悬挂的旗帜。主席台上的旗帜应悬挂在会徽两侧，这样显得庄严、隆重；主席台两侧可插上对应的五星红旗或彩旗，增添喜庆气氛。会场门口和与会者入场的路旁可插上五星红旗或彩旗，使会议的热烈气氛洋溢在会

场内外，衬托会议的隆重。

5. 花卉

花卉是会议礼仪不可缺少的重要元素，会场上，能减轻与会者的疲劳。选用花卉应突出中华民族的文化特色，如梅花、牡丹、菊花、兰花、月季、杜鹃、山茶、荷花、桂花、水仙等十大名花为代表的中国原产花卉，它们被赋予了强烈的文化色彩，以这些花为主构成的花卉艺术品，如插花、盆景等都能无声地向人们传播中华民族的文化。因此，重大会议，应选取有代表性的中国原产花卉作为摆放主体，并将中国传统艺术花卉的插放造型作为会议花卉的礼仪形式。

6. 灯光

会议场所的灯光应明亮、柔和，既给人适宜的照明，也可减缓长时间会议带来的身体或精神上的疲劳。大型会议的会场灯光应设计多套方案，以满足会议颁奖、照相、演出等多种需求。

7. 座位

会场内座位的布局应根据会议的规模和主题来选择合适形式。"而"字形布局正规且常见，营造严肃会议气氛，如图 3-1 所示。

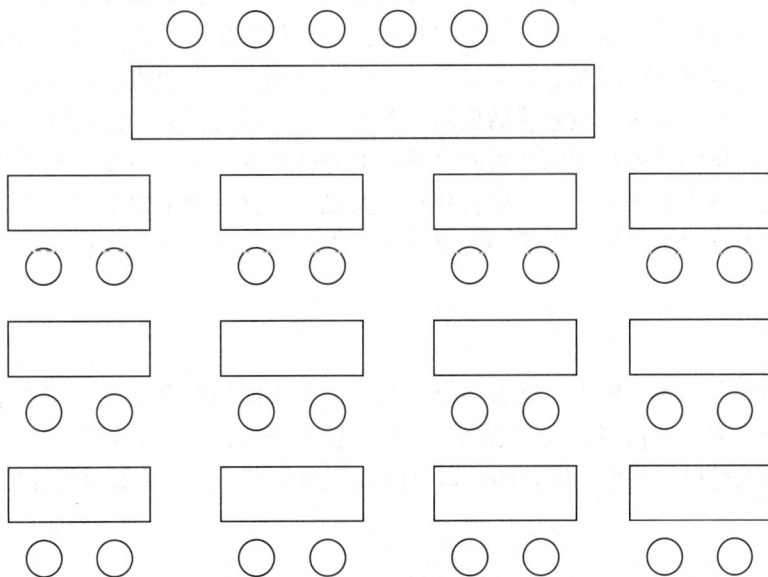

图 3-1 "而"字形座位布局

小型会议、座谈会等根据需要选择椭圆形、圆形、"回"字形、"T"字形、马蹄形和长方形等布局，这些可以使参加会议的人坐得比较紧凑，彼此面对面，可消除拘束感。而座谈会、小型茶话会、联谊会等多选择六角形、八角形或者半圆形等布局。

如图 3-2 所示，从左至右依次为椭圆形、"T"字形、"回"字形、马蹄形会议室座位布局。

(a) 椭圆形　　　(b) "T"字形　　　(c) "回"字形　　　(d) 马蹄形

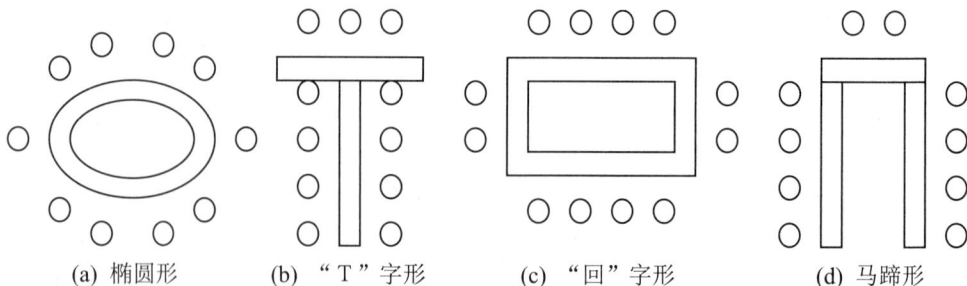

图 3-2　会议室座位布局

(三)主席台的布置

主席台是会议的中心和会场礼仪的主要位置。因此，主席台布置应与整个会场布置相协调，并予以强调和突出。

1. 座位

主席台座位要满座安排，不可空缺。若原定出席的人因故不能来，则要撤掉座位。主席台座位若有多排，则以第一排为尊贵。第一排的座位又以中间为尊贵，依我国传统一般由中间按左高右低顺序往两边排开，若领导人数为单数时，则最高领导在最中间位置，第二领导坐在最高领导的左侧，第三领导坐在最高领导的右侧，以此类推。如果领导人数为双数时，则最高领导在中间左侧，第二领导在中间右侧，以此类推。但国际上流行右高左低，因此安排涉外会议时，也要灵活应对。时下一般处理方式为：开会以左为尊，宴请以右为尊。每个座位的桌前左侧应放置姓名牌，既方便领导入座，也便于台下与会者和新闻采访人员辨认、熟悉有关人士。主席台座位不要过于拥挤，桌上也不宜摆放鲜花之类的物品，以免遮挡视线，但要便于主席团成员打开文件、做记录、翻阅讲话稿，并放置笔、茶水、眼镜等物品。

2. 讲台

主席台的讲台，应设置于主席台前排右侧，讲台不能设在台中央，使主席团成员视线被遮挡。讲台上主要放话筒，也可适当放一盆平铺的花卉。讲台桌面应便于发言者打开讲话稿或摆放相关材料。整个主席台的台口可围放一圈花卉，但要选低矮的绿色品种。

3. 话筒

发言席和主席台前排座位都应设有话筒，以便于发言者演讲和会议主持人或领导讲话。一般发言席和主持人话筒专用，其他主席台前排就座者合用两三个话筒，并且一般置于主要领导面前。

4. 后台

主席台台侧和后台，应设休息室，以便于领导和与会者安排候会，并尽可能在后台排好上台入座次序，以免造成混乱。有时会议可能会发生一些小意外，后台还可以作为有关人员做商量对策、解决困难的场所。主席团成员开会也可利用后台休息室。因此，会议布置人员切不可忽视后台的作用。

5. 会议其他用品

为确保会议顺利进行，会议布置人员应准备各种工作文具用品，如纸、笔、投影仪、指示棒、黑白板、复印机、电脑数据库及投票箱等。不同会议有不同需求，满足与会者需求是会议布置人员在安排会议、布置会场时必须要考虑的。

会议用品准备

二、会议服务到位

(一)会议准备阶段的服务

1. 时间选择

会议服务到位

开会时间的选择应合适。大型会议应尽可能地避开公众节假日。同时，注意会期不能安排得太长，否则影响与会者的日常工作，有某些紧急事件突发时，可以取消或延期举行会议。

【小贴士】

会议时间安排

心理学家测定，成年人能集中精力的平均时间为 45～60 分钟，超过 45 分钟，人就容易精力分散，超过 90 分钟，则会普遍感到疲倦。因此，每次会议时间不宜超过一小时，如果会议需要更长的时间，应该安排中间休息。

会议时间的安排要考虑到人们的生理规律。一般上午 9:00～11:00、下午 2:00～4:00 为办事效率较高的时间段。

2. 邀请对象

选择出席会议对象时应考虑各种因素，与会者既要有与会资格，又要有参与能力和水平修养。如果被邀与会者无法完成会议任务，可能会感到痛苦或尴尬，使与会成了他一次不愉快的经历，对会议组织者来说，这也是会议礼仪考虑不周的表现。

3. 详尽通知

会议通知的发送要做到：发得早——既便于与会者安排手头工作，又便于与会者为会议内容做准备；内容细——会议名称、届次、主要议题议程、出席范围、与会者应递交什么材料或做哪些准备、会期、会址等都应明确告知，便于与会者参加会议，使会议顺利进行，从而提高会议效率；交代明——食宿如何安排、费用为多少、交通路线怎样，以上这些都要交代清楚，以免造成麻烦。对特邀贵宾，应派专人登门呈送通知，以示尊重。

秘书工作失误

(二)会议召开阶段的服务

1. 接站

一般会议都会规定报到日期，并在报到日期安排好接站工作。在车站、码头、机场等

主要交通站点，应使用醒目的牌子并标明"××会议接站"，以便与会者迅速识别。接站人员应对与会者表示欢迎并进行慰问。

2. 登记

到达报到地点的与会者，首先要做好签到、登记、收费、预订返程票、发放会议资料、发放会议身份证件等。这一过程应在登记处迅速办理，让与会者早点到客房休息。登记时，与会者的合理要求应尽量予以满足。大型会议的东道主应在会议召开的前一天晚上，到会议各住宿地看望与会者，尤其是特邀贵宾和领导。

常用会议的
签到方式

3. 联络

会议期间，应与各小组保持联络，不要使一位与会者有被冷落的感觉。会议简报要对各小组进行相对均衡的报道，不要只将报道焦点聚焦于有大人物、有热点的小组，而使其他小组产生不快。

4. 安全

保障与会者的安全是会议组织的重要方面，包括人身、财物及食品卫生安全。涉密会议还须强调文件安全。会议布置人员要尊重每一个与会者，但涉及机密时，则必须按章办事。

5. 服务

会议服务人员应严格按照会议拟定的章程提前准备，确保会议顺利进行。例如，大会需要奏乐，音乐就应当按时响起；大会需要投影，其他光源就需要适时关闭；等等。会议开始后，服务人员应站在会场周围，随时准备提供服务。服务人员一般不得随意出入会议室或在主席台上随意走动。确有紧急情况，应通过传递纸条完成。

送茶水等物品时，应对客人说："请用茶。"每隔 20 分钟加一次茶水。会议颁奖或邀请嘉宾上台，应由专门的礼仪小姐引领。礼仪小姐要走在嘉宾左前方 1 米处，并微笑示意嘉宾注意行走安全。

会议结束时，服务人员应立即开启会议室大门，并在门口立岗送客，面带微笑道别。

将衣帽架上的衣、帽送还来宾，注意不要出错。

检查会议室是否有来宾遗忘的物品，如有应立即交还来宾或交相关领导处理。

【小贴士】

会场服务的注意事项

绝不能因为服务站立时间过长，就倚靠会场墙壁或柱子。

在会场服务时应尽量不干扰讨论中的客人或正在发言的客人。

会场服务的过程中，语言、动作要轻，避免影响发言者。

遵守会场规定，不得随意翻阅会议文件或打听会议内容。对于听到的会议内容应保密。

6. 娱乐

若会期较长，可安排影视放映、文艺演出或文体活动，调节与会者情绪。与此同时，

也应鼓励与会者主动参与文体活动。此外，可组织一些自娱自乐的演唱或球类、棋牌类活动等，活跃会议气氛，调节与会者的情绪。还可适当组织与会者参观、游览，使会议节奏张弛有度。

(三)会议结束阶段的服务

1. 照相

若安排照相，应提前准备，确保所有与会者都能参与，并在离会前拿到照片。

2. 材料

发给与会者的材料应便于携带，需收回的材料应提前告知与会者，发现有人未交材料时，应尽早查问。不一致的意见不应写入会议决议或纪要。要乐于为与会者提供复印材料、邮寄材料或其他物品等会议服务。

3. 送客

将与会者所订票交给其本人时，要仔细核对车次、航班或船期信息，并仔细向与会者交代。若有不对或照顾不周处，应主动承担责任。如果有人需要照顾而影响了其他人，应向其他人解释，以争取大家的谅解。每一个与会者离开时都要热情相送，对集中离开的与会者，应准备车辆送至车站、机场或码头，贵宾则必须送至机场登机处。

三、各类会议合规

会议是由主办方或主持单位为达到一定目的而组织的活动。会议的目的有很多，如表扬批评、布置任务、解决问题、交流经验、调查情况、沟通信息、纠正错误等。但是，无论是什么目的，要想收到良好的效果，会议的组织、参加、进行就必须按照礼仪规范，以便与会者能很好地进行沟通。因此，会务活动礼仪是会议取得成功的重要保障。

(一)洽谈会礼仪

洽谈会，又称磋商会或谈判会，是指有关各方代表充分表达己方的各种看法或意见，并倾听他方的不同意见。通过详细陈述己方的理由，反复与对方交换看法或做出让步，将歧义或分歧降至最小，最终达成一致协议的过程。

1. 洽谈会的准备

洽谈会前的准备工作对洽谈结果具有决定性影响。在准备的过程中，人员配备、信息收集、议程制定都很重要，必须认真对待。

(1) 人员配备。为确保洽谈顺利进行，应根据对等原则组建洽谈团队。团队中应包括精通业务、具有经济和法律知识、能够作出决策的主谈人员，以及懂业务、懂技术并有洽谈经验的辅助人员。团队成员以 4 人为佳。一个精干的团队，既具备"T"形知识结构，又注重仪表、谈吐自如、举止得体，不仅能为洽谈创造有利条件，也是对对方的尊重。

(2) 信息收集。俗话说"知己知彼，百战不殆"。为掌握洽谈的主动权，洽谈前必须进行信息收集。应进行市场调研，了解对方业务情况，掌握对方参与洽谈人员的基本情

况、每个人的谈判风格、对己方的态度等，以便制定相应策略。涉外谈判还需了解对方文化背景和礼仪习俗，以促进有效沟通。

(3) 议程制定。洽谈议程是影响洽谈效率的关键。每次洽谈前，应周密安排洽谈的主题、时间、地点、方式和目标，避免礼仪上的疏忽。例如，洽谈地点的选择对洽谈效果有显著影响。若在己方进行，作为东道主应注重礼貌待客，确保邀请、迎送、接待和洽谈组织符合礼仪规范；若在对方所在地进行，应"入乡随俗"，了解当地风俗并灵活应对，争取主动。

2. 洽谈会上的礼仪规范

洽谈不仅是双方知识、信息、心理、修养、口才和风度的较量，也是成功的关键。洽谈会上应遵循一定的礼仪规范。

(1) 座位安排。洽谈会通常使用椭圆形桌或长桌，双方人员分别坐在桌子一侧。若谈判桌横放，面对洽谈室正门的一侧为上座，应请客方就座；背对门的一侧为下座，由主方就座。若谈判桌竖放，进门右侧为上座，客方就座；左侧为下座，主方就座。双方主谈人员应坐在各自一侧正中，副手或翻译坐在主谈人员右侧第一个座位，其他参谈人员按职位高低依次坐在主谈人员两侧。小规模洽谈可使用沙发或圈椅，按"以右为尊"原则就座，或交叉而坐，营造合作和友好气氛。

(2) 谈吐举止。洽谈人员的谈吐应轻松自如，举止文雅、谦虚有礼，避免拘谨或慌张。见面后，可简短寒暄，然后转入正题，谈论轻松话题，如旅途、季节、文体活动、个人爱好或合作经历。但寒暄不宜过长，以免占用过多时间。

(3) 衣着打扮。参加洽谈人员的着装应正式，体现对洽谈的重视和准备。非正式洽谈可穿着随意，营造轻松氛围，有助于交流和共识。在豪华宾馆洽谈，西装革履展现身份和气度；在普通办公场所，可穿着日常上班装。

(4) 语言使用。洽谈中应注意语言的规范性和灵活性，用语清晰易懂，口语标准，体现职业道德和商业形象。避免使用粗俗、污秽或攻击性语言。注意语调、语速和音量，避免不文明举止。

(5) 提问方式。洽谈中的提问应保持礼貌，问话要委婉，语气亲切平和，用词需谨慎。提问不应带有攻击性，以免给对方居高临下的感觉，引发防范心理，影响洽谈效果。提问前应事先准备好提纲，越详细越好。缺乏准备的提问可能会被视为对对方的不尊重。提问的时机应选在对方发言结束后、发言间歇时、自己发言前后，或议程规定的辩论时间。对方回答问题时，提问者应耐心倾听，即使答案未完全满足期望也不应随意插话或打断。如需插话，应先礼貌致歉，例如说"对不起，我能打断一下吗？"或"请稍等"。

作为被提问者，在洽谈过程中答话时，应本着真诚合作的态度，针对提问者的真实目的，实事求是地回答，避免闪烁其词或模棱两可。若对方对某个问题不太了解，应用浅显易懂的语言进行解释，避免表现出不耐烦。若问题涉及商业秘密或技术机密，应委婉地说明情况，避免造成尴尬。

(二)发布会礼仪

发布会一般指新闻发布会，又称记者招待会，政府、企业、社会团体或个人都可公开

举行，并邀请各新闻媒体记者参加。发布会的目的是向新闻机构报告重要的成就和信息，因此，发布会上发布的信息对于产品、企业及个人形象等都具有重要的价值。

1. 发布会的准备

筹备发布会涉及众多工作，关键在于时机选择、人员安排、记者邀请、会场布置和材料准备等工作。

(1) 时机的选择。在确定发布会时机前，应明确两点：一是确定新闻的价值，即对某一消息要论证其是否具有专门召集记者予以报道的新闻价值，应选择恰当的新闻事件；二是应确认新闻发布的最佳时机。例如，新产品的开发、经营方针的改变或新举措、企业总裁或高级管理人员的更换、企业的合并、重大纪念日或发生重大事故等事件时，都可以举行发布会。

(2) 人员的安排。发布会人员安排的关键是要选好主持人和发言人。发布会的主持人应由主办单位的公关部部长、办公室主任或秘书长担任。其基本要求是仪表堂堂、年富力强、见多识广、反应灵活、语言流畅、幽默风趣，以及善于主持大局、引导提问和控制会场，具有丰富的主持会议的经验。

新闻发言人则由本单位的主要负责人担任，除了口碑较好、与新闻界关系较为融洽之外，对其基本要求是修养良好、学识渊博、思维敏捷、能言善辩、彬彬有礼。

此外，发布会还要精选一批负责会议现场工作的礼仪接待人员，一般由相貌端正、工作认真负责、善于交际应酬的年轻女性担任。

值得注意的是，所有出席发布会的人员均要佩戴事先统一制作的胸卡，胸卡上面要写清自己的姓名、单位、部门与职务。

(3) 记者的邀请。要事先确定出席发布会的记者范围，具体应视发布会涉及的范围或事件发生的地点而定。一般情况下，与会者应是与特定事件相关的新闻界人士和相关的公众代表。企业为了提高知名度、扩大影响而宣布某一消息时，邀请的新闻单位通常非常多；而在说明某一活动、揭示某一事件，特别是本单位处于劣势召开新闻发布会时，邀请新闻单位的面则不宜过于宽泛，要尽可能地先邀请影响大、报道公正、口碑良好的新闻单位。如果事件和消息只涉及某一城市，一般就只请当地的新闻记者参加。

另外，确定邀请的记者后，最好提前一星期发出请柬，会前还应电话提醒。

(4) 会场的布置。发布会的地点除了可考虑在本单位或事件所在地举行外，还可考虑在大宾馆、大饭店举行，如果希望形成全国性影响的，则可在首都或某一大城市举行。发布会现场应交通便利，条件优越，大小合适。会议地点确定后，应实地考察，会议召开前应认真进行会场布置，会议的桌子最好不用长方形的，而用圆形的，这样大家围成一个圆圈，显得气氛和谐，主宾平等，当然这只适用于小型会议。大型会议则应设主席台席位、记者席位和来宾席位等。

(5) 材料的准备。举行发布会之前，主办单位要事先准备好如下材料。

① 发言提纲。它是发言人在发布会上进行正式发言的发言提要，要紧扣主题，体现全面、准确、生动、真实的原则。

② 问答提纲。为了使发言人在现场正式回答提问时轻松自如，可在对被提问的主要问题进行预测的基础上，形成问答提纲及相应答案，以供发言人参考。

③ 报道提纲。事先精心准备一份以相关数据、图片、资料为主的报道提纲，并打印出来，在发布会上提供给新闻记者。报道提纲应列出本单位的名称、联系方式等，便于日后联系。

④ 形象化视听材料。这些材料是与会者要用的，可增强发布会的效果。它包括图表、照片、实物、模型、录音、录像、影片、幻灯片、光碟等。

【小案例】

有备才能无患

某公司的新产品发布会即将开始，总经理秘书小叶此刻正站在会议大厅的入口处，她一边做着最后的检查，一边等候嘉宾的到来。在她检查主席台上摆放的名牌时，发现一个问题——一位嘉宾因故不能前来，名牌却没有撤掉，而另一位嘉宾刚才来电话说要来参加，却没有为其准备名牌。这时她的手机又响了，原来是接电视台记者的汽车在路上抛锚了，重新派车已经来不及。与此同时，会议秘书组的人员来报告，宣传材料不够了，而此时嘉宾陆续到来。

点评：俗话说："磨刀不误砍柴工。"要做好一件事，前期的准备工作是非常重要的。正所谓："不打无准备之仗，不做无把握之事"，充分的准备工作是我们做任何事情的前提，是一切事情成功的坚强后盾；否则，可能会以失败告终。

2. 发布会进行过程中的礼仪

(1) 做好会议签到工作。要确保发布会的签到工作顺利进行，让记者和来宾在事先准备好的签到簿上签上自己的姓名、单位、联系方式等内容。记者及来宾签到后，礼仪接待人员应按事先安排引导与会者至会场就座。

(2) 严格遵守程序。要严格遵守会议程序，主持人要充分发挥主持者和组织者的作用，宣布会议的主要内容、提问范围及预计会议时间，一般不超过两小时。主持人和发言人讲话时间不宜过长，以免影响记者提问。要对记者所提的问题进行逐一回答，避免与记者发生冲突。主持人要始终把握会议主题，并维护好会场秩序。主持人和发言人在会前不应单独会见记者，也不应透露任何信息。

(3) 注意相互配合。在发布会上，主持人和发言人需要相互配合。他们首先要明确分工，各司其职，避免越俎代庖。在发布会进行中，主持人和发言人要保持口径一致，不允许公开顶撞或相互拆台。当新闻记者提出难以回答的尖锐问题时，主持人应设法转移话题，避免使发言人难堪。而在主持人邀请某位记者提问后，发言人应给予适当的回答，否则对新闻记者和主持人都是不礼貌的。

(4) 态度真诚、主动。发布会全程都应注意对待记者的态度，因为接待记者的态度直接影响新闻媒介发布消息的效果。记者通常希望接待人员尊重、热情，并了解他们所在的新闻媒介及其作品；同时，记者也希望他人能为其提供工作便利，如有价值的消息、有利于拍摄的角度等。对记者的合理要求应尽量满足。对记者切不可表现出傲慢态度，而应始终保持温文尔雅、彬彬有礼。

3. 发布会的善后事宜

发布会举行完毕后，主办单位应在一定的时间对其进行一次认真的评估善后工作，主

要包括以下内容。

(1) 整理会议资料。整理会议资料有助于全面评估发布会的效果，并为未来举行类似会议提供借鉴。发布会后要尽快整理出会议记录材料，对发布会的组织、布置、主持和回答问题等方面进行回顾和总结，从中吸取经验，弥补不足。

(2) 收集各方意见和建议。首先，要收集与会者对会议的总体意见和建议，检查接待、安排、服务等方面的工作是否有改进空间。其次，要收集新闻界的意见和建议，了解与会新闻界人士发表的稿件数量，并进行归类分析，找出舆论倾向。同时，对报道进行检查，若发现不利于本组织的报道，应制定应对策略。若报道中有错误或歪曲事实，应立即采取行动，澄清真相；如果是由发布会疏忽导致的问题，应通过新闻机构表达歉意，以挽回声誉。

(三)展览会礼仪

企业通过举办展览会，利用真实可见的产品、热情周到的服务、全面透彻的资料、图片介绍和技术人员的现场操作吸引众多参观者，给他们留下深刻印象。展览会是企业重要的公共关系活动之一。

1. 展览会的特点

(1) 形象的传播方式。展览会是一种非常直观、形象、生动的传播方式。通常以展出实物为主，并进行现场示范表演。例如，在产品展览会上，有专人讲解和示范产品的使用方法。这种直观、形象的活动能够给参观者留下深刻的印象。

(2) 极好的沟通机会。展览活动为企业提供与公众直接沟通的良机。展览会上通常有专人解答参观者的问题，并就他们感兴趣的问题进行深入讨论。这样的展览会不仅让公众了解企业，还能使企业及时了解公众的意见和建议，根据反馈信息调整工作。

(3) 多种传媒的运用。 展览会是一种复合性的传播方式，它综合运用多种媒介进行交叉混合传播。包括声音媒介如讲解、交谈和现场广播；文字媒介如印刷的宣传手册、资料；以及图像媒介如照片、录像、幻灯片等。这种复合性沟通效果是其他传播媒介难以比拟的。

2. 展览会的组织

举办展览会需要精心组织，做好以下细致、全面的工作。

(1) 明确展览会的主题。每次或每种类型的展览会都应有明确的主题和目的。主题明确才能有效组织展品，展示其特色。若主题不明确，展品和资料的结合将显得杂乱无章，影响展览效果。

(2) 搞好展览整体设计。展览是一项系统工程，必须有具体的整体设计。包括展览场地布置、标语口号、展览徽标、参展单位及项目、辅助设备、服务部门设置、人员安排、信息发布、新闻联络以及工作人员培训等，都需要全面设计和周密安排。

(3) 成立对外新闻发布机构。成立专门机构负责与新闻界人士建立密切联系。展览过程中会发现许多有新闻价值的内容，需要新闻工作者敏锐地挖掘、分析并撰写新闻稿件，以扩大影响力。同时，该机构还需负责新闻发布的计划，包括确定发布内容、时机和形式。

(4) 进行展览的效果测定。展览效果通常体现在观众对展品的反应、对组织形象的认识以及对展览会内容和形式的总体评价上。为检验展览效果和活动目标的达成情况，必须对展览效果进行测定。测定方法包括设立观众留言簿、召开座谈会收集反馈、评估公众对展品的关注程度等。

3. 展览会的礼仪

展览会工作人员应具备良好素质，明确展览目的和主题，了解展览知识和技能，并具备相关产品的专业素质。同时，还需懂得展览会礼仪，从不同角度影响公众，确保公众满意。

(1) 主持人礼仪。 主持人是展览会的关键角色，应展现权威性。在着装上，应选择西服套装、领带，并携带真皮公文包，展现专业形象，增强公众对展览会和产品的信赖感。主持人的形象代表了组织的实力。与宾客握手时，主持人应主动伸手，并在宾客放手后适时松手。

(2) 讲解员礼仪。讲解员应以热情、礼貌的态度称呼公众，确保讲解流畅，避免使用生僻字，以便公众能够理解。介绍内容应实事求是，避免虚假和误导。语言要清晰流畅，声音要洪亮悦耳，语速要适中。讲解结束后，应向听众表示感谢。讲解员的着装应整洁大方，打扮自然得体，举止庄重，避免怪异行为或穿着过于新奇的服装，以免分散公众的注意力。

(3) 接待员礼仪。站立迎接参观者时，接待员应双脚略分开，与肩同宽，双手自然下垂或在身后交叉，展现出大方而自信的姿态。站立时避免频繁移动双脚或交叉双腿，这些行为可能表现出不自然或不耐烦。坐着时，不可趴在展台上或跷二郎腿，也不宜嚼口香糖。接待员应随时与参观者保持目光交流，目光要坚定，不游移，表现出自信和专注。

(四)联欢会礼仪

"联欢会"是一个广泛的概念，包括各种节日联欢会(如新年、春节联欢会)、文艺晚会(如歌舞、电影、戏曲、相声小品晚会)以及游艺晚会等。联欢会对于增强组织凝聚力、丰富员工文化生活、加强与外部公众的文化沟通、提升组织形象都有积极作用。虽然联欢会以娱乐为主，但礼仪同样不可忽视，以免影响活动效果。

1. 联欢会的准备

(1) 确定主题。工作人员应精心选择联欢会的主题，确保活动具有明确的指导思想和预期目标。在此基础上选择合适的形式，形式的适宜对成功至关重要，可以不断创新。

(2) 确定时间、场地。联欢会通常在晚上举行，时长以两小时为宜。场地选择应宽敞明亮，配备舞台、灯光、音响。场地布置应营造温馨、和谐、喜庆、热烈的氛围。座次应事先安排，领导应安排在主要位置，其他人员穿插安排，便于交流。

(3) 选定节目。节目选择应围绕主题，开场和结尾节目要精彩吸引人。节目形式应多样化，避免单一，正式联欢会应编印节目单供观众参考。

(4) 确定主持人。主持人应仪表端庄，表达能力强，具有一定的组织和应变能力，熟悉活动流程。联欢会主持人以两人为宜，避免过多。

(5) 彩排。正式联欢会应事先彩排，以控制时间、发现并弥补不足，增强演职人员信心。非正式联欢会也应逐项落实，确保无误。

2. 观众的礼仪规范

观众在参加联欢会观看演出时应严守礼仪规范，这主要包括以下方面。

(1) 提前入场。一般情况下，演出正式开始之前的一刻钟左右，观众即应进入演出现场，注意不要迟到。入场后应对号入座，要悄无声息，坐姿优雅。切勿使座椅声响过大，或坐姿不端。

(2) 专心观看。观看节目时要专心致志、全神贯注，不能交头接耳、窃窃私语；不能频繁接打电话，要自觉关闭手机等移动通信设备，或将其设置为静音模式；不吃东西，不要吸烟，更不能随意走动或大声讲话、起哄；等等。总之，要自觉维护会场的秩序，保持安静，使联欢会顺利进行。

(3) 适时鼓掌。当领导、嘉宾入场或退场时，全场观众应有礼貌地鼓掌。演出至精彩处时也应即时鼓掌，但时间不宜太长，演出结束时可鼓掌以示感谢。对表演不佳的演员要予以谅解，不要鼓倒掌，喝倒彩，更不能吹口哨、扔东西等，因为这些做法都是非常没有修养的表现。演出结束，全体演员登台谢幕时，观众应起立鼓掌，再次感谢演员的表演，不能熟视无睹、扬长而去。

会场的"明星"

四、个人文明参会

请扫描二维码学习本部分内容。

个人文明参会

课 后 练 习

1. 运用判断

(1) 选择会议活动的地点时，还应考虑附近有无停车场所，以方便与会人员停车。
（　）

(2) 会场标语在准备会议文件时就应拟就，不必请领导批准。（　）

(3) 会场主席台座位若有多排，则以第一排为尊贵。（　）

(4) 大型会议可不避开公众节假日。（　）

(5) 对特邀贵宾的通知，应派专人登门呈送，以示郑重。（　）

(6) 会议结束后，贵宾离开时必须送至机场登机处。（　）

2. 简要回答

(1) 会址的选择应该注意哪些问题？

(2) 如何进行会场的布置？

(3) 会议主席台应如何布置？

(4) 为开好会议应做哪些准备？

(5) 会议召开阶段、结束阶段各需要做哪些工作？

(6) 个人参加会议应遵守哪些礼仪规范？

3. 案例分析

扫描二维码，阅读案例原文，然后回答每个案例后面的问题。

案例分析题原文

4. 思考训练

(1) 小张是某公司的办公室主任，公司董事会决定在北京举行年度股东大会，小张负责会议筹备与接待服务工作。请问，小张应该从哪些方面着手组织这次会议呢？

(2) 某职业技术学院为推荐毕业生就业，专门邀请了 10 家企业的领导进行会谈。请模拟演示这次会谈场景，最后安排企业领导与师生合影。

(3) 请模拟某次会议，分组演练会议签到和引导、合影、座次安排等，务必注意相关的礼仪规范。

(4) 查阅相关资料，说明电子会议与现场会议的异同，并说明电子会议参加者应遵守的礼仪内容。

5. 实训项目

会议礼仪实训

实训背景：为进一步加强合作，某市商业糖酒批发公司决定召开商品供货商业务洽谈会，并邀请年供货 1000 万元以上的 30 家企业老总莅临公司共谋发展。公司总经理吩咐办公室王主任精心准备这次洽谈会。

实训目的：通过实训，了解会场布置的基本要求，掌握会场布置的基本工作，能够根据会议的性质、规格、规模设置主席台、排列座位、装饰会场；了解会议服务内容，掌握会场内、外的服务技巧，学会协助领导掌握会议信息，对会议实施有效指挥和控制，培养会务服务的能力。

实训要求如下。

(1) 将全班学生分成若干组，每组为 3～5 人，设组长 1 人，组织小组成员进行会场布置、设备布置及水果、鲜花、台签、文具用品等物品布置。

(2) 组长以办公室王主任的身份策划本次洽谈会，并分组扮演不同角色来模拟洽谈会全过程，重点进行洽谈会会场服务的模拟。

① 模拟参会客商会前迎接。

② 模拟会议签到服务。

③ 模拟会场内座位引导。

④ 模拟会间奉送茶水。

(3) 学生自我评价、小组评价。教师点评总结，并指出各组存在的共性问题。

(4) 全班评选出"最佳表现小组"和"最佳表现个人"若干。

课程思政指南

实施课程思政的教学方法

1. 融入法

把思政教育融入大学生社交礼仪的教学内容，提高学生的传统美德和认知能力，让学生在学习传统礼仪文化的同时领会做人道理，潜移默化地提升个人道德修养及社会认知能力。

2. 渗透法

把思政教育渗透到大学生社交礼仪的教学环节，结合自主学习、课堂操作、课后实践，提高学生的审美能力及对企业认知能力，培养学生具备爱岗敬业、沟通与合作的职业素养，改善人际关系，提高职场竞争力。

3. 指导法

把思政教育融入大学生社交礼仪的教学情境，采用情境教学，通过教师启发指导，提高学生的自信力和自我认知，帮助学生获得社会认同，对未来生活充满信心。

电子活页：宴请活动礼仪

精心准备宴请

做好位次安排

正确使用餐具

吃相文雅大方

就餐过程中的礼仪

告辞致谢礼仪

学生工作页

任务 1	按规定、按有关礼节礼仪要求精心准备宴请
任务 2	做好宴请活动的座次安排
任务 3	中餐宴请学会正确使用餐具
任务 4	做到吃相文雅大方，展示良好的个人形象
任务 5	中餐宴请就餐过程中要遵守礼仪规范
任务 6	中餐宴请告辞致谢讲究礼仪
班　级		学　号		姓　名	

学生自评

我的心得：

建议和提出的问题：

教师评价

项目四 涉外礼仪与中国民俗礼仪

随着我国改革开放的深入，以及现代交通和通信手段的发展，国与国之间的交往日益频繁。全球一体化进程的加快，加之我国加入 WTO，使我们在国际社会上扮演着越来越重要的角色，同时国人与外宾的交往机会也越来越多。

作为一个现代中国人，了解涉外的礼仪规范和各国民俗礼仪，对于增进友谊、促进合作、维护国家形象和尊严，以及体现我国"礼仪之邦"的风采，都具有重要的意义。

任务1 涉外礼仪

海内存知己，天涯若比邻。

——【唐】王勃《送杜少府之任蜀州》

学习目标

知识目标： 掌握涉外交往的基本原则；掌握涉外接待的基本礼仪；掌握出国交往的礼仪规范；了解外国独特风情，了解涉外人员应遵守的礼仪规范。

能力目标： 能够运用涉外交往的基本原则，切实遵守涉外交往的各项礼仪规范，灵活地开展涉外交往活动。

思政目标： 培养尊重不同民族礼仪礼俗的道德情感与国际视野；培养开放、文明的涉外交往心态，在涉外交往中提升个人和国家的形象。

任务导入

小吴的"热情"

小吴是上海一家星级酒店的楼层服务员。一天，一对入住数日来上海做生意的德国夫妇外出归来。小吴顺口便问："你们去哪里玩了？"对方耐心地回答道："我们去南京路了。" 小吴又问："你们逛了什么店？"对方无奈地应道："上海华联。"小吴又追问道："那你们都买了什么呀？"德国夫妇没有再回答，说声"再见"后便离去了。之后，这对德国夫妇向酒店提出了更换楼层的要求，理由是：小吴令人不解，她对客人的私生活太感兴趣了。

问题

(1) 小吴的"热情"为何没有收到好的效果？

(2) 本案例对你有何启示？

涉外交往礼仪是指在对外交往活动中或不同文化背景的人们交往中，向交往对象表示尊重、友好的各种惯用交际礼宾形式及各种礼节、仪式和习惯的礼仪规范。

在涉外交往活动中，周到的礼仪会给外交活动增色不少；而礼仪的缺乏，则会给双方带来尴尬。外交礼仪既代表国家的形象，又体现国与国之间外交关系的相互尊重和友好。

掌握外事工作的原则及礼宾工作的基本要求，对我国开展对外交往，发展与各国的友好关系，增进友谊都会产生积极作用。

随着国与国之间交往的日益频繁，跨文化交际已是不可避免的。来自不同文化背景的人们走到一起，交际就容易出现障碍，及时、有效地克服这些交际障碍是跨文化交际取得成功的关键，这对促进国与国之间的文化、政治、经济交流有着极其重要的意义。正如"任务导入"中的小吴对客人的过分"关心"，在我们看来，小吴完全是出于善意，体现了小吴待人热情友善。但在西方人眼中，其所问问题则涉及个人隐私，忽视了东西方文化的差异，因而自然引起德国客人的不满。

俗话说"外事无小事"。涉外交往若不讲规则，不讲礼仪，也不尊重对方的风俗，是不可能取得令人满意的涉外交往效果的。

一、涉外交往遵循原则

涉外交往中，我们应遵循的基本原则主要有以下几个。

(一)维护形象

在涉外交往中，人们普遍对交往对象的个人形象给予过多关注，并都遵照规范、得体的原则塑造、维护自己的个人形象。因为个人形象不仅代表个人，同时还代表着国家和民族。涉外交往中维护个人形象，主要要以"TPOR"原则为核心。

1. "T"即 Time，时间原则

一年四季应适时着装，不同年龄阶段应适龄挑选，以及每日有早、晚之分，在形象的整体塑造上应把握适时的特点。对涉外人员来说，不仅要在服饰的选择上考虑时间、季节等因素，在整体形象打造方面也需要考虑。

2. "P"即 Place，地点原则

不同地方、场所、位置，着装也应有所不同，特定的环境应配以与之相适应、相协调的服饰及妆面、发型。场所的差异性，对涉外人士的形象打造提出了较高的要求。例如，一场国际会议，常伴有早上会议、晚宴等各种不同形式的活动，不同形式的活动对形象的要求也有较大的不同。

3. "O"即 Occasion，场合原则

不同的场合有不同的服饰要求，只有与特定场合的气氛相协调、相融合的服饰，才能产生和谐的审美效果，实现人景相融的最佳效果。

4. "R"即 Role，角色原则

涉外人员出席活动代表企业的形象，根据企业所赋予的角色塑造个人形象，避免越位、错位的情况发生。例如，在欧洲各国参加涉外活动或工作时，女性涉外人员服饰不宜穿紧身衣、黑色皮裙、黑色丝袜，否则会被认为是没有素养的表现。

(二)信守约定

在涉外交际中，必须严格遵守自己的所有承诺，务必说到做到，许诺一定要兑现，约会必须要如约而至，尤其要恪守时间约定。信守约定，讲求信用，从一点一滴做起，因为它关系到信誉与形象。失实与失约的失礼行为，往往会使自己所做的工作走向失败。

信守约定要做到以下三点。

1. 必须谨慎许诺

一切从自己的实际能力及客观现实出发，切勿草率行事，轻易承诺，凡承诺和约定必须慎之又慎，一定要字斟句酌，考虑周全。

2. 必须如约而行

承诺一旦做出，就必须兑现，要如约而行，应尽可能地避免对已有的约定任意修正、变动，随心所欲地乱作解释。要"言必信，行必果"，只有这样，才能赢得交往对象的好感与信任。

3. 必须失约致歉

如果遭受不可抗力，致使自己单方面失约，或是有约难行，需要尽早向对方通报，如实地解释，并且还要郑重地向对方致以歉意，并主动承担给对方造成的损失。

(三)不卑不亢

不卑不亢是涉外礼仪的一项基本原则。它的主要要求是，每个人在进行国际交往时，都必须意识到自己在外国人的眼里不仅代表自己，还代表着自己的国家、民族和所在单位，因此，言行应当从容得体，仪表堂堂正正。在外国人面前既不应该表现得畏惧自卑、低三下四，也不应该表现得自大狂傲、放肆嚣张。

不卑不亢首先表现为尊重自己。在涉外交往中，应以自尊、自爱、自信为基础，在外国人面前表现得豁达开朗、乐观坦诚、从容不迫、落落大方。要谨慎但不拘谨，要主动但不盲动，既要自我约束但又不畏首畏尾。在任何情况下，都要坚持自立、自强，努力以本人的实际行动在外国人面前充分展现中华民族的精神风貌。另外，在坚持自尊的同时，必须尊重他人，即尊重一切平等待自己的外国友人。这主要表现为以礼待人、平等待人、友善待人，尊重对方的风俗习惯，虚心学习对方的一切长处等。

(四)入乡随俗

入乡随俗是涉外礼仪的基本原则之一，要真正做到尊重交往对象，首先就必须尊重对方的风俗习惯。

世界上的不同国家、不同地区的各个民族，在其历史发展的进程中形成了各自的宗教、语言、文化、风俗和习惯。这种"十里不同风，百里不同俗"的局面，是不以人的主观意志为转移的，也是任何人都难以强求统一的。因此，在涉外交往中要尊重外国友人特有的习俗，以增进中、外双方的理解和沟通，有助于更好地向外国友人表达我们的亲善友好之意。

【小案例】

保全对方的面子

法国一家公司的经理邀请日本商人到自己家做客。在宴席上，主妇端上洗手用的水，然而日本商人，竟然把碗中的水喝下去了，主人看到后，马上就向同座的孩子们示意，两个孩子也就自然地跟随日本商人喝下了碗中的水，保全了对方的面子。此后，双方不仅在生意往来上有很好的合作，在私人关系上也成为不错的朋友。

点评： 一个极小的细节处理，打破了国与国之间的文化差异，让涉外交往变得更轻松、更自然。因此，营造宽松的涉外社交环境，是赢得合作的关键。

【小训练】

与同学讨论：当远赴国外开展涉外活动时，是应该遵循本国的习俗，还是遵循当地的习俗？为什么？

(五)爱护环境

爱护环境、保护环境、维护环境，建设可持续发展的生态环境，如今已成为世界各国所倡导的主题。这同时也是一场社会公德竞赛，它不仅体现出一个国民的基本修养，也体现出一个国家的发展水平及文明程度。

在国际交往中，涉外人员应把爱护环境从意识上升为行动，注意用餐、住宿、出行等日常生活的方方面面。例如，用餐时，在涉外宴请中要注重适度原则，根据个人用餐的量进行食用，杜绝铺张浪费。出国住宿时，保护好房间的清洁及用品用具，不要在房间内大声喧哗、抽烟。出行时，注意将随身废品及时放入垃圾箱，并在力所能及的基础上做好垃圾的分类工作。与此同时，个人卫生也是一个不可忽视的重要环节，讲究卫生，不要随地吐痰及口香糖，不要随处乱涂乱画，在新加坡如果不能做到这些，不仅要承担巨额的罚款，严重的还会处以鞭刑。爱护环境，涉外人员更应视为己任，用行动来践行。

爱护环境的
具体要求

(六)热情有度

在涉外交往时，务必做到热情有度。也就是说，不仅待人要热情而友好，还要把握好待人热情友好的具体分寸。否则就会过犹不及，事与愿违。

1. 关心有度

与中国人彼此之间所倡导的"关心他人比关心自己为重"有所不同，外国人一般不希望外人对自己过于关心，否则便会视之多管闲事，侵犯隐私。

2. 批评有度

简单地讲，批评有度就是不提倡对外国人"犯颜直谏"，亦即对其日常行为"不纠正"。外国人大都讲究独立、自主，一向反对外人干涉自己的私生活。加上各国习俗不同，对同一事物的判断标准也大相径庭，因此，在涉外活动中没必要对外国人的所作所为加以评判，并当面指出其对错。只要对方的所作所为不危及人身安全，不触犯法律，不有

悖伦理道德，不有辱我方的国格、人格，一般均可听其自便。

3. 交往有度

外国人大都认为"君子之交淡如水"，不习惯与交往对象走动得过勤、过多。涉及钱财之时，更是讲究划清界限，即便家人、好友也泾渭分明，提倡"亲兄弟，明算账"。

4. 距离有度

在涉外交往中，人与人之间的正常距离大致可以分为以下 4 种，它们各自适用于不同的情况。

(1) 私人距离。距离小于 0.5 米，仅适用于家人、恋人与好友，也称为"亲密距离"。

(2) 社交距离。距离为 0.5～1.5 米，适合于一般性的交际应酬，亦称为"常规距离"。

(3) 礼仪距离。距离为 1.5～3 米，适用于会议、演讲、庆典、仪式及接见，意在向交往对象表达敬意，又称为"敬人距离"。

(4) 公共距离。距离为 3 米以上，适用于在公共场所同陌生人相处，也称为"有距离的距离"。

5. 举止有度

在涉外交往中真正做到"举止有度"，就需注意以下两点：一是不要随便做出某些意在显示热情的动作；二是不要做出不文明、不礼貌的动作。

(七)谦虚适当

谦虚适当，是指在国际交往中涉及自我评价时，虽然不应该自吹自擂、自我标榜、一味地抬高自己，但是也没有必要妄自菲薄、自我贬低，过度地对外国人谦虚、客套是不合适的。

【小幽默】

"哪里！哪里！"

一次，一位外国朋友参加一对华侨夫妇的婚礼。在婚礼上，他很有礼貌地赞美新娘非常漂亮。新娘出于谦虚说："哪里！哪里！"

这位外国朋友听了便用生硬的中文回答："新娘的眼睛大大的；嘴巴小小的；眉毛弯弯的……"结果引得在场的人哄堂大笑。

(八)讲究次序

在对外社交中，对出席活动的国家、团体、人士的位次按一定的规则和惯例进行排列，这种排列的先后次序称为礼宾次序。为使交往顺利进行，讲究礼宾次序是非常必要的。

1. 礼宾次序的依据

在国际交往中，礼宾次序主要按宾客的身份与职务高低依次排列。在多边活动中，有

的按姓氏的顺序排列；有的按参加国的字母顺序(一般以英文字母为准)排列；有的按代表团组成日期的先后顺序排列；有的则按代表团抵达活动地点的时间先后顺序排列；等等。

2．礼宾次序的具体要求

在社交中，无论是政治磋商、商务往来、文化交流，还是私人接触、社交应酬，确定礼宾次序都是从其总的原则出发，这一总的原则就是"以右为尊"，即一般以右为大、为长、为尊；以左为小、为次、为卑。

按照惯例，无论是并排站立、行走还是就座，为了表示尊重，主人应主动居左，请客人居右；男士应主动居左，请女士居右；晚辈应当主动居左，请长辈居右；未婚者应主动居左，请已婚者居右；职位、身份较低者应主动居左，请职位、身份较高者居右。

不同场合，礼宾次序也有其特殊要求，具体如下。

两人同行时，以前者、右者为尊。

三人并行时，以中间为尊；前后行时，以前者为尊。

上楼时，尊者、妇女在前，下楼时则相反。

迎宾引路时，主人在前；送客时，则主人在后。

宴请排位时，主人的右边是第一贵客，左边次之。

进行门上车时，应让尊者先行。上车时，位低者应让尊者从右边车门上车，自己再从车后绕到左边上车；坐车(指轿车)时，以后排中间为尊位，右边次之，左边又次之，前排最小。

(九)尊重隐私

所谓隐私，是指一个人出于个人尊严和其他某些方面的考虑而不愿意公开，不希望外人了解或是打听的个人秘密、私人事情。在社交中，人们普遍会尊重别人的隐私，并且将是不是尊重个人隐私看作一个人有没有教养，能不能尊重和体谅交际对象的重要标志之一。

尊重隐私

由于习俗不同，许多民族都有各自忌讳的话题，如政治问题、宗教信仰问题、风俗习惯、个人好恶等。一般而言，在社交中，尤其是涉外交往中，对于以上内容是不宜妄加非议的。此外，还有个人隐私、他人的短处、令人不愉快的事情及低级趣味，也是不应选择的话题。如果社交中一旦发现自己选择的话题不受欢迎，应立即转移话题，不要毫不知趣地继续下去。如因自己疏忽选择了令对方不快的话题，则应道歉，这也是对对方的尊重。

在涉外交际中，首先要避免与对方交谈涉及个人隐私，一般要做到"八不问"。

1．年龄不问

在国外，人们普遍将自己的实际年龄看作个人隐私，不会轻易告之于人。这主要是因为外国人，尤其是英美人士对年龄都十分敏感，希望自己永远年轻，对"老"字则更是讳莫如深，因此对年龄守口如瓶。因而与外国人交往时，打听对方的年龄是不礼貌的行为。我国向来对年龄比较随意，不仅如此，社会交往中还习惯拔高对方的辈分，以示尊重。比如，年轻男子相聚，彼此之间总喜欢以"老李""老张""老赵"相称，为了表示对对方的尊敬，人们会使用"老人家""老先生""老夫人"等一类尊称，实际上，这一类尊称

在外国人听起来却似谩骂一般。因此，在对外交往中，如果按照我国的待人接物原则，则会使对方十分难堪。

【小案例】

对"老"的忌讳

有位从事外事工作的女士曾经接待了一位 82 岁高龄的美国加州老太太，她是来华旅游并参加短期汉语学习班的。见面时，这位女士对老太太说："您这么大年纪了，还到外国旅游、学习，可真不容易呀！"这话要是换了同样高龄的中国老太太听了，准会眉开眼笑，高兴一番。可是那位美国老太太一听，脸色即刻"晴转多云"，冷冷地应了一句："噢，是吗？你认为老人出国旅游是件奇怪的事情吗？"这让这位女士感到十分尴尬。她的本意是想表示礼貌和尊重，结果却事与愿违，原因在于西方人对年龄、对"老"十分忌讳。

点评： 在外国，人们最不希望别人打听自己的年龄，因此有这样一种说法："一位真正的绅士，应当永远记住女士的生日，忘却女士的年龄。"

2. 收入不问

在国际社会上，人们普遍认为，任何一个人的实际收入，均与其个人能力和实际地位有直接的关系。因此，个人收入的多少，一向被外国人看作自己的隐私，十分忌讳他人直接或间接地打听。如果一位中国人问一位外国人："您一个月挣多少钱？"那位外国人可能会觉得："这个中国人真没有教养，怎么问我的工资呀！"

除了工资收入以外，那些可以反映个人经济状况的问题，如纳税数额、银行存款、股票收益、私宅面积、汽车型号、服饰品牌、娱乐方式、度假地点等，它们因与个人收入相关，在与外国人交谈时也不宜问及。

3. 婚姻不问

中国人的习惯是把亲友、晚辈的恋爱、婚姻、家庭生活等时时牵挂在心，但是绝大多数外国人却对此不以为意。西方人将此视为纯粹的个人隐私，因此向他人询问婚姻状况是不礼貌的。

在一些国家，跟异性谈论婚姻问题，会被对方视为无聊之举，甚至还会因此被对方控告为"性骚扰"，从而吃官司。

4. 工作不问

在我国，人们相见时会询问对方"您正在忙些什么""上哪里去""怎么好久不见你了"等问题，其实这些问题回答不回答并不重要。但你若用这些问题问外国人，他们会觉得你不是好奇心过剩，就是不懂得尊重别人，别有用心，因为这些问题在外国人看来都属于个人隐私，"不足为外人道也"。

5. 住址不问

像家庭住址、住宅电话，在中国人的人际交往中，都是愿意告之于人的，是不保密的。但在外国却恰恰相反，外国人大都视自己的私人居所为私生活领地，非常忌讳别人无端打

扰其宁静。西方人认为，留给他人自己的住址，就该邀请其上门做客，一般情况下，他们不大可能邀请外人前往他家里做客。为此，他们都不会轻易地将家庭住址、住宅电话等纯私人信息告诉别人。在他们常用的名片上，也没有这些信息。

6. 经历不问

初次见面，中国人之间往往喜欢打听交往对象"是哪里人""哪一所学校毕业的""以前干过什么"，总之，就想了解对方的"出处"，打探一下对方的"背景"。然而，外国人大都将此项内容视为自己的隐私，不愿意轻易让人知道。外国人甚至认为，一个人动辄对初次交往的对象"忆往昔峥嵘岁月稠"，并不一定是坦诚相见，相反，却大有可能是别有用心。

7. 信仰不问

在国际交往中，由于人们所处的社会制度、政治制度和意识形态不同，所以，要真正实现交往的顺利、合作的成功，就不能以社会制度画线，而应以友谊为重，以信仰为重。不要动辄对交往对象的宗教信仰、政治见解评头论足，更不要将自己的政治观点、见解强加于人，否则对交往对象来说，就是不友好、不礼貌、不尊重的表现。因此对宗教信仰、政治见解，这些在外国人看来非常严肃的话题，还是避而不谈为好。

8. 健康不问

中国人相见会问候"身体好吗"。如果已知对方身体曾经不好，还会问"病好了没有"。如果彼此双方关系密切的话，还会询问："吃了些什么药""怎么治疗的"，并且还会向对方推荐名医。可是在国外，人们闲聊时一般都是"讳疾忌医"的，非常反感别人对自己的健康状况过多关注，对他人的这种过分关心，外国人是会觉得不自在的。

涉外交往中的主要禁忌

随着我国对外开放的不断深入，许多青年人也逐渐认同这些观念。在社交中，我们应注意观察，假如对方对这些话题比较敏感，我们就应避免谈论这些话题。

(十)女士优先

在听演说时，演讲者总是这样称呼"女士们，先生们"，而从没有人称呼"先生们，女士们"，为什么这样呢？原来这与国际社会公认的一条重要礼仪原则——"女士优先"有直接的关系。

"女士优先"，主要是指成年异性间进行社交活动时的一个礼仪规范和原则。其是指在所有社交场合，每一位成年男子都有义务主动自觉地去尊重、照顾、体谅、关心和保护女性，并且想方设法为女士排忧解难。只有这样，才能体现绅士风度。强调"女士优先"并非因为女士被视为弱者，需要同情和怜悯，最重要的原因是人们将女士视为"人类的母亲"，处处对女士给予礼遇，是出于对"人类母亲"的感恩之情。

在社交中，讲究"女士优先"原则时，作为男士，要注意对所有的女士应一视同仁，不仅对待同一种族的女士要如此，对待其他种族的女士也要如此；不仅对待熟悉的女士要如此，对待陌生的女士也要如此；不仅对待年轻貌美的女士要如此，对待年老色衰的女士也要如此；不仅对待有权势的女士要如此，对待一般的普通女士也要如此。具体来说，要

从以下几方面做起。

1. 行走

在室外行走时，如果是男女并排走，男士应当自觉地"把墙让给女士"，即请女士走在人行道的内侧，而自己主动行走在外侧。这样做，既可以防止女士因疾驶的车辆感到不安全，也可以避免汽车飞驶溅起的污泥浊水弄脏女士的衣裙。

当客观条件不允许男女并行时，男士通常应该请女士先行，自己紧随其后，并与之保持大约一步的距离。当男士与女士"狭路相逢"时，前者不论与后者相识与否，均应礼让，闪到路边，请女士先通过。男士在路上遇到认识的女士时，应点头致意，并把手抽出衣袋，同时嘴里也不要叼着烟。

当男士与女士走到门边时，男士应赶紧上前几步打开门，让女士先进，自己随后。

2. 乘车

陪伴女士同乘电车时，男士应主动给女士找一个较为舒适、安全的座位，再给自己找一个尽可能靠近她的座位；如果找不到，应站在她面前，尽可能离女士近一些。

乘出租车时，男士应首先走近汽车，把右侧的车门打开，让女士先坐进去，男士再从车后绕到车的左边，坐到左边的座位上。有时，为了在马路上上下车安全，出租车左侧的车门用安全装置封闭了，那么，男士只好随女士其后从右侧上车，坐在本应由女士坐的尊贵的右边座位上，这种情况不算失礼行为。

当男士自己驾驶汽车时，应先协助女士坐到汽车副驾驶的座位上，而后绕到另一侧坐到主驾驶座上。抵达目的地后，男士要先下车，绕到汽车的另一侧，帮女士打开车门，协助女士下车。

3. 见面

参加社交聚会时，男宾在见到男、女主人后，应当先行向女主人问好，再问候男主人。男宾进入室内后，要主动向已抵达的女士问候。女士如果已经就座，此时，则不必起身回礼。

而在女宾进入室内后，先到的男士均应率先起身向其致以问候，已入座的男士也应起身相迎。男士坐着同站立的女士交谈是不礼貌的行为，而女士则可以坐着同站立的男士交谈。

当女士在场时，男士不得吸烟，在女士吸烟时，男士则不准加以阻止，不仅如此，男士还要为女士点烟。

主人为不相识的来宾进行介绍时，通常应当首先把男士介绍给女士，以示对女士的尊重。当男、女双方握手时，只有当女士伸过手来之后，男士才能与之相握，否则就是违背了"女士优先"的原则。为了表示对女士的尊重，男士与女士握手时还必须摘下帽子，脱下手套，一般情况下，女士则不必这样做。

4. 上楼、下楼

上楼梯时，男士要跟在女士后面，相隔一两级台阶的距离；下楼梯时，男士应该先下。如果是乘电梯上、下楼，进电梯时，男士应请女士先进，然后自己再进入。在电梯

里，男士负责按电钮，并礼貌地询问女士所要去的楼层。

5. 在餐馆

如果男士预订了餐桌，则应走在前面为女士引路，如果不是这样，行进的顺序应该是，侍者—女士—男士。在餐桌旁，男士应协助女士就座，把椅子从桌边帮女士拉开，等女士即将坐下时再把椅子移近桌子。坐定后，男士应把菜单递给女士，把选择菜单的权利交给女士。一般来说，用餐完毕后应由男士付账。

若出席宴会，女主人是宴会上法定的第一顺序。也就是说，其他人用餐时的一切举动，均应跟随女主人而行，不得贸然先行。按照惯例，女主人打开餐巾，意味着宣布宴会开始；女主人将餐巾放在桌上，则表示宴会结束。

6. 观看影剧或听音乐会

进影剧院或是听音乐会时，应由男士拿着入场券给检票员检票。在存衣室，男士应先协助女士脱下大衣、披风等，然后自己脱去外套。如果没有专人引导入座，男士就应向前走几步为女士引路。从两排之间穿行走向自己的座位时，应面向就座的观众，并且女士走在男士的前面。如果是几个男士和几个女士一起观看影剧或听音乐会，那么，最先和最后穿过就座观众的应是男士，女士在中间进去，这样可以避免女士与陌生人坐在一起。散场人多拥挤时，男士应走在女士前面；不拥挤时，女士稍前或并排与男士同行。

7. 助臂

男士应该帮助女士携带属于她的较重的或不方便拿的物品，如购物袋、旅行包、伞等。女士携带的东西掉在地上时，男士不论相识与否，都应帮她拾起。在女士可能失足、滑倒时，男士应该以臂相助。

值得说明的是，以上"女士优先"的具体做法主要适用于社交场合，而在商务场合，人们强调的是"男女平等"，或"忽略性别"，因此不太讲究"女士优先"。

二、涉外接待礼貌热情

在涉外交往中，必须重视交际对象的特殊性，努力掌握以下涉外交往的礼仪。

(一)称呼

在涉外交往中，一般对男性称"先生"，对女性称"夫人""女士"或"小姐"。对已婚女性称"夫人"，对未婚女性称"小姐"，对婚姻状况不明的女性称"小姐"或"女士"。在西方国家，举行宗教结婚仪式的人习惯在无名指上戴一枚戒指，男性戴在左手，女性戴在右手，因此对外宾的称呼也可依此而定。以上称呼是根据性别和婚姻状况来的，具有普遍性。此外，在交际中还可根据身份不同来称呼。

1. 称呼"阁下"

"阁下"一般用于称呼地位高的官方人士，如"部长阁下""总统阁下""总理阁下""大使阁下"等。对有高级官衔的妇女、主教以上的神职人员，以及拥有公、侯、伯、子、男等爵位的人士，也可称呼为"阁下"。在君主制国家，习惯上称国王、王后为

"陛下"，对王子、公主和亲王等称为"殿下"。

2. 称呼身份

对医生、教授、法官、律师等从事令人尊敬的职业的人士，可单独称职业名称，如"医生""教授""法官""律师"等；对拥有博士学位的可称呼为"博士"；对教会的神职人员，可称呼其教会任职，如"福特神父""传教士先生"。

3. 称呼军衔

对军人一般称军衔，或军衔加先生，知道姓名的可冠以姓名。如"卡特少校""上校先生""比尔上尉先生"等。有的国家对将军、元帅等高级军官也称"阁下"。

4. 称呼同志

与我国有同志相称习惯的国家(如朝鲜等)，对各种人员均可称呼为"同志"，若有职衔的也可另加职衔。如"主席同志""书记同志""委员长同志""省长同志""大使同志""秘书同志""服务员同志""司机同志"等。

涉外交往中应注意语言习惯

(二)涉外迎送

迎送是涉外交往中最常见的社交环节，它不仅是整个社交活动的序幕，也是对外宾表示尊重的重要仪式。迎送在给外宾留下良好第一印象、加深双方的友谊与合作等方面发挥着重要作用。

涉外迎送

1. 迎送的安排

迎送活动的安排主要分为两种不同的档次：一是举行隆重的欢迎仪式，主要适用外国国家元首、政府首脑、军方高级领导人的访问，以表示对他们访问的欢迎与重视；二是一般迎送，适用于普通来访者。无论是官方人士、专业代表团，还是长期在我国工作的外交使节，常驻我国的外国人士、记者和专家等，当他们到任或离任时，都应安排相应人员前往迎送，以示尊重和友谊。

2. 迎送规格的确定

迎送规格因国而异。确定迎送规格时，主要依据来访者的身份、访问的性质和目的，并适当考虑两国之间的关系及国际惯例，综合平衡。一般按照国际惯例的"对等原则"，主要迎送人员应与来宾的身份相当。如不能完全对等，可由职位相当的人士或副职出面，并向外对方做出解释。

3. 成立接待团队

为接待重要贵宾和代表团，东道主通常组成接待团队由外事、翻译、安全警卫、后勤、医疗、交通、通信等工作人员组成。

4. 收集信息资料

接待团队需收集来访者相关信息和资料，以了解其访问目的、具体要求、路线、交通

工具、抵离时间、宗教信仰、生活习惯、饮食爱好与禁忌等。

例如，一位英国商人应邀前来我国洽谈投资项目，该地区领导为了图吉利，准备了一辆车号为"666"(六六大顺)的轿车迎接。不料这位英国商人下了飞机，看到轿车后直皱眉头，随即又乘机离去。后来我方人员才了解到"666"在《圣经》中代表的负面含义。在英国，司机、乘客对带有"666"号码的车辆都是退避三舍，而且英国警察部门已做出决定，将逐步取消这个号码。由此可见，了解来访者的信息的重要性。

5. 拟订接待方案

接待方案包括各项活动的项目、日程、详细时间表、项目负责人、接待规格、安全保卫措施等。日程确定后，接待方案应翻译成客方文字，并打印后发给客方，以便沟通。

接待方案要重点落实避免食、宿、行，并制定合理预算，确保隆重得体，避免铺张浪费。

6. 掌握抵达及离开时间

必须准确掌握外宾(火车、船舶)的抵达及离开时间，迎送人员应在来宾抵达之前到达机场(车站、码头)。送行人员应在外宾离开前抵达送行地点，避免迟到或早退。

7. 献花

献花是迎送外宾表达敬意的礼仪之一。一般参加迎送的主要领导人与客人握手之后，由青年女子或儿童献花，或由女主人向女宾献花，献花者献花后要向来宾行礼。献花要用鲜花，忌用菊花、杜鹃花、石竹花及黄色花卉(黄色具有断交之意)等。有的国家习惯送花环或名贵兰花、玫瑰花等。对于信仰伊斯兰教的人士，不宜由女子献花。

8. 介绍

主宾见面应互相介绍其随从人员。迎送人员与来宾见面致意后，还可以担负起介绍其他迎送人员的任务，一般是在客人的内侧引领客人与各位迎送人员见面，并把他们介绍给来宾，然后再由主宾将客人按一定身份一一介绍给主人。若主宾早已相识，则可直接行见面礼即可。

9. 陪车

来宾抵达或离开时，通常安排迎送人员陪同乘车。陪车时，应请宾客坐在主人的右侧。两排座轿车，译员坐在司机旁；三排座轿车，译员坐在主人前面的加座上。当 9 人以上代表团乘大轿车时，原则上低位者先上车，下车顺序则相反，但前座者可先下车开门。大轿车以前排为最尊位置，自右向左，按序排列。上车时应当请客人先上车，客人从右侧门上车；如果外宾先上车坐到了左侧座位上，就不要再请外宾移动位置。陪同人员在替客人关门时，应先看车内人是否坐好，要安全地将门关好。

10. 具体事项

迎送中的一些具体事项需要注意，主要包括以下内容。

(1) 在客人到达之前，最好将客房号、乘车号码等信息提前通知客人，如果无法做

到，可打印住房、乘车表，在客人到达时及时发放。

(2) 指派专人协助客人办理出入境手续及机票(车票、船票)和行李提取或托运手续等事宜。客人到达后，应尽快进行清点并将行李送至住处，以便客人更衣。

(3) 客人到达后，通常不宜立刻安排活动，应让客人休息，适应时差。此时，可在房间适当放置新鲜水果或鲜花等。

(4) 整个迎送活动安排要热情周到、细致入微、有条不紊，让宾客有宾至如归的感觉。接待人员应始终保持微笑、礼貌待人，避免表现出冷漠、粗心，或让客人感到不便。

(5) 陪同人员应妥善安排客人的食、住、行，对客人的要求及时作出反应并给予答复。

(6) 为外宾送行时，送行人员应在外宾即将登乘飞机(火车、轮船)之前，依次与外宾握手话别。飞机起飞(火车、轮船开动)后，送行人员应向外宾挥手致意，直至交通工具在视野中消失。

(三)会见、会谈

会见和会谈是涉外交往活动的重要方式。会见，国际上通称为接见或拜会。身份高的人士会见身份低的、或主人会见客人，通常称其为接见或召见；凡身份低的人士会见身份高的人士、客人会见主人，则称为拜会或拜见。接见和拜会后的回访，称为回拜。在我国，这些活动统称为会见。

会谈是指双方或多方就某些重大的政治、经济、科技、文化、军事、宗教等共同关心的问题交换意见，洽谈协商。会谈一般专业性、政策性较强，形式比较正规。会见多是礼节性的，而会谈多为解决实质性问题。有时会见、会谈也难以区分，因为会见时双方也常谈专业性或政治性问题。

1. 会见的礼仪

会见就其内容来说多为礼节性的，也有政治性、事务性的会见，或两者兼有。礼节性会见一般时间短，话题较为广泛。政治性会见一般涉及国与国之间的双边关系、国际局势及一些重大国际问题的看法或意见等。事务性会见一般涉及贸易争端、业务交流与合作等。会见的礼仪主要包括以下内容。

(1) 确定会见的人员。一般情况下，会见来访者，应遵循对等的原则，但有时由于某些政治或业务需要，也可由上级领导或下级人士会见。需要注意的是，会见的人员不宜过多。

(2) 确定会见的时间、地点。会见的时间一般安排在来访者抵达的第二天或举行欢迎宴会之前。会见的具体时间不宜过长，一般以半小时为宜。会见的地点多安排在客人住地或国宾馆等正式场所。

(3) 做好座位安排。会见时，座位的安排必须依据参加会见人数的多少，房间的大小、形状，房门的位置等情况来确定。会见的座位安排有多种形式，宾主既可以穿插坐，也可以分开坐，通常是将主宾席、主人席安排在面对正门的位置，客人坐在主人的右边。其他客人按照礼宾顺序在主人、主宾两侧就座。译员、记录员通常安排在主宾和主人的后

面。座位不够时，可在后面加座。整个会见场所的座位形状有弧形、方形(长椅和单椅两种)，如图 4-1 所示。

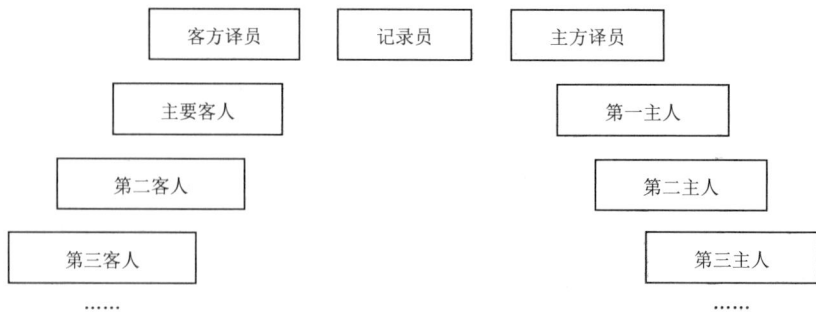

客方译员	记录员	主方译员
主要客人		第一主人
第二客人		第二主人
第三客人		第三主人
……		……

(a) 双方身份对等时的座位安排

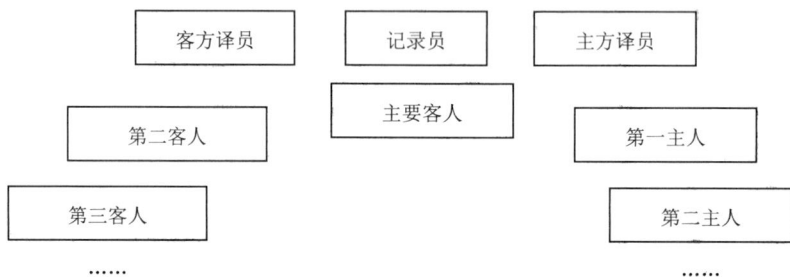

客方译员	记录员	主方译员
	主要客人	
第二客人		第一主人
第三客人		第二主人
……		……

(b) 对方身份较高时的座位安排

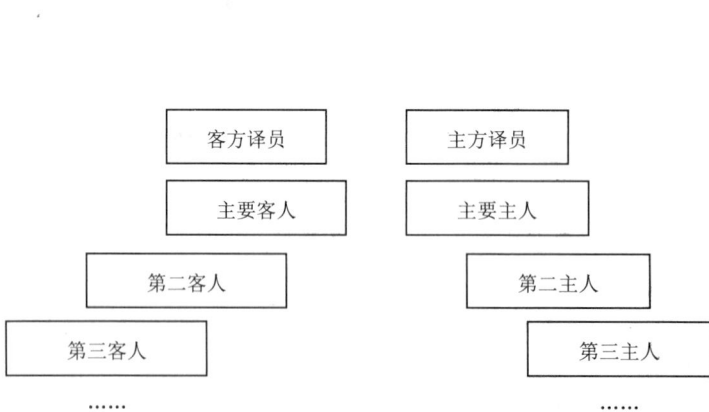

客方译员	主方译员
主要客人	主要主人
第二客人	第二主人
第三客人	第三主人
……	……

(c) 长椅时或双方身份对等时的座位安排

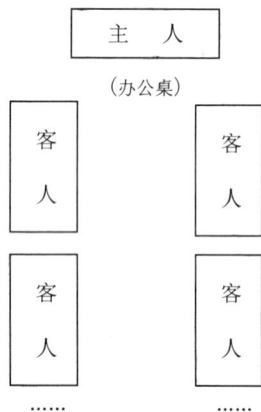

主　人

(办公桌)

客人	客人
客人	客人
……	……

(d) 单椅时或主人身份较高时的座位安排

图 4-1　会见场所的座位安排

(4) 掌握会见的一般礼节。在正式会客之前，主人应在门口迎候客人，与客人一一问候并握手。双方互相介绍参与会见的人员，随后主人引导宾客入座。主人应主动发言，营造良好气氛。双方可自由交谈，就共同感兴趣的话题分享看法。交谈时应注意保持良好坐姿，避免跷二郎腿或显得心不在焉。主人与主宾交谈期间，旁人不宜随意插话，外人也不应随意走动或进出。会见期间可提供饮料招待客人。主人应掌握会见时长，并可提议合影留念作为结束。合影后，主人应将客人送至门口，并目送客人离去。

(5) 注意合影的礼宾次序。合影时，主人通常居中，男主宾位于主人右侧，主宾夫人位于主人左侧，主人夫人位于男主宾右侧，其他人员穿插排列。应注意避免将客人安排在边缘位置，而让主人的陪同人员位于两侧，如图 4-2 所示。

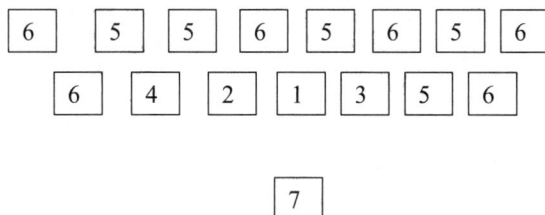

| 6 | 5 | 5 | 6 | 5 | 6 | 5 | 6 |

| 6 | 4 | 2 | 1 | 3 | 5 | 6 |

| 7 |

图 4-2　合影时的礼宾次序

注：图中的主宾次序是 1 为主人；2 为男主宾；3 为主宾夫人；4 为主人夫人；5 为主宾陪同人员；6 为主人陪同人员；7 为摄影师。

2. 会谈的礼仪

会谈的形式多样，包括领导人之间的单独会谈、少数领导人及其助手进行的不公开内容的秘密会谈，以及针对重要且复杂问题举行的官方会谈，也称为谈判。会谈礼仪主要包括以下内容。

(1) 确定会谈的时间、地点、人员。会谈的时间和地点由双方协商确定。会谈人员应精心挑选，需具备专业特长，同时考虑团队的专业互补和集体智慧。会谈人员不仅要熟悉政策法律，还要具备良好的沟通、辩论和应变能力，并明确主谈人和首席代表。

(2) 会谈的座位安排。涉外双边会谈通常使用长方形或椭圆形会谈桌。多边会谈或小型会谈可能采用圆形或正方形会谈桌。无论何种形式，通常以面对正门的位置为上座，宾主相对而坐，主人背向门，客人面向大门。主要会谈人员居中，其他人根据礼宾次序排列。

值得一提的是，许多国家安排译员和记录员坐在主要会谈人员后面。而我国习惯将译员安排在主谈人右侧，这背后有其历史考量。最初，我国也遵循国际惯例安排译员坐在后面。但新中国成立后不久，周恩来总理认为这一安排不适合中国国情，因为我国的译员是会谈的重要成员，应得到尊重。因此，周总理在出访时坚持要求对方允许我方译员坐在主要会谈人员右侧，这一做法自此沿用至今。

以下是几种常见的会谈座位安排(见图 4-3 至图 4-5)。

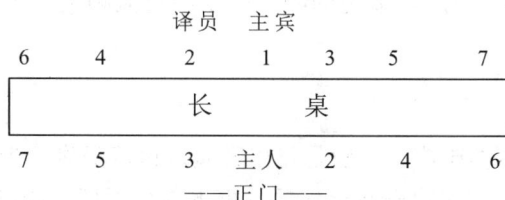

译员　主宾

6	4	2	1	3	5	7
		长	桌			
7	5	3	主人	2	4	6

——正门——

图 4-3　我国会谈座位安排

图 4-4　长桌会谈座位安排　　　　　　图 4-5　多边会谈座位安排

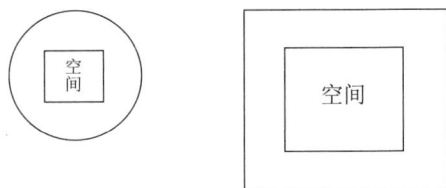

如果长方桌的一端向着正门，则以入门的方向为准，右为客，左为主。

如果是多边会谈，则可将座位摆成圆形或正方形。

此外，小范围的会谈也可像会见一样，只设沙发，不摆长桌，并按礼宾顺序安排。

(四)涉外参观游览

请扫描二维码学习本部分内容。

涉外参观游览

(五)国旗悬挂

国旗是国家的标志，也是国家的象征。悬挂国旗是一种外交礼遇与外交特权。人们往往通过悬挂国旗来表达对本国的热爱或对他国的尊重。在国际交往中，悬挂国旗要遵循以下惯例。

1. 悬挂国旗的场合

根据国际关系准则，国家元首、政府首脑在他国访问时，在其住所和交通工具上悬挂国旗(或元首旗)是一种外交特权。

东道国在接待来访的外国元首、政府首脑的隆重场合，在贵宾下榻的宾馆及乘坐的汽车上悬挂对方(或双方)的国旗(或元首旗)，是一种礼遇。

在国际会议上，除会场悬挂与会国国旗外，各国政府代表团团长也会按会议组织者的相关规定，在一些场所或车辆上悬挂本国国旗。

一些展览会、体育比赛等国际活动也会悬挂本国国旗。在大型国际比赛中，常为获得前三名的运动员升起其所代表国家的国旗。

随着我国加入 WTO，双边、多边的经贸往来会日益频繁，因此在谈判、签约仪式上也应悬挂我国的国旗。

2. 悬挂国旗的要求

在建筑物上或室外悬挂国旗，一般是日出升旗，日落降旗。当外国元首逝世时需要降半旗志哀，具体做法是，先将旗升起至杆顶，再下降至距杆顶相当于杆长的 1/3 处。降旗时，也应先将旗升至杆顶，然后再下降。

升降国旗时，应着装整齐，立正、脱帽并行注目礼。不得使用污损的国旗。升国旗时一定要升至杆顶。

悬挂双方国旗时，按照国际惯例，以右为上，左为下。但这是以旗面本身为准的，容易弄错。因此，应记住以挂旗人为准，"面对墙壁左为上，右为下"。挂旗人面对墙壁，左方悬挂客方国旗；右方悬挂主方国旗。乘车时应记住"面对车头左为上"，左边挂客方国旗，右边挂主方国旗。所谓主客标准，不是以在哪国举行活动为依据，而是以举办活动的主办方为依据。例如，外国代表团来访，东道国举办欢迎宴会时，东道国是主人；外国代表团举办答谢宴会时，来访国是主人。

国旗是一个国家的标志与象征，代表一个国家的尊严，因此悬挂国旗时，绝不能将国旗挂倒。

常见的挂旗方法如图 4-6 至图 4-10 所示。

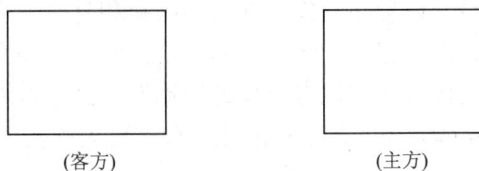

（客方）　　　　　　　　（主方）

图 4-6　两国国旗并挂

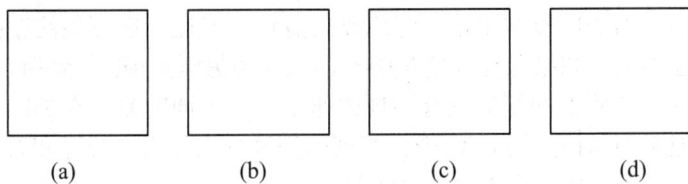

（a）　　　　（b）　　　　（c）　　　　（d）

图 4-7　三面以上国旗并挂

注：多面国旗并列时，主方在最后。如是国际会议，则无主客之分，就按会议规定之礼宾顺序排列。

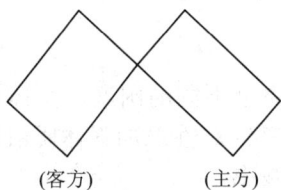

（客方）　　　　（主方）

图 4-8　交叉挂

（客方）　　　　　　（主方）

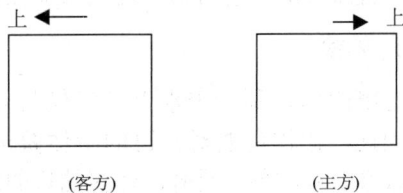

图 4-9　竖排(客方为反面，主方为正面)

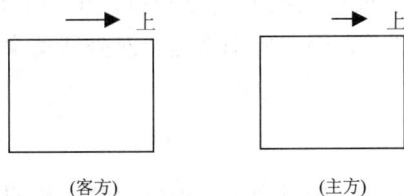

（客方）　　　　　（主方）

图 4-10　竖挂(双方均为正面)

三、出国交往文明得体

随着信息社会的快速发展和我国改革开放的深化，国与国之间的公务访问、商务活动、学术交流、观光旅游也越来越频繁。如何通过训练有素的礼仪行为展现自己的良好修养及国家形象，是每个公民都应认真思考的问题。了解出国礼仪，并用行动很好地诠释，如此才能使出国行程更加顺畅。

(一)出国手续办理

办理出国手续不仅要遵循一定的礼仪规范，还要遵守必要的出境规矩及国际惯例。

1. 护照

出国人员必须持有护照，以便接受检查证明其国籍和身份。中国公民出入境所持护照分为外交护照、公务护照、因公普通护照、因私普通护照等。外交护照、公务护照、因公普通护照由外交部或者外交部授权的地方外事部门颁发。因私普通护照、中华人民共和国出入境通行证等则由公安部或者公安部授权的地方公安机关颁发。

2. 签证

签证是一个主权国家官方机构对本国和外国公民出入境或在本国停留、居住的许可护照办好后，还应申请所去国家和中途经停国家的签证。签证一般可签注在护照上，也有的签注在其他身份证件上。如果前往未建交国家，往往要另纸签证(另纸签证是签证的一种形式，它和一般签注在护照上的签证具有同样的作用。所不同的是，在护照以外单独签注在一张专用纸上，但必须和护照同时使用)。签证的等级分为外交、公务和普通签证。出入国境的签证分为入境、入出境、出入境、过境签证。

申请前往国签证，一般应向该国驻我国的使领馆申请办理。各国对我国公民进入该国的理由不同，提交的各种证件规定不同，因此，出国人员拿到护照后，还要认真、实事求是地准备必要的申请材料，提交给前往国使领馆办理签证。

3. 体检

走出国门，到一个水土、气候与自己生长、生活完全不同的国度，身体健康极为重要。因此，出国前要对自己的身体做一次全面检查，有针对性地加强体质锻炼，养精蓄锐，做好启程准备。另外，体检的目的还在于要领取黄皮书。

4. 置装

出国之前，应根据季节、前往国家的气候和自己出国的任务性质准备衣服。一般来说，出国人员都担负着公务任务，因此要携带适合对外活动穿着的西装。与此同时，要适当带一些适合旅游的便装。

5. 机票

购买机票是出国的重要环节。如果确定了出国日期，护照、签证尚未办好，为了能够按时出国，可预先到航空公司订票。订票前，首先要选择好出国路线和航班，为了省钱、

省时和安全，并避免中转换飞机，要尽可能选择最近的路线和直航班机，尽可能减少中转次数，必须中转换乘飞机时，要选好中转地点并安排好衔接航班。中转地点要尽可能选择过往飞机较多的城市，这会给出行人提供较多的改乘其他航班的机会。合适的衔接时间以2～4小时为宜，以便有足够的时间去办理中转手续或误机后办理更改航班的手续。

6. 换汇

出国人员一般均携带自由外汇，如美元、日元、英镑。很多国家对外汇的管理很严格，有时限制外汇现钞的携带数量，入境时要登记，出境时也要检查核对。在各国市场上，除某些国家有少数的外汇商店可直接使用自由外汇外，一般均使用本国货币。国际机场、大型酒店均设有外汇兑换处，可将自由外汇兑换为当地通用货币。兑换时，应根据实际需要，用多少换多少，回国时已兑换的当地货币未用完，则尽可能换回自由外汇。

7. 保密

防止失密、泄密是出国人员应该遵守的纪律和履行的义务，任何人不得擅自携带国家机密文件、资料和其他物品出国。在公共场合或住室内不随便谈论国家秘密事项；写信、打电话等不能涉及国家机密的内容。重要情况、保密程度高的事项需要向国内传递时，可通过我国大使馆、领事馆的保密途径向国内报告。在境外，常会遇到一些陌生人主动与我方人员接触，这时要提高警惕，因为这可能存在套取秘密情报或危害人身安全方面的隐患。因此，遇有身份不明的陌生人主动搭讪时，不要有问必答，更不要透露工作单位、出国任务、政治面貌、下榻地址及外交单位、人员名称等信息。

【小贴士】

国家秘密的密级划分

《中华人民共和国保守国家秘密法》第十四条规定，国家秘密的密级分为绝密、机密、秘密三级。

绝密级是国家秘密中最重要的一级，泄露会使国家安全和利益遭受特别严重的损害；机密级是一般性国家秘密中较为重要的一级，泄露会使国家安全和利益遭受严重的损害；秘密级是一般性国家秘密，泄露会使国家安全和利益遭受损害。

8. 边防检查

在许多国家，边防检查由移民局或外侨警察局负责，我国则由公安部主管。出入境人员在接受边防检查前应自行填写出入境登记卡。登记卡内容包括航班号、来自何处、姓名、出生日期和地点、职业、国籍、护照号码等。过境时，将此卡连同本人的护照、签证等证件一并交给边检站检验后才能通行。边防检查通常不对旅客及所携带的行李物品进行检查，但特殊情况下，也可以进行人身检查和行李物品的重点检查。

【小贴士】

中国公民出境旅游文明行为指南

中国公民，出境旅游，注重礼仪，保持尊严。
讲究卫生，爱护环境；衣着得体，请勿喧哗。

尊老爱幼，助人为乐；女士优先，礼貌谦让。
出行办事，遵守时间；排队有序，不越黄线。
文明住宿，不损用品；安静用餐，请勿浪费。
健康娱乐，有益身心；赌博色情，坚决拒绝。
参观游览，遵守规定；习俗禁忌，切勿冒犯。
遇有疑难，咨询领馆；文明出行，一路平安。

注：中央文明办联合中华人民共和国国家旅游局，于 2006 年 10 月 1 日公布《中国公民出境旅游文明行为指南》。

(二)国外办公室拜访礼仪

请扫描二维码学习本部分内容。

(三)国外私人住所拜访礼仪

请扫描二维码学习本部分内容。

国外办公室拜访礼仪　国外私人住所拜访礼仪

(四)国外住店礼仪

1. 饮用房间饮料的礼节

国外旅店通常不供应开水，而会提供一瓶免费的矿泉水。部分旅店可能会在您取用酒水或饮料后自动记账；还有些旅店房间内设有自动售货装置，食品和饮料一经取出即自动记账，旅客在结算时统一付款。如需热饮料，可向服务员索取，但需支付现金及小费。联系服务员可通过按电铃或打电话，服务后应表示感谢并给予小费。

2. 正确使用房间的设备

如果不熟悉房间和卫生间内的设备，应先向服务人员咨询。特别注意外国旅店房间内的电气设备和洗澡用的开关，它们形式多样，使用方法各不相同。卫生间内提供的用品一旦打开封条即可使用。房间内提供的用品仅限旅店内使用，除非特别标明需付费，否则不得带出旅店。

四、了解外国独特风情

民俗风情是某一国家、民族长期形成的文化特征，包括相对稳定的礼节、人情、风尚、行为习惯和心理倾向等。它是区别于其他民族的重要标志。

民俗风情属于历史范畴，随着社会的变迁、经济和文化的发展，会不断出现新的内容与形式。由于各国、各民族和各地区的文化背景、礼仪传统和行为习惯不同，民俗风情存在显著差异。在交往中，特别是在涉外交往中，我们必须了解并掌握不同国家、地区的民俗风情，遵循"入国问俗、入国随俗"的原则，以成功建立良好的关系。

主要国家的民俗风情——韩国

(一)主要国家的民俗风情

1. 韩国

韩国，也称大韩民国，古称高丽，拥有璀璨的文化遗产和美丽的自然风光。韩国夏季多雨，气候湿润，经济发达。韩国的主要宗教是佛教，同时部分韩国人信奉儒教、天主教或天道教。

(1) 交际习俗。韩国男性见面时通常先微微鞠躬再握手，并互相问候。晚辈或下属与长辈或上级握手时，应在对方伸手后，用右手握手，并将左手轻置于对方右手之上，以示尊重。

韩国女性一般不与男性握手，女士之间习惯鞠躬问候，社交场合才握手。韩国人在与外国人交往时可能会提出一些私人问题，不必介意。韩国人有敬老的习惯，任何场合都应先向长者问候。

称呼他人时，韩国人喜欢使用尊称和敬语，很少直接叫对方的名字，尤其如果交往对象有反映其社会地位的头衔，会在称呼中频繁使用。

在社交场合，尤其是年青一代，大部分韩国人都会讲英语，并且将此视为有教养和受过良好教育的标志。

(2) 主要禁忌 。韩国人珍视白色，崇拜熊和虎。

在韩国，国花是木槿花，国树是松树，国鸟是喜鹊，国兽是老虎。韩国人对数字"4"和"13"十分反感，避免使用。对姓氏"李"有特定的解释，对外称呼国家时应使用"韩国""韩国人"，避免使用"南朝鲜""南韩"或"朝鲜人"。

韩国人的民族自尊心很强，反对崇洋媚外，提倡使用国货，不看重穿外国名牌的人。在韩国，忌谈话题包括政治腐败、经济危机、意识形态、南北分裂、韩美关系、韩日关系等。

(3) 饮食特点。 韩国人的饮食以辣和酸为主要特点，主食为大米，食物包括米饭和冷面。韩国人喜欢吃中国的川菜，爱吃牛肉、瘦猪肉、海味、狗肉和卷心菜等。"韩国烧烤"颇具特色。

韩国的饮料有多种，男性通常酒量好，喜欢烧酒、清酒、啤酒。女性多不饮酒，喜欢喝茶和咖啡，避免稀粥和清汤。

韩国人使用筷子用餐，近年来出于环保考虑，韩国餐馆多提供铁筷子。用餐礼仪包括与长辈同餐时不先动筷，不用筷子指人，用餐完毕后整齐放置筷子。宴会上，通常由服务员为客人夹菜，每道菜都尝一尝以示尊重。

2. 日本

日本，古称大和，后来正式定名为日本国，意为"日出之国"。日本人酷爱樱花，并以其象征民族精神。樱花虽看似平凡，但当它们盛开时却展现出磅礴气势。每年三月末至四月初，春风从赤道纬线北上，樱花便由南向北盛开，形成壮观的花海。日本人会像庆祝节日一样聚集在樱花树下，饮酒赏花，摄影留念。因此，日本在世界上有"樱花之国"的美称。日本人多信仰神道和佛教。

(1) 交际习俗。日本是一个以注重礼节著称的国家，特别重视言谈举止的礼仪。日本

人见面时会互相问候致意，鞠躬是日本最普遍的礼节方式。初次见面时通常行 30°鞠躬礼，告别时 45°，遇到长辈和重要交际对象时则行 90°鞠躬礼，以示尊敬。妻子送丈夫、晚辈送长辈外出时，会行礼至看不见对方背影。在正式场合，递接物品都用双手。国际交往中，一般采用握手礼。

日本人谈话时，经常使用自谦语，习惯于贬己抬人。与人交谈时总是面带微笑，尤其是女性。

日本人与他人初次见面时，通常会互换名片，如果没有名片交换，可能被理解为不愿与对方交往。日本人外出时往往会携带印有不同头衔的名片，以便根据不同情况交换。

称呼日本人时，可以称"先生""小姐""夫人"，或在姓氏后加"君"字，如"某某君"。

日本人见面时除了行问候礼外，还会问好致意。见面时常用"您早""您好""请多关照"分手时则用"再见""请休息""晚安""打扰了"等。

日本的经济发达与日本人勤奋的工作精神密切相关。工作节奏快，讲究效率和礼节。日本人工作时会严格按计划执行，迅速处理事务，对客户提供微笑服务，公私分明，对待上司和同事谦虚有礼，善于克制。下班后不随意评论公司事务。

(2) 主要禁忌。日本人有许多忌讳。他们避免使用紫色和绿色，认为这些颜色象征悲伤和不祥。

日本人忌讳数字"4"和"9"，因为他们分别与"死"和"苦"发音相似。日本人偏好奇数，不喜欢偶数，尤其喜欢"3""5""7"。

日本人避免三人合影，认为被两侧人夹在中间是不吉利的预兆。

日本人对狐狸和獾的图案有很反感，认为它们象征晦气和狡猾。

菊花是日本皇族的象征，因此在礼品上不宜使用菊花图案。

日本人喜欢仙鹤和乌龟，认为它们象征长寿。

日本人使用筷子时，有诸多禁忌，例如不将筷子直插入饭中，不用同一双筷子为每个人夹菜，避免使用不恰当的筷子。

(3) 衣食特点。商务、政务活动中，日本人通常穿西式服装；民间交往中，有时会穿国服——和服。与日本人交往时，衣着不能太随便，以免给人缺乏教养的印象。

日本料理以海鲜为主要食材，可以热吃、冷吃、生吃或熟吃。主食为大米，节日和生日时喜欢吃红豆饭，喜欢吃酱和喝大酱汤。餐前、餐后常饮用清茶。方便食品有"便当"(盒饭)和"寿司"。

日本人普遍喜欢喝茶，形成了"和、敬、清、寂"为原则的茶道文化。茶道不仅要求幽雅、自然的环境，还有一系列点心、泡茶、献茶、饮茶的具体方法，具有参禅的意味，重在陶冶情操。

3. 沙特阿拉伯

沙特阿拉伯的全称是沙特阿拉伯王国，其名称源自统治该国的沙特家族。在阿拉伯语中，"沙特"意为"幸福"，"阿拉伯"指"沙漠"，因此"沙特阿拉伯"意为"幸福的沙漠"。沙特阿拉伯石油储量丰富，被誉为"石油王国"。沙特阿拉伯的国教为伊斯兰教，国家实行政教合一制度，98%的国民信仰伊斯兰教。麦加是伊斯兰教创始人穆罕默德

的诞生地，有"宗教之都"之称，在阿拉伯语中"麦加"意为"吸吮"。

(1) 交际习俗。沙特阿拉伯人交际时通常热情友好、大方得体。见面时会互问"您好"，随后握手并问候"身体好"。习惯上会伸出左手放在对方右肩并亲吻双颊以示亲近。

沙特阿拉伯男性习惯手拉手行走，表达亲密友好。

在伊斯兰教规的限制下，当地妇女很少公开露面，不与异性接触。因此，男性遇当地妇女时不宜主动问候或行礼，与男性交往时避免问候其妻子或恋人，不向她们赠送礼物。

做客时，主人劝你喝咖啡，应接受并尽可能一饮而尽，以示礼貌。

公共场合男女分开，体现"男女授受不亲"的原则。避免在交谈中提及中东政治、宗教矛盾、女权运动和石油政策等话题。

(2) 主要禁忌。沙特阿拉伯人认为娱乐可能导致堕落，避免讨论休闲、娱乐或邀请参加舞会、夜总会等活动。

不在沙特阿拉伯人面前评论以色列。

伊斯兰教禁止崇拜真主以外的偶像，沙特阿拉伯人不喜欢看电影、拍照、录像，对雕塑、洋娃娃等礼品十分忌讳。

沙特阿拉伯人忌用左手递送东西，不用眼睛盯着人看。

沙特阿拉伯人不下国际象棋，认为对国王不敬。

沙特阿拉伯人崇尚蓝色和绿色，认为它们代表生命和希望。

(3) 饮食特点。沙特阿拉伯人忌食猪肉及异形食物。习惯每日两餐，主食为玉米、大饼和手抓饭，上层人士常吃西餐。羊眼视为珍贵食品，喜欢喝红茶和咖啡，也喜欢中餐。

4. 泰国

泰国的全称是泰王国，自称"孟泰"。泰语中"孟"是国家的意思，"泰"是自由的意思，"泰国"，即自由之国。

(1) 宗教信仰。佛教是泰国的国教，全国 90%以上的人口信奉佛教。在社会各方面，佛教都对泰国人发挥着重要作用。泰国的历法采用的是佛历。泰国男子年满 20 岁后，都要出家一次，当 3 个月的僧侣，即使国王也不例外，否则会被人看不起。几乎所有泰国人都喜欢佩戴佛饰，以趋吉避邪。

(2) 交际习俗。由于信奉佛教，泰国人一般在交际应酬时不喜欢握手，而是行带有佛教色彩的合十礼。行合十礼时，需站好立正，低眉欠身，双手十指相互并拢，问候对方"您好"，合十的双手举得越高表示对对方越尊重。行合十礼时，晚辈要先向长辈行礼，身份低者先向身份高者行礼，对方随后还之以合十礼，否则被认为失礼。

泰国人很有涵养，总是面带微笑，因此泰国也有"微笑之国"的美称。交谈时，泰国人总是轻声细语。在他们看来，与旁人打交道时面无表情、愁眉苦脸，或是高声喧哗、大喊大叫，都是不礼貌的。与泰国人交往不要信口开河，不非议佛教，或对佛门弟子不敬，尤其是对佛祖释迦牟尼表示不恭。

(3) 主要禁忌。泰国人认为头是智慧所在，神圣不可侵犯，因此不能用手去触摸佛像的头部，这将被视为对佛的极大侮辱；若打了小孩的头部，则认为触犯了藏在小孩头中的精灵，导致孩子生病。别人坐着的时候，切勿让物品越过其头顶。见面时，若有长辈在

座，晚辈应坐下或蹲跪，以免高于长者头部，否则就是对长者的不尊重。因此，在泰国，当人们走过或坐着或站着的人面前时，都要躬身而行，表示不得已而为之。

泰国人认为用左手拿东西给别人是鄙视对方的行为，因此，给人递东西时都用右手，切忌用左手。

在泰国，狗的图案是被禁止的。泰国人的家里大都不种茉莉花，因为在泰语里，它与"伤心"发音相似。

在泰国，睡莲为国花，桂树为国树，白象为国兽，因此对这些东西，千万不要轻蔑，或是予以非议。

泰国国王和王室成员神圣不可侵犯，不得任意评说。

(4) 饮食特点。泰国人不吃过甜或过咸的食物，也不吃红烧菜肴；喜欢辛辣、新鲜的食物，尤其是体现其民族特色的"咖喱饭"。

泰国人不喝热茶，他们会在茶里加上冰块，令其成为冻茶。他们习惯直接饮用冷水，喝果汁时要加少许盐。

【小案例】

约翰逊访问泰国

20 世纪 60 年代，时任美国总统的约翰逊访问泰国。受到泰国国王接见时，约翰逊竟跷起了二郎腿，脚尖正对着国王，这种姿势在泰国被视为侮辱，因此引起了泰国国王的不满。更糟糕的是，在告别时约翰逊竟然用得克萨斯州的礼节紧紧拥抱了王后。在泰国，除了泰国国王外，任何人都不得触碰王后，这一举动使泰国举国哗然。约翰逊的举动成了涉外交往的笑话。

(资料来源：佚名. 美国总统访泰跷二郎腿[EB/OL]. [2009-08-19]. https://www.cnida.com/news_listbk.asp?id=1460.)

点评： 正是因为不熟悉泰国的民俗礼仪，约翰逊总统依照本国、本民族的习俗行事，导致了访泰期间的一些令人遗憾的地方。

5. 新加坡

新加坡的全称是新加坡共和国。"新加"在梵文中意为"狮子"，"坡"意为"城"，因此新加坡也被称为"狮城"。作为一个岛国，新加坡面积虽小，但华侨常称之为"星洲"或"星岛"。新加坡气候宜人，环境优美，是一个城市国家，有"花园城市"的美誉，并拥有世界第二大港口。

(1) 交际习俗。在社交场合，新加坡人通常以握手为礼。礼仪习俗呈现多元化，例如华人社交活动中习惯拱手作揖或行鞠躬礼，马来人则行本民族的"摸手礼"。与新加坡人交往时，应注意入乡随俗。

新加坡强调笑脸迎客和彬彬有礼。在交际中讲究礼貌，以礼待人，这不仅是个人基本素养，也是国家和社会的基本行为规则。

新加坡十分重视"礼治"，政府制定了《礼貌手册》，对不同场合的行为作出严格规定，体现了不讲礼貌在新加坡难以行动。

新加坡人崇尚清爽卫生，对仪容不整的人会投以不满的目光。

（2）主要禁忌。新加坡人喜欢红色，认为它象征庄严、热烈、喜庆和吉祥。而紫色和黑色通常不受欢迎，因为它们被认为是不吉利的颜色。

新加坡人不喜欢数字"4"和"7"，因为"4"在华语中与"死"发音相似，"7"则被视为消极数字。相反，"3"代表"升"，"6"代表"顺"，"8"象征"发"，"9"表示"久"，都是吉祥数字。

在新加坡，避免说"恭喜发财"，因为他们认为这可能鼓励不正当的财富获取。

在新加坡，乱扔垃圾、吐痰、在公共场所吸烟、嚼口香糖、过马路闯红灯等行为都会被重罚，罚款额可能相当于一个普通工人一个月的工资，甚至可能面临诉讼或鞭刑。

（3）饮食特点。中餐是新加坡人的首选，尤其是粤菜和闽菜。新加坡人偏好清淡饮食，喜欢甜食，注重营养，日常饮食以米饭和海鲜为主，不太喜欢面食。

新加坡人喜欢喝茶，常在清茶中加入橄榄，称为"元宝茶"，认为这能带来财运。他们也喜欢饮用鹿茸酒、人参酒等补酒。

6．英国

英国的全称是大不列颠及北爱尔兰联合王国，有时它也被称为"联合王国""不列颠帝国""英伦三岛"等。"英国"是对其的简称，源自"英格兰"，其本义是"盎格鲁人的土地"，而"盎格鲁"意为"角落"。英国的主要宗教是基督教，国教为英国国教会，也称圣公会。

（1）交际习俗。英国人不喜欢被统称为"英国人"，喜欢被称为"不列颠人"。他们习惯行握手礼，女性一般施屈膝礼。男性如戴礼帽，遇见朋友时微微举起以示礼貌。英国人注重实际，不喜空谈，在社交场合他们衣着整洁，彬彬有礼，体现绅士风度。女性穿着较正式的服装时，通常戴一顶帽子。

在社交场合，英国人极其强调所谓的绅士风度，遵循"女士优先"的原则，对女士极其尊重和照顾。他们十分重视个人教养，认为教养体现细节，礼节展现出教养。他们待人十分客气，常用"请""谢谢""对不起""你好""再见"等礼貌用语，即使是家人、夫妻、好友之间，英国人也常常会使用这些礼貌用语。

在交际活动中，握手是英国人使用最多的礼节。一般情况下，与他人见面时，英国人既不会像美国人那样随意打招呼，也不会像法国人那样热烈地拥抱、亲吻，英国人认为那样做都有失风度。

（2）主要禁忌。英国人忌四个人交叉握手，忌"13"和"星期五"，忌用一次火点 3 支烟。他们不喜欢大象及其图案，讨厌墨绿色，忌黑猫和百合花，忌碰撒食盐和打碎玻璃。英国人认为星期三是吉日。他们喜欢养狗，认为白马象征好运，马蹄铁能带来好运。

在英国人看来，夸夸其谈、自吹自擂、指手画脚都是缺乏教养的表现，因此与英国人刚刚认识就与他们滔滔不绝地交谈会被认为没有礼貌。和英国人交谈应避免以政治或宗教话题。另外，不要去打听英国人不愿讲的事情，千万不要说英国人缺乏幽默感，这会伤害他们的自尊心，因为英国人历来以谈吐幽默、高雅脱俗为骄傲。

（3）饮食特点。英国人通常一日四餐，即早餐、午餐、午茶和晚餐，晚餐为正餐。他们喜欢在家烹饪，以英式、法式菜为主。烤牛肉和约克郡布丁被誉为"国菜"。英国人进餐前习惯先喝啤酒或威士忌，有喝早茶与下午茶的习惯。

【小案例】

郁闷的小彭

小彭在英国留学毕业后，受雇于一家英国公司担任行政工作。

一次，老板让她为前来拜访的客人预约一辆出租车去机场。小彭刚到公司，对一切还都不太熟悉，加之手头上的事情也很多，电话预约时没有对司机先生使用礼貌句式"May I……"和礼貌用词"Please"。

当车抵达公司，小彭与司机接洽时，司机先生并不搭理她。后来，司机对公司客人说，这个姑娘说话很"Rude"(粗鲁)。

为此小彭很是郁闷。

点评：与英国人沟通交流时，应多使用礼貌用语和句式，如"Please"(请)"Thank you"(谢谢)，"May I have the honor……"(我有这个荣幸请您……)等，否则会被视为没有礼貌。

7．法国

法国的全称是法兰西共和国。"法兰西"源于古代法兰克王国的国名。在日耳曼语里，"法兰克"一词的本义是"自由"或"自由人"。"艺术之邦""时装王国""葡萄之国""名酒之国""美食之国"等都是世人给予法国的美称。法国首都巴黎更是鼎鼎大名的"艺术宫殿""浪漫之都""时装之都"和"花都"。法国的主要宗教是天主教，近80%的人是天主教教徒，其余信奉基督教、犹太教或伊斯兰教。

(1) 交际习俗。法国人非常善于交际，即使是初次见面，他们也会主动与之交往，并表现得亲切友善、一见如故。

法国人天性浪漫，在交际中，他们爽朗热情，善于辩论，爱开玩笑，幽默风趣，讨厌不爱讲话的人，对愁眉苦脸的人难以接受。

法国人崇尚自由，纪律性较差，不大喜欢集体行动，约会也可能会迟到。法国人有极强的民族自尊心和自豪感，在他们看来，法国是最棒的。例如，法国人会说英语的人不少，但通常不会直接用英语与外国人交谈，因为他们认为法语是世间最美的语言。与法国人交谈时若能讲几句法语，一定会使对方热情有加；懂法语而又不同法国人讲法语，则会令其大为恼火。

法国人注重服饰的华丽和样式的新颖。法国妇女视化妆和美容为生活之必需。法国人在社会交往中奉行"女士优先"的原则。法国人习惯行握手礼，有一定社会身份的人会施吻手礼，少女常施屈膝礼。男女之间、女性之间及男性之间，还有亲吻面颊的习惯。社交中，法国人不愿他人打听个人私事。

(2) 主要禁忌。法国人忌"13"和"星期五"。他们大都喜爱蓝色、白色和红色，不喜欢黄色和墨绿色。法国人视仙鹤为淫妇的化身，孔雀被看作祸鸟，大象象征笨汉，因此它们都是法国人反感的动物。菊花、杜鹃花与核桃等被视为不祥之物。

向法国人赠送礼品时，宜选具有艺术品位和纪念意义的物品，避免送刀、剑、剪、餐具或带有明显广告标志的物品。男士向关系一般的女士赠送香水也被认为是不合适的。

与别人交谈时，法国人往往喜欢选择一些足以显示其身份、品位的话题，如历史、艺

术等。对于恭维其他国家，贬低法国国际地位和历史贡献，议论其国内经济滑坡、种族纠纷等问题，他们是极其讨厌的，且不愿予以回应。

(3) 饮食特点。法国人讲究饮食，法国菜世界闻名，被称为"法国大餐"。法国人喜欢吃蜗牛和青蛙腿，最名贵的菜是鹅肝。法国人喜欢喝酒，几乎餐餐必饮，喜欢白兰地、香槟和葡萄酒。法国菜的特点是鲜嫩，法国人也非常喜欢中国菜。

8. 德国

德国的全称是德意志联邦共和国。"德意志"在古代德语里中意义为"人民的国家"或"人民的土地"。德国在世界上有"经济巨人""欧洲的心脏""出口大国""啤酒之国""香肠之国"等美称。德国的主要宗教是基督教和天主教，目前，在德国总人口中，信奉基督教的约占47%，信奉天主教的约占36%。

(1) 交际礼仪。德国人初次见面时，如果需要第三方介绍，作为介绍人要注意的是，不能不论男女老幼、地位高低而随便把一个人介绍给另一个人，一般的习惯是，从老者和女士开始，向老年人引见年轻人，向女士引见男士，向地位高的人引见地位低的人。

双方握手时，要友好地注视对方，以表示尊重，如果这时把眼光移向别处，东张西望，则是很不礼貌的。初次相识的双方自报姓名时，要注意听清和记住对方的姓名，以避免忘记和叫错。在多人相互介绍时，要做到尽量简洁，避免拖沓。

由于德语语言自身的特点，与德国人交往还会遇到一个是用尊称还是用友称的问题。通常与陌生人、长者及关系一般的人交往时使用尊称"您"；而对私交较深、关系密切者，如同窗好友、共事多年关系不错的同事，往往用友称"你"。变换称谓的主动权通常在女士和长者这里。称谓的变换，标志着两者之间关系的远近亲疏。对此，必须熟练掌握和运用，这样才能很好地与德国人交往。

德国人十分遵约守时。德语中有一句话"准时就是帝王的礼貌"。德国人邀请客人，往往提前一周就发邀请信或打电话。如果是打电话，被邀请者可以马上口头做出答复；如果是书面邀请，则可以通过电话口头答复。但不管接受与否，回复都要尽可能早一点，以便主人早做准备，迟迟不回复会使主人不知所措。如果不能赴约，应客气地说明理由，既不赴约又不说明理由是很不礼貌的行为。在德国，官方或半官方的邀请信往往还注明衣着要求。接受邀请之后如中途有变不能如约前往，应早日通知主人，以便主人另做安排。如因临时原因，需要迟到10分钟以上，也应提前打电话通知主人一声，因为在德国私人宴请的场合，等候迟到客人的时间一般不超过15分钟。客人迟到，到场后要向主人和其他客人表示歉意。

电影院中迟到，人们可以习以为常，但对于音乐会的迟到，则是令人讨厌的。这时迟到者最好等到一幕或一个乐章结束后再入座。如果等不及，则要慢慢走到座位上，千万别走错排数，并且要对站起来让路的人轻说一声"谢谢"。

赴约赴宴一定要提早出门，以免迟到。迟到固然不礼貌，但早到也欠考虑。德国人如遇正式邀请，往往提前出门，如果到达时间早，便在附近等一等，时间到了再进入主人家。

德国人不习惯送重礼，礼物多为价钱不贵但有纪念意义，以此来表达慰问、祝贺或感谢之情。去友人家赴宴，客人应带上点儿小礼物，如鲜花、巧克和酒。当然，去德国朋友

家做客的中国人如能送给女主人一件富有民族特色的小纪念品，那一定会受到主人由衷的赞赏。如果只是顺便看望，那就不必带什么礼物了，最多给小孩子带点小玩意儿。如果是业务上的聚会，双方往来都只是公事，只要按时应邀出席即可，不必另有表示。

在德国，如遇到朋友乔迁或新婚，可以事先同受礼者开诚布公地谈谈应送些什么礼物。有的德国新婚夫妇会把自己所需的日常用品列一份清单，送礼的朋友可在此单上写上自己送的东西，这样既可使新婚夫妇得到实惠，又令馈赠者高兴。

(2) 主要禁忌。德国人偏爱黑色和灰色，对于红色及红黑相间的颜色不感兴趣。

对于"13"与"星期五"，德国人十分讨厌。他们对于四个人交叉握手，或是在交际场合进行交叉谈话也比较反感，因为他们认为这是不礼貌的。

与德国人交谈时，避免涉及纳粹、宗教与党派之争的话题。在公共场合窃窃私语或是大声讲话都被认为是十分无礼的行为。

(3) 衣食特点。德国人在穿着风格庄重、朴素、整洁。他们不大容易接受过分前卫的服装，不喜欢穿着过分鲜艳花哨的服装，并且对衣冠不整、服装不洁者难以忍受。德国人在正式场合露面时，必须穿戴整齐，衣着一般多为深色。在商务交往中，男士穿三件套西装，女士穿裙式服装。德国人对发型较为重视，男士不宜剃光头，少女的发型多为短发或披肩发，烫发的妇女多为已婚者。

德国人讲究饮食，最爱吃猪肉，其次是牛肉。用猪肉做成的各种香肠，令德国人百吃不厌。德国人一般胃口较大，喜食油腻之物。德国人爱吃冷菜及偏甜酸的菜肴，不太喜欢辣或过咸的菜肴。德国人最喜欢喝啤酒，且人人都是海量，当然，他们对于咖啡、红茶、矿泉水也很喜欢。

讲规矩的德国人

9. 意大利

(1) 礼节礼貌。意大利人在与他人初次见面时，他们的礼数礼仪十分周全，极其客气。通常以握手作为见面礼，并且会向对方问好。熟人之间，举手礼、拥抱礼、亲吻礼也很常见。在社交场合，可称其姓氏，或在姓氏前加上"先生""小姐""夫人"等尊称。只有关系密切者，方可直呼其名。为了向交往对象表示尊敬之意，意大利人往往会对对方以"您"相称。在人际交往中，他们非常重视别人的地位、等级。对于来自家学渊源、历史悠久的家族人士，他们往往会刮目相看。他们的时间观念较为宽松，与别人约会时，许多意大利人都会晚到几分钟。

在中国常用的下列称呼，在意大利不宜使用。其一，"爱人"。在意大利及许多西方国家不宜使用，其含义为"情人"或"第三者"。其二，"老人家"。意大利人忌讳"老"，这一称呼在他们听来具有明显的贬义。其三，"小鬼"。在中国，将小孩称为"小鬼"，是一种爱称。但在意大利人看来，其含义是"小妖怪"，对孩子既不尊重，又带有诅咒之意。

在穿着打扮上，意大利人衣着极为考究，非常时髦，讲究个性。日常生活中较少穿着传统民族服装。平时，男士爱穿背心和戴鸭舌帽；妇女则爱穿长裙和爱戴头巾。

(2) 饮食习惯。意大利人爱吃炒米饭和通心粉。通心粉又称意大利面条或"帕斯塔"，它是意大利人平时最爱吃的一种面食。食用时，不可用餐刀切成小段，或以汤匙取用。正确的做法是将它缠在餐叉上，然后送入口中，必要时，可用汤匙辅助，但不得出

声。意大利的菜肴口味接近法式菜肴，注重浓、香、烂，偏爱酸、甜、辣。在烹饪方法上，多采用焖、烩、煎、炸，不喜欢烧烤。意大利人喜爱肉食、蔬菜和水果，并且大多数人都嗜酒。

(3) 节庆习俗。意大利的节日比较多，全国性节日有 19 个。1 月 1 日是元旦，新年钟声敲响后，意大利人纷纷将家中旧物抛出窗外，以示辞旧迎新。狂欢节一般在 2 月中下旬，此时有化装游行及盛大游艺活动。每年 3 月 21 日月圆后的第一个星期日为复活节，人们纷纷结伴去郊游、聚餐。复活节后 40 天为圣灵降临节，有各种纪念活动。12 月 25 日为圣诞节，罗马教皇发表演说是这天最重要的节目。隆重的宗教仪式表达意大利教徒虔诚的宗教热情，民间节庆活动也十分热闹。

(4) 主要禁忌。在意大利，玫瑰象征爱情，菊花则专用于丧葬，因此，这两种花不宜作为礼物送人。送给意大利女士的鲜花，通常以单数为宜。意大利人忌讳紫色、仕女图案、十字花图案等。与其他欧美国家的人基本相似，意大利人最忌讳的数字与日期分别是"13"与"星期五"。除此之外，他们对于"3"这个数字也不太有好感。送礼时切勿将手帕、丝织品和亚麻织品送给意大利人，因为意大利人认为，手帕主要是擦眼泪的，象征情人离别，属于令人悲伤之物，不宜送人。

10. 俄罗斯

(1) 礼节礼貌。俄罗斯人惯于和初次见面的人行握手礼。对于熟悉的人，尤其是久别重逢时，他们则大多要与对方热情拥抱。有时，还会与对方互吻双颊。在迎接贵宾之时，他们通常会向对方献上面包和盐，这是给予对方一种极高的礼遇，来宾必须对其欣然笑纳。与他人相见时，他们通常都会主动问候"早安""午安""晚安"或者"日安"。在称呼方面，过去习惯以"同志"称呼他人，现在除与老年人打交道之外，这个词已不再流行。目前在正式场合，他们也采用"先生""小姐""夫人"之类的称呼。在俄罗斯，人们非常看重人的社会地位，因此，对有职务、学衔、军衔的人，最好以其职务、学衔、军衔相称。

俄罗斯人的传统服装为：男人上穿粗麻布长袖斜襟衬衣，腰系软腰带，下穿瘦腿裤。外面常穿呢子外套，并且头戴毡帽，脚穿皮靴。女人则爱穿粗麻质地的带有刺绣和垫肩的长袖衬衫，并配以方格裙子。在民间，已婚妇女必须戴头巾，并以白色为主；未婚姑娘则不用戴头巾，但常戴帽子。拜访俄罗斯人时，进门之后务必立即自觉地脱下外套、手套和帽子，并且摘下墨镜。前往公共场所时，进门后还须自觉将外套、帽子、围巾等衣物存放在衣帽间里。

(2) 饮食习惯。在饮食习惯上，俄罗斯人讲究量大、实惠，油大、味厚。他们喜欢酸味、辣味，偏爱炸、煎、烤、炒的食物，尤其爱吃冷菜。食物制作较为粗糙，一般以面食为主，他们很爱吃用黑麦烤制的黑面包。特色食品还有鱼子酱、酸黄瓜、酸牛奶等。吃水果时，他们多不削皮。饮料方面，俄罗斯人喜欢喝冷饮和吃冰激凌。俄罗斯人大都很能喝烈性酒，具有该国特色的烈酒伏特加是他们最爱喝的酒。他们还喜欢喝一种叫"格瓦斯"的饮料。俄罗斯人通常不吃海参、海蜇、乌贼和木耳，还有很多人不吃鸡蛋和虾。用餐时多用刀叉，忌讳用餐发出声响，不能用汤匙直接饮茶或让其直立于杯中。

(3) 节庆习俗。俄罗斯人除庆祝宗教节日，如圣诞节、洗礼节、谢肉节(送冬节)、清

明节、旧历新年等，还将圣诞节的传统习俗与过新年结合起来，如圣诞老人称"冬老人"，代表旧岁，雪姑娘代表新年。冬老人和雪姑娘是迎新晚会的贵客，负责分发礼物。大多数俄罗斯人喜欢在家过年，电视广播里传出克里姆林宫的钟声 12 下后，男女老少互祝新年快乐，女主人则往往按照俄罗斯人的习惯，要大家说一个新年的心愿。

(4) 主要禁忌。拜访俄罗斯人时，赠以鲜花最佳，但送给女士的鲜花应为单数。俄罗斯人讨厌黑色，因为它仅用于丧葬活动。在数目方面，俄罗斯人最偏爱"7"，认为它是成功、美满的预兆。对于"13"与"星期五"，他们则十分忌讳。对兔子的印象大都极坏，十分厌恶黑猫。在俄罗斯，打碎镜子和打翻盐罐都被认为是不吉利的预兆。俄罗斯人认为"左主凶，右主吉"，因此，他们不用左手接触别人，或以左手递送物品。在俄罗斯，蹲在地上，卷起裤腿，撩起裙子等都是严重的失礼行为。俄罗斯人与大多数西方国家一样，讲究"女士优先"，在公共场所，男士往往自觉地充当"护花使者"。不尊重妇女的行为会受到指责。

11. 美国

美国的全称为美利坚合众国，位于北美洲中部，美国人主要信奉基督教、天主教。美国的昵称是"山姆大叔"，也有"世界霸主""超级大国""金元帝国""车轮上的国家"等代称。

(1) 交际习俗。美国人是"自来熟"，他们为人乐观大方、天性浪漫、性格开朗、善于攀谈、喜欢社交，似乎与任何人都能交上朋友。他们与人交往时讲究礼仪，但不会过分客套。朋友见面时"Hello"即可视为打招呼。美国人热情开朗，不拘小节，讲究效率，不搞形式主义。

在社交场合美国人一般行握手礼，熟人则施亲吻礼。较熟的朋友常直呼其名，以示亲热，不喜欢称官衔，但对于能反映对方成就与地位的学衔、职称，如"博士""教授""律师""法官""医生"等却乐于称呼。人们经常使用"请原谅"等礼貌用语。

美国人交谈时，他们经常以手势助兴，与对方保持半米左右的距离；不愿被问及年龄、收入、所购物品的价格，不喜欢被评论体重。在与女性交往时不宜赠送香水、衣物和化妆品。交往时，应遵循"女士优先"的原则。

(2) 主要禁忌。美国人忌讳"13"和"星期五"。他们不喜欢黑色，偏爱白色和黄色，喜欢蓝色和红色，崇尚白头鹰，并将其敬为国鸟。在动物中，美国人最爱狗，认为狗是人类忠实的朋友，对于那些自称爱吃狗肉的人，美国人是非常厌恶的。在一些美国人眼里，驴代表民主党，大象代表共和党。

在美国，成年同性居于一室之中，在公共场合携手而行或是勾肩搭背，在舞厅里相邀共舞，都被看作同性恋。

美国人认为个人空间不可侵犯，因此与美国人相处要保持适当的距离，若不慎碰到了别人，要及时道歉，坐在他人旁边应征得对方的同意，谈话时不要距离对方过近。

美国人大都喜欢用体态语表达情感，但避免盯视别人、冲人伸舌头、用食指指点交往对象等体态语。

(3) 饮食特点。美国人喜欢咸中带甜的食物。他们重视营养，爱吃海鲜和蔬菜。早餐和午餐比较简单，晚餐则较为丰富，偏爱蛙肉和火鸡，饭后喜欢喝咖啡或茶。

12. 加拿大

"加拿大"本义为"棚屋"。也有人认为它源自葡萄牙语，意为"荒凉"。加拿大位于北美洲北部，除极少数的印第安人和因纽特人之外，国民大多是英国、法国移民的后裔，多数信奉天主教。加拿大境内多枫树，素有"枫叶之国"的美誉。长期以来，加拿大人民对枫叶有深厚的感情，加拿大国旗正中绘有三片红色枫叶。加拿大有"移民之国""粮仓""万湖之国"等美称。

(1) 交际习俗。加拿大人既讲究礼貌，又喜欢无拘无束，不爱搞繁文缛节。加拿大人性格开朗热情，对人朴实友好，容易接近。人们相遇都会主动打招呼、问好，握手是其见面礼，而拥抱、接吻等见面礼只适用于亲友、熟人、恋人和夫妻之间。

加拿大人在交际中的自由与随和是举世闻名的。他们对于交往对象的头衔、学位、职务只在官方活动中才使用；在中国社交活动中普遍必备的名片，对于普通加拿大人来说，通常不用，只有公司高层商务活动中才使用。

(2) 主要禁忌。枫叶是加拿大的象征，是加拿大国旗、国徽上的主题图案。因此，枫叶被加拿大人视为国花，枫树定为加拿大的国树，对此要充分尊重。在加拿大，白色的百合花主要用来悼念死者，因其与死亡有关，所以绝对不可将之作为礼物送给加拿大朋友。白雪在加拿大人心中有着崇高的地位，并被视为吉祥的象征与避邪之物，在不少地方，人们甚至忌讳铲除积雪。加拿大人很喜欢红色与白色，因为那是加拿大国旗的颜色。

与加拿大人交谈时，不要插嘴、打断对方的话，或是与对方据理力争。议论性与宗教，评说英裔加拿大人与法裔加拿大人的矛盾，处处将加拿大与美国进行比较，将加拿大视为美国的"小兄弟"，或是大讲特讲美国的种种优点和长处等都是应当避免的。

(3) 衣食特点。在日常生活中，加拿大人的着装以欧式为主。参加社交应酬时，加拿大人习惯进行认真的自我修饰，或是为此专门上一次美容店。在加拿大，参加社交活动时，男子必须提前理发修面，妇女则无一例外地进行适当的化妆，并佩戴首饰。否则，会被视为对交往对象的不尊重。

加拿大的饮食习惯与英美比较接近，口味比较清淡，爱吃酸、甜之物和烤制食物，忌吃肥肉、动物内脏、腐乳、虾酱及其他带腥味、怪味的食物。一日三餐中，加拿大人最重视晚餐，他们喜欢邀请朋友到家中共进晚餐。

13. 墨西哥

(1) 礼节礼貌。在墨西哥，熟人相见所采用的见面礼节主要是拥抱礼与亲吻礼。在上流社会中，男士往往还会温文尔雅地向女士行吻手礼。与不熟悉的人打交道时，宜采用的见面礼节是握手或微笑。在正式场合，不宜直接称呼交往对象的名字，只有彼此十分熟悉的人才会这样。其称呼方式是在姓氏之前加上"先生""小姐"或"夫人"之类的尊称。他们极爱使用某些可以体现具有一定的社会地位的头衔，如"博士""教授""医生""法官""律师""议员""工程师"等。

拜访墨西哥人要事先进行预约，否则可能不会受到对方欢迎。前去赴约的时候，墨西哥人一般都不习惯准点到达约会地点，通常会比双方事先约定的时间迟到一刻钟到半小时。墨西哥的传统服装中名气最大的是"恰鲁"和"支那波婆兰那"。前者是一种类似于骑士服的男装，由白衬衣、黑礼服、红领结、大檐帽、宽皮带、紧身裤、高筒靴组成，看

起来又帅又酷。后者则为一种裙式的女装，它多以黑色为底，金色滚边，并以红色、白色、绿色三色绣花，无袖，窄腰，长可及地，穿起来显得既高贵又大方。

在十分正规的场合，墨西哥人才讲究穿西服套装或西式套裙。出入公共场所时，男士穿长裤，女士穿长裙。在日常生活里，男士爱穿格子衬衫、紧身裤。女士爱穿色调明快、艳丽的绣花衬衣和图案、款式多变的长裙。出门在外，还喜爱披上一块用途多样的披巾。

(2) 饮食习惯。墨西哥人的传统食物主要是玉米、菜豆和辣椒。墨西哥乃是"玉米之乡"。墨西哥人不仅爱吃玉米，还用它制作各式各样的风味食物。其中最有特色的是玉米面饼、玉米面糊、玉米饺子、玉米粽子等。墨西哥菜的特色是以辣为主，有的人甚至吃水果时也非要加入一些辣椒粉。除了爱以菜豆做菜之外，仙人掌、蚂蚱、蚂蚁、蟋蟀等都可以成为墨西哥人享用的美味佳肴。墨西哥人颇为好酒，但不劝酒。他们大都不吃过分油腻的菜肴。

(3) 节庆习俗。墨西哥人喜爱仙人掌，每年的仙人掌展览会总是盛况空前。墨西哥国庆节为每年的 9 月 16 日。10 月玉米收获时节有玉米粽子节，用嫩玉米包粽子，并举行盛大舞会。每年的 11 月 1～2 日为墨西哥达拉斯戈尼族的亡灵节，与我国清明节的习俗相似。

(4) 主要禁忌。墨西哥人忌讳将黄色或红色的花送人，因为他们认为前者意味着死亡，后者则给人带来晦气。在墨西哥人眼里，蝙蝠凶恶、残暴，是一种"吸血鬼"，因此蝙蝠及其图案为人们所忌讳。另外，他们对紫色颇为忌讳，讨厌的数字和日期是"13"与"星期五"。

14. 巴西

(1) 礼节礼貌。巴西人通常以拥抱或者亲吻作为见面礼节，只有在非常正式的场合他们才相互握手为礼。巴西民间流行着一些独特的见面礼节。其一，握拳礼，主要用于问安或致敬。行此礼时，先是要握紧自己的拳头，然后向上方伸出拇指。其二，贴面礼，它是巴西妇女之间常用的见面礼节。行礼时，双方要互贴面颊，同时发出表示亲热的亲吻声。但是，不允许用嘴唇真正接触对方面部。其三，沐浴礼，它是巴西土著居民迎宾的礼节。客人抵达后，主人首先邀请客人入室洗浴。客人沐浴的时间越久，就表示对主人越尊重。有时，主人还会陪同客人一起入浴。宾、主双方一边洗澡，一边交谈，显得亲密无间。遇婚丧大事，主人往往搭临时浴棚，以确保每位客人都能行沐浴礼。一般情况下，巴西人喜欢直呼其名，或使用本名加父姓的组合简称。一个人的姓名全称只有在极为正式的场合使用。

在正式场合中，巴西人主张穿西服或套裙。在一般公共场合，男人至少要穿短衬衫、长西裤，女士最好穿高领带袖的长裙。妇女的着装更为时髦，她们爱戴首饰，爱穿艳丽且色彩鲜艳的时装。一般情况下，巴西妇女大都喜欢赤脚穿鞋。黑人妇女一般爱穿短小紧身的上衣、宽松肥大的花裙，并且经常身披一块又宽又长的披肩。

(2) 饮食习惯。巴西人平常主要吃欧式西餐。因畜牧业发达，肉类在饮食中所占的比重较大，他们最爱吃牛肉，尤其是爱吃烤牛肉。黑豆是重要的主食。最爱的菜肴为"烩费让"，用黑豆、红豆等杂豆，加上猪肉香肠、烟熏肉、甘蓝菜、橘子片用砂锅烹煮而成。在巴西，"烩费让"被称为国菜，是宴请宾客时不可缺少的"主角"。巴西人喜欢喝咖啡、红茶和葡萄酒，他们几乎天天离不开咖啡，且喜欢以此待客。饮酒时提倡适量，避免

醉酒。

(3) 节庆习俗。巴西的主要节日为元旦，他们视"金桦果"为幸福的象征，在新年来临之际，人们倾家而出，高举火把，拥入山林去寻找"金桦果"。狂欢节于每年的 2 月的中旬或下旬举行，是巴西的传统节日。每当节日来临，举国上下沉浸在一片欢乐的气氛中。狂欢节不仅给巴西人民带来了欢乐，也推动了巴西国际旅游业的发展。基隆博节是巴西东北部地区的传统节日，于每年金秋时节举行。"基隆博"在葡萄牙语中是"逃奴堡"之意。

(4) 主要禁忌。出于宗教方面原因，巴西人与大多数西方国家的人一样，忌讳"13"这个数字。他们所忌讳的色彩则是被其视为象征悲伤的紫色和代表凶丧的棕黄色。巴西人不习惯使用图章落款的做法。与巴西人交往时，不宜赠送手帕或刀子。英美人所用的"OK"的手势，在巴西人看来是非常不礼貌的。

15. 澳大利亚

澳大利亚的全称为澳大利亚联邦。"澳大利亚"作为国家的名称，来自拉丁文，意为"南方之地"。"牧羊之国""骑在羊背上的国家""坐在矿车上的国家""淘金圣地"等都是对澳大利亚的赞誉。澳大利亚的主要宗教是基督教，全国约 98%的居民都是基督徒。

(1) 服饰礼仪。澳大利亚的男子多穿西服、打领带，且正式场合常打黑色领结，达尔文服是流行于达尔文市的一种简便服装。妇女大部分时间都穿裙子，在社交场合则套上西装上衣。在澳大利亚，无论男女都喜欢穿牛仔裤，他们认为牛仔裤方便、自如。土著居民往往赤身裸体，或在腰间扎一条围巾。

(2) 交际礼仪。澳大利亚人人情味很浓，乐于与他人交往，表现出质朴、开朗、热情的特质。过分客套或做作的行为会让他们感到不快。他们喜欢交朋友，愿意与陌生人打招呼、聊天，乐于邀请别人到自己家中做客。

在澳大利亚，男士之间相处，感情不会过于外露，大多数男士不喜欢紧紧拥抱或握住双肩等动作。在社交场合，澳大利亚人忌讳打哈欠、伸懒腰等动作。

澳大利亚是一个追求平等的国家，不喜欢以命令的口气指使别人。

澳大利亚人见面习惯于握手，不过有些女士不握手，而是亲吻对方的脸。

澳大利亚人习惯名在前，姓在后，称呼别人时先说姓，后加 "先生""小姐"或"太太"之类的敬语。熟人之间可称小名。

(3) 主要禁忌。澳大利亚人特别忌讳兔子，认为兔子是一种不吉利的动物，看到它可能会带来不幸。与他们交谈时，可多谈旅行、体育运动及在澳大利亚的见闻，避免议论种族、宗教、工会和个人私生活等敏感话题。

受基督教的影响，澳大利亚人对于"13"与"星期五"普遍感到反感。

澳大利亚人不喜欢将本国与英国联系在一起。

澳大利亚人对于公共场合的噪声极其厌恶。在公共场所大声喧哗，尤其是门外高声喊人的行为，是不被看好的。

(4) 饮食特点。澳大利亚人的饮食以英式西餐为主，其口味清淡，不喜油腻。澳大利亚人的食品素以丰盛和量大著称，尤其对动物蛋白质的需求量较大。他们爱喝牛奶，喜食牛肉、猪肉等。他们喜欢喝啤酒，也对咖啡很感兴趣。

16. 新西兰

(1) 礼节礼貌。新西兰人的见面礼节主要有三种。一是握手礼。二是鞠躬礼，新西兰人在向尊长行礼时，有时会采用此礼。他们行鞠躬礼的具体做法十分独特，即鞠躬时是抬着头、挺着胸的。三是注目礼，路遇他人，哪怕不相识者，新西兰人也会向对方行注目礼，即面含微笑目视对方，同时问候对方"你好！"。称呼新西兰人时，直呼其名常常受到欢迎，称呼官衔可能令人不悦。新西兰的土著毛利人善歌舞、讲礼仪，当远方客人来访时，会致以"碰鼻礼"。碰鼻次数越多，时间越长，说明礼遇规格越高。

新西兰欧洲移民后裔的日常生活中通常穿着欧式服装。在服饰方面，新西兰人注重质量、庄重、舒适，并根据场合选择合适的服装。外出参加社交活动时，新西兰妇女不仅要身着盛装，而且一定要化妆。

(2) 饮食习惯。新西兰欧洲移民后裔习惯吃英式西餐，口味清淡，对动物蛋白和乳制品需求量大，喜爱牛肉、羊肉、鸡肉、鱼肉。用餐时使用刀叉，避免频繁交谈。除了瘦肉，他们也喜欢浓汤和红茶，有"一日六饮"的习惯，即早茶、早餐茶、午餐茶、下午茶、晚餐茶和晚茶。新西兰人喜爱饮酒，包括威士忌、啤酒和葡萄酒。

(3) 节庆习俗。新西兰的主要节日——国庆日(怀唐伊日)是 2 月 6 日，为纪念 1840 年签订的《怀唐伊条约》。新年是 1 月 1 日。复活节是 4 月 14～17 日。澳新军团日是 4 月 25 日，为纪念澳新军团在加里波利登陆。劳动节是 10 月 25 日。圣诞节是 12 月 25 日。

(4) 主要禁忌。新西兰人忌讳数字"13"和"星期五"，若一天既是 13 日又是星期五，他们会格外小心。公共场合的不文明行为，如闲聊、剔牙、吃东西、喝饮料、嚼口香糖、抓头皮、紧腰带等，都不被接受。他们奉行"不干涉主义"，反对干涉他人个人自由。

17. 埃及

(1) 相见礼仪。埃及人见面时通常以握手开始，随后亲吻对方脸颊。在上流社会，逢喜庆节日，人们相见时常以触鼻为礼，也有吻手礼。另外，埃及人有一种独特的迎宾礼，就是用击鼓、鸣枪等方式表示热烈的欢迎。在埃及，双方见面时要互赠名片，最好用英文或阿拉伯文名片。埃及人谈话时习惯站得靠近一些，他们的目光注视对方但不会盯视。

埃及人好客，拒绝邀请是不礼貌的。到埃及人家里拜访时，可带一些鲜花或巧克力或具有本国特色的小礼品，而且送礼物时，必须用右手。就座之后，切勿将足底朝外，更不可朝向主人，客人一定要喝完主人倒的茶，按照当地风俗，不喝主人的茶就意味着主人的女儿嫁不出去。在埃及，女性不见不相识的客人，也不陪客人吃饭。埃及人习惯用自制的甜点招待客人，客人若是谢绝不吃，会让主人失望。吃饭时，主人请客人多食，只说"请"，而不给客人夹菜。客人如酒足饭饱，就将右手掌放于左胸说声"感谢真主"，而不要说"吃饱了，不要了"，同时不能吃光盘子里的食品，因为那被认为是不礼貌的。如果客人是首次光临主人家，主人还会点上檀香。这样做，一方面表示是对客人的热情，另一方面也意味着请客过程的结束。

(2) 服饰礼仪。埃及的传统服装是阿拉伯大袍，这也是正式场合的国服。在农村，不论男女仍以穿大袍者居多，城市贫民也有不少是穿大袍的。一般场合，男士衣着可随便些，但绝不能穿短裤；女士不能穿裸露出双肩、胳膊等部位的服装，不能浓妆艳抹，但可

以施淡妆。现代男性喜欢穿夹克衫、T 恤衫，而西装套裙、连衣裙则为现代女性所钟爱。当地女性喜欢戴耳环、手镯等。农村女性讲究戴脚镯，她们喜欢将发辫梳成单数，并在每根辫子上系上三根黑色丝线，并挂上薄薄的金属片作为装饰。在一些边远地区，女子外出还保留着蒙面纱的习俗。而像开罗、亚历山大等大都市，女子戴面纱已经不多见。

(3) 商务礼仪。商务活动最好安排在 10 月至次年 4 月，避开伊斯兰教日。商务交流用英语，持有阿拉伯文和英文名片均可。但埃及商人时间观念不强，时常不按约定的时间到达。埃及货币为埃及镑，海关不允许埃及镑进出关。埃及海关的外汇申报制度相当严格，外国货币进出关不限量，但须先报数额；否则，将受到严厉的惩罚。

(4) 主要禁忌。埃及人的禁忌主要与宗教有关。清真寺神圣不可侵犯，进清真寺时务必脱鞋。他们忌讳穿带有星星、猪、狗、猫、熊猫图案的衣服，同样图案的包装纸也无人问津。用餐时，忌左手取食。在斋月期间，如果你公开吃喝、吸烟或谈论吃喝话题，会被视为挑衅。埃及人忌讳缝衣针，"针"在埃及是骂人的词，万不可赞美女性腰细如针，否则她会感到蒙受奇耻大辱。与此同时，也千万不要把照相机对准当地女性。

午餐风波

18. 南非

(1) 礼节礼貌。南非人的见面礼节主要是握手礼，他们对交往对象的称呼主要是"先生""小姐"或"夫人"。西方人所讲究的绅士风度、女士优先、守时践约等基本礼仪，南非人不仅耳熟能详，而且早已身体力行。在具体称呼上南非人保留自己的传统，即称呼时在姓氏之后加上相应的辈分，以表明双方关系的亲密。例如，称南非黑人为"乔治爷爷""海伦大婶"，往往会令其喜笑颜开。

在正式场合，南非人讲究着装端庄、严谨，进行官方交往或商务交往时，最好穿样式保守、色彩偏深的套装或裙装，否则被对方视为失礼。日常生活中，南非人大多爱穿休闲装，白衬衣、牛仔装、西服短裤，均受他们喜爱。南非黑人穿这类服装，不分男女老幼，他们往往对色彩鲜艳的服装更为偏爱，尤其爱穿花衬衣。

(2) 饮食习惯。在饮食习惯上，当地的白人平日以吃西餐为主，经常吃牛肉、鸡肉、鸡蛋和面包，并且爱喝咖啡和红茶。南非黑人的主食是玉米、薯类和豆类。肉食方面，他们喜欢吃牛肉和羊肉，但是一般不吃猪肉，也不太爱吃鱼。他们不喜欢生食，更偏爱熟食。"如宝茶"深受南非各界人士的推崇，与钻石、黄金并称为"南非三宝"。

(3) 节庆习俗。南非节庆活动较多，新年是 1 月 1 日，人权日为 3 月 21 日，耶稣受难日为复活节前的星期五，家庭节为复活节后的第二天。自由日为 4 月 27 日，全国会进行盛大的纪念活动，各种族人民也都有不同的活动。劳动节为 5 月 1 日，举行传统仪式及活动，具有宗教意义，与西方相似。青年节为 6 月 16 日，全国适龄青年日欢庆活动，是青年迈向成年的仪式。南非的妇女节是 8 月 9 日。南非部分地区的传统节日为 9 月 24 日，一般举行传统的歌舞、特色饮食等活动。和解节为 12 月 16 日，举行大型纪念仪式及活动，旨在纪念种族隔离政策的结束。另外，还有圣诞节为 12 月 25 日，友好节为 12 月 26 日。

(4) 主要禁忌。信仰基督教的南非人，最忌讳"13"这个数字。对于"星期五"，特别是与"13"同为一天的"星期五"，他们更是忌讳，并且这一天尽量避免外出。南非人

非常敬仰自己的祖先,特别忌讳外人在言行举止上对其祖先不敬。一些被视为神圣宝地的地方,如火堆、牲口棚等,绝对禁止妇女接近。

(二)西方国家主要节日习俗

请扫描二维码学习本部分内容。

西方国家主要
节日习俗

课 后 练 习

1. 运用判断

(1) 在涉外交往中,首先要坚持相互尊重的原则。 （ ）
(2) 西方人喜欢直率的谈吐,忌讳言不由衷的客套。 （ ）
(3) 两人同行,以前者、右者为尊。 （ ）
(4) 在交往中,礼宾次序的总原则是"以右为尊"。 （ ）
(5) 与外国人初次见面交谈时,可以唠家常。 （ ）
(6) 按照国际惯例,外宾前往参观时,一般都安排相应身份的人员陪同。 （ ）
(7) 悬挂双方国旗时,以右为上,左为下。 （ ）
(8) 西方的一项体现教养的重要标志是"女士优先"原则。 （ ）
(9) 与韩国人交往时,可称其为"南朝鲜人"。 （ ）
(10) 日本人与他人初次见面时,通常会互换名片,否则,即被理解为不愿与对方交往。 （ ）
(11) 法国人注重服饰的华丽和样式的新颖。法国妇女视化妆和美容为生活之必需。 （ ）
(12) 美国人对较熟的朋友常直呼其名,以示亲热,且喜欢称官衔。 （ ）
(13) 可以将白色的百合花作为礼物送给加拿大人。 （ ）
(14) "如宝茶"深受南非各界人士的推崇,与钻石、黄金一道,被称为"南非三宝"。 （ ）

2. 简要回答

(1) 中西方文化差异对礼仪有哪些影响?
(2) 涉外礼仪的要点包含哪些?
(3) 出国交往应注意哪些礼仪?
(4) 你对"女士优先"的交际原则是怎样理解的?
(5) 接待外宾为什么要热情有度?
(6) 世界主要国家的民俗风情是怎样的?
(7) 西方国家的主要节日和习俗是怎样的?

3. 案例分析

扫描二维码,阅读案例原文,然后回答案例后面的问题。

案例分析题原文

4. 思考训练

(1) 情境演练：模拟与外宾初次见面的情境，评议其中语言与话题的选择等方面有没有欠妥之处。

(2) 留意观察电视上接待外宾的一系列情境，并对照教材有关内容加以理解。

(3) 模拟涉外交往中交换礼物的情境。

(4) 请与同学讨论，在涉外旅游活动中展示中国人的文明礼仪素养有什么重要意义？

(5) 请与同学讨论，中央文明办、国家旅游局联合颁布《中国公民出境旅游文明行为指南》这一文件有什么意义？

(6) 请与同学讨论与欧美人士交往应注意哪些共同的礼仪？

(7) 公司领导拟赴美国和加拿大进行商务洽谈，要求你准备一份关于美、加两国的礼俗与禁忌的材料，请撰写一份相关备忘录。

(8) 请将任务 1 中介绍的主要国家民俗风情的主要内容总结提炼并填入表 4-1 中。

表 4-1　主要国家民俗与禁忌一览

国　别	民　俗	禁　忌
……	……	……

5. 实训项目

实训项目 1：模拟涉外迎送

实训目标：掌握涉外迎送的礼仪规范。

实训学时：2 学时。

实训地点：实训室。

实训方法：8～10 人为一组，分别扮演相关角色，模拟迎送外国贸易代表团(哪国由学生自拟)，模拟见面、接站、送行、乘车的具体礼仪。

实训项目 2：到外国朋友家做客

实训目标：掌握涉外拜访的礼仪。

实训学时：2 学时。

实训地点：实训室。

实训准备：道具、小礼物。

实训方法：学生分组扮演角色，可以模拟到日本、法国、美国等不同国家的外国朋友家做客的情况，中方代表为 1～2 人，外国友人为一对夫妇(他们对中国的了解程度各小组

自定)。教师可以和推选出的 4 名学生担任裁判，根据各组表演情况，从语言表达、个人仪容、仪表和举止、台词设计、表演技巧和风格、小组配合等方面进行综合评价，评出"最佳礼仪先生""最佳礼仪小姐""最佳礼仪团队"。

任务2　中国民俗礼仪

千里不同风，百里不共雷。

——王充《论衡·雷虚》

学习目标

知识目标：掌握中国民俗节庆礼仪；了解汉族传统节日与习俗；了解中国少数民族习俗与礼仪。

能力目标：在国内交往中，能够根据各个民族的不同民俗礼仪，灵活地进行友好交往。

思政目标：熟悉中国民俗礼仪，树立民族自信心和自豪感。

任务导入

牛皮相框

2004 年，某市法院在执行一起离婚析产案件时，遭到了当地近百名村民的阻挠，执行人员被围困两小时之久。经过调查，起因是一只马桶的归属。一只马桶在市场上仅售 100 多元，为什么在案件执行时引发如此大的风波？原来，法院的判决和执行触动了当地的一个习俗。当地婚俗中，马桶是女方陪嫁的"必备"嫁妆之一，当地叫作"子孙桶"，寓意子子孙孙繁衍生息，人丁兴旺。在当地农村，这种风俗延续至今。如果谁从男方家中拿走"子孙桶"，就意味着男方家要断子绝孙，男方一般不会答应。

问题

(1) 学习中国民俗礼仪有何意义？

(2) 本案例对你有何启示？

民俗礼仪是指人们在社会生活中靠口头传播和行为方式传承的风俗习惯、爱好等富有特色的文化礼仪的总和。民俗礼仪是一种复杂的由历史传承下来的文化现象。生活在全球各角落的 2000 多个民族，80 多亿人民，用自己勤劳的双手和聪明才智创造物质财富的同时，也形成了各自独特的生活方式，成为独特的民族文化礼仪。随着社会的发展，政治、经济、文化、科技、宗教等各方面的交流逐步增多，各民族的文化礼仪便在相互冲突中交融。尊重各国家、各民族的风俗习惯，成为国际交往的基本原则。

民俗，作为一种社会文化现象早已存在。在我国古籍的记载中，早就出现了"俗""风俗""习俗""民风"等词汇，它们主要是指"民众的知识"。民俗的英文为folklore，于 1945 年由英国考古学家威廉·汤姆斯(William Thomas)提出，意为"民众的知识"或"民俗的学问"。如今这一术语已为国际学术界所通用。

民俗礼仪的产生和发展源远流长。可以说，自从人类社会产生，民俗便开始了它的发展历程。民俗也是一种文化。各民族在漫长的历史发展过程中，以各种不同的方式生成并

积累了各种不同的风俗习惯，并且经由一代又一代的传承，加之兄弟民族之间的文化交融，使民俗文化礼仪丰富多彩且千差万别。从亚当、夏娃用树叶遮羞到今天眼花缭乱的民族服饰，从茹毛饮血的原始生活方式到今天的酒文化、茶文化、饮食文化；从穴居、茅草屋到今天的豪华住宅、星级宾馆，从生儿育女、母系氏族、父系氏族到婚恋嫁娶、成年仪式，再到火葬、土葬、海葬等各种葬礼；从原始的图腾崇拜、封建迷信到宗教神学、无神论、信仰自由、唯物哲学等，人类以自己独有的方式创造出无数奇特的风俗习惯，令人目不暇接。

民俗礼仪是各民族共同创造的多元文化现象，其内容丰富多样，数量不可胜数。从广义上看，所有的礼节、礼貌和仪式等都可以看作民俗礼仪，它们也是各民族人民在长期的社会实践中逐步累积和传承的行为规范。但通常意义上的民俗礼仪一般是狭义上的风俗和习惯等。

民俗礼仪的基本内容主要包括以下三个方面：一是物质民俗礼仪，即居住(建筑)礼仪、服饰礼仪、饮食礼仪、生产礼仪、技术礼仪等；二是精神民俗礼仪，即宗教礼仪、信仰礼仪、礼仪禁忌、民间文学、民间艺术、体育活动中的礼仪等；三是社会民俗礼仪，即家庭礼仪、节日礼仪、人生礼仪、组织礼仪、社会活动礼仪等。民俗礼仪受民族差异、阶级差别以及人类文化的共通性等因素的影响，其基本特征主要表现为多样性、变异性、传承性和群体性等。

一、汉族传统民俗礼仪

传统节日是按照历法时序排列形成的周期性社会民俗活动日。节日民俗是民俗的一种独特表现形式，并深入人们生活的方方面面，具有强烈的人文因素和浓厚的民间礼仪色彩。

汉族传统民俗礼仪

中国是一个多民族的国家，在几千年的发展历程中，各民族虽然形成了各具特色的传统节日与习俗。但从历史悠久、流传广泛的普及性和群众性来看，汉族的传统节日与习俗占据主导地位。

现按历法时序先后，介绍几个影响比较大，至今仍具重大意义的主要节日。

1. 春节习俗

春节，俗称"年节"，是我国一个古老的节日，是中华民族最隆重的传统佳节。传统的春节是从腊月二十四的扫尘开始算的。

【小贴士】

春节的由来

相传，古时候有个名叫万年的青年，看到当时节令混乱，于是就有了想把节令定准的打算。一天，他上山砍柴累了，坐在树下休息，树影的移动启发了他，便设计了一个测日影计天时的晷仪，测定一天的时间。后来，山崖上的滴泉又启发了他的灵感，他就制作了一个五层漏壶来计算时间。天长日久，他发现每隔360多天，四季就轮回一次，天时的长短就重复一遍。当时的国君叫祖乙，也常为天气风云的不测感到苦恼。万年知道后，就带

着日晷和漏壶去拜见国君，并对祖乙讲清了日月运行的道理。祖乙听后龙颜大悦，于是把万年留下，希望他能创建历法，为天下的黎民百姓造福。过了一段时间，祖乙知道万年创建的历法已成，便亲自去看望万年。万年指着天象对祖乙说："现在正是十二个月满，旧岁已完，新春复始，祈请国君定个节吧。"祖乙说："春为岁首，就叫春节吧。"这就是春节的来历。

(1) 扫尘。"腊月二十四，掸尘扫房子。"据《吕氏春秋》记载，我国在尧舜时期就有春节扫尘的风俗。按民间的说法，因"尘"与"陈"谐音，新春扫尘有"除陈布新"的寓意，其用意是要把一切穷运、晦气统统扫出门。这一习俗寄托着人们破旧立新的愿望和辞旧迎新的祈求。

(2) 贴春联。春联，也叫门对、春贴、对联、对子、桃符等，它以工整、对偶、简洁、精练的文字描绘时代背景，抒发美好愿望，是我国特有的文学形式。每逢春节，无论城市还是农村，家家户户都要精选一副大红春联贴于门上，为节日增添喜庆气氛。

(3) 贴窗花和倒贴"福"字。除此之外，人们还喜欢在窗户上贴各种剪纸——窗花。窗花不仅烘托了喜庆的节日气氛，还以其特有的概括和夸张的手法将吉事祥物、美好愿望表现得淋漓尽致，将节日装点得红红火火。

贴春联的同时，一些人家还要在屋门上、墙壁上、门楣上贴上大大小小的"福"字。春节贴"福"字，是我国由来已久的风俗。"福"字指福气、福运，寄托了人们对幸福生活的向往和对美好未来的祝愿。为了更充分地体现这种向往和祝愿，有的人干脆将"福"字倒过来贴，表示"幸福到了""福气到了"。

(4) 年画。春节城乡挂贴年画也很普遍，浓墨重彩的年画给千家万户平添了许多兴旺欢乐的喜庆气氛。年画是我国一种古老的民间艺术，反映了人民朴素的风俗和信仰，也寄托着人们对未来的希望。

(5) 包饺子。春节的前一夜叫团圆夜，离家在外的游子都会不远千里赶回家，全家人围坐在一起包饺子过年。因为和面的"和"就是"合"的意思，饺子的"饺"和"交"谐音，"合"和"交"，又有相聚之意，所以用饺子象征团聚合欢；又取更岁交子之意，非常吉利。此外，饺子因为形似元宝，过年时吃饺子，也具有"招财进宝"的吉祥含义。一家人聚在一起包饺子，话新春，其乐融融。春节过年包饺子是我国北方最普遍的习俗。

(6) 守岁。除夕守岁是最重要的年俗活动，守岁之俗由来已久。"一夜连双岁，五更分二年"。古时除夕之夜，全家聚在一起，吃过年夜饭，点起蜡烛或油灯围坐炉旁闲聊，等着辞旧迎新的时刻，通宵守夜，象征着把一切邪瘟病疫赶跑驱走，期待着新的一年吉祥如意。

古时守岁有两种含义：年长者守岁为"辞旧岁"，有珍爱光阴的意思；年轻人守岁，是为延长父母寿命。自汉代以来，新、旧年交替的时刻一般为夜半时分。

(7) 燃放爆竹。中国民间有"开门爆竹"一说，即在新的一年到来之际，家家户户开门的第一件事就是燃放爆竹，以"噼噼啪啪"的爆竹声辞旧迎新。燃放爆竹不仅可以制造喜庆热闹的气氛，是节日的一种娱乐活动，也可以给人们带来欢愉和吉利。

(8) 拜年。新年第一天，人们都早早起来，穿上最漂亮的衣服，打扮得神采飞扬，出

门去走亲访友，相互拜年，恭祝来年大吉大利。古时拜年的次序是，首拜天地神祇，次拜祖先，再拜高堂尊长，最后全家依次序互拜。拜亲朋的次序是，初一拜本家，初二、初三拜母舅、姑丈、岳父等，直至初五，有的一直拜到正月十六。

春节拜年时，晚辈要先给长辈拜年，祝长辈长寿安康，长辈可将事先准备好的压岁钱给晚辈。据说压岁钱可以压住邪祟，因为"岁"与"祟"谐音，晚辈得到压岁钱就可以平平安安度过一岁。

(9) 蒸年糕。年糕因为谐音为"年高"，再加上有着变化多端的口味，几乎成了家家必备的应景食品。年糕的式样有方块状的黄、白年糕，象征着黄金、白银，寓意新年发财的意思。

2. 元宵节习俗

元宵节是我国重要的传统节日，也称元夕、元夜或上元节，因为这是新年的第一个月圆夜。因历代这一节日有观灯习俗，故又称"灯节"。

【小贴士】

元宵节的由来

汉高祖刘邦驾崩后，吕后之子刘盈登基为汉惠帝。惠帝性格懦弱，优柔寡断，大权渐渐落在吕后手中。吕后去世后，诸臣都惶惶不安害怕遭到伤害和排挤，于是，在上将军吕禄家中秘密集合，共谋作乱之事，以便彻底夺取刘氏江山。然而，此事传至刘氏宗室齐王刘襄耳中，刘襄为保刘氏江山，在众臣的帮助下设计解除了吕禄的兵权，平息了"诸吕之乱"。平乱之后，众臣拥立刘邦的第二个儿子刘恒登基，史称汉文帝。文帝深感太平盛世来之不易，便把平息"诸吕之乱"的正月十五定为与民同乐日，京城家家户户张灯结彩，以示庆祝。从此，正月十五便成了一个普天同庆的民间节日——元宵节。

(1) 吃元宵。正月十五吃元宵。"元宵"作为食物，最早叫"浮元子"，后称"元宵"。商家还美其名曰"元宝"，有团圆美满之意。

(2) 观灯。汉明帝(58—75 年)永平年间，适逢蔡愔从印度求得佛法归来，汉明帝为了弘扬佛法，下令正月十五夜在宫中和寺院"燃灯表佛"。此后，元宵放灯的习俗就由原来只在宫廷中举行流传到民间。于是每到正月十五，无论士族还是庶民都要挂灯，城乡通宵灯火辉煌。

元宵放灯的习俗，在唐代发展成盛况空前的灯市，中唐以后，发展成全民性的狂欢节。唐玄宗时的开元盛世(713—741 年)，长安(今陕西西安)的灯市规模盛大。燃灯五万盏，灯笼花样繁多，唐玄宗命令人做的巨型灯楼，金光璀璨，极为壮观。宋代，元宵灯会无论在规模上还是灯饰的奇幻精美上都胜过唐代，而且活动也更为民间化，民族特色更强。历代元宵灯会不断发展，许多地方还举行玩龙灯、舞狮子、猜灯谜、踩高跷、划旱船、扭秧歌、打太平鼓等群众性的娱乐活动。

(3) 中国的"情人节"。此外，元宵节也是一个浪漫的节日，元宵灯会在封建的传统社会，也给未婚男女的相识提供了一个机会。传统社会的年轻女孩不允许出外自由活动，但是过节却可以结伴出来游玩，元宵节赏花灯正好是一个交友的机会，未婚男女借着赏花灯也顺便可以为自己寻找理想伴侣。元宵灯节期间，便是男女青年与情人相会的时机。

3. 清明节习俗

清明节是中国历法中的二十四节气之一，标志着春耕时节的到来，日期一般在公历每年的 4 月 5 日左右。

【小贴士】

清明节的由来

据历史记载，在 2000 多年前的春秋时代，晋国公子重耳逃亡在外，生活困苦，跟随他的介子推不惜从自己的腿上割下一块肉让他充饥。后来，重耳回到晋国，做了国君(即晋文公，春秋五霸之一)，并封赏所有跟随他流亡在外的随从人们，唯独介子推拒绝接受封赏，带着母亲隐居绵山，不肯出来。晋文公无计可施，只好下令放火烧山，他想，介子推孝顺母亲，一定会带着母亲出来。谁知这场大火却把介子推母子烧死了。为了纪念介子推，晋文公下令每年的这一天，禁止生火，家家户户只能吃生冷的食物，这就是"寒食节"的由来。寒食节是在清明节的前一天，古人常把寒食节的活动延续到清明节，久而久之，人们便将寒食节与清明节合二为一。现在，清明节取代了寒食节，拜祭介子推的习俗也变成了清明扫墓的习俗。

(1) 扫墓。清明节是纪念祖先的节日，扫墓是其主要的纪念仪式。扫墓体现了慎终追远、敦亲睦邻及行孝的传统美德，因此清明节成为华人社会中的重要节日。扫墓习俗源远流长，随着社会的发展，这一习俗已逐渐简化。在扫墓日，子孙们会修整并清理先人坟墓及其周围环境，献上食物和鲜花以示敬意。随着火葬的普及，前往骨灰安置地拜祭先人的方式也在逐步取代传统的扫墓习俗。

(2) 踏青。踏青，亦称春游，古时称为探春或寻春。清明时节，大地回春，自然界生机盎然，是郊游的最佳时节。我国民间长久以来保持着清明踏青的传统。

(3) 植树。清明时节，阳光普照，春雨滋润，适宜种植，树苗成活率高且生长迅速。自古以来，我国就有在清明节植树的习俗。有人甚至将清明节称为"植树节"，这一风俗流传至今。1979 年 2 月 23 日，第五届全国人民代表大会常务委员会第六次会议决定，将每年的 3 月 12 日定为我国的植树节，这对动员全国各族人民参与绿化活动具有重要意义。

4. 端午节习俗

农历五月初五，是我国传统的端午节，又称端阳节。它是中国民间夏季最重要的传统节日之一。

你知道端午节的由来吗？

(1) 赛龙舟。赛龙舟是端午节的核心习俗活动，相传起源于古时楚国人为纪念贤臣屈原，划龙舟以驱散江中的鱼，防止它吃掉屈原的身体。自此，每年五月初五，人们通过划龙舟来纪念屈原。此外，赛龙舟在不同地区还承载了不同的寓意。例如，江浙地区划龙舟也纪念近代女民主革命家秋瑾。龙舟上装饰着彩灯，穿梭于水面，营造出动人的景象和独特的情趣。贵州苗族在农历五月二十五至二十八举行"龙船节"，庆祝插秧成功和祈愿丰收。云南傣族在泼水节期间赛龙舟，以纪念古代英雄岩红窝。不同民族和地区，赛龙舟的故事各有千秋。至今，在南方许多临水地区，每年端午节都会举办具

有地方特色的龙舟竞赛。

(2) 吃粽子。端午节吃粽子是中国的又一传统习俗。粽子，又称"角黍"或"筒粽"，历史悠久，种类繁多。

(3) 佩香囊。端午节期间，小孩佩戴香囊，寓意避邪驱瘟，同时也是一种胸前的装饰。香囊内装有朱砂、雄黄、香料等，外包以丝布，散发出清新香气。香囊用五色丝线编织成各种形状，穿成一串，形态各异，小巧可爱。

(4) 悬艾叶、菖蒲。民间有谚："清明插柳，端午插艾。"端午节，家家户户都会打扫庭院，将菖蒲和艾条插于门楣或悬挂于室内，用菖蒲、艾叶、榴花、蒜头、龙船花等制作成艾人、艾虎或花环、配饰，既美观又芬芳，女性们争相佩戴，以驱除瘴气。

5. 中秋节习俗

每年的农历八月十五，在中国人的心目中是一个象征团圆的传统佳节，历来有"花好月圆人团圆"的说法。

中秋节的由来

(1) 赏月。中秋节，我国自古就有赏月的习俗，《礼记》中就记载"秋暮夕月"，即祭拜月神。到了周代，每逢中秋夜都要举行迎寒和祭月仪式，设立大香案，摆上月饼、西瓜、苹果、李子、葡萄等时令水果，其中，月饼和西瓜是绝对不能少的，西瓜还要切成莲花状。全家团圆，共同赏月叙谈。

(2) 吃月饼。中秋吃月饼的习俗在中国民间十分普遍，民间素有"八月十五月正圆，中秋月饼香又甜"的民谣。月饼最初是用来祭奉月神的祭品，后来人们逐渐把中秋赏月与品尝月饼结合在一起，寓意家人团圆。

6. 重阳节习俗

每年农历九月初九，因两个最大的阳数相重而得名重阳节，亦称重九节、登高节，现亦称为敬老节。

重阳节的由来

(1) 登高。在古代，民间有在重阳节登高的风俗，因此重阳节也被称为"登高节"。秋高气爽的重阳节，登高远望，草木山河尽收眼底。登高实际上是一种野游，是我国人民的传统体育活动。

(2) 吃重阳糕。据史料记载，重阳糕又称花糕、菊糕、五色糕，制作方法多样，较为随意。古时，九月九日清晨，人们会将片糕搭在儿女的额头上，口中念念有词，祝愿子女万事如意，身体健康。精致的重阳糕要做成九层，形似宝塔，上面还会装饰两只小羊，以符合"重阳(羊)"的寓意。

(3) 赏菊并饮菊花酒。重阳节正值金秋时节，菊花盛开，民间将农历九月称为"菊月"。在菊花盛开的重阳节，观赏菊花成为节日的重要活动。自清代以后，赏菊的习俗尤为盛行，不仅限于九月九日，但以重阳节前后最为热闹。菊花酒由菊花、糯米和酒曲酿制而成，古称"长寿酒"，味道清凉甜美，具有养肝、明目、健脑和延缓衰老的功效。

(4) 插茱萸和簪菊花。重阳节插茱萸和簪菊花的习俗在唐代已十分普遍。古人认为，在重阳节这一天插茱萸可以避邪消灾，人们或将其佩戴于臂上，或制成香袋佩戴，或插在头上。

二、少数民族习俗与礼仪

请扫描二维码学习本部分内容。

少数民族习俗与
礼仪

【小训练】

选择几名来自不同省份的学生，请他们谈谈家乡的春节习俗是怎样的？

课 后 练 习

1．运用判断

(1) 春节拜年时，晚辈要先给长辈拜年，祝长辈长寿安康，长辈可将事先准备好的压岁钱给晚辈。　　　　　　　　　　　　　　　　　　　　　　　　　　　　（　　）

(2) 元宵节有放灯、踏青、植树的习俗。　　　　　　　　　　　　　　　（　　）

(3) 民俗礼仪的产生和发展源远流长。人类社会产生，民俗便开始产生。（　　）

(4) 民俗礼仪是各民族创造的一种多元文化。　　　　　　　　　　　　　（　　）

(5) 通常意义上的民俗礼仪一般是狭义上的，指的是风俗、习惯等。　　（　　）

2．简要回答

(1) 民俗礼仪包括哪些内容？

(2) 在我国，汉族有哪些传统节日与习俗？少数民族有哪些习俗？

3．思考训练

(1) 上网收集有关资料，谈谈中国与西方国家新年习俗有何异同？

(2) 与同学讨论一下，新时代大学生传承中国传统节日习俗文化有何意义？

4．实训项目

制定中国民俗礼仪知识竞赛方案

实训目标：通过实训，掌握中国民俗礼仪知识，了解中国礼仪文化。

实训要求如下。

(1) 全班同学分为若干小组，每组为 4～6 人，讨论并制定中国民俗礼仪知识竞赛方案，并根据本任务所学内容出竞赛题若干，每组不少于30道题，题型不限，并附答案。

(2) 每组选派一名代表向全班同学介绍所制定的中国民俗礼仪知识竞赛方案，并将所出的竞赛题上传至班级群。

(3) 师生共同评选出"最佳表现小组"，老师最后在全班总结、点评。

课程思政指南

"大学生社交礼仪"课程思政教学评价体系

对学生"大学生社交礼仪"课程的考核要从多维度出发，打破传统的"唯分数论"，考核过程要注重价值引领，除了考查学生基本知识技能掌握情况之外，还要考查学生德育目标的实现，对学生评价立足全过程，构建完善的课程思政教学评价体系，如图 4-11 所示，以促进学生全面发展。

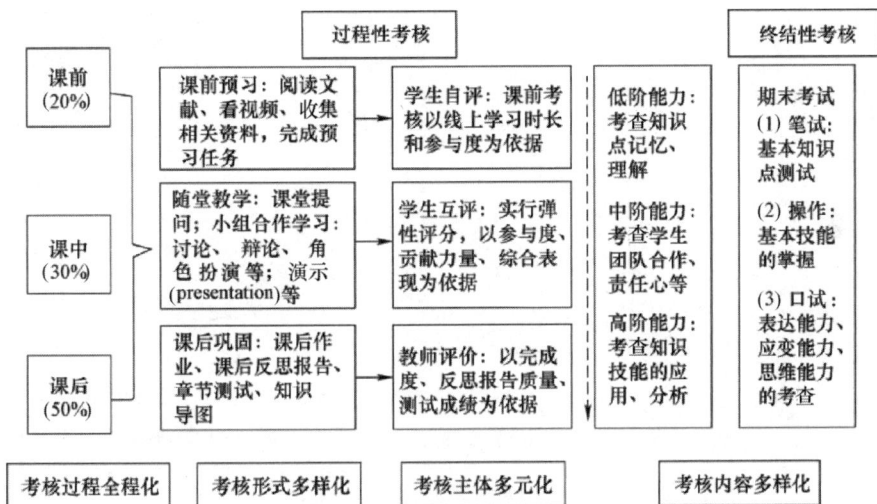

图 4-11 "大学生社交礼仪"课程思政教学评价体系

电子活页：交通出行礼仪

旅行的准备

步行礼仪

乘车礼仪

乘飞机礼仪

乘客轮礼仪

入住酒店礼仪

学生工作页

任务 1	按有关礼节礼仪要求精心做好旅行准备
任务 2	外出步行展现礼仪修养
任务 3	明确自驾车、乘出租车、地铁、高铁的礼仪规范
任务 4	掌握乘飞机的礼仪规范
任务 5	掌握乘客轮的礼仪规范
任务 6	掌握入住酒店的礼仪规范

班　级		学　号		姓　名	

学生自评

我的心得：

建议和提出的问题：

教师评价

参 考 文 献

[1]   林友华. 公关与礼仪[M]. 3 版. 北京：高等教育出版社，2021.

[2]   史锋. 商务礼仪[M]. 5 版. 北京：高等教育出版社，2021.

[3]   王常红，孟文燕，秦承敏. 商务礼仪与职场处世[M]. 大连：东北财经大学出版社，2021.

[4]   赵蓉. 商务礼仪[M]. 北京：电子工业出版社，2021.

[5]   朱向军. 沟通与礼仪[M]. 北京：人民邮电出版社，2021.

[6]   耿燕，梁月. 人际沟通与社交礼仪[M]. 2 版. 北京：清华大学出版社，2020.

[7]   戴雯，张鹏利. 大学生礼仪指导与实践[M]. 北京：首都经济贸易大学出版社，2020.

[8]   江彩，黄仪娟，徐红梅. 礼仪规范教程[M]. 3 版. 北京：人民邮电出版社，2020.

[9]   金焕，王川. 现代商务礼仪[M]. 北京：电子工业出版社，2020.

[10] 赵英，罗元浩. 公共关系与现代礼仪[M]. 5 版. 北京：清华大学出版社，2020.

[11] 褚倍. 商务礼仪[M]. 北京：清华大学出版社，2020.

[12] 杜明汉，刘巧兰. 商务礼仪——理论、实务、案例、实训[M]. 3 版. 北京：高等教育出版社，2019.

[13] 曹华. 社交礼仪[M]. 北京：清华大学出版社，2019.

[14] 李博，王晓娟. 商务礼仪[M]. 北京：清华大学出版社，2019.

[15] 王淑华，孙岚. 服务礼仪[M]. 北京：首都经济贸易大学出版社，2019.

[16] 张鹏. 商务礼仪与职业形象[M]. 北京：清华大学出版社，2019.

[17] 赵晓利. 现代商务礼仪[M]. 长春：东北师范大学出版社，2019.

[18] 李银兰. 现代礼仪[M]. 大连：东北财经大学出版社，2019.

[19] 段玲. 礼仪与修养[M]. 北京：电子工业出版社，2019.

[20] 王玉苓. 商务礼仪：案例与实践[M]. 北京：人民邮电出版社，2018.

[21] 陈玲. 商务礼仪[M]. 2 版. 北京：清华大学出版社，2018.

[22] 张铭. 大学生社交礼仪[M]. 2 版. 北京：清华大学出版社，2018.

[23] 韩旭. 大学生社交与礼仪：慕课版[M]. 北京：人民邮电出版社，2017.

[24] 高琳. 人际沟通与礼仪[M]. 北京：人民邮电出版社，2017.

[25] 赵颖. 社交礼仪[M]. 北京：中国人民大学出版社，2017.

[26] 赵敏，王辉. 商务礼仪[M]. 2 版. 北京：人民邮电出版社，2017.

[27] 孙玲，江美丽. 商务礼仪实务与操作[M]. 北京：对外经贸大学出版社，2017.

[28] 张永红，王茜. 商务礼仪实战[M]. 北京：北京理工大学出版社，2017.

[29] 张岩松. 知书达礼——现代交际礼仪畅讲[M]. 北京：清华大学出版社，2016.

[30] 伍新蕾. 服务礼仪与形体训练[M]. 大连：东北财经大学出版社，2016.

[31] 黄琳. 商务礼仪[M]. 3 版. 北京：机械工业出版社，2016.

[32] 孙艳红. 旅游服务礼仪[M]. 北京：电子工业出版社，2016.

[33] 张再欣. 现代商务礼仪[M]. 北京：中国人民大学出版社，2016.

[34] 杨再春，陈方丽. 商务礼仪实训教程[M]. 2 版. 北京：清华大学出版社，2016.

[35] 陆玉慧，唐玉藏. 商务礼仪实训[M]. 北京：机械工业出版社，2016.

[36] 李慧茹，王瑞春. 商务礼仪[M]. 2 版. 北京：清华大学出版社，2016.

[37] 杨贺，杨娟，马静静. 商务礼仪[M]. 北京：北京理工大学出版社，2016.

[38] 秦保红. 职场礼仪教程[M]. 北京：中国人民大学出版社，2016.

[39] 孙毅，万海霞. 现代商务礼仪[M]. 2 版. 北京：人民邮电出版社，2015.

[40] 沙风，顾坤华. 大学生社交礼仪[M]. 2 版. 北京：中国人民大学出版社，2015.

[41] 牟红，杨梅. 旅游礼仪实务[M]. 2 版. 北京：清华大学出版社，2015.

[42] 朱彤，罗炜. 管理沟通[M]. 重庆：重庆大学出版社，2015.

[43] 何浩然. 中外礼仪[M]. 3 版. 大连：东北财经大学出版社，2015.

[44] 张学娟. 实用商务礼仪[M]. 2 版. 北京：人民邮电出版社，2015.

[45] 徐汉文，张云河. 商务礼仪[M]. 北京：高等教育出版社，2015.

[46] 卢如华，韩开绯. 社交礼仪[M]. 4 版. 大连：大连理工大学出版社，2014.

[47] 王小静. 酒店服务礼仪[M]. 北京：北京交通大学出版社，2014.

[48] 舒静庐. 服务礼仪[M]. 上海：上海三联书店，2014.

[49] 肖晓. 职场礼仪——职场生存与发展的智慧[M]. 北京：经济管理出版社，2014.

[50] 杨丽. 商务礼仪与职业形象[M]. 3 版. 大连：大连理工大学出版社，2014.

[51] 金正昆. 涉外礼仪教程[M]. 4 版. 北京：中国人民大学出版社，2014.

[52] 李荣建. 社交礼仪[M]. 3 版. 北京：清华大学出版社，2013.

[53] 徐兆寿. 旅游服务礼仪[M]. 北京：北京大学出版社，2013.

[54] 许宝良. 商务礼仪[M]. 北京：高等教育出版社，2013.

[55] 孔洁，张葵葵. 大学生职业礼仪与社交礼仪：行动导向式[M]. 北京：中国电力出版社，2012.

[56] 谢彦波，冯玥. 旅游服务礼仪[M]. 哈尔滨：哈尔滨工程大学出版社，2012.

[57] 李丽. 旅游礼仪[M]. 北京：中国轻工业出版社，2012.

[58] 金常德. 现代交际礼仪[M]. 大连：大连出版社，2012.

[59] 董乃群，刘庆军. 社交礼仪实训教程[M]. 北京：清华大学出版社，北京交通大学出版社，2012.

[60] 万文斌，郝素岭，陈明华. 商务礼仪[M]. 北京：航空工业出版社，2012.

[61] 卢如华，韩开绯. 社交礼仪[M]. 3 版. 大连：大连理工大学出版社，2012.

[62] 顾筱君. 21 世纪形象设计教程[M]. 2 版. 北京：机械工业出版社，2011.

[63] 张建宏. 现代商务礼仪教程[M]. 北京：国防工业出版社，2011.

[64] 崔玉环，祝永志. 商务礼仪[M]. 北京：高等教育出版社，2012.

[65] 张建宏. 社交礼仪与沟通技巧[M]. 北京：国防工业出版社，2011.

[66] 钟立群，王炎. 现代商务礼仪[M]. 北京：北京大学出版社，2010.

[67] 汪彤彤. 职场礼仪[M]. 大连：大连理工大学出版社，2010.

[68] 张卫东，武冬莲. 现代商务礼仪[M]. 北京：电子工业出版社，2010.

[69] 吴新红. 实用礼仪教程[M]. 北京：化学工业出版社，2010.

[70] 刘克芹. 社交礼仪[M]. 北京：经济科学出版社，2010.

[71] 陈乾文. 别说你懂职场礼仪[M]. 北京：龙门书局，2010.

[72] 杨海清. 现代商务礼仪[M]. 北京：科学出版社，2019.

[73] 孙玲. 商务礼仪实务与操作[M]. 北京：对外经济贸易大学出版社，2010.

[74] 关彤. 社交礼仪[M]. 海口：南海出版公司，2010.

[75] 杜明汉. 商务礼仪——理论、实务、案例、实训[M]. 北京：高等教育出版社，2010.

[76] 王忠伟，蒲岸华，李洪娜，等. 商务礼仪[M]. 4 版. 大连：东北财经大学出版社，2022.

[77] 廖春红. 中国式商务应酬细节全攻略[M]. 广州：广东人民出版社，2010.

[78] 贾孟喜，陈开梅. 职业女性形象设计教程[M]. 武汉：华中师范大学出版社，2009.

[79] 伍海琳. 旅游礼仪[M]. 长沙：湖南大学出版社，2009.

[80] 陈光谊. 现代实用社交礼仪[M]. 北京：清华大学出版社，2009.

[81] 王琦. 旅游礼仪服务实训教程[M]. 北京：机械工业出版社，2009.

[82] 舒伯阳. 旅游实用礼貌礼仪[M]. 2 版. 天津：南开大学出版社，2008.

[83] 杨友苏，石达平. 品礼：中外礼仪故事选评[M]. 上海：学林出版社，2008.

[84] 关小燕. 礼仪：规范行为的学问[M]. 北京：清华大学出版社，2008.

[85] 崔志锋. 礼仪[M]. 北京：科学出版社，2008.

[86] 邹翅燕，丁永玲. 现代服务礼仪[M]. 武汉：武汉大学出版社，2007.

[87] 卢新华，康娜. 社交礼仪[M]. 北京：北京大学出版社，2007.

[88] 刘长凤. 实用服务礼仪培训教程[M]. 北京：化学工业出版社，2007.

[89] 孔永生. 导游细节服务. 北京：中国旅游出版社，2007.

[90] 杨莊，赵梓茹. 礼仪师培训教程[M]. 北京：人民交通出版社，2007.

[91] 夏志强. 人一生要懂得的 100 个商务礼仪[M]. 北京：中国书店，2006.

[92] 鲍日新. 社交礼仪，让你的形象更美好：献给大学生朋友[M]. 上海：上海教育出版社，2005.

[93] 黄琳. 商务礼仪[M]. 北京：机械工业出版社，2005.

[94] 国英. 公共关系与现代礼仪案例[M]. 北京：机械工业出版社，2004.

[95] 李兴国. 现代社交礼仪[M]. 哈尔滨：黑龙江科学技术出版社，1998.

[96] 方澜，陈道山. 中外民俗[N]. 3 版. 大连：大连理工大学出版社，2014.

[97] 张月琴. 基于立德树人的根本要求，构建课程思政 "六性六力" 发展模式[J]. 湖北开放职业学院学报，2022(21)：104-108.

[98] 杨婕好，陈强强. 农业院校"人力资源管理"课程思政教学设计探索[J]. 高等农业教育，2021(1)：100-104.

[99] 黄亚兰. 礼仪在商务拜访中的重要作用和技巧探析[J]. 中国商贸，2012(2)：240-241.

[100] 侯甜甜. 幽默在旅游服务工作中的运用[J]. 全国商情，2012(3)：31-35.